ラナ・ゴゴベリゼ

児島康宏▲訳

思い出されることを
思い出されるままに

映画監督ラナ・ゴゴベリゼ自伝

白水社

流刑を受ける前の母と

母ヌツァ・ゴゴベリゼ

ラチャ地方で撮影中の母

映画スタジオの大パビリオンで撮影する母

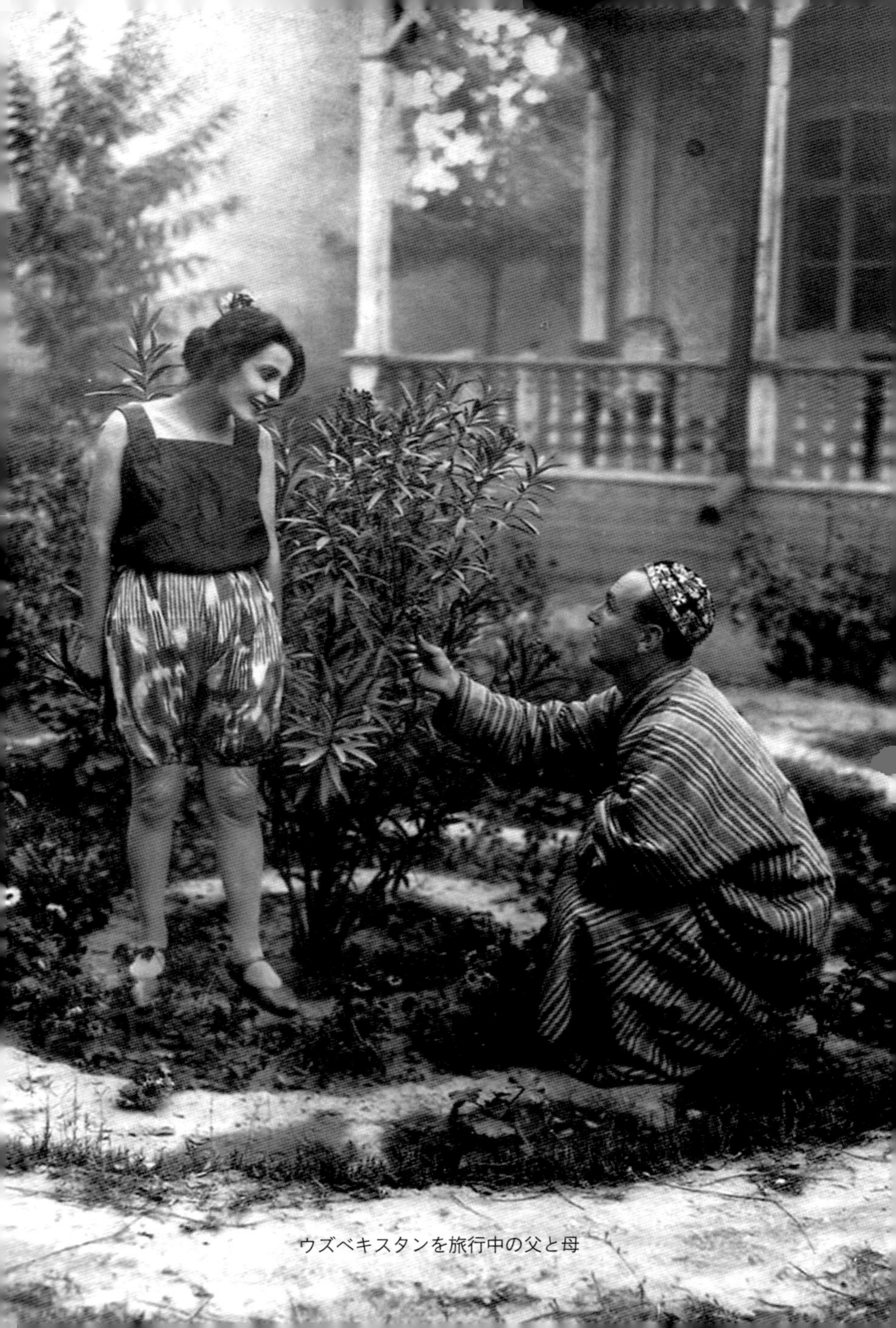

ウズベキスタンを旅行中の父と母

伯父ラジデン・フヅィシヴィリ

夫ラドと

バクリアニにて夫ラドと

私の家族

ヌグザル・エルコマイシヴィリと（『昼は夜より長い』）

映画学部の学生たちと

レイラ・キピアニ、ゲラ・チチナゼ、カメラマンの
ティト・カラトジシヴィリと（『太陽が見える』）

アレクサンドル・セミョーノフと（『トビリシ1500年』）

ヌグザル・エルコマイシヴィリと（『インタビュアー』）

ロメル・アフヴレディアニと（『楽園での大騒ぎ』）

セルゲイ・パラジャーノフと

ノダル・ドゥンバゼと

映画スタジオにて（左から）映画監督レゾ・チヘイゼ、
セルゲイ・ゲラシモフ、マルレン・フツィエフと

スタジオ「ジョージア・フィルム」の第2製作部、作家チャブア・アミレジビと

ベルリン国際映画祭（1984年）の審査員団、
マリオ・バルガス＝リョサ（後列左から2人め）、
ジュールズ・ダッシン（同3人め）、リヴ・ウルマン（前列左から3人め）らと

欧州評議会事務局長ヴァルター・シュヴィマーと

自宅にて後の首相ズラブ・ジヴァニア（左）、仏外相エルヴェ・ド・シャレットと

娘と孫たちとともに

思い出されることを思い出されるままに——映画監督ラナ・ゴゴベリゼ自伝

目次

ラナ・ゴゴベリゼの家系図

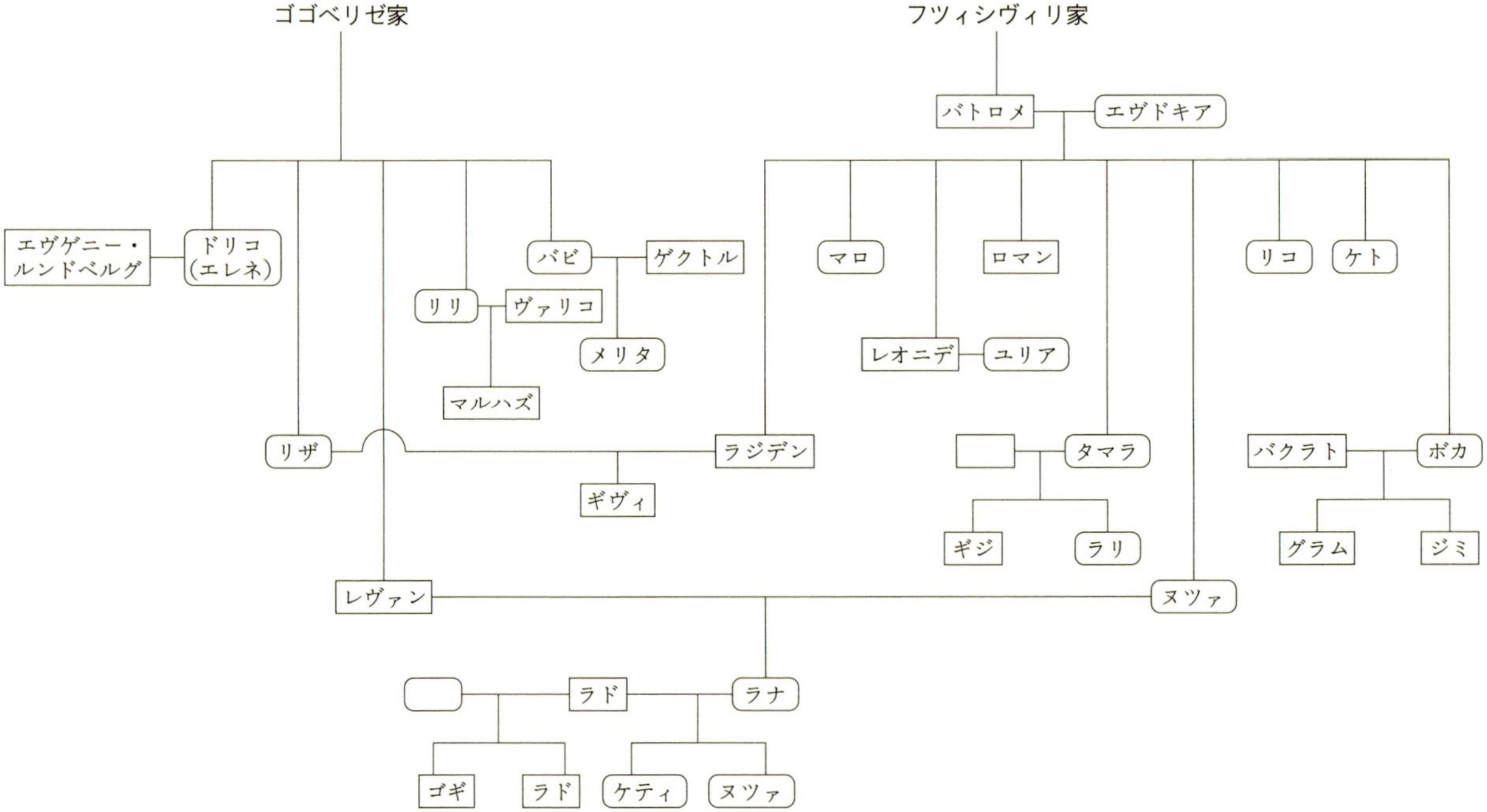

ジョージアとその周辺

ソチ
エルブルス山
ロシア連邦
リザヴァ
アブハジア
ビチヴィンタ
ソフミ
スヴァネティ地方
メスティア
アナクリア
イメレティ地方
ゴチャジハイシ
クタイシ
ヘヴスレティ地方
シュアプホ
トゥシェティ地方
プシャヴィ地方
黒海
ヴァニ
グリア地方
クヴィシヘティ
ゴリ
ムツヘタ
テラヴィ
アバストゥマニ
コブレティ
アチャラ地方
バクリアニ
トビリシ
カヘティ地方
マングリシ
バトゥミ
メスヘティ地方
マチハアニ
サインギロ地方
キジキ
カヒ
トルコ
アルメニア
アゼルバイジャン

The book is published with the support of the Writers' House of Georgia.

Writers' House of Georgia

日本語版への序文

著者にとって、自らの本、すなわち自らの考えが他の言語で刊行されることは、いつでも重要で興味深い出来事ですが、それが他でもない日本で行なわれるという事実は、私の中に特別な感情を掻き立てます。日本に対してずっと昔から個人的な思いがあるからです。これまで私は招待を受けて、映画祭や国際会議、映画の上映のために日本を三度訪れました。そのたびに、私は日本のみなさんの類まれな美意識に感嘆してきました。それはあらゆるものに見受けられます。漢字に彩られた首都の街、無数の桜の枝で飾られた映画祭の会場、美を堪能すべく公園で蓮の花が開くのをじっと見守る家族など、私がこの目で見て、感じた多くのことにその美意識を読み取ってきました。

東京・岩波ホールの総支配人であった髙野悦子さんとは、とても温かい付き合いがありました。彼女が壁一面をジョージアとジョージア映画で飾ってくれたことをよく憶えています。

日本との関連で言えば、後から知ったためにこの本に書けなかったのが、「金の糸」のことです！日本の金継ぎの技術は、それ自体がある種のメタファーであるように思われます。何百年も前につくられ、割れてしまった器を金の糸で継ぎ合わせて元通りにすることによって、自分の国の過去の文化遺産を大切に扱い、現在のものにするのです。このような態度は日本人の精神に発するものでしょう。そして、それは私の国が目指すものと響き合います。そのため、私は最後の劇映画を『金の糸』と名づけました。

日本の読者のみなさんに、この本に関心を持っていただけたらとても喜ばしく思います。

ラナ・ゴゴベリゼ

私は夜、追憶の微かな足音に
耳を澄ます道のよう……
ラビンドラナート・タゴール

他人を自分の思い出に加わらせたいと思ったとき、人は来し方について書き始める。人生の終わりには数えきれないほどの疑問が積み重なる。しかし、若かったときにもましてその答えは分からない。年齢とともにより明確になるのは、答えではなく疑問のほうであった。

あらゆる人生は、たとえ時間や空間にさほど限定されることなく自由な人生であったとしても、短いものなのだ！　人は己に与えられた道――不思議な力でこの世に敷かれた己の人生――を、そして同時にその本質は決して理解できない道を、それが自分が選んだものとは知らぬまま歩まねばならない。しかし、人はそれを理解しようと躍起になり、そのために考察し、探求し、自分のみならず他人にとっても意味あることを見出そうとし、己という存在の永遠の秘密に触れようとする。

そのとき人は書くことを始める。すると、あたかも夜に稲妻が光って木の根や枝や緑を一瞬照らすように、突然、己の唯一無二の人生をかたちづくった人々や出来事、山々、野原、町などがすべて目の前に現われる。あとはそれらの姿を言葉に記すだけである。

私は、束の間の人生を言葉にして他人と分かち合おうというその願望自体がすでに、親しい人々に対する信頼の行為であると思う。

いつの間にか私は、その向こうの暗がりの中に大きな不可知の影が浮かび上がる敷居のそばまでやってきた。友人たちが去っていくときである。彼らの死によって生み出された空虚さは集まって一つになり、まるでこの世界で私に与えられた空間をすべて覆い尽くさんとする。決して消えることのない疑問がますます頭をもたげる。このすべてにはいったい何の意味があるのか？　この一日、この瞬間、この存在、私の一生というこの具体的な現象には、何らかの意味があるのか？　我が国の転変と、私の親しい人たちや子供たち、我が民族の動揺、絶望、後悔、熱狂、恐れ、常に私につきまとう死に対するしばしば無自覚の恐怖が詰め込まれた、そんな一生。そして、子供の頃から何度となくしつこく問うては振り払ってきた答えのない疑問――この朝、この草、この春、外から聞こえるこの誰かの笑い声、この苦しみ、この喜び、これらすべては私がいなかったらどうなるのか？　このすべてがあって、私がいない明日という日はいったい存在するのか？　あるいは、この「私」とはいったい何なのか？

この謎を、私はたいてい海のそばで解こうとしてきた。終わりのない海の動きとざわめきは、ここで世界の秘密にたどり着くことができるのではないかという幻想を私に抱かせた。「お前の心の内は分かった。私はお前のものだ、海よ」とホイットマンとともに私は海に語りかけた。海がその自らの永遠性によって、消えることのない疑問に答えをくれるのではないかと期待して。

私はこれまでに生死の境を二度さまよった。二度とも手術の前と後に、この世の向こう側を覗いたような実感があった。しかし、私が見たのが無であったのか、永遠であったのか、そのときも分からなかった。

それでも私は戻ってきて、まだここに、夏も冬も緑に茂る草に覆われたこのストラスブールの大地に立ち、日常の大小さまざまな出来事を生きている。それはたとえば子供や孫たちのことであり、あるいは我が国の痛み、私たちの大使館の庭の壁に這うすでにほとんど枯れかけたヒルガオが芽吹いた喜び、アヌナが電話で「キリストは復活せり」の後に「おばあちゃんに会いたい。大好きだよ」と言ってくれた喜び、生後十一か月のサンドロが本の中の犬を「アウア」と呼んだ喜びである。それに、ザイラ（・アルセニシヴィリ）がすぐれた新作の小説を刊行した喜び。この二作目は第一作よりもはるかに大きな意義を持つと私は知っている。そして、黒い紙の上でさまざまな色の予期せぬ組み合わせがつくりだす感動や、テニスコートで孫のラドとのラリー中に強く打ったボールが生み出す喜び、奇妙な孤独感あるいは疎外感、さらには、この何もかも整った秩序あるヨーロッパにおいて、前もって約束することなく友人を訪ねたり、広げられた食事の席に一晩じゅう招かれざる客が次々と加わり、主人がそれに驚くことなく、集まった人々の喜びがさらに大きくなるようなジョージア的な暮らしや人間関係への郷愁、そういったものを覚えながら私は生きている。そのすべてに加え、私が愛する人たちみなを恋しく思う気持ちがある。彼らはまだ大勢いて、私の空間を彼ら生者が埋めてくれているので、私は幸せだ。

　どうして残して行けよう、
　多くの情熱をしまいこんだ時がどうして奪えよう
　そこにある草原、その草原に
　残る三本のシナノキ（二十世紀のジョージア文学を代表する詩人ガラクティオン・タビゼ（一八九二―一九五九）の詩）

三本のシナノキが残る草原。これは人を故郷に結びつけるもっとも強い感情の一つである。私にもこのような草原があり、それは見えない糸で私の根と結びついている。トビリシからテラヴィに向かう途中、ゴンボリ峠の近く、小さな教会の下に広がる草原。あの薄紫色の丘と教会をどうして残して行けよう？　時がどうして奪えよう？　どうやって？

人生とは何を生きてきたかではなく、何がどう思い出されるかであるとガブリエル・ガルシア＝マルケスは言う。
それで、私も思い出されることを思い出されるままに紙に託そうと決めた。

バルノヴィ通り二十六番、ボヴィザージュ夫人とエリュアールの詩「自由」

完全な夜はない
悲しみの果てにはいつも開いた窓が
明かりに照らされた窓がある

ポール・エリュアール

私はこの国の困難な時代にトビリシで生まれた。普通の国の子供たちが「遊び」「食べもの」「おやすみ」という言葉を聞くように、私は六歳から「追放」「逮捕」「投獄」といった言葉に慣れ親しんだ。これらの言葉は私に、深い穴の中に落ちるさまを連想させた。

あるとき、母と一緒にマングリシの林の中を歩いていた私は、一人で前へ駆けだして、木の葉に覆われた穴に落ちた。それは私にはひどく深い穴だった。母は動転して私の名前を呼んでいたが、私は呆然として声が出なかった。もしかしたら気を失っていたのかもしれない。暗くて、ひとりぼっちで、私は恐怖におののいていた。それ以来、私には逮捕された人々はみんなあのマングリシの林の穴に落ちたように思われた。穴の中が真っ暗なことを知っていた私は、彼らのことをとても気の毒に思ったものだ。

私のもっとも親しい人々は一人ずついなくなった。最初に父が、続いて母が。それから大好きだったラジデン伯父も。ラジデン伯父は逮捕されてから数か月後に監獄で亡くなった。その頃には私はもう、逮捕されると穴に落ちるばかりではなく、戻ってこられないことを分かっていた。

生きていると常に何かを失うのだと幼い私は理解した。失ったものはたいてい永遠に戻ってこない。その頃から「人生は失うものの連鎖である」という文句が私にずっとつきまとっている。人生が得るものの連鎖でもあり、このまたとない人生の味わいもそのおかげだということを理解したのは、ずっと後になってからだった。

得たものは何であったか。

私が愛した人々、愛する人々――ラド、私たちの子供たちと孫たち、ラドの子供たちと孫たち。人生の道をともに歩んできた友人たち。生きている者もいれば亡くなった者もいる。私たちがこの道を歩きだしたのは夜明けだったが、いまや夕闇が下りた。

文学、とりわけ詩。それは寄る辺ない子供時代からずっと、絶望から抜け出すよすがだった。

映画、時間と空間との不断の格闘、そして現実に対する勝利により得られる幸せ。

画布、紙、色、線、自身の中に深く入り込み、孤独を乗り越える遅ればせの試み。

そして最後に、運命に与えられた宝物、日々新たに見出される奇跡としての人生そのもの。たとえば丘の上に残った三本のシナノキ、ヘヴスレティの断崖にかかった「山々の考え」たる霧、リザヴァ村の金色の砂浜から見た、信じがたいほど色とりどりに輝きながら海に沈む太陽、孤独と群衆の中への埋没、鬱蒼とした森の中に不意に差しこむ陽光、親しい者の受け入れがたい裏切りと常に期待される忠誠、敗北の悔しさと勝利の喜び、後悔と絶望、それでも残る希望、そして何より自由の飽くなき希求。

母の逮捕の後、私はバルノヴィ通り二十六番の家で暮らしていた。向かいのベランダの、おそらくフランス製の濃い色の古びた家具に仕切られた小さな暗い部屋に住んでいたのがボヴィザージュ夫人だった。何の因果でソ連体制下のジョージアにやってきたのか分からない。まるでわざと顔に皺を刻んで肌を錆びさせたような、それでいていつも髪の整った身ぎれいなフランス人女性だった。彼女には友人も親戚も一人もいなかった。私は子供の無邪気さで、彼女には親戚どころか両親すらいたことがなく、若かった頃もなく、皺だらけの顔の年寄りとしてバルノヴィ通り二十六番で暮らすべく、この世に現われたのだと思っていた。この身寄りのない女性は感情というものをほとんど持たなかった。その顔に喜びや悲しみの跡を見たことがなかった私は、彼女がパンではなく詩を食べて生きていると信じて疑わなかった。私は彼女にフランス語を教わっていた。戦時中、伯父の逮捕の後、私は伯母の家に身を寄せていた。暮らしはひどく苦しかったが、それでもマロ伯母は私がフランス語の勉強を続けられるよう手を尽くしてくれた。とうとう謝金も払えなくなると、サインギロ地方からしばしば親戚が持ってくるわずかな食べもので払うようにさえなった。ソ連の法律によりパンの配給を得る資格がなかったボヴィザージュ夫人は、それに不満はなかった（伯母には勤め人として五百グラムのパン、私にはその被扶養者として三百グラムのパンの配給があり、そのパンが私たちの主な食糧だった）。彼女は食べものをすこぶる丁重に受け取ると、ありがとうと言って戸棚にしっかりとしまい、同じ戸棚からボードレールやヴェルレーヌ、エリュアールの本を取りだしたものだ。ボヴィザージュ夫人のその薄暗い部屋で、私はエリュアールの「自由」を読んだ。最初の数行で私はもう胸が詰まった。この詩のすべてが私にとって新鮮だった。連想も、語の並びも、韻を踏まないことも、句読点がないことも。さらに私の心も体も揺さぶった何かが、その詩にはあった。うかがい知ることのできない謎めいたその何かの意味を、私は理解できなかった。詩はその何かに捧げられており、それはほかならぬ「自由」だった。以来、人生のさまざまな場面で私はこの詩にさまざまな自由を見てきた。あるときにはそれは人の内面的な自由であり、またあるときには思考や思想に限界がないことであり、あるいはこの詩の作者にとってそうであったのと同じように、私にとってもそれは単純に愛であった。作者は愛する女性に捧げた詩の最後の行に、女性の名前の代わりにとっさに「自由」という言葉を書いた。それによって、愛を謳うべく書かれたこの詩はあらゆる人々の自由の讃歌となった。果ては、この詩は我が国の運命と直接的に結びついた。その翻訳を思い立ったのは、ずっと後に私の目の前で、私もそこに関わるなかで、我々の国のさらなる悲劇的な一ページが開かれようとしていたときだった。そのとき、蜃気楼の中に自由が姿を現わしつつあったが、そこにたどり着くためには血塗られたさらに長い道のりを歩まねばならないことを私たちは知らなかった。

今日、私はこう言える。自由と愛とがこのように宿命的に一つになったエリュアールの「自由」は、私のこれまでの人生で経験したもっとも深い感慨や感動と響き合う。

私の学校のノートに
私の机と木々に
砂に　雪に
君の名を書く
欲望のない不在に
むきだしの孤独に
死の歩みに
君の名を書く……

私たちの自由の名も、むきだしの孤独と死の歩みの上に書かれた。
フランスのシュルレアリスム詩人アンドレ・ブルトンが言ったように、人間の色をした自由。

昨日手に入れたばかりの、人間の色をした、そして愛と死に結びついた自由を私たちは大切にしなければならない。

子供の目から見たソ連の奇妙な暮らし

東洋的な寡黙さやうわべの厳しさ、両親のみならず兄や姉も含め年長者を敬うことは、母の家族の伝統だった。そして何より、体制に対する過激なまでの不服従もそうだった。母の三人の妹は筋金入りのメンシェヴィキで、まだ若いときに逮捕されて流刑となった。リコはシベリアへ、しばらくの後にケトとボカも外国へ送られた。そのときケトとボカは十九歳と十七歳だった。

私たちの家の天井の高い広間には、叔母リコの写真が一枚だけ壁に掛かっていた。私が生まれる前に二十六歳で亡くなったリコには、悲劇的かつ英雄的な謎めいたエピソードがあった。私はその写真をよく眺めたものだ。叔母の美しい顔立ち、とりわけ蜂蜜色の大きな目が私を惹きつけた。私にはその目が、死の恐怖ゆえに大きく見開かれているように見えた。その奇妙な印象を一度だけ友人グリに話したことがある。おそらくそのせいで、グリはこの写真を怖がるようになった。部屋に入ってくると、とくに夕方は写真を見ないようにしていたが、それでもこの美しい女性の哀しげな表情を見てしまったときには体をぶるぶると震わせ、私がランプをつけて写真の周りの影が消えるまで、膝を抱えてじっとソファに坐っていた。リコはまさにその時代の悲劇性をそっくり絵に描いたような短い生涯を生きた。小さいころから好きだったある男性とともにボリシェヴィキと戦っていたが、その男性は二十四歳のときにメテヒの監獄で銃殺された。そのときリコは看守の一人と話をつけた。買収したのか、それとも看守が自らの考えで行動したのかは分からないが、私はその看守が最低限の人間的な同情に突き動かされたと思いたい。その暗い時代に当局に仕えた人のなかにも、善人はいたはずだ。いずれにせよ、その献身的な看守の助けで叔母と彼女の友人の一人が監獄の塀の中に入り込み、リコの恋人の遺体を掘り起こし、看守とともに塀の外に運び出した。遺体は用意してあった馬車に載せられ、その晩のうちにヴェラ地区の墓に葬られた（私はある雨の夕方にこの話を祖母から聞いた。私たちは祖母のベッドに坐って靴下を縫い繕っていた。これがリコの性格ゆえに生まれた家族の間での伝説に過ぎないのか、本当の話であるのか、私は今でも分からない。ただし、後になって分かったことだが、私たちの家族の大人も子供も全員がこの話を事実だと信じていた）。その後、リコも逮捕された。ユリア伯母が私たちに語ったところによれば、リコを逮捕するためにやってきた秘密警察員《チェキスト》たちが家の中の捜索をしている隙に、リコは自分のかばんを手に取った。それはさりげない動作だったので、誰も注意を払わなかった。その後、秘密警察員の一人が我々の隣人に話したそうだが、監獄へ向かう車が橋を渡っていたとき、リコはやにわにかばんをひっつかんでムトクヴァリ川に投げ捨てた。どうやらそのかばんには、謀議に加わっていたメンシェヴィキのメンバーの名簿が入っていたらしい。やはり家族内の伝説によれば、そのおかげでたくさんの人々が銃殺を免れた。その後、私の父のとりなしでリコは国外追放になることもできたが、それを拒み、友人たちとともにシベリアへ送られた。そこで盟友の一人、ラドと結婚した。ラドは子供の頃からリコが好きだったそうだ。しかし、秘密警察《チェーカー》の目を逃れることはできず、「人民の敵」が結婚したと知られるやいなや、ラドはどこか別の場所に送られた。つぶらな目のすらりとした美しい娘リコは結核を患い、一年後に亡くなった。リコはひどく具合が悪くなったとき、兄ラジデンに病気のことを伝えてくれるよう看守に懇願した。その願いは実際に叶えられ、ラジデン伯父はすぐにリコに会いにシベリアへと赴いた。その時代にシベリアへ行くのは非常に思い切った行動で、まさに命懸けだった。ラジデン伯父はリコの死には間に合わなかったものの、リコを葬ることだけはできた。こうしてリコの素朴な、悲劇的な人生は幕を閉じた。

もう一枚の、色褪せた小さな写真が今も目に浮かぶ。子供の頃の私はその写真にぞっとしたものだ。見渡す限りの雪のシベリア。奥に不格好な建物があり、手前には盛り上がった地面とラジデン伯父が写っている。ラジデン伯父は一人きりで墓の横でうなだれている。後で聞いたところでは、ラジデン伯父は母親にせめて娘の墓の写真を見せようと、わざわざ写真機を持っていったのだった。しかし、その神にも見放された世界では、写真を撮ってくれる人を見つけることすら困難だった。「人民の敵」の墓に近づく者は誰もいなかった。ようやく出会った、ひどく年寄りの腰の曲がったロシア人女性が何も言わずに後をついてきて、シャッターを押し、無言のまま去っていったという。写真はその後、ラジデン伯父が逮捕されたときに消えてしまった。その写真が何の景色であるか理解した内務人民委員が、ラジデン伯父の書いた文書もろとも持ち去ったようだ。私はそのロシア人女性にしばしば思いを馳せた。彼女は容易ならざる一歩をこともなげに踏み出した。「純粋に無欲な勇気ある行動を起こせるのは、相当に年をとった女性か幼い少年だけだ」というフォークナーの言葉が思い起こされる。

子供の頃、私たちの家族はスルハン＝サバ通りに住んでいた。私は母の奇妙な青色の壁の部屋が好きだった。その部屋には本でいっぱいの棚があり、ラド・グディアシヴィリ〔二十世紀のジョージアを代表する画家の一人（一八九六―一九八〇）〕から贈られたスケッチが壁に掛かっていた。私たちはその部屋でしばしば子供劇を演じたが、ある日、劇の最中に、母が縫った色とりどりのカーテンに火がついたときのことがとりわけ記憶に残っている。モスクワからやってきて初めて劇に加わったタリカが大声で泣きだしたので、すでに「ベテランの俳優」だった三歳の私は「坊や、怖がらないで。これはリハーサルよ」となだめた。

向かいの家には伯母が住んでいた。その家には大きな庭があり、庭は鉄の飾りのついた高い柵で囲まれていた。その庭で私はスルハン＝サバ通りじゅうの少年たちと一緒に夢中になって遊んだ。あげくは庭にも満足せず、朝から晩まで通りを駆けずり回っていた。夕方になると、遊び疲れてくたくたの私たちは柵の上に坐っていたものだ。毎晩、上着のボタンがすべて取れているのを見て母はどんなにがっかりしたことか。

私の子供の世界の外では、あの奇妙で不自然なソ連の暮らしが営まれていた。そこではきわめて恐ろしいことが起こっていた——誰かが家を出たまま戻らず、両親のいない子供が後に残され、大人たちは泣いていた。現実の暮らしのなかで演じられていた個人的あるいは社会的な悲劇の内容は子供の私には分からなかったが、私の感情の激しさはその悲劇の反映かもしれない。

四歳の私は暗い顔をして大きなソファに坐り、「どうしたの?」と誰かに尋ねられると、「私も追放されたの」と言っていたそうだ。

子供の頃にもっとも衝撃的だった事件の一つが、私たちの家の最初の捜索だった。とくに私を動揺させたのは、知らない男たちが私のノートを一枚一枚めくっては床に投げ捨て、大きなブーツでそれを踏みつけさえしたことだった。私は彼らの後を追いかけて、散らばったノートを拾い集め、懸命に私の机に並べた。それは私の無意識の抗議の表現だった。彼らは本を集め、運び出すために玄関に積み上げていた。そのなかには子供の本も含まれていた。何よりも大好きだった、父がロストフから送ってくれたペダル付きの自動車も持ち去られるのではないかと急に怖くなり、私はこっそり廊下に出て自動車を入念に隠した。すなわち、自動車を廊下の隅に置いて外套をかぶせ、その前に立ちはだかったのだ。彼らが自動車をちらりとも見ずに廊下を通りすぎたとき、ようやく私はほっと息をついた。しかし、宝物は守ったものの、その場で答えを得るまではどうしても安心できない重大な疑問が残った。私は母をつけ回して小声で何度も尋ねた。「お母さん、お父さんは本当にトロツキストだったの?」私をどうやって黙らせたらいいのか分からず、母は困っていた。もちろん、そのときの私に「トロツキスト」という言葉は何の意味も持たなかった。しかし、私はこの質問によって、そこで起きていたことの意味を無自覚のうちに理解しようと試みていた。正義はいったいどこにあるのか? 子供は生まれもった本能でその疑問を追究する。その火を消すことができるのは、説明のつかない運命の一撃だけだ。
そのうちに私は追放や逮捕と同じく捜索にも慣れ、ノートのページをめくられることにも驚かなくなり、誰にも質問もしなくなった。誰も何も答えられないと分かったからだ。

私はまだほんの小さい頃から詩を暗唱するのが好きだった。誰であれ手当たり次第につかまえては、覚えたばかりの詩を聞かせたものだ。家族は誰もそんな暇がなく、明らかに私を避けていた。とくに「豹皮の騎士」〔一二〇〇年ごろにショタ・ルスタヴェリが書いた長大なジョージア語の叙事詩〕を覚えてからはそうだった。「アラビアにロステヴァンあり。神の祝福を受けし王……」と始めると、いつまで経っても終わらなかった。ところが、学校に入るとむしろそれを頻繁に求められるようになった。何か催しがあるたびに、いつも私が詩を暗唱させられたのだ。そして、まさにそれがもとで、私は初めて「政治的に」打ちのめされたのだった。ある日、担任のカト先生が教室に入ってきたときのことだ。カト先生は背の高いいかり肩の女性だった。真ん中で分けたカラスのように黒い髪と奇妙な薄い唇を、私たちは子供の無邪気さでからかっていたが、滑稽なほどそそっかしくて優しい先生は子供たちから愛されていた。先生がクラスの名簿を忘れてきたり、ほかのクラスの名簿を持ってきたりして困った顔をすると、私たちは喜んで立ち上がり、「先生、私が持ってきます！」と叫んだものだ。するとカト先生は私たちをなかなか静かにさせられず、騒ぎはひとしきり続くのだった。ある日、そのカト先生が教室に入ってきて、五月一日の催しで詩を暗唱する二人の生徒を前に立たせた。私はそれを呆然と見つめていた。詩を暗唱するように前もって言われていたのは私だったからだ。ヴィクトル・ユゴーの詩「バリケードの上で」をフランス語とジョージア語で暗唱することも決まっていた。カト先生は最初は気まずそうに私から目を逸らしていたが、こっそりと私の顔を盗み見て、おそらく私の表情にひどい動揺を見てとったのだろう、私を教室から連れ出した。カト先生は私の頭を撫でながら、ほかの誰にも話を聞かれぬよう顔をすぐそばに近づけて、ささやくように私に言った。「がっかりしないでね。お父さんが逮捕された子に詩を暗唱させることができないの。あなたはお父さんばかりかお母さんまで……」先生は口が消えてなくなってしまうのではないかと私が怖くなったほど、口をぎゅっとつぐんだ。急に先生がひどくかわいそうに思えたが、先生をどうなぐさめていいか分からず、私はなぜか笑った。はじめは疑わしそうに私を見ていたカト先生も、ややぎこちない笑顔を浮かべて私と一緒に笑った（その日、重苦しい状況から抜け出す最良の方法は笑いだと、初めて学んだように思う）。家に帰ってから私はベランダに――私は一人になりたいときには、プラタナスの木陰の小さくて静かなその鉄製のベランダにこもったものだった――駆けこみ、一日じゅうこらえていた涙を流した。自分がみじめに思われて、ひどく苦しかったのを覚えている。子供は自分を憐れむときに泣くものだ。するとラジデン伯父がやってきた。学校で起こったことを知った伯父は何も言わなかったが、私はその日を最後にその学校に行かなくなった。翌日、ラジデン伯父が第一実験模範学校から書類を持ち帰り、普通の学校に私を転校させたからだ。

母が逮捕された晩、私は祖母の家で寝ていた。スルハン＝サバ通りの家を出た後に私たちが住んでいたレーニン通りの小さな暗い部屋を、母は嫌っていた。それに、後で知ったことだが、母は逮捕されるのを予期して、監獄に持っていくかばんさえすでに用意してあった。逮捕はいつも夜に行なわれるので、私にそのトラウマを与えぬよう、母は私をしばしば祖母の家に預けていた。私はそれをひどく嫌がったが、心の中では二つの相反する思いがぶつかり合っていた。一方ではそのレーニン通りの家を抜け出したくてしょうがなかった。見なれぬ人たちの住むその建物には庭もなかったし、たとえ庭があったとしても、そこには友達が一人もいなかったので、遊びに下りていかなかっただろう。しかし、他方では、私は何らかの理由で母が私を遠ざけようとしているのを薄々感じており、それに精一杯抵抗していた。それでも結局は遊びたくて、母の言うとおりに祖母の家に留まった。その日、私は朝早く目が覚めた。前日の夕方、母は立ち去るときに朝早く迎えに来ると私に約束した。私は人目につかないベランダの隅で小さな絨毯に坐って母を待っていた。母はなかなか現われなかった。不意に私は、家で何かただならぬことが起こったに違いないとはっきりと直感した……。ベランダから私は見ていた。ラジデン伯父が部屋の中をそわそわと行ったり来たりし、祖母は頭を振って私のほうを指し示しながら小声で伯父に何かを言っていた。建物を出入りする隣人たちは、私が頑なに留まっていたベランダをこっそり見上げていた。しばらくすると静かになり、ラジデン伯父は部屋の真ん中で顔をしかめて立っていたが、それから何かを決心したようにベランダに出てきて、私のそばへやってくると絨毯の上に腰を下ろした。そんなことは普段はなかった。私は激しく動揺したが、すでに分かっていた。もはや疑いはなかった。それまでの限られていたとはいえ確かな経験に基づいて、心の声が私に何が起こったのかを教えていた。その瞬間の私のたった一つの望みは、伯父も、他の誰も、私に何も言わないことだった。誰も私に言わなければ、そして私がそれを知っていることを誰にも話さなければ、母が帰ってくるような気がしたのだ。ラジデン伯父は黙ったままだった。私は「何も言わないで、何も言わないで！」と無言で懇願していた。私の懇願が通じたのか、それとも最初からそのつもりだったのか分からないが、ラジデン伯父は私の目を見て言った。母は父のことを問い合わせるためにロストフへ行ったと。私は伯父にそれ以上何も言わせぬよう急いでうなずいて、言葉をさえぎるように勢いよく立ち上がった。それから、振り返ることなく庭へ駆け下り、むきになって私の好きな棒投げ遊びを始めた。最初は一人だったが、しばらくするとほかの子供たちも加わった。私は的をできる限り遠くに飛ばそうと、力任せに棒を的に当てた……。こうして何か月か過ぎた。周りの大人たちはみな、母がロストフにいると私が信じていると思っていた。しかし私は、心の中はひどく荒れていたものの、他人に言うことを聞かせるためにこの秘密を利用さえしていた。従妹のメリタと意見がぶつかることがあると、私はすぐに「あなたがもし私の秘密を知っていたら、こんなふうに振る舞わなかったでしょうね」と言ったものだ。すると心優しいメリタは目に涙をためて寛大に譲るのだった。

つまり、カト先生はこの暗黙の了解を破ったのだった。先生は彼女自身にも受け入れがたい行動を弁解するために、うかつにも私に真実を告げてしまったのだ。その日、私の人生における、希望とともに待ちわびる時代、すなわち真の子供時代が終わった。私はすでに紛れもない孤児だった。

そのとき母はソ連じゅうに名の知れたポトマ〔ロシア、モルドヴィア共和国の集落〕の女性強制収容所にいた。十年後に帰ってきてから、母はその時期のことを描いたドキュメンタリー的な短篇小説を何作か書いた。

§

母の短篇「幸福の列車」

塀に囲まれた砂地の大きな庭があり、そこに多くの女がいた。人生の幸せも不幸せもすべて塀の外に残してきた女性たちがその庭に持ち込んだのは、ただ悲しみだけだった。悲しみは空気の中に重く垂れこめ、涙となって地面に流れた。砂地でなければ庭に池ができていたことだろう。

大きな門と小さな門が庭と外界を繋いでいた。門から監督官や守衛が入ってきては出ていった。門が開いては閉じた。女たちは立ち止まり、門扉の枠に切り取られた外界の断片に見入った。それは謎めいた力で視線を惹きつけた。向こうには生があり、こちらではすべてが止まっていた。生を望んだ私たちは閉じられた扉を努めて見ないようにしていた。

庭の中では何も起こらなかった。私たちの頭上に小鳥が飛んでくることすら稀だった。木も生えないこの砂場には、小鳥たちにさえ何の愉しみもなかった。

庭の中では何も起こらず、外からも何の出来事も入ってこなかった。時間は止まり、空白だった。時間が流れるには昼と夜とが入れ替わるだけでは十分でなく、動きが、変化が、出来事が必要だった。時間は私たちを敵視し、辟易させ、流れようとしなかった。時間は何かによって埋められねばならなかった。

私たちは影のように、数人ごとに、あるいは一人ひとり庭を歩いた。私たちの踵は砂に深く沈みこんだ。踏み固められた砂の上に、足跡はまるで羊の大きな群れが通り過ぎたかのように残った。そうしてあてもなく歩きながら、私たちは互いを知り合った。そのため、はじめのうちは暇を持て余すことがなかった。私たちは休むことなく身の上を語った。さまざまな言語、方言、態度で語られた千差万別の人生は、本の代わりになるどころか、本があったとしても私たちはそれを聞くほうを選んだだろう。ただし、その千差万別の人生はどれもまったく同じ結末だった。決して免れることのできない死のように。

私たちにはもう一つ急を要する仕事があった。いったい何のために、どうして、誰が望んで、なぜこうなったのかを、なんとしてでも解き明かさねばならなかった。私たちはいつもこの問いに取り囲まれていた。私たちは議論し、知恵をしぼり、この事態の目的、意義、原因を突き止めようとし、理屈づけようと試みたが無駄だった。もしかしたら将来の世代にもそれは分からないままなのかもしれない。

やがて、私たちはこの議論を放棄した。バラックの沈黙の中で誰かが不意に「ああ神様、どうして?!」と口走るのすらもはや耐えがたかった。

しばらくすると、生きた図書館の万巻の書も尽きた。私たちは一通り互いに泣き合った後、自らの経験を執拗に繰り返し語ろうとする者を避けるようになった。

私たちは作業をつくりだした。外から持ち込んだ下着やシャツ、ワンピースなど、何であれほどくことができるものを片っ端からほどいて、さまざまなものを編んだ。歯ブラシを削ってかぎ針をつくり、息子や娘のためにひたすらワンピースやシャツや帽子を編んだ。しばらくするとそれはシーツや枕当てになり、ついには刺繍すら始めた。息子や娘のために、ワンピースやシャツや帽子に刺繍をした。編んで、刺繍したものは大事にしまっておいた。送ることなど想像すらできなかったのだ。

しかし、編みものや刺繡も十分ではなかった。時間はまだ何かによって埋められねばならなかった。何も起こらないなら、せめて何かを考えたり思い出したりするだけでもよかった。それで私たちもできる限り時間を埋めた。回想や思考が私たちの作業となった。

私たちは声に出して一緒に、あるいは一人で静かに夢想した。砂の庭を女が力のこもった重い足取りで歩いている。目は虚ろで、顔には奇妙な微笑を浮かべ、宙を見つめている。私たちは知っている。彼女は夢想しているのだ。彼女に話しかけ、現実に引き戻そうとする者は誰もいない。

庭の真ん中、日なたにいくつかのベンチを円く並べて囲った場所があった。このような場所をロシア語で「ピャタチョク」〔五コペイカ硬貨、転じて狭い広場〕、ジョージア語では「サラクボ」〔無駄話をする場所〕と呼ぶ。収容所では、とくに夕方には、そこは夢を語る場所だった。

夕方。収容所を取り巻くトウヒの林の輪は静まり、まるで狭まったよう。女たちはベンチに坐り、しばらくはめいめい無言で何かを考えている。やがて誰かが自分の考えを漏らし、二人目が何かを付け加え、三人目が言葉を継ぐ。私たちのベンチでどれほどの物語や夢がつくりだされたことだろう。


「考えてみて。今、この瞬間に全員自由になる決定が下って……」

「地球上のあらゆる場所で、あらゆる人が……」

「駅に列車が停まる。流刑に処された人々をみな家に帰すため……」

「幸福の列車」

「夜の暗闇の中を幸福の列車が走る」

「歌いながら。素敵な合唱を響かせながら……」

「いいえ、歌は歌わないわ。ひっそりと走るのよ」

「煌々と照らされた幸福の列車が、あらゆる場所に向かってひっそりと大地に線を刻む……」

「煌々と照らされた明るい駅で、人々が幸福の列車を待っている……」

「花束を抱えて、音楽を鳴らして……」

「いいえ、花束も音楽も無いわ。真の幸福にふさわしく、ひっそりと」

「子供が、母親が、夫が、父親が、ひっそりと声を上げず、無言で手を伸ばしてじっと待っている……」

「母親を、子供を、夫を、父親を待っている……」

「全員がそれぞれの駅で降りる……」

「声を上げず、無言で出迎えた人々と抱き合う……」

「幸福の列車は先へと進む……」

「北から南へ、東から西へ、西から東へ……」

「夜の暗闇の中、その明かりで大地に線を刻んでいく……」

こうして夢のおとぎ話は終わり、あるいは終わらずに、その列車の光が女たちの目の中でまたたく。

＊＊＊

その頃、母について私たちが知っていたのは、母が生きていて、ポトマの強制収容所で十年を過ごしているということだけだった。母はまだ手紙を送ることはできなかった。それが許されたのはずっと後になってからだ。しかし、手紙のやりとりが大きな幸せをもたらすことがないよう政府が取り計らい、年に二通限りの稀な手紙は必ずロシア語で書かれていなければならず、一つひとつの言葉に何人もの検閲官が目を通していた。そうして子供たちは、別の言葉で書かれ、一枚一枚に押印された母親の胸の断片を受け取った。手紙には印とともに見知らぬ男たちの敵意に満ちた息遣いも宿っており、おのずと母がもう母でなくなってしまったような重苦しい感情を催させた。さらに数年後、荷物も送れるようになると、私は白と灰色とピンクの糸で編まれた実に美しいワンピースを母から受け取った。それが下着をほどき、歯ブラシを削ったかぎ針で編んだものだったことはのちに知った。ああ、そのワンピースを着るのがどれほどうれしかったことだろう！　数年のあいだ、私はそれを毎日のように着ていた。ひっきりなしに洗うせいで縮んでしまい、ブラウスとしてすら着づらくなってからも手放すことができなかった。

伯父ラジデン――子供時代の崇拝と愛

サインギロ地方（現在はアゼルバイジャン領内の一地域。ジョージア系住民が多い）出身の母方の祖父バトロメ・フツィシヴィリは、私が生まれる数年前に亡くなっている。しかし、祖父についてあまりにたくさんのことを聞いたり読んだりしたので、私はあたかもこの型破りな興味深い人物に実際に接していて、深く愛していたような気がしてならない。

バトロメの母ナズルは、計算が得意なことで村じゅうで知られていたという。小石を使って巧みに加減乗除をこなしたので、ワインや蚕の繭、ハシバミの実などを商人に売る際に、隣人たちはいつも彼女に頼っていたそうだ。

バトロメはザカタラの学校を首席で卒業した後、ゴリの師範学校で学んだ。同時期にヴァジャ・プシャヴェラ（近代ジョージア文学を代表する作家・詩人の一人（一八六一―一九一五））もその学校に在籍していた（家族の中では、ヴァジャ・プシャヴェラとバトロメは同じ部屋で暮らし、親友どうしだったと伝わっている）。

一九一一年にエクフティメ・タカイシヴィリの編集により出版された『いにしえのジョージア』という本は、バトロメについて「同胞の庇護者、通訳者、弁護人として郡じゅうに名を馳せ、教育的な著作によっても知られている」と記している。

『人民教育におけるジョージアの功労者たち』（一九五五年）という本には以下のように書かれている。

「バトロメは類まれな雄弁家で、他人を説得するすぐれた才能があったと同時代のサインギロの人々は言う。バトロメはまさに村の父親であった。争いを解決するために、あるいは訴状を書くために、何かあれば村じゅうがアルズムおじさん（レキ〔ダゲスタン系の民族〕やアゼルバイジャン人たちからこう呼ばれていた）の意見を仰いだものだ。近隣の村々からも、ジョージア人のみならず、レキやアゼルバイジャン人からも頼られた。バトロメは多くのもめごとや諍いを解決し、逆上したレキたちから村を守ったことも何度もあった」

あるとき頭から足の先まで武装したジョージア人四十人ほどがバトロメの家の門を叩き、レキたちとの争いを解決すべく同行を頼んだことがあった。バトロメはそのジョージア人たちを家に招き入れ、酒や料理を並べてもてなし、武器を置いて和解するよう納得させた。ジョージア人たちが帰ると、今度はレキたちがバトロメの家へやってきてジョージア人との仲裁を頼んだので、バトロメはレキたちも説き伏せた。こうして、現代的な言いかたをすれば、政治的工作によって一触即発の危機を収めたのだった。

バトロメは優れた数学教師として名高く、彼の編纂した数学の教科書は南コーカサスじゅうの学校で長年使われていた。また、ロシア語も堪能だった。

バトロメはカヒの町で劇団を組織し、劇の上演で得られた収入をロシアやジョージアの各地で学ぶサインギロ出身の貧しい学生たちに送っていた。

私がとくに喜ばしく思うのは、古風な慣習が支配していた当時のサインギロ地方にあって、祖父バトロメが――現代の見地から言えば――紛れもないフェミニストであったことだ。家庭において娘が息子と同等の子として扱われるよう、つまり、女性が男性と同様に宴席につき、自らの意見を述べ、そして何より教育を受けられるよう生涯にわたって努めた。彼はその方針をまずは自らの家族の中で貫いた。この驚くべき先進的な人物の六人の娘が、全員高等教育を受けたのもそのためである。マロはオデーサで医学校を卒業した。タマラはペテルブルグで歴史学科を、私の母はドイツのイエナで哲学科を、リコはトビリシで文献学科を修了した。ケトとボカはのちにフランスのトゥールーズで化学を修めた。そして、そのほぼ全員が社会活動や政治活動にいそしんだ。

一九一七年、アゼルバイジャンでミュサヴァト党が実権を握ると、バトロメはサインギロ地方を去らざるをえなくなり、カヘティ地方のツォドニスカリ村に移り住んだ。そこで小さな製材所と製粉所を買い取って、まさに慈善家のように貧しい人々に無償で奉仕した。残った金は子供たちの教育に充てられた。しかし、サインギロ地方を離れたことがたたって病気になり、間もなく亡くなった。

伯父ロマンの短い生涯についても触れておきたい。ペテルブルグの医学校を卒業した彼は美しいポーランド人看護師ミラと結婚し、ツォドニスカリ村に住んで、毎月の父親の仕送りを貯めていた資金で村に病院を開いた。病院はすぐに郡じゅうの評判となった。一九二五年か二六年にカヘティ地方で流感が猛威をふるうと、病院は病人でいっぱいになり、ロマンは献身的に治療を行なって多くの患者を死から救ったが、自身は命を落とした。妻ミラは夫の死後、黒衣を着ず、悲嘆を表に見せなかった。それに憤慨した村人たちが「なんという女だ。立派な夫が亡くなったのに、色つきの服を着て出歩いている」と騒いだという。一か月後、ミラは病院の浴室に閉じこもり、自ら注射で命を絶った。祖母に託した手紙には、「ロマンがいなくては私の人生には何の意味もありません。私はこの世を去ります」と書かれていた。

これらはすべて伝え聞いたことだ。そして、私の子供時代の最愛の伯父がラジデンだった。

母の長兄ラジデンはジョージアで最初の物理学の教授で、トビリシの地球物理学観測所を設立したすぐれた学者だった。ベルリンでアインシュタインやマックス・プランクに教えを受けた……。驚くべきことに、一九二二年にベルリン大学が発行した学生ラジデン・フツィシヴィリの履修証が度重なる捜索を免れて今日まで残っており、そこにはマックス・プランクの固体物理学およびアインシュタインの相対性理論（！）の講義についてそれぞれの貴重な署名がある。ラジデン伯父は筋の通った率直な性格で、親族みなに目をかけると同時に厳格で他人にも厳しく、怠惰な学生には容赦なかった。私は早くに両親を失った子供の極端なほど熱烈で献身的な愛情を、ラジデン伯父に向けた。私はラジデン伯父のそばにいるときが一番幸せだった。とはいえ、私はただ「そばにいた」だけではなかった。ラジデン伯父が大きな机に向かって何かを書いていれば（伯父の手稿はすべて逮捕の際に持ち去られ、その後の行方は知れない。どれほどの重要なアイデアや発見がＫＧＢ〔国家保安委員会の略称〕の暗い文書庫に呑みこまれたことだろう）、私は伯父の膝の上に坐って学校の宿題をした。伯父が立ち上がって考えに耽りながら部屋の中を行ったり来たりすれば、私は伯父の足の上に自分の足を乗せて立ち、伯父は従順に私の体を腕で支えて一緒に歩いた。そんな奇妙な状態で伯父がどうやって思索できたのか分からない。ラジデン伯父は講義をしにしばしばバトゥミへ赴いたが、すると私があまりに嘆き悲しむので、このような儀式を習慣にした。出発の数日前に伯父は「バトゥミへ行くことになった」と私に言う。私が号泣すると、伯父はため息をついて、あたかも「どうしたらいいだろう？」と尋ねるかのように祖母のほうを見やってから決断を下す。「分かったよ。じゃあ明日は行かない。三日後に行くことにしよう。ただし、もう泣かないと約束してくれるね？」と。これが芝居であることは心の奥で分かっていたが、それでも私はその言葉で落ち着いて、出発の日が来てももう泣かなかった。その代わり、私は全身全霊で伯父を待った。そんなとき私は独りになりたがった。学校から帰るやいなや鉄製のベランダに出て絨毯を敷き、その上に独りで何時間も坐っていたものだ。この自らに課した孤独に、私は不思議な心地よさを感じていた。おそらく、間もなくラジデン伯父も永遠に失ってしまうのだという無意識の予感が、私をこのような行動に駆り立てていたのだろう。

　あるとき、ラジデン伯父が、私たちの家によく来ていた親友の歴史家シモン・カウフチシヴィリに、「この子は本をまるで飲みこむように読むんだ」と言ったことがあった。この何気ない一言は、これまでに私が受けた最高の讃辞として記憶に焼きついている。

母に荷物を送る許可が下りたとき――現金を送るのは禁じられていたが、母が何より必要としていたのは現金だった――ラジデン伯父はこんなことを思いついた。硬い紙でできた手帳の表紙を剃刀で切って中に百ルーブル札を入れ、切った跡が分からないように再び貼りつける。そして、ロシア語の手紙の冒頭にこう書くのだ。「我が親愛なるクダシプリアよ！」〔ジョージア語でクダシは「表紙の中に」、プリアは「金がある」を意味する〕一見子供だましのようなこの小細工はいつもうまくいった。おそらく検閲官たちはジョージア語の名前の風変わりな響きを気に留めなかったのだろう。手帳を送ってから数か月すると、「我が親愛なるプリミヴィゲよ！」〔ジョージア語でプリは「金」、ミヴィゲは「私は受け取った」を意味する〕と始まる返事が届くのだった。

それが最初に成功した日、家の中はお祭りのようだった。ラジデン伯父も珍しく満ち足りた表情を顔に浮かべつつ、すぐに次の荷物を送る準備に取りかかった。のちに母は私に言った。まさにそうして私たちが送った金が、おそろしい飢えから母を救っていたのだった。

ラジデン伯父は両親のいない私が寂しい思いをしないよう、あらゆる努力を惜しまなかった。こんなエピソードが私の記憶に残っている。あるとき、タマラ伯母と従姉のラリが私たちの家へやってきた。ラリは素敵な毛皮の新しいコートを着ていた。ラジデン伯父は妹に何か言うでもなく、私たちを自由に遊ばせ、二人が帰った後で何も言わずに私の手を取って店へ連れていってくれた。私たちはコートを探して町じゅうの店を回った末、何の動物の毛皮か分からないが黒い斑点のついたとても美しい金色のコートを買った。服をもらってあれほど幸せだったことは後にも先にもない。その日、私は新しいコートを手に入れたのみならず、この世界で私が誰かにとってたった一人の、もっとも近しい、かけがえのない人間であるという感覚を取り戻せたのだ。母がいなくなってから、私は子供が健やかにいられるためになくてはならないこの感覚を欠いていた。

その時代には稀有なことに、ラジデン伯父が政治的な妥協を許さない態度を明確に示し続けたことは、私にとって深い尊敬の対象である。伯父は天性の異端者だった。ソ連体制を心から嫌っていたが、他に戦う手段がなく、独特の抗議の手段を編み出した。いかなる組織にも加わらず、労働組合の会合にすら敢えて一度も参加せず、そして何より、選挙の投票にも行かなかった。その時代を生きた者であれば、これがいかに身を危険にさらす行動であったか容易に理解できるだろう。祖母が選挙をひどく恐れていたのを憶えている。選挙の日には家が大変な騒ぎになった。ラジデン伯父は朝からどこかに姿をくらます。すでに誰もが投票を済ませた昼過ぎから私たちの家に人が現われ始め、祖母は生きた心地がしないまま夜までひたすら息子を待っている。たくさんの孫たちからなぜか「バブ」（おじいちゃん）と呼ばれていた祖母は、チフティコピ〔ジョージアの伝統的な女性用の頭飾り〕を頭につけた小柄な女性だった。九人の子を育てたが、そのうち三人は最期の別れもできぬままあの世へ旅立ち、他の三人は強制追放されていた。おそらくそのせいでもあっただろう、ラジデン伯父がしつこく頼んでいたにもかかわらず、「私の身など構うことはない。神様に決められた通りに生きるだけ」と言って、決して義歯をつくらなかった。祖母にとって長男ラジデンは絶対の権威であり、あからさまに非難することはなかったものの、祖母のいつになく厳めしい表情や、一日じゅう口癖の「アラ・マラ・ダルドゥバラ」も「ジャンダバ」〔いずれも「ちくしょう」のような意味の悪態〕も聞こえない異様な沈黙から、祖母が息子の振る舞いを訳の分からない酔狂だと見なしていることは理解できた。そのため、祖母は選挙の日に投票所から訪ねてくる苛立った客たち――彼らの使命は住人が一人残らず投票するのを見届けることだった――を格別に手厚くもてなした。冬のためにつくったムラバ〔果物のシロップ漬け〕も取り出し、大事にしまってあった賓客用の母の青い茶器一式さえ並べた。とうとう時間がなくなると、絶望した選挙管理人は飛び出していって、ラジデン伯父の代わりに自ら一票を入れた。真夜中、私がベッドに入っても当然ながら眠れずにいる頃、伯父は家に戻ってきて、無言で愛用の机の前に坐る。一日じゅう気を揉んで奔走してくたくたの祖母は小言の一つも口に出せない。そして私は、この心優しく人一倍親切な伯父が、どうしてこれほどまでに母親を困らせることができるのだろうと一晩じゅう考えていた。しかし、その一方で、伯父はただ他の人たちと同じように振る舞えないのだということも子供ながらに察していた。

　息子ギヴィが共産主義青年同盟《コムソモール》に入ったときには、ラジデン伯父は一年ものあいだ口をきかなかった。そのせいで私と祖母はひどく気まずい思いをした。ギヴィは家に帰ってくると全員に口づけするのだが、父親は本から顔を上げない。祖母がやっと「ラジデン！」と呼ぶと、伯父は「母さん、何か用ですか？」とわざと慇懃に尋ねるのだった（奇妙なことに、このサインギロ地方出身の家族のなかでは、息子も娘も「です・ます調」で母親と話した）。すると、目に涙を浮かべた祖母は「いや、何でもないわ」とあきらめた様子でため息をついて、そそくさと部屋を出ていく。伯父は一心に何かを読んでいた。私はラジデン伯父に対していかなる不満も抱くことはできなかったが、ギヴィのことも大好きだったので、私はすべてをあの憎むべきコムソモールのせいにすることにした（それは決して的外れではなかった）。ラジデン伯父がようやく心を開いたのは、ギヴィが大学の何年生だったかを優等な成績で終えたときだった。その耐え難く暑い夏の日のことは鮮明に憶えている。ギヴィが家に帰ってきて、いつもどおり私と祖母に口づけし、隣の部屋へ行こうとしたそのときだった。本から顔を上げたラジデン伯父は丸一年ぶりに息子と目を合わせ、口髭の奥に微笑を浮かべながら、「お前が試験で良い成績だったと聞いたぞ」と言った。狼狽したギヴィは絨毯に足を取られ、危うく転倒するところだった。私はこの上ない幸せを感じた。ラジデン伯父はもうはっきりと笑っており、「腹が減っているだろうから、母さん、何か食べさせてやってください」と言った。バブは慌ただしく食事の支度にかかり、ギヴィは隣の部屋へ駆けこんだ。ラジデン伯父のもとへ行って飛びついたのは私だけだった。

　ある日、ラジデン伯父は「明日、ジュヌヴィエーヴに会いに一緒にアバストゥマニ〔ジョージア南西部の保養地〕へ行くから準備しなさい」と私に言った。私は心臓が止まりそうなほど喜んだ。ラジデン伯父と一緒に旅行をすることに加え、どこか謎めいていて私を惹きつけたアバストゥマニという場所、そして何よりジュヌヴィエーヴに会える！　私たちはまず列車に乗り、貨物トラックに乗り換えた。ひどく大変な行程だったが、ラジデン伯父を独占しているという喜びで私はずっと満ち足りた気分だった。伯父につかまって坐り、初めて目にする美しい峡谷を眺めながら、私は二人でずっとこうして際限なく旅を続け、アバストゥマニでジュヌヴィエーヴが私を待ち続けていてくれたらと願った……。とうとうアバストゥマニに到着すると、私たちは美しいトウヒの林に覆われた村を通り抜け、とある見栄えのしない建物の前で止まった。私は不快な気分になり、アバストゥマニの輝きもたちまち雲散してしまった。その建物が結核患者のための療養所であることは、後から分かった。ラジデン伯父はここで待っているようにと言って庭に私を残し、建物の中へ入っていった。しばらくして出てきた伯父は、私の知らない女性を伴っていた。私は変わらずジュヌヴィエーヴを待っていた。すると、その女性は「ランカ！」と言って私のほうへ駆けてきた。私は戸惑って後ずさりした。女性は私を抱きしめようとしたが不意に思い直し、私に手を差し伸べた。私はようやくその女性の目が大好きなジュヌヴィエーヴのつぶらな黒い目であると気がついた。それと同時に、結核という恐ろしい言葉の意味も理解したのだった。それは人を骨と皮ばかりにし、小さく、黒くし、あげくには別人に変えてしまうことを意味していた。

　ジュヌヴィエーヴ・カランゴザシヴィリ……フランス人の母とジョージア人の父のもとに生まれた彼女は、私より十歳か十二歳年上の若い女性だった。私の母がフランス語の先生として連れてきたとき、彼女の母親が亡くなって一年ほど経っていた。私はまったく先生らしくない小柄な痩せた彼女のことが、たちまち好きになった。彼女は医科大学の学生で、いつも大学から直接に私たちの家にやってきた。一緒に食事をしてから私の部屋で二人で遊んだり絵を描いたりしながら、彼女は私にフランス語で話した。夏に母が私とジュヌヴィエーヴをアナパ〔黒海沿岸のロシアの町〕にいた父のもとへ送ったときのことだ。ある日、トランプ遊びの最中に私たちはひどいけんかを始め、私は怒りに任せて「ここは私の家よ。すぐに出ていって」と言った。すると、父が隣の部屋から飛び出してきて私に怒鳴った。そんなふうに怒鳴られたのはそのときが最初で最後だった。父は私の腕をつかんで外に連れ出し、「ここに立っていなさい。言ってよいことと言ってはいけないことが区別できるようになったら、『お前の家』へ入ってくればいい」と言った。父のそのような剣幕に私は自分を憐れむことも泣くことも忘れ、しばらく呆然と扉の外に立ち尽くしていたが、それから海のほうへ行って――私たちの家は海のそばにあった――砂の上に坐り、泣くこともできぬままに考えをめぐらせた。そのときの六歳の少女の鮮明な心の動きを、私は今日まで憶えている。まずは、この世界じゅうの何もかもが私に対して非があり、父もジュヌヴィエーヴも誰も彼もが、私がこのまま海に入ってもう二度と出てこないという仕打ちを受けてしかるべきだと考えた。しかし、それから、ジュヌヴィエーヴの母親が亡くなったこと、外国からやってきた彼女がここでは独りきりであることが次第に思い起こされた。すると、にわかに私は後悔の念でいっぱいになり、家に駆けこんでジュヌヴィエーヴに抱きつき、私が考えたことをすべて打ち明けて、もう決してそんなことを言わないと約束したくなった……。そのとき、父とジュヌヴィエーヴが私のそばにやってきた。父は私の腕を取り、海のほうへ走らせた！　私たち三人は手を取り合いながら長いあいだ海の中を走った。アナパの海は遠浅で、相当に沖まで行かないと深くならないのだ……。のちに、その光景は、三人が一緒に過ごして理解し合えた思い出と幸せの象徴として、両親を失った子供時代の私の目に何度となく浮かぶことになる……。その感慨がとりわけ強く残ったのは、すぐ後に私たちの暮らしがすっかり一変したためだ。まずは父が、それから「赤い農学者」ことジュヌヴィエーヴの父親が逮捕された。すると彼女の継母は「私は夫と離縁する。人民の敵の娘とは暮らせない」と政治的な理由をつけて彼女を表に放り出した。私の母は彼女を家に連れてきて――私はそのとき、まだもとの家で母と暮らしていた――ベランダから入るガラス張りの小さな部屋に住まわせた。母が思案に暮れながら一生懸命に部屋を整えるのを私は眺めていた。私もいろいろなものを手にそばを駆け回っていたのだが、木枠に入った美しい教会と山々の写真を母が壁に掛けるのを見た途端に、その写真が好きで自分の部屋に飾りたかった私は手伝う意欲をすっかりそがれてしまった。そして、母は私よりもジュヌヴィエーヴのほうが好きなのではないかという、ただならぬ疑念が頭をもたげた。私の動揺を感じ取ったのかもしれない。母は部屋を掃除しながら、「人生はときに残酷で不公平なものよ。だから誰だって自分より困っている人がいたら助けてあげないと。ジュヌヴィエーヴはこの世で独りぼっちになってしまったわ。あなたは彼女の妹になるのよ。たとえ私がいなくなってもね」と私に言った。私はそれを聞いてひどく怖くなった。母がいつか私のそばからいなくなるなんて、考えたくもなかった。その瞬間、ジュヌヴィエーヴの孤独のことはまったく私の頭になかった。でも、ある晩のこと……。母が私の中に育もうとしていた同情を初めて私が覚えたのは、ジュヌヴィエーヴと二人きりで過ごした夜だったかもしれない。私はなかなか眠くならず、目を閉じるやいなや何か恐ろしい夢を見た。しばらく苦しんだ後、私は飛び起きて、ジュヌヴィエーヴの部屋へ駆けていった。私が扉の前で立ち止まると、まるでひとりでに開いたかのように扉が開き、そこにネグリジェを着たジュヌヴィエーヴが立っていた。私は部屋に入り、彼女のベッドにもぐりこんで縮こまった。すると、ジュヌヴィエーヴは私に一枚の写真を見せた。帽子をかぶった若い美しい女性がどこかの見知らぬ通りに立っており、やはり帽子をかぶった子供の手を握っていた。二人はまっすぐ私を見つめていて、同じような微笑を顔に浮かべていた。そのいかにも幸せそうな子供と、いつも悲しげなジュヌヴィエーヴはあまりにかけ離れていた。私は今でも分からない。ジュヌヴィエーヴも知らなかっただろう。いかなる運命のいたずらで彼女の父、「赤い農学者」ことニコ・カランゴザシヴィリがフランスへ渡り、そこで美しいフランス人女性を妻にし、その数年後にいかにして妻と娘と連れてジョージアに帰ることができたのか。そのときジュヌヴィエーヴの母親は、もう二度と祖国に戻ることは叶わず、両親との手紙のやりとりさえやがて不可能になり、気難しい夫と幼い娘のほか誰も身寄りのいないトビリシのアヴラバリ地区で暮らし続けることになるとは、想像もできなかったはずだ。彼女は若くしてこの世を去った。ジュヌヴィエーヴによれば悲嘆のあまり亡くなったという。私はそれを信じた。その後、かなり長いあいだ、私の中で悲しみは死と分かちがたく結びついていた。私が何よりも恐れていたのは、まさに悲しみの感情だった。悲しみに押しつぶされそうになると、私はあらゆる手段でそれを掻き消そうと試みた。その晩、ジュヌヴィエーヴのベッドに坐り、母と娘の写真に目を奪われて呆然としていると、何か私の胸にこみ上げるものがあった。そのときの私はまだ知らなかった。その「何か」が、このつぶらな目の、悲しげな痩せた女性に対する同情であり、そして、同情こそが人のもっとも崇高な感情であることを。しかしながら、同情とともに、私はそれまで味わったことのなかった喜びも感じていた。私の聡明な先生ジュヌヴィエーヴ――まったく私と同じほどではないにしろ、母は彼女を深く愛していた――が、自らの秘密を私に打ち明け、他人には見せない写真を私に見せてくれたからだ。その晩を境に、私はジュヌヴィエーヴをもっとも親しい友人だと考えるようになった。

母が逮捕された後、ラジデン伯父は大きな部屋の一角をジュヌヴィエーヴのために仕切った。私は少し迷った末に、彼女の部屋から持ってきた教会の写真をベッドの頭のそばに掛けた。ラジデン伯父が「ここが君の新しい住まいだ」と言ったとき、ジュヌヴィエーヴは感極まって泣きだした。私は彼女が泣くのを初めて見た。しかし、ラジデン伯父の家で暮らすことには頑なに同意しなかった。「私が行く先々で不幸が起こってばかりいるから、とても感謝しているけど、あなたがたの家には住めない。あなたがたに不幸をもたらすわけにはいかない」と言う。私は叫びたくなった。彼女が私の姉であり、私は彼女に尽くさなければならないという母の言いつけをジュヌヴィエーヴに伝えたかった。しかし、私は言い出せなかった。ジュヌヴィエーヴは私を胸に抱きしめたが、その決意は変わらなかった。彼女は医科大学の寮で暮らしつつ、私たちの家をしばしば訪れ、ラジデン伯父が毎月小遣いを渡していた。しばらくして結核に罹った彼女をラジデン伯父はアバストゥマニの療養所へ送った。そこで彼女が亡くなったのは、私たちが訪問してから数か月後のことだった。結局、亡くなってからも面倒を見たのは、やはりラジデン伯父だけだった。伯父は訃報を聞くとすぐにアバストゥマニへ向かい——このときは私にそれを知らせもしなかった。子供の心がこれほどの悲しみに耐えられないと考えたのだろう——二十二歳の薄幸の娘をその地に葬った。

§

母の短篇「三色スミレ」

私たちにもときどき小さな喜びがあった。ある朝早く一人で外に出て収容所の庭をあてもなく歩いていたとき、不意に見慣れないものが目に入った。近くに寄ってみると、建物のそばの砂の中に小さくか弱い三色スミレが咲いていた。そよ風が塀の外から種を運んできたのだろう。私は不思議な感覚にとらわれ、その三色スミレが私の幼い娘のように思われた。芯に濃い斑点のついたその紫色の花弁を、無意識のうちに娘の目に見立てたのかもしれない。私は樽いっぱいの水を運んできて水をやった。次の日もその次の日も朝早くに様子を見に行って、水をやった。三色スミレは私を心から喜ばせた。愛情を込めて世話したせいだろう、花も元気になり、紫色の花弁は光り輝いていた。

三日目だったか四日目だったか、朝に三色スミレのところへ行くと、ロシア人の若い女性が一人、花の前でひざまずいていた。砂は水をまかれたばかりだった。私は立ち止まり、後戻りしようとしたが、女性は私に気がついて立ち上がった。

「変ね」とその女性ははにかみ笑いを浮かべて私に言った。「この三色スミレを見ると、なぜか私のマリーナを思い出すの」

私はラナを思い出すとは言わなかった。二人とも泣きだして、喜びが消えてしまうのが怖かったのだ。

なぜか「バブ」（おじいちゃん）と呼ばれていた祖母エヴドキア

「バブ」と呼ばれていた母方の祖母は、毎晩熱心に私に繕いものを教えた。この手仕事は、私たちの余裕のない暮らしに必要なものだった。祖母はラジデン伯父や私の靴下やシャツ、ワンピース、シーツに至るまで、あらゆるものをいとも器用に繕った。何度も繰り返し繕うあまり、しばしば繕われた部分のほうがもとの生地よりも多くなったほどだ。言うまでもなく私はその手仕事を億劫がったが、祖母に気をつかってか、あるいは祖母の話が聞きたくてか、ときどきは素直に従った。靴下一足を繕う間にちょうど話が一つ語られた。私はその話を聞くのが大好きだった。ときには靴下に合う色の糸がないこともあったが、祖母は細かいことに頓着せず、靴下はしばしば奇妙な色の取り合わせになった。私が笑うと、祖母は私に言い聞かせたものだ。「靴下は清潔でしっかり履ければ、色なんてどうでもいいの。むしろこのほうがいい。よく見て。青がこの黄土色に合って見目好いじゃない」と。私は心の中では祖母に同意できなかったが、色とりどりの靴下は大して気にならず、すぐに慣れた。

結婚してから、なかなかサインギロ地方が好きになれなかったと祖母は話した。ただ、バトロメにマチハアニ村から牛車で引かれていくときに、クルミの木の並木道がすぐに気に入ったという。「バトロメは特別な人だったわ。あんまり賢いから、村の人たちはみんな何かあるたびにバトロメの意見を聞きに来たのよ。こんな数学の先生はサインギロじゅうを探してもいないって」と祖母は語るのだった。祖母とバトロメはカヒの村で、大きな庭のある、石造りの二階建ての家に住んでいた。十二人の子を儲けて、そのうち九人を育て上げた。その全員に高等教育を受けさせたことを、祖母はとても誇りに思っていた。「毎朝バトロメが言うのよ。『エヴドキア、今日は仔豚を屠ろうか？　それとも七面鳥がいいか？』って」と祖母は得意そうに話した。切り詰めた暮らしに慣れていた私は、サインギロ地方の一教師の家でそんな贅沢ができたのかと驚いたものだ。

祖母が語ってくれたなかでも、次の話がとくに鮮明に記憶に残っている。バトロメが大所帯の家族を、カヒからトビリシへ何台もの荷車で連れていったときのことだ。荷車の上に子供たちが坐り、食べものが積まれている。昼も夜も進みながら、バトロメはしばしば荷車の列の周りを一回りしては何か異常がないか確かめる。何度目かにそうして確かめた際、一番後ろの荷車の荷台が空っぽだった。バトロメが慌てふためいて探しに行くと、広い道の真ん中に小さな絨毯の上で眠っている私の母がいたという。母は絨毯ごと道に投げ落とされたまま、気づかずに眠り続けていたのだった。

祖母はときどき不思議な話をした。たとえば、十六歳の若い祖母がラジデン伯父を身ごもっていたときのことだ。まだカヒで暮らし始めて間もない祖母は、サインギロになじめず、いつも故郷のキジキを恋しく思っていた。ある日、どこかの老人が庭に入ってきて、「エヴドキア、わしが分かるか？」と尋ねる。じっと老人を見つめた祖母はがくがく震えだした。「あんたはマチハアニ村のゴギアじゃないか？」と言うと、老人は「おお、よく分かったな」と笑う。「でも、あんたは死んだはずじゃないの？」「わしが死んだって？」と老人は足を踏み鳴らす。「私がこの手であんたに土をかけてあげたのに」と祖母も譲らない。すると、老人は「それならわしはもうお前とは話をしない。じゃあな」と言って、背中を向けて行ってしまった。「ゴギア、ゴギア、戻ってきて。あんたは死んでいないわ！」と祖母が叫んでも、老人は戻ってこなかった。

「そんなにキジキが好きだったのなら、どうしてサインギロのお祖父さんのところへお嫁に行ったの？」と私はわざとからかって尋ねる。いつも同じ返事を聞くのが好きだったからだ。「ちょっとは考えてみなさい。男の人よりも場所を選ぶと思うのかい？」そう言って、祖母はバトロメののろけ話を始める。「一目惚れだったんでしょう？」と私はもう百回も聞いた質問を繰り返す。「雷に打たれたようなものよ。木みたいに真っ二つにされたわ。だから半分はキジキに残ったのよ」と祖母はにんまりと微笑んで言ったものだ。私は笑いが止まらなかった。歯のないよぼよぼの祖母が愛に心を奪われた若い娘だったと、どうしても想像ができなかったからだ。祖母は私をたしなめてから、また話を続けた。

ラジデン伯父が逮捕されたとき、私は十三歳だった。私は家に入ることができず、あてもなく独りさまよい歩いた。私の人生はもう終わったと思った。通りで何度も気を失った。最初にベリンスキー通りで倒れたときは、目を開けるとそばに知らない女性がいて、同情のこもった目で私を見つめていた。「さあ、家まで送っていってあげる」私は必死で首を横に振る。「頼れる人がいないの？」と女性はさも気の毒そうに私に尋ねる。私は叫びたかった。「いるわ。頼れる人ならいるわ。でも、その人は今は監獄にいるの」と……。しかし、叫んでしまわないように、私は急いでその場を立ち去り、坂を下りて、レーニン通りから川岸へ向かった。独りきりでラジデン伯父のことを考えたかった。

数か月後、マロ伯母が監獄へ物を届けに行くと、「あなたの囚人は赤痢に罹ったから白パンが必要だ」と告げられた。家は大騒ぎになった。白パンは一つ五百ルーブルした。そんなお金はフツィシヴィリ家の親戚じゅうを探してもなかった。何かを売らなければならないが、いったい何を？　誰に？　そのとき、ある絵について、隣人の一人が五百ルーブルで買おうと申し出た。抱き合う男女が描かれたその絵は、高価な古い額縁に嵌められており、誰かに五千ルーブルと値踏みされたことがあった。絵はレオニデ伯父の家の台所の壁に掛かっていて、どういうわけか家宝と呼ばれていた。数か月前にそんな大金を払うという買い手が現われたのだが、苦しくても絵は決して売らないと家族会議で決められたのだった。しかし、もはやためらう者は誰もおらず、すぐに売買が成立し、隣人は五千ルーブルと評価された絵を五百ルーブルで手に入れた。喜んだマロ伯母とユリア伯母は市場へ飛んでいって、念願の白パンを買った。しかし、翌朝早くに監獄の門前の列に並び、ようやく窓口までたどり着くと、「あなたがたの囚人は亡くなった」という返事だった……。

その日、ピオネール宮殿で文学の夕べが開かれ、ホールは人々でいっぱいだった。運命の嘲笑か、それとも奇妙な偶然か、私はそこで「祖国のために、スターリンのために」という詩を朗読することになっていた。私はどうやって舞台に上がったのか分からない。それでも詩を読むと、どうして決意したのかも憶えていない。しかし、私の感情は掛け値なしの本物で、ホールは静まり返った。舞台上の私には、監房の中で赤痢で亡くなった愛しい伯父の姿が目の前に見えていた。私は辛うじて涙を抑えながら、嘘偽りない感情とともに言葉を発した。ただし、その言葉は私の心とはまったく相容れないものだった。

祖国のために、スターリンのために
人民の叫びが火のごとく噴き上がる
かくも力強き呼びかけは
過去にも未来にもない……

私は詩を読み終えた。愛国心を昂らせた人々が拍手を打ち鳴らした。私は自分自身の行動に唖然としたまま舞台に立っていた。泣き叫びたかった。「ラジデン伯父さん、私はラジデン伯父さんなしでは生きていけない！　ラジデン伯父さんなしでは生きていたくない！　ラジデン伯父さん！」周囲の人々はすっかり満足していた。朗読クラブのビチコ・チヘイゼ先生は微笑んで私を見つめ、「君がこんなふうに詩を読んだのは初めてだ」と言った。急に苛立った私は「違う！　違う！　違う！」と叫んで、その場から逃げだした。私は通りを走りながら、「嫌い！　嫌い！　みんな！　誰も見たくない！　誰も！　誰も！」と大声で叫んでいた。しかし、どうやら、叫んでいたと思ったのは私だけだったようだ。通りには他人に無関心な人々がいつものように行き来していて、誰も私のほうを見なかったのだから。

ラジデン伯父が亡くなってから、祖母は寝込み、食事も取ろうとせず、何かを尋ねても答えなくなった。困った伯母が「母さん、お茶くらいは飲んでください。母さんの好きなミントのお茶ですよ」と言っても、祖母は返事をしなかった。何も聞こえていなかったように思う。夜、全員が寝て家の中が静かになると、祖母は再び話し始めるのだが、独りでバトロメと話していた。子供たちのことや子供たちのそれぞれ異なる性格について、まるで全員が隣にいるかのように話すのだ。あたかもリコはシベリアで亡くなっておらず、ラジデン伯父も監獄で亡くなっておらず、私の母も五年前に逮捕されておらず、ケトもボカも国外へ永久追放などされていないかのように。祖母の話しぶりは暗くなく、むしろ楽しげだった。「ラジデンは内向的ね。胸の内を誰にも明かさないの。マロは頑固だわ。やれやれ、あんなに頑固で意地っ張りな子は知らない。レオニデはおとなしいからユリアにいじめられてばかり。ロマンはなかなかの美男子だし、タマラは楽天家で心優しい。ヌツァは頑なだけれど情に厚い。いつも他の人のことで胸を痛めているの。そうそう、頑固といえばケトよ。『私はメンシェヴィキよ、メンシェヴィキ』って言ってしつこく言っているうちにボカまで道連れにされて、二人ともどこかろくでもないところへ送られたのよ。ねえ、バト、教えて。メンシェヴィキの何がボリシェヴィキよりましなの？」そして、突然はっとしたかのように、こんな言葉でバトロメに話しかける。「あなたは幸せに旅立ったねえ。子供たちに囲まれて。もうみんな散り散りになってしまったわ。ここに残っているのはマロとレオニデとタマラだけよ」そして少し考えてから、言葉を継ぐ。「安心して。私がそっちへ行ったらすべて話してあげるから。リコのことも、ラジデンのことも、ヌツァのことも、ケトとボカのことも。でも、ケトとボカのことは私も分からないのよ。最後の手紙はパリからだったけれど、あれからもう十年も音沙汰がないわ。

私が知らないだけで、もしかしてもうあなたのところにいるのかしら」

　最期の日々、祖母はまったくしゃべらなくなった。そして祖母の生きざまどおり、ひっそりとつつましくこの世を去った。九人の子のうち、最期の別れができたのは三人だけだった。亡くなる前、祖母は私を手招きし、声は出さずに唇だけを動かして私にこう言った。「ヌツァが帰ってきたら、私のことで悲しまないように言いなさい。私は向こうにいるみんなのもとに早く行きたいくらいなのよ。でもバトロメが、私のことが分からなかったらどうしようかしら。こんな歯のない婆さんなんか要らないって言われたら」そのとき祖母はこっそり私にウインクをしたように見えた。

§

母の短篇「二度の変貌」より（一）

荒れ模様の怒れる北極圏の空はますます低くなった。まるで海をありったけの重みで押しつぶそうと、世界じゅうから黒雲を集めてきたかのようだった。しかし、海の怒りも決してそれに負けていなかった。身の毛もよだつような轟音とともに巨大な波を上へと放ち、今にも空に激突せんとしていた。

この熾烈な格闘のなか、小さな貨物船で海を掻き分けるロシア人、ジョージア人、ユダヤ人、タタール人の三百人の女はまるで場違いだった。何のために、どうしてそこにいるのか、彼女たちは自分でも分からなかった。

以前、二年間を過ごして馴染んだ場所から突然アルハンゲリスクへ送られたとき、女たちは何もかもあきらめたように淡々と新たな試練を受け入れた。しかし、そこから再び別の場所に移される、それも北極海を渡っていくと知らされたときには、まさに反乱が巻き起こった。

「私たちは行かないわ。拒絶するのよ！」

「ハンガーストライキをしましょう！」

「無理よ、誰ひとり無理よ！　私たちに死ねと?!」

「生きてあの世へ渡ることができるのに、空腹が耐えられないとでも?!」

「みんなでそこへ行くのも、今ここで死ぬのも同じよ！」

私たちの強硬な要求を受けて地区の検察官が呼ばれた。検察官は何人もの部下を従えてやってきた。

「どうして？　何のためにあの世の向こうへ送られるの?!　私たちが何をしたと?!　私たちが妻だから？　私たちが母親だから？　わざわざ地の果てまで行かなくても、私たちを埋める土ならここにあるでしょう?!　もうあの世にいるようなものよ！」

検察官は面食らって冷や汗をかいていた。この興奮した女たちを見て、魔女たちが襲いかかってきたように思ったことだろう。

「みなさん、安心してください。またここへ連れ帰りますから」

「私たちは行かない。ここから一歩も動かないわ！　モスクワと相談しなさい！」

とうとう検察官はモスクワへ電報を送ることを約束した。私たちは有無を言わせぬような電報の文面をその場でつくり、検察官に渡した。

「受領証を持ってきなさい、受領証を！」と一人の女が検察官に叫んだ。そこで検察官もたちまち、そのあまりの無邪気さに気がついた。

おそらく検察官は、これほど激しく誰かに抵抗されたことは初めてだったはずだ。私たちにとってはそれが最後の抵抗だった。その後、あたかも危機が過ぎ去り、それが最後の発作であったかのように、女たちは急に気勢を失い、おとなしくなった。結局のところ、激しい憤慨に終止符を打ったあの「受領証」が、私たちの気力の最後のひとかけらを奪っていったのだ。

おそらく誰でも経験や勘によって、人間の心理が分かるようになるのだろう。翌日やってきた監督官は、「出発の支度をしろ」と事務的に私たちに命じた。まるで前日に「この忌々しい女たちが起こした騒ぎのせいで、面倒に巻き込まれてはたまらない」と恐怖に震えていたことなどなかったかのように。私たちも、まるで昨日「そこへ行くくらいなら死んだ方がましだ」と誓い合ったことなどなかったかのように、無言で立ち上がって荷物をまとめた。

小さな貨物船の木の底板に力なく坐った女たちは、互いに体を寄せ合いながら、恐怖で目を大きく開け、甲板へ上る四角形の隙間を見つめていた。そこからは不吉に黒ずんだ空が覗いていた。「みなさん、がんばって。沖に出ればこんなに波はない」年寄りの水夫が思いがけず同情のこもった声で私たちに言った。「海の入口で少し揺られるだけだ」

おそらく真の危険の前では、人は恐怖を感じなくなるのだ。女たちは海の波が激しく格闘しているさまを、まるで魔法にかけられたかのようにじっと眺めていた。喚き叫ぶ者も、声を荒げる者もいなかった。前の人生では、小川を飛び越えるときにすら悲鳴を上げずにはいられなかったというのに。

私たちは白海へ出た。

私たちの輝く空色の海を黒い海、そしてこの海を白い海と名づけたのは、いったい誰だったのだろう。ここで白いものといえば、九か月間海を閉ざす氷だけだ。では海はどうか？　ここの海もやはり空色だが、空と言っても暗い、黒ずんだ空だ。まさに黒い海という名がふさわしい。波が吹き散らすしぶきさえ白くなく、濃い灰色だ。

そして私たちはとうとう岸に降り立った。それはナリヤン・マルという小さな町だった。白海のそば、ペチョラ川の河口に位置しているという。私たちは町自体は見ていない。町はペチョラ川の対岸に広がっていたが、私たちはこちらの岸に降ろされ、ぽつんと立つ小さな建物へ連れていかれた。ここでまったく予期せぬことが起き、それがあまりに突然だったせいで、女たちはなんとも痛ましい変貌を遂げた。

それまで私たちは結束した一つの大きな家族のように暮らしていた。ジョージア人であれロシア人であれ、アルメニア人、ユダヤ人であれ全員が運命を共にし、ほかの一人ひとりの過去や苦労を知っていた。誰に何人、どのような子がいて、誰の子が良い手紙を書くのかも知っていた。私たちはしばしば手紙をみんなの前で読み上げたものだ。それまでの二年間、私たちのあいだでけんかやもめごとは一度もなかった。湯の管理をしていたラヴレンチエヴナが、ときどき私たちに小言を言うくらいだった。「何が衛生よ。湯をこんなに無駄づかいして。私はもう四十歳になるけど、これまで衛生なんて言葉は聞いたこともなかったわ」

私たちのあいだにこの上ない一体感があったのは、もしかしたら全員が同じ状況に置かれ、分け合うものも先を争うようなことも、何もなかったからかもしれない。かつての世界における社会的、民族的、知的な差異はすっかり拭い去られた。大学講師や画家、洗濯婦、フランス詩の専門家のユダヤ人、最近ヒジャブを外したばかりのタタール人、医者、ピアニスト、小学校に四年間通っただけの主婦、その誰もが互いにいたわり合い、何より互いの中に自分と同じ虐げられた人間を見ていた。

それが、このナリヤン・マルで、二年間の苦労の中で培われた友情に突如ひびが入ったのだ。

私たちが船を降りていたときに急に大ぶりの雪が降りだし、あたりを真っ白に覆ってしまった。私たちは最後の力を振り絞り、監督官の後につき従って、やや離れたところに立っていた小さな建物へと急いだ。その建物の中は小さな部屋が一つあるだけで、荷物を持った三百人の女が辛うじて収まるくらいだった。女たちは積み重ねられた袋やかばんのあいだに押し込まれ、身動きもできなかった。足を踏み出す隙間もなく、ほかの誰かを濡れた袋の上に押し倒さずには、まともに立ってもいられなかった。坐るのはおろか、どこかに体を落ち着けることすら想像もできなかった。

それは苦難の最後の一滴だった。その一滴が私たちの人間性や忍耐に終止符を打った。

女たちはしばらく無言で立っていた。部屋は重苦しい呼吸で満たされた。不意に誰かが袋をつかんで自分のほうへ引っぱった。上に乗っていた袋がそばに立っていた者に当たり、女たちはよろめいたり、倒れたりした。悲鳴を上げた者もいた。すると、にわかに驚くべき事態が巻き起こった。女たちが自分の荷物や他人の荷物を乱暴に引っぱり合い始めたのだ。叫び声や悲鳴が響いた。声は次第に大きくなり、いつの間にかそこは阿鼻叫喚の巷と化した。床のわずかばかりの一画をめぐってつかみ合いの争いになった。逆上した女たちは拳や肘をぶつけ合った。まるで、その相手が苦労を分け合う者ではなく、あらゆる不幸の元凶であるかのように。

私はその日に、初めて本物の恐怖を感じたように思う。小さな部屋は憎しみと敵意に支配された。床の取り合いは民族的な対立にさえ火をつけた。ロシア人はロシア人に、ジョージア人はジョージア人に味方した。獣のように激昂した女たちは人間の顔を失い、互いを踏みつけ合わんばかりだった。

そのとき監督官が入ってこなかったら、その晩はどうなっていたか分からない。彼は落ち着いた口調で「もう一つのバラックへ移りたい者はついてこい」と言った。けんかや叫び声は止まった。女たちの一部が荷物を持って監督官の後について行った。

もう一つのバラックは少し離れたところにあった。そちらのほうが大きいようで、板張りだった。私たちは急いで寝床を整えて横になった。しかし、疲れ切っていたにもかかわらず、その晩、眠る者は誰もいなかった。あちらこちらから呻き声やため息が聞こえていた。今でも分からない。三百人の女性を一つの小屋に詰め込んだのは、たまたまだったのか。それとも、私たちも彼らと同じくさまざまな欠点を抱えた存在であると彼らが確信するために、あるいは私たち自身にそれを思い知らせるために、意図的に私たちを試したのか。この考えは、明くる日に監督官の満足げな奇妙な笑顔と嘲けるような表情を見たときに頭に浮かんだ。

その朝、雪がやみ、やけに大きな冷たい太陽が不機嫌そうに顔を出した。表情を失い、目元に深いくまをつくった女たちが二つのバラックから出てきた。きまり悪そうに以前の関係を取り戻そうとする者もいれば、まだ目をつり上げたままの者もいた。もしそれが狙いであったのであれば、監督官たちは目的を果たしたことになる。あの晩、私たちの大きな連帯にひびが入った。互いを憎んだり、敵視したりするようになったわけではない。私たちには最後まで互いに対する同情があった。しかし、友情はそれ以後いくつかの集団内に限定され、その集団は時間が経つにつれ次第に小さくなっていった。

「ニナが死にそうよ！」と誰かが不意に叫んだ。私たちがバラックの中に駆けこむと、ニナはうわごとを言いながらもがき苦しんでおり、周りの誰のことも分からない様子だった。ニナ・Kはとても感じのよいフィンランド人の若い画家で、ジョージア人の夫がいた。

夕方、監督官は「病院に連れていくからニナ・Kの支度をして、川岸へ連れていけ」と私たちに言った。

私たちは川岸に下り、ニナをボートに乗せた。監督官と守衛がニナの頭のそばに坐り、ボートは動きだした。

私たちの目の前にはなにか非現実的な、神話のような世界が広がっていた。どこか遠く、世界の果てで、巨大な赤い太陽が黒い海に沈みつつあった。そこは間違いなく向こうの世界、あの世だった。赤く燃えるような太い筋が黒ずんだ海を切り裂いていた。流れが緩慢で幅の広いペチョラ川は、あたかも海を真っ二つに断つように、自らの流れをずっと遠くまで貫いていた。すでに半分沈んだ太陽の放つ真っ赤な筋はその流れにも届き、輝く筋の中を小さな黒いボートが進んでいた。

新雪で真っ白に覆われた川岸では、黒い服を着た女たちが立ちつくしたままボートを目で追っていた。真っ赤に燃えるあの世への道が水面にきらめき、小さなボートが彼女たちの友人の死せる魂を、あるいは生きた魂をあの世へと運んでいった。

運命に結びつけられた二つの家族

果てなき世界の岸辺に
子どもらは集う……
ラビンドラナート・タゴール

私たちの大きなY字形の家は、ヴェラ地区のベリンスキー通りとバルノヴィ通りの角にあり、三方から仕切られた庭があった。広い外廊下と台所は共用だった。子供の私たちは曲がりくねった長く暗い地階で、大人たちに隠れて遊ぶのが大好きだった。建物はもともと二階建てだったのだが、その後だんだんと成長した。最初は建物の一方に階が足され、その後、もう一方にも。庭の一画に三階へ上がるおそろしく大きな階段がつくられ、私たちが遊ぶ場所は狭くなるばかりだった。庭の真ん中には深く暗い井戸があり、建物の住人たちの冷蔵庫として使われていた。暑い時期には井戸の中に鎖で鍋が吊るされていたものだ……。その建物には多くの家族が住んでいた。たいていは一部屋に一家族が入っていて、そのためだろう、外廊下は子供たちや大人たち、彼らの交流、慌ただしい動き、日常の習慣、往来、叫び声、笑い声でいっぱいだった。今ではあの家が、間違いなく一つの生きものだったように思い出される。

人々の苦しみや痛みに満ちながらも、その一方で、子供たちの楽しげな声が詰まったあの賑やかな家……。家は時折住人を失った。失うのはたいていは男たちだった。彼らは夜に消え、二度と戻らなかった。ときには部屋も空っぽになり、数日経つとまた新しい住人が住みついた。そうして家は生き続けた。

私たちの建物のじめじめした暗い地下室には、大所帯のクルド人の一家が住んでいた。クルド人たちが決まって地下室に住んで清掃夫として働いていたのは、ソ連の人道主義と公正な民族政策の表われの一つだった。子供の私たちはそのような差別とはまったく無縁で、クルド人の子供たちとも何のわだかまりもなく親しくしていた。その頃に起こった奇妙な出来事がある。ある朝、庭に声が響いた。クルド人の清掃夫アボが逮捕されたという。私たちは庭に集まり、クルド人の子供たちが出てくるのを気を揉みながら待っていた。すると突然、子供たちの代わりに、一家の母親ザルリカが出てきた。彼女は見たこともないほど着飾っていた。普段にもまして色とりどりの美しいスカートを重ねてまとい、首にはやはり色とりどりの数珠玉を十本ほど掛け、とりわけ珍しいことに顔には白粉が塗られていた。ザルリカは私たちに目もくれず、誇らしげな表情で階段を上り、まっすぐ伯母――私たちの建物の紛れもない長老だった――の扉をノックした（ちなみに伯母はニノ〔ニーナ〕・アナニアシヴィリの曾祖母だった）。建物じゅうの大人も子供もみななぜか「伯母さん」と呼んでいた私の伯母は、驚いた様子で扉を開けた。私たちの建物には扉をノックする習慣が――とりわけ住人どうしでは――なかったのだ。ザルリカは伯母の驚きなど意に介さず、部屋に入っていった。私たちは戸口に詰めかけた。ザルリカは顔を上げ、「アボが逮捕された！」と声高に言った。伯母は戸惑った。おそらく慰めの言葉をかけたかったのだろうが、ザルリカは伯母の返事を待たず、再び外廊下に出て別の扉をノックした。私たちは彼女の後ろについていき、そこでも同じ一幕が繰り返されるのを見た。ザルリカはそうして建物じゅうを一回りすると、胸を張ったまま地下室に戻った。そのときの私が察したのか、それとも後で大人たちに言われたのか分からないが、今ははっきりと理解できる。この純朴で実直な女性は、夫が逮捕されたことが無邪気にも誇らしくてならなかったのだ。なぜなら、彼女は政府のこの行動により、自分たちがより高い社会的階級に引き上げられたと受け止めたからだ。

翌日ザルリカは普段の服装で再び私たちの前に現われ、アボのほうきを手に、夫の仕事に取りかかった。うつむいてはいたが、彼女は前日の誇らしげな雰囲気を保とうと精一杯努めていた。

数か月後、アボは銃殺刑に処された。


私の陽気で騒々しい従姉妹たち、すなわち、レオニデ伯父の四人の娘パティ、ルシコ、ツィアラ、ヌキもその建物に住んでいた。彼女たちの部屋から漏れる――四人姉妹が代わる代わる漏らす――おそろしく大きな叫び声や大きな笑い声が、絶えず建物じゅうに響いていた。姉妹げんかは日常茶飯事だった(姉妹が互いをどれほど深く思い合っていたかはのちに明らかになるが、すぐにけんかになるのもずっと変わらなかった)。母親ユリアもやはり心優しいが短気で、いつだって外廊下に出て隣人とけんかしては、「私によくそんなことが言えたわね。私の夫は助教授なのよ!」と得意気に叫んだものだ。そんなとき、助教授本人、すなわち、家庭の騒動に絶えず巻き込まれていた物理学者の伯父レオニデは、顔も上げることなくひっそりと机に向かったまま、妻の叫び声にきまり悪そうに身をすくめていた。子供の私たちは学校から帰るとすぐに庭に飛び出して、およそ遊べることであれば何であれ熱心に遊んだ。棒投げ、クラスごっこ、誰が欲しいか、戦争ごっこ、かくれんぼ……。祖母がつくって大切に保管していたムラバを盗むのにも熱中した。週末には、母方の従兄妹のギジとラリのイヴァニツキ兄妹が加わった。許しがもらえれば、私とラリは鉄製のベランダで一緒に眠った。夢中で話しこむうちにいつの間にか夜が明けたときの心地よさと言ったらなかった。子供の頃のラリはおとなしく泣き虫で、父親がツツ(弱虫)と呼んでいたほどだった。あまりに臆病で内気な彼女に、私はいつも同情を寄せていた。ラリはまるで大変な義務を負わされたかのように生きていた。彼女は優秀な化学者になって学位論文も書いたが、化学が好きではなかった。彼女が愛していたのは文学だけだった。私がたった一度だけ自分に満足している彼女を見たのは、彼女が脇目もふらず一心にフランソワーズ・サガンの小説を翻訳していたときだ。そして、その翻訳が雑誌『明星《ツィスカリ》』に掲載されたときには心から喜んでいた。一方、兄のギジは子供の頃は腕白で落ち着きがなく、成績も悪かった。ラジデン伯父がまったく不本意ながらも、学年末になるといつも進級できるよう学校へお願いしに行かなければならなかったほどだ。やっとのことで学校を卒業して大学に入ると、最初の年はやはり落第寸前だったのだが、その後、豹変した。二年目からは優以外の評価をもらうことはなかった。もっとも優秀な学生と認められ、修士論文と博士論文を書き、ジョージアでもっとも権威ある地質学者の一人となった。

ギヴィについて言えば、私の父方の従兄でもあり、母方の従兄でもあった。すなわち、私の母の兄の子であると同時に父の姉の子でもあった。ギヴィはこの事実を容赦なく利用してメリタを悲しませた。「ラナは僕の父方の従妹でもあるし、母方の従妹でもある。君にとっては母方の従姉であるだけだ。だから、ラナは君よりも僕のことが二倍好きなんだ」と。ギヴィの両親であるラジデン伯父とリザ伯母は離婚していて、ギヴィはソロラキ地区の母親のもとで暮らしていた。二人の取り決めで、ギヴィは毎週土曜日の朝に私たちの家へやってきて、私を彼の家へ連れていき、日曜の夕方にバルノヴィ通りの家へ送ってくれた。若い青年にとって相当に面倒であっただろうこの役目からギヴィが解放されたのは、七歳だった私が三歳年下の父方の従妹メリタを、誰にも告げずにエルバキゼ坂のサーカスへ連れていったときだった。その日以来、両家で私の送り迎えはもう必要ではないと決められた。こうして、私は独立を求める道のりにおいて、一人で外を出歩くという最初の権利を勝ち得たのだった。その後長いあいだ、私はそれを密かに誇らしく思っていた。

父の家族はフツィシヴィリ家と何もかも異なっており、西欧的な軽やかさと芸術の才能、そして陽気さにあふれていた。一九三七年の嵐の後もその雰囲気が残っていたのは驚きである。

　父の姉妹が暮らしていた家はスルハン＝サバ通りにあった。幅の広い木の階段と巨大なガラス窓のついた大きな家で、小さな中庭があった……。今でも私にとってその家は、子供時代の痛みと喜びを体現したものであり続けている。リザ伯母がつくった葡萄棚の小道や彼女が植えた薔薇、枝を組んだ小さな仮小屋が目に浮かぶ。「貴婦人の指」と呼ばれるその葡萄を家族全員で摘み取るのがしきたりだった。リザの薔薇は彼女が亡くなってから徐々に失われてしまった。私たちの隠れ家だった仮小屋はリハーサル室でもあり、秘密を打ち明ける場所でもあった。スルハン＝サバ通りの家は、とりわけラジデン伯父が逮捕されて以降は私の寄る辺ない子供時代の避難所で、本物の「貴族の巣」だった。そこにはいつも苦しい暮らしと秘密警察《チェーカー》に対する不断の恐怖があり、同時に、その家の習慣であったフランス語、音楽や歌の夕べ、庭や植物への愛着があった。ジョージアでは相当に稀なことに、食事はいつも男性のギヴィとマルハズが準備して片づけ、食器はヴァリコ・エリスタヴィが洗うのが決まりになっていた。

　その後、共産党中央委員会の建物の建設が始まったとき、その家は職員の駐車場をつくるために取り壊されてしまった。今日残っているのは家の思い出だけだ。

　この「貴族の巣」に、運命のしわざか、あるいはチェーホフの『三人姉妹』の「影響」か、まさに貴族の出の三人姉妹リザ、リリ、バビが暮らしていた。リリの夫ヴァリコ・エリスタヴィは典型的なジョージア人貴族で、背が高く端麗で馬を巧みに操った。亡くなるまで常に家の中でもアジアツキ〔革製の長いブーツ〕と膝下の細いガリフェのズボンをはき、まるで平原を馬で駆けるかのように歩いた。彼は誰にでも親切で楽天家であった。その一方で、家計を支えていたのはもっぱら妻のリリ叔母だった。叔母は朝から晩までジョージア語とロシア語の文章をタイプライターで打ち続け、いつも目の下にくまをつくっていた。昼食後、ヴァリコはエプロンをつけると、「マーシャは皿洗いに行ったよ」と言ってさも楽しそうに食器を洗い始めたものだ。バビの夫ゲクトル・イオセリアニは、著名なイオセリアニ一族の長兄で、弟が六人と妹が一人いた。美しく堂々とした風采で、繊細で情に厚く、酒宴を愛した。彼は西欧志向の私たちの家族にジョージア式の酒宴と乾杯の伝統を根づかせた。その酒宴でジョージア人の男たちが私に対して示した優しさを思い出すと、私は今でも胸がつまる。逆説的だが、酒宴の度に私が必ず詩を暗唱しなければならなかったのは、その優しさの表われだった。私のレパートリーは無尽蔵だったものの、ジョージア式の酒宴にあまりふさわしいものではなかった。私は「豹皮の騎士」やセルゲイ・エセーニンの詩、ときにはイオセブ・グリシャシヴィリの「蛇」を暗唱した。私の母とドリコ伯母の親友だったルスダン・ミケラゼが笑いながらしばしば語ったものだ。ある日、私たちの家の前の階段を上ってくると、誰かがまるで劇でも演じているかのように、情感のこもった声を震わせながらエセーニンの詩を読んでいるのが聞こえる。家にどこかの俳優が来ているのだろうと思いつつ、テラスの扉を開けると、そこにいたのは、テーブルを囲んで目に涙を浮かべたほろ酔いの男たちと、その男たちが息をひそめて耳を傾けているぽっちゃりとしてひどく滑稽な小さい少女だったのだ。

ルスダン・ミケラゼはペテルブルグの名高いベストゥージェフ女学院の卒業生で、教養を具え、洗練され、ユーモアにあふれた女性だった。彼女のノートに書かれた、コンスタンチン・バリモント自筆の彼女に捧げられた詩は、子供の私にとてつもない印象を与えたものだ。二十四歳のとき、愛していたシモン・ジャパリゼが銃殺された後、彼女は一生を孤独に生きた。彼の死後、彼女は私生活の一切を放棄し、ただ愛すべき本に囲まれ、プーシキンやトルストイらの作品、書簡、彼らの生涯の諸事件に耽溺して生涯を送った……。彼女は演劇大学で図書室を管理しながら、ロシア語とロシア文学を教えていた。何十年ものあいだ教えたさまざまな世代の学生が、彼女の友人や崇拝者になった。あるとき、俳優科の学生たちにプーシキンの書簡について教えていたときのことだ。プーシキンがナタリヤ・ゴンチャロワに宛てて書いた手紙のことを試験でドド・アバシゼ（のちの有名なジョージアの俳優）に質問すると、ドドは誇らしげに答えた。

「失礼ですが、ルスダン先生、私は他人の手紙を読むようなことはしません！」

ルスダンはこの返答を大いに気に入って、ドドがほかの質問に答えられなかったことも大目に見た。ルスダンはブロッセ通りの、まるで十九世紀の文学サロンのような美しい部屋にしばしば私たちを招いた。そんなとき、彼女は「家に紅茶と素晴らしいオレンジがあるのよ」と言うのだが、本当にオレンジ一個のほかに何もなかった。しかし、そのオレンジをきれいに切ってクズネツォフ磁器の平皿に並べ、彼女の話で味つけすると、彼女の若い友人である私たちは何か高みに昇った気がするのだった。十月革命について、彼女にはこんな一風変わった思い出があった。「人でいっぱいの広間で、私の隣に半分頭の禿げた小柄の男が坐っていたわ。そのとき壇上で誰かが『今日、ロシアにこのような政党はない』と言うと、その小柄な男は飛び上がって『そのような政党はある！』と叫んだの。後で聞けば、その男はレーニンだったのね。それから十月革命が始まったのよ」と言って、ルスダンは目をいたずらっぽく輝かせ、嘲るような笑みを浮かべた。この嘲笑はその小柄な男にも、十月革命にも向けられていた。

私たちの「薔薇の庭」で定期的に催された文学と歌の夕べのことは、鮮明に記憶に残っている。発案者のリザ伯母がその催しを仕切り、大人も子供も家族全員が参加した。リザ伯母が「文学と歌の夕べを始めます」と宣言し、子供の私たちは前もって練習した歌をどきどきしながら歌った。私とメリタが間に合わせに縫われた白いガーゼのドレスを着て、雪の結晶を演じながら歌ったことが思い出される。

「私たちは白い雪の結晶。みんなここへ綿毛のように飛んできた。私たちはいつも冷たいの」

それから私たちは詩を暗唱し、みんなで一緒に歌を歌った。音楽的な才能の点でも、私の両親の家族は対照的だった。ゴゴベリゼ家はみな歌が上手だった。私の世代の人々はマルハズ・エリスタヴィとメリタ・イオセリアニの実に素晴らしい歌を憶えているだろう。一方、フツィシヴィリ家にはまるで音感がなかった。私はその中間だった。ギヴィは能力においては父親の血筋だったが、意欲では母親の血筋だった。私たちと一緒に並んで懸命に歌おうとするのだが、どうしても音程を合わせられない。それがどれほど愉快だったことか。英独仏の三つの言語で量子力学の講義を行なう高名な学者となってからもロシアの「無頼歌《ブラトノイ》」を歌っていたことは、ギヴィのこの滑稽な性質の表われだろう。いや、正確に言えば、歌っていたのではなく、長い文章を一つの音程であたかも歌うように読むのである。たとえばこんな歌を。

やあ、俺のムルカ、かわいいムルカ！
やあ、俺のムルカ、お別れだ
お前は俺たちの隠れ家をばらした
だから胸にナイフを受けろ

　モスクワから四人目の伯母エレネが帰ってくると、家じゅうが大騒ぎになった。エレネ伯母は有名な文学者で、イリア・チャフチャヴァゼ〔作家、社会活動家（一八三七―一九〇七）。ジョージアの民族運動を主導した〕やスルハン＝サバ・オルベリアニ〔作家、学者（一六五八―一七二五）。寓話集『嘘の知恵』、ジョージア語辞書などを著した〕の翻訳者にして、ボリス・パステルナークやアンナ・アフマートワの友人だった。私たちは彼女をドリコ、そして「私たちの仲間」と呼び、彼女自身もそれを気に入っていた。その呼び名は、老いても驚くほど若々しく活発で陽気だったこの女性に対する、私たちの特別な態度を表わしていた。到着するやいなや、ドリコ伯母は疑わしげな目で不満そうに私たちをじろじろと眺め、「あんたたちは相変わらずイモねえ！」と怒ったように叫んだものだ。そして彼女はイモの皮を剝きにかかる。すなわち、私たちのさまざまな古い服を脱がせようとする。私たち――とりわけ女の子たち――は、身にしみついた田舎くさい内気さのゆえに必死で抵抗したものだ。ドリコ伯母は真剣に腹を立て、私たちを「カロジュナ」〔ダヴィト・クルディアシヴィリの戯曲『ダリスパンの苦労』の登場人物〕と呼び、無理やり私たちの服をはぎ取った。それから私たちのために持ってきたパンツやシャツを取り出し、裸の私たちにそれを着させて、年齢順に一列に並ばせた。ギヴィ、マルハズ、私、そしてメリタ。それから鋭い掛け声とともに私たちを庭に連れ出すと、忘れもしない体操の始まりだ！ ドリコは若い頃、著名な体操クラブ「ハヤブサ」の一員だった。ドリコ伯母が先頭に立って走ったり、前転をしたり、さまざまな体操の技をしたりして、私たちはみなその動きを真似しようと試みた。それは子供の私たちにとって、本当にお祭りの日だった！

モスクワでドリコとその夫エヴゲニー・ルンドベルグ――作家でドストエフスキーやハインリヒ・ヴェルフリンの研究者でもあった博覧強記の人物、私たちのルン伯父さん――は、アルバート地区アレクセイ・トルストイ通り十六番の共同住宅の一階の一室で暮らしていた。部屋には二つのベッドと大きなテーブルがあり、そのテーブルに夫婦が数々の辞書に埋もれながら向かい合って坐っていた。テーブルは一日に三度食卓となった。部屋の三方の壁は天井まで届く本棚で覆われていたが、大量の蔵書はその本棚に収まりきらず、テーブル、床、窓台の上など至るところに本が積まれていた。棚の一つにはルン伯父さんが蒐集したさまざまな色、素材、大きさのフクロウが飾られていた。ルン伯父さんはその一角を、ドリコ伯母の肖像のギャラリーと呼んでいた。「画家に妻の肖像画を注文する余裕はないから、こうしたんだ」と。そして、どの肖像がいつ製作されたもので、どれがもっとも実物に近いのかといったことを、嬉々として真剣に見物客に解説した。ドリコ伯母とフクロウの比較は、実際のところ、長くて反り返った鼻と鋭く不機嫌そうな目つきに終始した。可笑しいのは、実物のほうも、その性格に似合わぬ従順さで両者の類似を認め、それらの「肖像」の一つ、石を削って水色に塗ったフクロウをこよなく愛していたことだ。

その部屋はモスクワの文学界の一つの拠点だった。私はそこでドヴジェンコやアフマートワ、パステルナーク、著名な脚本家エヴゲニー・ガブリロヴィチ、やはり著名なプーシキン研究者ドミトリー・ブラゴイなど、数多くの興味深い人物と会った。部屋に三つめのベッドを置く場所はなかったので、私はいつも床に寝床を敷いて寝た。朝、目を開けるやいなや最初に聞こえてくるのは、「ルン、ヴェトナムはどうなっているの？（その時々の状況によって、それがカンボジアだったりアイルランドだったりした）」というドリコ伯母の声だった。ルン伯父さんがその質問に答えられなかったことはなかった。ルン伯父さんはたいてい早朝に目を覚まし、ベッドの中で新聞に目を通していたので、その日の世界情勢についてドリコ伯母に詳しく完璧な報告を行なった。

その後、私たちの暮らしの中にも反体制的な書物が登場するようになると、数日間の約束で借りたソルジェニーツィンやシャラーモフを読んでは、それらの作品から受ける予期せぬ興奮や喜びを語り合いながら、私たちは幾晩も明かしたものだった。

ドリコ伯母は全体主義の社会の中でも、精神的な自由を貫いた稀有な人々のうちの一人だった。彼女は何も誰も意に介さず、決まりきった、彼女に言わせれば古臭い考えと徹底的に戦った。亡くなる直前までズボンをはいて出歩いていたために、しばしば周りの驚きや怒りさえ招いたものだ。髪を短く切りそろえ、若々しい軽やかな足取りで、オオタカのような鋭い目で周囲を見回しながらスルハン＝サバ通りをやってくる姿が今も目に浮かぶ。客観的に見れば高齢の老女であるが、内面は老いを知らぬ活力にあふれていた……。有名な生理学者である私の友人ミシコ・ゲデヴァニシヴィリの言葉が思い起こされる。どうやら人間の生物学的時間と客観的状態は、常に一致するわけではないらしい。したがって、老いはしばしば主観的な指標によって定義されるという。簡単に言えば、人間の年齢は自分が何歳だと感じるかによるということだ。ドリコ伯母は老いなどつゆほども感じることなく、八十二歳で亡くなった。

ドリコ伯母の頭は常に社会を変えるアイデアでいっぱいだった。あるとき、とある考えに突き動かされた彼女はシェヴァルドナゼに会いに行くことを思い立った。彼女はすでに八十歳になっていた。面会が取りつけられ、シェヴァルドナゼは高齢の客を恭しく執務室の扉のそばで迎えて中へ招いた。ドリコ伯母は握手をしてこう言った。

「一つ聞きたいことがあります。その答え如何であなたと私がここで時間を費やす意味があるかどうか決めましょう」

国の最高指導者は驚いてこの奇妙な老婦人を見たが、その若者のような不敵な視線と目が合うと、笑ってうなずいた。

「あなたはスターリン主義者ですか？」とドリコ伯母は尋ねた。

「もちろん違いますよ！」とシェヴァルドナゼは答えた。するとドリコ伯母はもう一度満足そうにシェヴァルドナゼの手を取って、自らの考えを提案するため部屋へ入っていった。

ドリコ伯母は六十五歳のとき、憑かれたように英語の勉強を始めた。それがいかなる実利的な目的も持たず、単に衰えることのない知識欲の表われであったことは、私の理解を超えていた。そして彼女は本当に目的を達成した。数か月後には、彼女が大好きだったスコットランドの詩人ロバート・バーンズの詩を英語で朗読していた。それまではサムイル・マルシャークによる翻訳で読んでいたのだ。（バーンズの詩は私の知り合いのあいだではとても人気があった。あるとき、ルスダン・ミケラゼの使用人だったまったく無学のオーリャが、夜遅くにやってきた客をバーンズの詩の文句で迎えたことがあった。「こんな遅くに扉を叩くのは誰ですか？」「もちろん私フィンドレーだ」ルスダンはこの話を長年うれしそうに語ったものだ。詩への「愛」に免じて、彼女はオーリャが何をしでかそうとも赦した。）

ドリコ伯母の際立った性格の一つは、すべてを自分の意のままにしようという欲求だった。しかし、この性質のせいで生きづらくならないよう天が配慮したのだろう。彼女の生涯の伴侶であったルン伯父さんは、ドリコ伯母の気紛れを寛大に受け止め、同情的な皮肉を挟みつつすべてに従った。

「何が起こったのかしら。よく分からないのよ。腰が痛くて眩暈がする。体に力が入らない」と七十五歳を過ぎたドリコ伯母があるとき言った。すると、タイプライターに向かっていた、普段は従順なリリ叔母が「それは老いというものよ！」と思いがけず声を上げた。頭に血がのぼったドリコ伯母は、「何を言うの。老いなんて関係ないわ！」と言い返した。このやりとりは映画『インタビュアー』の中でそのまま再現した。映画の主人公ソフィコのおばたちの原型は私のおばたち、ドリコとリリだ。何もかもまったく異なる二人は、類いまれな取り合わせだった。強情でせわしなく、いつも活動的で陽気なドリコ伯母は、人生のあらゆる瞬間をカヘティの葡萄酒のように飲み下した。一方、いつも悲しげで運命に抗わず、周囲の人々に対する慈愛に満ちていたリリ叔母は、まるで誰かに生きることを強いられたように人生を送った。ドリコはリリを心から愛していたが、リリのいつも陰気な表情がどうしても受け入れられず、時折苛立ちを爆発させた。「生きているのならそれらしくしなさいよ！　私なんてまだうら若い可愛い弟を失い、若いマルハズも失ったのよ。それにリザも。それでも悲しい顔なんてしないわ！」と。私は思わず笑って、「でも、レヴァンとリザはリリ叔母さんの兄と姉でもあったでしょう？　マルハズは叔母さんの一人息子だったのよ！」と反論したものだ。それでも、ドリコ伯母にこのような議論は効かなかった。生気にあふれ、歌の上手だったマルハズの死に、自らいかに心を痛めたかドリコ伯母は憶えていたが、母親の悲嘆がより深く、彼女の一生につきまとうものになるとは想像できなかったのだ。しかし、私はリリの運命に対する従順さはそのずっと以前、子供の頃に芽生えたのではないかとも思う。ある日、彼女が三歳のとき、年の近い姉と兄が泳ぎを教えようと彼女をツヘニスツカリ川に投げ落としたのだ……。川の中でもがいている子供を見つけた隣人が大慌てで助けに飛び込まなければ、悲劇的な結果になっていたかもしれない。とはいえ、ドリコ伯母は大人になってからも、隣人はただ邪魔に入っただけで、リリが結局泳げるようにならず、果てはこれほど消極的な性格になったのもその隣人のせいだと言い張っていた。自分とレヴァンはツヘニスツカリ川の岸を走っていて、必要になればすぐに川に飛び込むつもりだったと。もちろんリリの考えは違っていたが、彼女は黙ったままドリコの主張にただ皮肉な微笑を浮かべるだけだった。

　ドリコ伯母の旺盛な批判精神と、懐疑的なつくりの頭脳について、ルン伯父さんはよく言ったものだ。

「もし彼女がプーシキンの妻だったら、プーシキンは一文字も書けなかっただろうね」と。

私の子供時代のもう一つの辛い思い出は、リザ伯母の悲劇的な死に関するものだ。リザ伯母は歴史の教師で、フランス語とフランス文学に造詣が深かった。彼女は両親のいない私が独りで寂しい思いをしないよう、とりわけ親身に尽くしてくれた一人だ。リザ伯母と彼女の生徒たちと一緒にジョージアのさまざまな歴史的な場所へ遠足に向かうときに感じた喜びが今でも胸に残っている。私がジョージアの教会や自然が好きなのも、その遠足のおかげだと思う。とくによく憶えているのは、リザ伯母に初めてムツヘタへ連れていってもらったときのことだ。スヴェティツホヴェリ大聖堂や、聖堂の壁に残るアルサキゼの切られた腕の浮き彫りを見て、リザ伯母からその歴史を聞いた私がどれほど驚いたことか。リザ伯母があまりに生き生きと巧みに話すので、私はその後ずっと毎晩のように、切り落とされた腕が目に浮かんだ。私はその腕にぞっとすると同時に感激を覚えた。

母のいない私は、リザ伯母とギヴィの仲睦まじさにしばしば心を動かされた。ギヴィは家を出る前に必ず母親に口づけをしなくてはならず、夜には一日の出来事を母親に話すことになっていた。また、母と息子は互いにフランス語で話していた（この習慣は、数年間フランスで過ごしたことによるものだ）。そういった決まりごとを私は好ましいものに思っていた。いつも微笑みを浮かべた美しいリザ伯母は、子供の頃「泣き虫」と呼ばれていたという。彼女が笑っている姿はよく見ていたが、泣いているのを見たことがなかった私には、それはまったく想像がつかなかった。灰色の瞳のギヴィはいつも冗談ばかり言っていたが、本当はきわめて真面目な青年だった。リザ伯母は本当に息子を溺愛していた。それが息子に対する献身であるとともに、息子の素晴らしい人柄に対する喜びでもあり、運命の試練が彼女に与えた孤独を乗り越えようとする試みでもあったと私が理解したのは、ずっと後になってからだ。リザ伯母の破滅的な決断も息子への献身的な愛情から出たものだった。この温厚な優しい女性はにわかに偏執的な激情に囚われ、自分のことで息子を苦しませたくないと思いつめるあまり、自ら命を絶った――当時、彼女は説明しがたい抑うつ状態にあり、病にかかりかけていたようだ。その日、リザ伯母はいつものようにギヴィに口づけし、「ルスダンのところへ行って、すぐに帰ってくる」と言って出かけていった。母親がなかなか帰ってこないので、ギヴィはルスダンを訪ねたのだが、母親はそこに来ていなかった。数時間後、リザ伯母はムトクヴァリ川から引き上げられた。ヴォロンツォフ橋から飛び込んだのを見た者がいたようだ。彼女は長い間しまったままだったひどく古いレインコートを着ていた。数か月前に仕立てたばかりのラシャのコートを駄目にするのは惜しまれたのだ。家族のほかの誰かに着てもらおうと思ったのだろう。

ギヴィは幼い頃、私がまだ生まれる前、妙に美しい少年だったという。家族の中での伝説のみならず、フランスのアルカションの海岸で撮影された写真もそれを裏づけている。その写真は、私たちの苦しい毎日とはまったく異なる夢のような暮らしを映していた。そこはテントや寝椅子に彩られた素敵な海岸で、中央に灰色の瞳をした金髪の美しい少年が立っている。少年は一部が切り取られたような奇妙な靴、すなわちサンダルを履いている。そんなものは私たちの周りでは誰も見たことがなかった。その少年は私にとってギヴィではなく、どこか遠くの国の夢の王子様だった。その印象があまりに強かったせいだろう。五年生のあるとき、友人レイラ・シンジアシヴィリが私に誰が好きなのかとしつこく尋ね、私が答えないので、「私に言わないということは、あなたは私の友達じゃないのね」とひどく腹を立てたことがあった。困った私はアルカションで撮影された十年前のギヴィの写真を見せ、「この男の子が好きなの」と「白状」した。その男の子の名前と姓もでっちあげた。レイラはそれを聞いて大喜びだった。その後、しばしばペロフスカヤ通りのレイラの家――そこは今は新しい時代を象徴するようなインドの布地の店になっている。レイラの父親のサーシャおじさんはパイロットで、一家は比較的余裕のある暮らしをしていた――で、ケトおばさんのつくった美味しい料理を食べながら、私は夢中になって謎めいた王子様との出会いや秘密に包まれたエピソードを話した。レイラも身を震わせ、興奮しながら私の話を聞いていた。あげくには、私も自分がその見知らぬ男の子を好きなのだと信じ込んでしまったように思う。現実の世界がこんな続きを用意してくれなかったら、私は写真の男の子との恋の話をどうやって終わらせていたか分からない。ある日、学校の階段で私は後ろからやってきた四年生の少年に腕をつかまれ、立ち止まった。彼は何も言わず立っていた。私は年下の少年のそのような振る舞いに腹を立てて、手を振り払った。すると彼は挑発するように私を見つめながらポケットの中を探り、四つ折りの紙を差し出した。紙を受け取って広げた私はすぐにそれが何なのかを理解し、怒りで息が詰まった。私は手紙を破ると、勢い余ってさらに細かくばらばらにちぎり、そばのごみ箱に投げ捨てた。それから唖然としている少年を冷たく一瞥し、誇らしい気分で立ち去った。しかし、話はこれで終わらなかった。最後まで読まずに破り捨てた、生まれて初めてもらったラブレターのことが無意識のうちに気になり、私はその書き手が誰だったのか知りたくなった。どのようにして分かったのかはもう憶えていないが、間もなくそれが一学年下の四年生グラム・アサティアニだったということが判明した！　彼のことはその薄茶色の瞳や品のいい歩きかたで、それまでも気がついていて、今や私の胸のときめきはすっかり彼に向けられた。何よりうれしかったのは、想像上の人物ではなく、生身の男の子について考えられるようになったことだ。少し後に私たちが二人ともピオネール宮殿の文学クラブに入ってから、アルチル・ベギアシヴィリがグラムの詩のノートを取り上げ、グラムが必死に追いかけたことがあった。アルチルは机の上に飛び乗ってこんな詩を読み上げた。

君の顔、翳《かげ》りない笑み
僕の愛をいつも燃え上がらせる
僕の前で、眠る僕に囁きかける

私よ、ラナ・ゴゴベリゼよと

君の顔を金の額縁に入れた
そうでなくとも美しい目だ
君への愛に酔い痴れた僕の胸から
何が君の名を消し去ろう……

アルチルが机の上でこの詩を読み上げていたとき、私たちは二人ともう「分別のついた」十三歳で、グラムのこの「子供っぽい」詩は私を限りなく愉快な気分にさせた。
私のほうはといえば、グラムに対するこの漠然と胸に秘めた気持ちが、十二歳の私にこんな詩を書かせていた。

あなた自身は望まないけれど
私はこの愛が欲しい
毎日、希望は一つずつ
春の霞のように消えていく
ときにはあなたを愛しているかのように思う
心はしなやかで清らか
ああ、あなた自身は望まないけれど
私はこの愛が欲しい

ずっと後になって私とグラムは友人として大人どうし、互いに打ち明けることなく終わったこの幼い日の情熱のことを、一度ならず心から笑い合ったものだ。

ギヴィは私よりも八歳年上だったが、家族の伝統のために長い時間を一緒に過ごした。おそらくそのせいで、彼は私の子供時代にとても大きな影響を与えた。彼はある意味で、私たちのたくさんいるいとこたちのリーダーで、私はいわば彼の忠犬だった。私の母が逮捕された後のある夏、フツィシヴィリ家の全員がアハルダバ村で休暇を過ごした。ギヴィは退屈していたのだろう、いつも新しい遊びを考え出した。ある日、彼は村からかなり離れた森の向こうの墓場へ夜中に行けると言いだした。それは私たちの関心と興奮を掻き立てた。私はすぐに一緒に行くと決め、ギヴィもそれを承諾した。彼も一人では行きたくなかったようだ。本当にできるかどうか私たちは賭けた。夜になり、最初の問題はどうやって家を抜け出すかということだった。大人たちが寝た後、ギヴィの合図で私たちは忍び足で家を出た。ギヴィは墓場まで行ったしるしに置いてくる赤い布きれを持ってきていた。私たちは無言で歩いた。暗い森の中で、何かが起こりそうな期待と静寂に襲われた奇妙な感覚を憶えている。それは恐怖だったのだろう。ギヴィは何かを感じ取って私と手を繋いだ。そうして私たちは森を抜け、墓場にたどり着いた。どういうわけか私はほっとした。ギヴィはとても落ち着いていて真剣な様子だった。何年も経った後で、とても怖かったので恐怖を乗り越えられたことがうれしかったとギヴィが私に打ち明けたときには、心から驚いた。

翌朝、大勢の子供たち――親戚と村の友人たち――がみんなで墓場へ行った。私はまるで昨日の真夜中には何もなかったかのような、森も墓場もすべて夢だったような、非現実的な感覚がしていた。ぼうっとした頭で歩きながら、夢かうつつか、私たちが赤い布切れを置いてきた墓を見たくて胸をどきどきさせていた。布切れは本当にそこにあった！　私は卒倒せんばかりに喜んだ。ギヴィは真の英雄のように威厳を崩さなかった。子供たちは大喜びで歓声を上げ、それからしばらくギヴィと私に恭しく振る舞った。こうして私はギヴィのおかげで名を上げたのだった。

子供の頃の私は、始終ギヴィの予期せぬ質問に怯えていた。「フランスの最初の詩人は誰?」(ヴィクトル・ユゴーと答えるべきだと分かるまでは心臓が止まりそうだった)とか、「アスンシオンはどこの首都?」「ラン将軍はどこで亡くなった?」などとギヴィはだしぬけに問題を出してくるのだった。答えられないと私はひどく気に病んだ。ギヴィはそれをよく知っていて、いつも新しい問題を私に出した。彼が世界の歴史や地理にとても深い関心を持っていたことを考えれば、そのような問題を出すのは意外なことではなかった。些細な事件やその日付、小さな国々のことまで、ギヴィは何もかも知っていたと私は今でも思っている。

私にとってギヴィの影響力がどれほど大きかったかを考えると、私は思わず微笑んでしまう。「ああ、今の子供たちときたら!」とギヴィがため息をついて言えば、私は絶望感でいっぱいになったものだ。それからはギヴィが「ああ」と言っただけで私はしくしく泣きだした。ラジデン伯父がいつも私の肩をもって「私のかわいいラナを怒らせたのは誰だ?」と言いながら憤ったふりをすると、私はいつもすぐに泣きやんだ。

ギヴィはよく私の言った言葉をひどく滑稽に物まねした。

「想像できる?」

「頭がおかしくなりそう!」

「ヒンカリは要らない! ラジデン伯父さん、ヒンカリってなあに?」

「十コペイカアア!」(電話をかけるためにしょっちゅう十コペイカが必要だった)

「おじさん、それは痛いの?」(これはきっと歯医者の診察室での出来事)

ギヴィがこのような物まねをやめたのは、私がそれに大した反応を示さなくなったとき、つまり、私の子供時代が終わったときだった。

§

母の短篇「二度の変貌」より（二）

ナリヤン・マルで監督官が変わるのはすでに二度目で、今度は若い、まだ二十四、五歳の青年だった。彼はまるで花嫁のように頭のてっぺんから足の先まで白い装いで、私たちの前に現われた。腰回りがぴったりとした白い仔羊革の上着、白い帽子、白いフェルトの長靴に白い革の手袋を身に着けていた。彼はその手袋が自慢で、しょっちゅう外しては再び手にはめた。

寒さはますます耐えがたく、私たちは持っていたあらゆるものを重ね着した。

どこからか新しい命令が届き、私たちは小さな船に乗せられて、今度はペチョラ川の上流へ向かった。船は昼のあいだは進み、夜はいずれかの船着き場に停泊した。船が止まると、気取り屋の監督官は期待を胸に川岸へ下りていくのだが、しばらくすると落胆した様子で戻ってきて、私たちにこぼした。「ここでは受け入れられないって」

「婦人たちが連れられてくる」との知らせがすでに回っていて、どこの収容所も私たちを受け入れようとしなかった。必要とされていたのは粗野な労働者であり、彼らが勝手に考えたところの、よい暮らしに慣れた婦人たちではなかった。彼らは知らなかったのだ。大木を伐ることを除けば、私たちがどんな仕事もこなせることを。

三百人の女はこうして甲斐なくあちらこちらでお願いを繰り返しながら、ペチョラ川を上っていった。空気は日に日に冷たくなり、空には黒い雲が立ち込め、川の流れまでますます重たくなっていくように感じられた。まだ十月のはじめだった。その時期、私がかつて暮らしていた場所では暖かく太陽が照って、青い空が広がり、葡萄の収穫が行なわれていることがおぼろげな夢のように思い出された。

私たちはペチョラ川をさかのぼり、あちらこちらの収容所から拒まれ続けた。いつかどこかで船を降り地面を踏むという望みはとうに失っていた。収容所に入ることはもう決して叶わぬように思われた。しかし、とうとう自然が私たちに救いの手を差し伸べた。ある晩、船はアズヴァ・ヴォムという小さな船着き場に停泊した。もう何度目だったろうか、監督官は再び川岸に下り、しばらくして苛立たしげに戻ってきた。もはや「また受け入れてもらえなかった」とこぼしもしなかった。翌朝、水夫たちが必死でエンジンをかけようとしたが、船はまったく動きだす気配がなかった。どうやら夜のあいだに川の水とともに凍りついてしまったようだ。こうして際限ない彷徨はおのずと終わった。私たちの運命を決めたのは凍りついたペチョラ川だった。一向に降ろせないこの生きた荷物を運ぶのに川が飽きてしまったのか、あるいは、私たちを不憫に思ったのかもしれない。監督官もほっと息をついたものの、それでも命令を待ち、やがて無線機を手にやってくると、大急ぎで私たちを岸に降ろした。アズヴァ・ヴォムは図らずも私たちを受け入れることになった。

私たちは野菜を保管するためにつくられた大きな半地下の小屋に詰め込まれた。その晩、女たちはもう一度変貌を遂げた。

それまで二年間、私たちは尼僧院にいたも同然だった。監督官と二、三人の守衛のほかに男の姿を見ることはなく、この世に男がいることなどほとんど忘れていた。女は女であることをあきらめ、修道女になったようなものだった。何のために家から持ってきたのか分からない装身具やきれいな小間物は荷物の奥に押し込まれ、誰も外見に気をつかわなくなり、鏡を見る者も稀になった。女たちの身なりは質素になり、みな収容所で支給されたごわごわの醜い上着を着ていた。男のこともめったに話題に上らなかった。これほどたくさんの若く美しい女たちがいるなかで、女としての過去の経験を自慢する者は誰もいなかった。せいぜい夫や家族のことを、それも理想的に脚色して話すだけだった。この二年間で女たちの人生を母性が支配し、彼女たちの女としての一面はすっかり消えてなくなってしまったかと思われた。

アズヴァ・ヴォムには男性の収容所があった。昼間に私たちは診療所や食堂、浴場、パン配給所、あちらこちらの物陰で何人もの男に遭遇し、話しかけられた。油じみた綿の半外套やズボンを身にまとい、髪はぼさぼさで無精ひげの男たちは浮浪者か盗賊かといった風情だった。しかし、あの優しそうな老人は有名なロシア人の美術研究者らしい、こちらの悲しげな男は内科医、二人の調理人は技師だとか、他の男たちより身ぎれいな、浴場で働いているあの男はアメリカで有名になった建築家で、最近祖国に戻ってきたようだなどと私たちは噂し合った。

そうして私たちはまったく思いがけず、すでに忘れていた男たちの気遣いの対象になった。診療所へ行った女性に医者が十日間の白パンと牛乳を処方し、順番にほかの女性たちにも処方すると言づけた。食堂では調理人が「これはあなたがたのために焼いたものだ」と言って私たちの鍋にパンケーキやバターをこっそり足してくれた。頭に布を巻いた男が人目を盗みながら砂糖の塊をいくつか私のポケットに入れてくれた。浴場に行くと、浴場は磨き上げられてつるつるになっていた。「湯は好きなだけ使ってください」と言われ、きれいなタオルが届けられた。これはすべて夢の中の出来事のように思われた。それから伝言が広まった。夕方に監督官たちがいなくなってから、あなたがたの小屋のそばの道で逢おうと男たちが言っていると。

すると、もう永遠に消えてしまったかに思われた女の一面が、この白い氷の世界で突如目を覚まし、噴き出したのである。

小屋じゅうで念入りな身支度が始まった。これほどたくさんの小さな鏡や鏡の破片が、どこから現われたのか分からない。二年間手つかずだった荷物が開けられ、きれいな小間物や装身具が並べられた。色とりどりの布を頭に巻いた者もいれば、首に巻いた者もいた。誰かの毛皮の帽子や革の手袋、ここではまったく役に立たない毛皮のコートも出てきた。動きやすいズボン姿の者もいれば、丈の長いブーツを履いた者もいた。眉を熱心に手入れする者もいれば、香水を振りかける者もいた。口紅を塗った者さえ数人いた。その唇は、生気を失った顔や輝きの消えた目と痛ましくも対照的だった。

小屋の薄暗がりのなか、ところどころにぼんやりと灯った黄色い明かりの下で、集団での逢い引きのために三百人の女が着飾り、身づくろっていた。

小屋から出ると、この不可解な氷の世界が、あたかも特別にしつらえたかのように、驚くべき新たな姿で私たちの前に現われた。

「空の冠」や「空の尖塔」とも呼ばれるオーロラが出ていたのだ。私はその後も七年間同じ土地にいて、ジョージアで虹を見るよりもはるかに頻繁にオーロラを見たが、あのようなオーロラはその最初の夜に見たきりだった。

白く輝く果てしない大地。ゆっくりと流れる、重々しく黒ずんだペチョラ川。いつになく高い空が、色とりどりにきらめく光の冠と化して大地の上に乗っていた。冠はさまざまな色合いの紫に輝いたかと思うと、不意に端から端まで何かが吹きつけたかのように消え、今度は緑がかった黄色に輝きだす。それもふっと吹き消され、次は桃色あるいは真珠色に光り始める。再び吹きつけられ、色が一つ消されると次の瞬間には別の色がきらめきだす。冠は消えることなく、空の縁は輝く光で明るく照らされた大地に支えられている。

私たちは息を呑んで長いあいだその驚異を眺めた後、そばの道に出た。男たちはすでに私たちを待っていた。その日は彼らにとっても身づくろいの日になったようだ。髪を切り、髭を剃り、手をきれいに洗い、服もできる限り整えたり着替えたりしていた。

雪の積もった道の上で散歩が始まった。互いに見知らぬ男女はいくつもの小さな集団に分かれて歩いた。二人ずつになって歩く者も、なかには腕を組みながら歩く者たちもいた。彼らは休むことなく自らの経験を互いに語り合った。

ペチョラ川が重々しく流れていた。知り合ったばかりの男女が、雪に覆われた川岸を歩いていた。白い大地は、冷たく輝く果てしない空の冠を戴いていた。

翌朝はひどく冷え込んだ。私たちの白ずくめの若い監督官が全員を外に出して、一列に並ばせた。彼は私たちの周りを一回りしてから手袋を脱ぎ、入念に手鼻をかんだ後、ポケットから真っ白なハンカチを取り出して指を拭い、再びハンカチをポケットにしまった。

「P...ka は誰だ？　前に出ろ！」と命令した。

「私です！」小柄で年配のロシア人女性が震える声で言って数歩前に出た。

「昨日もらったものを出せ！」

彼女は慌てて小走りに小屋へ向かい、すぐに戻ってきた。手には鹿の毛皮の切れ端と小さな陶器の水差しを持っていた。女はその毛皮と水差しを監督官の足元の雪の上に並べ、力なくうつむいた。

「今後こういうことのないように！　男たちと散歩するのも交流するのもだめだ！」

私たちは雪の中で一列に並んで立っていた。辱められた、物言わぬ涙が頬に凍りついた。

監督官の脅しどおり、その日から私たちは厳重に隔離されて、監視の目が光るようになったため、新たに得た友人や崇拝者たちと会うこともなくなり、時折遠くから姿を見かけるのみだった。

恐怖政治への応答としての「ジョージア人の陽気さ」

人生に飲まされた毒を
私はカヘティの葡萄酒の如く糧にした
ヴァジャ・プシャヴェラ

ボードレールの『悪の華』にこのようなくだりがある。

我が陰鬱な、猛り狂った青年時代
嵐と情熱の暗い蹂躙
雨風が我が美しい庭園を荒らし
庭は果実もなく残された……

ときどき私は思う。フランスの詩人はこの詩を、ソ連体制下のトビリシで暮らしていた子供たちについて書いたのではないかと。その子供たちの暮らしはまさに雨風に荒らされ、果実もなく残された陰鬱な庭に似ていた。

しかし、不思議なことに、私が自分の子供時代や青年時代を思い出そうとすると、目の前に思い浮かぶのは、貧しく不幸でひもじい子供たちの姿ではなく、遠い目標に目を輝かせ、喜びを求めて陶酔し、大笑いする姿だ。

恐怖政治《テロル》やどこにも逃げ場のないおそろしさに取り囲まれていたにもかかわらず、私たちはどれほど笑っていたことだろう。どの写真を見ても私と友人たちは大きな口を開けて笑っている。そのほとんど全員の父親が、あるいは父親も母親も逮捕されていた。それなのに、いや、だからこそと言うべきか、私たちは極限まで懸命に生きていた。文学の夕べを催し、新しい本や芝居に厳しい批評を浴びせ、詩を書き、読み、誕生日には互いに詩を贈りあった。おそらくほかに何も贈りものがなかったからだろう。私たちは無一文で腹を空かせながら、戦争のせいで暗いトビリシの通りを朝から晩まで徘徊した。その息のつまるような雰囲気とひどく混乱した暮らしの中で、私たちはたくさん笑っていたばかりか、我を忘れて生を謳歌していた。

のちに私は、あの頃の私たちのたがの外れた陽気さについて何度も考えたが、どうにも説明がつかなかった。私たちは何を喜んでいたのか？　あの重苦しい雰囲気の中でどうやってあれほど喜ぶことができたのだろう？　しかし、五年ばかり前にジョージアの哲学者メラブ・ママルダシヴィリが書いた『枷のはめられた思考』を読んだときに、この現象の本質が突然はっきりと見えた。どうやらあの頃の私たちの生の喜びは、ジョージア人の民族的特質のようだ。ママルダシヴィリによれば、それは「自由を生きる」ことへの希求であり、「あらゆる物事についての、そしてあらゆる物事に抵抗する陽気さ」だった。「ジョージア人は不幸たるに足るあらゆる要件を満たしているとき、それをものともせず、陽気に運命と格闘する。喜びは辺りに漂っている。それは自分が何かしら価値ある確かなものを経験したことの証左だ」ママルダシヴィリのおかげで、私は哲学の言語における真の楽天性とは何かを理解した。

「極度の絶望を乗り越えたときに初めて、目の前に喜びの空間が広がる」親しい人々がみな逮捕されたり殺されたりしていたのに、あれほど生を喜んでいたのはなぜか、子供時代や青年時代のどの写真でもどうして笑っているのか分からなくとも、私はもはや後ろめたく思わない。日々の暮らしが恐怖に支配されていても、私たちは喜びを感じ、喜びを希求する。結局のところ、おそろしさに取り囲まれて腹を空かせた私たち少年少女が「自由を生きていた」のは、ただ能天気だったからとか、皮相的だったからということではない。私たちの陽気さはいかなる根拠も、法則も欠いていた。しかし、それは絶望の克服であったのだ。それこそが真の楽天性だったのだ。今や私はこの喜びの希求こそが、私たちを人間として救ったことも知っている。ママルダシヴィリの考えに従えば、この「絶望の克服」こそが私たちの「時間における誕生」であった。

　私はこう結論づける。私たちの世代にとって喜びの希求とは、己の中に努力の帰結として「人間を誕生させる」刺激であったのだと。

　私はまったく異なる文化を持つ詩人、タゴールに同じモチーフをふんだんに見出す。彼の「無益な歌」はこの精神の表われである。「我らの血に喜びの鐘が轟く／これは幸運と不運に対する我らの挑戦だ／かような喜びを奪うことはできない」なんと明晰な言葉だろう！　そのとおり、喜びを奪うことはできない。それは幸運と不運に対する挑戦であり、俗人の考えではまったく無益なものだ。

　つい最近、私はタマル女王〔中世ジョージア王国の最盛期の女王（在位一一八四－一二一三）〕の死に関する女王の歴史家の言葉を読んだ。「日は暮れ始め、太陽は沈みかけ、空気は色を失った。明星を黒い雲が覆い、ジョージア人の陽気さも色を変えた」と歴史家は記した。私は十二世紀に「ジョージア人の陽気さ」という概念がすでに存在していたことに衝撃を受けた。それはほかの人々とは異なるものであるという。タマル女王の歴史家は女王の死に伴うその変容について語っているが、この言葉はモンゴルの来襲以降のジョージアの歴史全体に当てはまるものである。私たちの身に降りかかったあらゆる不幸の結果、ジョージア人の陽気さは本当に

「変容した」のかもしれない。しかし、さまざまな試練に満ちた私たちの現在と、同時に、私たちの絶えざる喜びの希求とに鑑みれば、この陽気さが本質的に十二世紀から変わっておらず、それは私たちの生まれ持った真に根源的な性質なのだと私は確信する。ヴァジャ・プシャヴェラもこの考えを独特の簡潔で巧みな表現によって主張する。「人生に飲まされた毒を／私はカヘティの葡萄酒の如く糧にした」と。今日、この言葉を体現しているのが、私の友人たち、ひいては我々の世代であると私には思われる。毒の入った杯を手にした我々の世代はそれを飲み、カヘティの葡萄酒の如く糧とするのだ！

第二次世界大戦、エドガー・アラン・ポー、『ギオルギ・サアカゼ』、パアタの首

第二次世界大戦の暗い時代が始まった。私は母方の伯母マロのところで暮らしていた。私は多くのいとこたちの影響で彼女をマロ・マミダ（父の姉妹）と呼んでいた。婦人科の医者だったマロ伯母は生計のために二か所で働いていて、毎日朝から晩まで職場で過ごし、夜に家に帰ってくると、くたくたで何をする気力も残っていなかった。私は自分の生活に干渉されず、このような独立はとても心地よかった。暮らしはひどく苦しく、一日じゅう黒パンのほか何も食べるものがないことも珍しくなかった。パンも配給で決まった量を受け取るだけだった。子供には三百グラムのパンが配給されたが、ほかに食べるものがないので、それではとても足りなかった。私はパンをいとこたちと一緒に、古い大きな戸棚のそれぞれ別の段にしまっていた。どれが誰のパンかみんな憶えており、他人の分に手をつけることはなかった。パンを一気に食べてしまって残り一日ずっと腹を空かせている子もいれば、惜しみながら少しずつ食べる子もいた。私も夜のために少しは残しておいたほうがいいとよく分かっていたのだが、我慢できずに朝のうちに全部食べてしまうこともしばしばあった。夜に疲れ切って帰ってくるマロ伯母は、私が腹を空かせた目をしているのを見て、私がまたパンを食べてしまったことをすぐに察し、自分の五百グラムのパンを私に分けてくれた。ある年の誕生日に、ユリア伯母が闇市で手に入れた五キロの黒パンを

くれたことがある。私の友人たちは感激して大騒ぎし、私たちは一晩じゅうパーティーを続けながら夢中でその素敵な贈りものを食べた。パンを残しておく必要がなく、好きなだけ食べていいことがうれしくてたまらなかった。

学校では粉乳と粉卵が配られた。これはソ連に対する西側の同盟国からの援助だった。粉末は手のひらに乗せられ、私たちはそれを手のひらから直接食べた。私は粉乳は大好きだったが、粉卵は嫌いだった。逆に粉卵のほうが好きな生徒もいた。私たちは当然ながら互いの好みを知っていたので、粉末を交換し合った。普通の食事の味も忘れてしまった子供たちが向かい合って立ち、手を差し出して互いの手のひらに粉卵や粉乳を移し、それから一生懸命に手のひらを舐める姿が今も目に浮かぶ。

私たちの第十八学校は、女子学校と男子学校に分かれる前は、優れた教師が教える学校としてトビリシで知られていた。ヴァロ・ヴァルディアシヴィリ、バボ・ムチェドリゼ、ヴァソ・アブドゥシェリシヴィリ、タマル・カザハシヴィリら、素晴らしい人格者でもあったすぐれた教育者たちを、尊敬とともに謹んで偲びたい。その混乱していた時代、学校をずる休みすること、つまり、サボることはありふれた話だった。ただそれでも、私の成長に学校がいかに大きな役割を果たしたか、私は今になってよく分かる。厳格さで知られた数学教師ヴァソ・アブドゥシェリシヴィリ——ラジデン伯父の友人でもあった——に「さあ、私の英雄よ。こっちへ!」と難しい問題を解くよう黒板に呼ばれるときの緊張を私は今でも忘れない。

私たちにとって何よりも大切なものは友情だった。この感情は、ずっと幼い頃から私にとって決定的な意味を持っていた。私は女の子とも男の子とも分け隔てなく固い友情を結んでいた。今もはっきりと思い出す私の最初の親友は、横分けにした髪と膝まで届くお下げのイゼイア・テヴザゼだった。彼女は第一実験模範学校の一年生のときに、私の隣に坐っていた。私は毎日ずっと彼女と一緒に過ごしていたが、それでも満ち足りず、夜眠る前にいつも子供っぽく極端に思いつめて誰かに——周囲では無神論が幅をきかせていたとはいえ、おそらく神様に——懇願したものだ。「イゼイアが私を好きでいてくれたら、私はほかに何も、誰も要りません」と。どうしてそんなことを思っていたのか、イゼイアの素っ気なさのせいか、私の過剰な繊細さのせいだったのか、今となっては分からない。しかし、その苦しい気持ちははっきりと憶えている。その後も同じくらい熱心に、メリやグリが私を嫌いにならないよう天にお願いしたものだ。

グリ・ロルトキパニゼは、学校をずる休みするときも、真面目に勉強するときもいつも一緒の親友だった。ほかの人々との関係においても、自殺のような破滅的な決断をしたときもそうだった。悩みもなさそうな陽気な十五歳の私たちが自殺についてあれほど考え、そしてその一歩を踏み出す寸前だったことは今振り返っても驚きだ。子供の世界は大人にとって、なんと不可解なものだろう。私たちが自殺について考えていたとき、マロ伯母とグリの母親が心配していたのは、食べるものが十分にあるか、私たちが学校を休んでいないかということだけだった。

その頃、私は英語の勉強に熱中していた。個人教師を雇うことは当然ながら無理だったので、どうしても英語を習得したかった私は、ピオネール宮殿の英語クラブに入った。当時まだ若かったヴァフタング・チェリゼが教えていた。彼はたくさんの興味深い小噺を私たちに語り、ユーモアにあふれた英語の寓話を聞かせてくれた。そのときに英語で教わったこんな話を今でも憶えている。ある旅人が「私と下男はあるとき、五十人の狂暴なアラブ人を走り去らせてやった」と言う。聞き手が驚くと、旅人は「驚くことは何もない。私たちが逃げると、彼らは私たちを捕まえようと追いかけてきたのだ」と語った……。戦争や体制に虐げられた子供の私たちは心から楽しみを欲していたので、イギリス流のこうしたユーモアに腹を抱えて、非常識なほど笑ったものだ。そんな折、このクラブで私はエドガー・アラン・

ポーの詩「アナベル・リイ」を読んだ。幼い少女と少年の悲劇的な愛の物語は、私の身も心も揺り動かした。海辺に住んで愛に生きたアナベル・リイという異国の美しい名前の少女を自分に近しい存在に感じた私は、彼女の死をまるで自分の身に起こった出来事であるかのように受け止めた。十五歳の私は、ほかの言語でこれほど強く私の心を打った詩をジョージア語で表現したいという願望にかられた。こうして私は初めて詩を翻訳した。

　この詩によって子供の、少女の死という概念が初めて私の意識の中に現われた。今思えば、死についてのこの必ずしも悲劇的とはいえぬ考えがずっと私につきまとうようになったのは、そのときからだった。

　グリはメリク・アザリャンツの家〔二十世紀はじめにアルメニア人豪商メリク・アザリャンツがトビリシ中心部に建てた建物〕に住んでいた。父親の逮捕後、その建物にどうやって住み続けていられたのか分からない。大きな部屋の一角が私たちの遊び場で、歯科医だったグリの母親ニナおばさんの診療所でもあった。それを私とグリのどちらが最初に思いついたのかは憶えていないし、アナベル・リイの死について考えていたせいだったのかどうかも分からないが、私とグリはたしかに信じがたいことを行なった。ニナおばさんが不在だったある日、私たちは彼女の薬棚を引っ掻き回し、砒素の瓶を盗んで別の場所に隠した。そして、私たちのどちらかが自殺を決めたときには、必ずもう一人に電話し、「すべておしまいだ。行こう！」という合言葉を言うと約束した。私たちの人生は終わったので、二人で一緒に砒素を飲まねばならないという合図だった。

　そして、私のあらゆる不幸が積み重なったその晩が本当にやってきた。私は両親がおらず、ラジデン伯父を永遠に失い、もう何か月も学校を休んでいて、今にもそれがマロ伯母に知られそうだった。その日の夕方に誰かがマロ伯母に、学校の授業の時間に通りで私を見かけたと伝えたので、マロ伯母は怒り狂った。私は隣人に告げ口されたことと、大人たちの視野の狭さ――彼らが心配するのは私たちの食べものと学校へ行くことだけなのだ――に腹を立て、伯母と大げんかし、ひどい言葉を言った。これらすべてのことがないまぜになり、ひどく絶望した私は、（私たちの家には電話がなかったため）夜遅くにお隣へ行って胸をどきどきさせながらグリに電話し、「すべておしまいだ。行こう！」と告げた。グリは突然のことに一瞬黙り込んだ。私も黙ったまま返事を待った。それからグリは、なんとか力を振り絞ったのだろう、「すぐに行くわ。あれも持っていく」と囁くように言った。私は驚くとともに安堵した。しかし、予期せぬ事態が起こった。すでに時間が遅く暗かったので、その晩グリは外出を許されなかった。翌朝、グリが砒素を持って私の家に息を切らせて駆けつけたとき、前の晩の私の絶望はすでに跡形もなく消えていて、その破滅的な決心の理由をもはや憶えてもいないくらいだった。その日、私たちは二人ともあまりに危険な火遊びをしていたことを悟り、砒素の瓶をもとの場所に戻した。

一九四二年、ミヘイル・チアウレリ〔映画監督、俳優（一八九四―一九七四）。十七世紀のジョージアの軍人ギオルギ・サアカゼを描いた同名の映画は代表作の一つ〕が映画『ギオルギ・サアカゼ』の撮影を行なっていた。ギオルギ・サアカゼの息子パアタの役に、同じクラスのラマズ・パタリゼと別のクラスのガイオズ・シャラシゼが候補に挙がっていた。同じクラスの、あるいは同じ学校の生徒が映画の撮影に参加するという話は、私たちの味気ない日常の中で大いに特別な出来事で、そのせいで数か月にわたって私たちはひどく気を揉み、二つのクラスが対立した。私たちはクラスを挙げて、とりわけ女子生徒たちが懸命にラマズを応援した。応援に熱が入るあまり、私たちはもう一つのクラスの男子生徒を敵視し、ガイオズを見ればこっそり鼻で笑いさえした。

しかし、それほどの期待も空しく、ある日、私たちは新たな知らせに落胆することになった。パアタ役にラマズではなく、あるまじきことにライバルのガイオズが選ばれたのだ。私たちは非業の死を遂げたギオルギ・サアカゼの息子役にガイオズは決してふさわしくないと確信していた。もちろん、誰が何の役を演じるべきか、監督よりも私たちのほうがよく分かっていると信じて疑わなかった。

この騒動には当然ながら続きがあった。役に抜擢されるかどうかを待つあいだのこの心の揺れ動きが、何の痕跡も残さず過ぎ去るはずはなかった。私たちがガイオズを嫌っていたのはまったくかりそめのことで、むしろ私たちは彼に計り知れない興味を抱いていたのだ。だからこそ、映画が完成した頃には、私たち（グリと私）と憎むべき別クラスの男子生徒たち――ノダル・アンドグラゼ、タマズ・テヴザゼ、ガイオズ・シャラシゼ――はとても仲良くなっていて、みんなで一緒に映画を見に行った。一回で飽き足らず、一日に何回も見た。パアタ、つまりガイオズの斬られた首を見て全員が体を震わせたものだ。

私たちは次第に深く親密になった。興味も希望も志向も何もかも同じだった私たちは、いつも一緒に過ごすようになった。ガイオズの家はコルガノフ通りにあり、いつも笑顔を絶やさぬ気さくなマナナおばさんのいるその家は、子供の私たちの避難所になった（ガイオズの父親が逮捕されたとき、まだ若く魅力的な女性だったマナナおばさんは、その後、二人の子を懸命に一人で育てた）。その家は、友人の裏切り――それは現実の裏切りだったのか、あるいは私たちがでっちあげた（もしくは想像した）裏切りだったのかもしれないが――のために私たちが経験した出来事の記憶とも結びついている。不幸な出来事の原因は、私たちの男友達に、思いがけずほかの女友達ができたことだった。その二人の女友達ナナ・キコゼとラマラ・ウリディアはのちに私たちの友達にもなったのだが、彼女たちと知り合ったばかりの頃に私とグリは、人がとても若い時分にだけ感じるような痛みを味わったのだった。

ガイオズの誕生日は十二月二十六日だった。私たちはその日を毎年どきどきしながら待った。その日は疑いの余地なく私たちのもので、誰にも奪われるいわれはなかった。ところが、ほかでもないその誕生会に、私たちは突然行けなくなったのだ。ナナとラマラが現われる以前、私たちはどんな服装で行こうかと考えたこともなかった。それが気にならなかったのは、おそらくみな同じように暮らしが苦しかったせいだろう。しかし、私たちの友人に新たにできた女友達は、比較的余裕のある家庭の娘だった。二人とも両親が逮捕されておらず、父親が働いていたので、困難な時勢らしくはあったものの、まともな服と靴を身に着けていた。そのせいで、私とグリはどちらも誕生会に少しでもふさわしいような服を持っていないことに思い至ったのだ。何より、中にぼろぼろの靴を履いていた私はオーバーシューズを脱ぐわけにはいかない。そこで私たちはガイオズの家へ行かないという思い切った決断を下した。これはもちろんただの欠席ではなく、私たちはこの振る舞いによってガイオズの裏切りを裁こうとしていた。それだけでない。ガイオズをさらに苦しめようと、私たちは贈りものを贈った。私たちが好きだった英雄ナポレオンの肖像を古くて美しい額縁に入れ、こう書かれた手紙を添えた。「あるとき旅人が見知らぬ国を訪れた。墓地へ行くと、墓石に『生きたのは一年、生きたのは二年、生きたのは五年……』と刻まれている。ほとんどは数か月しか生きていなかった。驚いた旅人に人々は言った。『この国では命の歳月は人生の長さではなく、友情の長さで計る。真の友情を持てる者はきわめて少ない』と」私たちはこのインドの説話を隣人の子供に届けさせた。それから私とグリは、みじめではあったが道徳的には勝ち誇った気分で、夜じゅうガイオズの家の近く、薄暗いコルガノフ通りやペロフスカヤ通りを腕を組みながらあてもなく歩いた。

数年前、タマズ・テヴザゼが彼の十七歳の誕生日に私が贈った詩を見せてくれた。私はその詩のことをすっかり忘れていた。その詩の一部はこうだ。

あなたは今日、十七歳
でも、遠い将来
六十七歳になるとき
運命があなたの青い瞳を灰色に覆ったら
あなたの姉妹たる私が駆けつけよう
何も言わず隣に坐り
苦しみを分かち合い

固く、固く抱きしめよう

この詩を見せてくれたとき、タマズは六十七歳で、彼の目は本当に灰色がかっていた。私は唖然となった。十七歳の私に何がこの言葉を書かせたのか、私は今でも分からない。親しい友人に対する愛情によって、私は人の未来を見通し、その運命を予知するほど感覚が研ぎ澄まされたのだろうか。

今日、タマズ・テヴザゼは目がまったく見えなくなってしまったが、暗闇に呑みこまれても、その限りない優しさと好奇心で周囲の出来事をすべて感じ取っている。私たちのもう一人の友人スサナ・トロシェリゼが一日おきに彼の家へ通っている。彼女は文化を伝え、文学を広めるべく生まれついた女性だ。彼女が二時間、興味深い新しい作品を熱心に朗読し、タマズはそれにより精神的に大いに充足する。スサナもお気に入りの本をいまいちど読み返し、それが誰かに必要とされていることで幸せを感じる。これはガイオズ・シャラシゼの発案で始まったことだ。

オペラ・バレエ劇場は子供の私たちが大好きな場所の一つだった。戦時中のトビリシの子供たちがみんなそこに集まった。その全員がオペラを好きだったとは思わない。私たちを引き寄せたのは、何より明るさと暖かさだった。煤けた灯油ストーブでわずかに暖まっただけの薄暗い部屋に慣れた子供たちは、オペラ劇場の煌々と照らされたホールやロビーに、まるでお祭りの日のように心を躍らせた。そこへ行くときには私も特別に支度をした。私の普段着かつ唯一の制服である茶色のワンピースの袖を肘までまくり上げ、襟をできる限り下に引っぱった。この小細工によって、私は古い制服が胸元の開いたドレスになったように思った。こうして盛装した私は、何の劣等感を感じることもなくオペラ劇場へ出かけた。ときにはグリの母親が服を貸してくれることもあった。それはいくつかの縞模様のスカーフを縫い合わせたワンピースで、私たちにとっては本物のイブニングドレスだった。それを着ると、私は自分が今でいうところのクラウディア・シファーのようなファッションリーダーになった気分だった！　私たちはいつも同じように胸を高鳴らせてオペラ劇場に入り、歌手たちの歌を聞き、カルメンやリゴレット、トスカやカヴァラドッシの情熱を一心に浴びた。そして幕間にロビーに出ると、さて、愛と裏切り、決別と和解に満ちた、緊張感あふれる本当の子供の世界の始まりだ。大人には決して理解できない子供たちの秘密の世界！　私たちが波のようにくっついたり離れたりしながら何人かで一緒に動いていると、不意に小さな女の子の集団がやってきて「ナカシゼ？　ハラゼ？」と尋ねてくる。当時有名だったこの二人の歌手に少女たちは胸を焦がしていた。訳の分からない決まりで、少女たちはどちらかの信奉者、今日の言葉でいえばファンでないといけなかった。そう尋ねられれば、どちらかを答えなければならず、その返事が大きな感激や憤慨の種になったものだ。

　一時期、トビリシの少女たちの関心を集めていたのは、パアタ役を演じたガイオズだった。ナジコがガイオズを裏切った、つまり、ほかの男の子と一緒に何度か通りを歩いていたと聞いて、私たちは一緒に胸を痛めた。その後、ナジコが自分の「振る舞い」を反省し、ガイオズがそれを赦さなかったときも。ああ、友人たちの悩みのためにどれほどの夜を眠れずに明かしたことだろう！　それからしばらくして少女たちの関心はレゾ・タブカシヴィリ〔のちの作家、翻訳家、映画監督（一九二七－一九九〇）〕に移った。

戦時下のピオネール宮殿——ソ連の暮らしにおける一つの逆説

文学と詩に熱中していた私は、十三歳のときにピオネール宮殿の文学クラブに入った。クラブを指導していたのは、子供たちと詩をこよなく愛する若い女性ケト・アナニアシヴィリだった。共産主義のイデオロギーを浸透させる拠点でなければならなかったピオネール宮殿が、その時代にはまったくそぐわない別の種類の思想の持ち主、すなわち異端者たちの巣窟と化したことは、今振り返ると、ソ連の実態に特徴的な逆説の一つであるように思われる。偶然か必然か、当時の文学クラブには今日その名を多くの人が知るメンバーが集まった。レゾ・タブカシヴィリ、ズラブ・カカバゼ、グラム・アサティアニ、タマズ・チヘンケリ、レジ・トヴァラゼ、メロル・ストゥルア、ラマズ・パタリゼ、アルチル・ベギアシヴィリ、ノダル・ググシヴィリといった面々だ。男の子たちのなかで私は紅一点だった。

そこで私はジョージア語の言葉の力を実感した。私たちは朝から晩まで一緒にガラクティオン・タビゼの詩を読み、ルスタヴェリ〔叙事詩「豹皮の騎士」を残した十二―十三世紀のジョージアの詩人〕やヴァジャ・プシャヴェラの詩句の暗唱を競い合った。それから少しして降って湧いたように現われたのがアナ・カランダゼ〔二十世紀の女性詩人（一九二四―二〇〇八）〕の詩だった。同時代人の言葉の清らかさと繊細さは、私たちを心から揺さぶった。

私たちの関心はとどまるところを知らなかった。現代の作家や個々の作品、新しい演劇、私たちのつくった詩、ロシア詩などについて、私たちは長い時間をかけて熱心に批評し、際限なく議論した。端から見れば、十四、五歳の子供たちがときには滑稽なことを言ったりもしただろう。たとえば、哲学の流派に関する非常に真剣な議論の最中に、何かの文脈でメロル・ストゥルアがシュレーゲルの名を挙げると、アルチル・ベギアシヴィリが憤慨して勢いよく立ち上がり、「どのシュレーゲルだ？　フリードリヒか？　アウグストか？　僕の前でアウグストの話はするな！」と言った。メロルはすぐに引き下がって、「アウグストなんてとんでもない。もちろん、僕はフリードリヒのことを言ったんだ」とアルチルに同意する。私たちのあいだで哲学に一番詳しいのは、アルチルだということになっていたからだ。アルチルは哲学者シャルヴァ・ヌツビゼの甥で、哲学の難しい問題について考えるときにはシャルヴァ・ヌツビゼのように天井を見上げたものだ。

　今考えるとどうにも説明がつかず不思議なのは、社会が検閲に支配されていたのに、私たちを監視する者が誰もいなかったことだ。子供のことを誰も真剣に取り合わなかったのか、あるいは、単に私たちのことなど構っている暇がなかったのだろう。ケト先生は、私たちに自由の精神を根づかせるべく尽くしてくれた。私たちの催す文学の夕べはトビリシで人気になった。最初のうちはほんの数人しか人が来ず、「もう五人半来たぞ！」とか、もう少し多ければ「十人半来たぞ！」などと冗談を言ったものだが、その後は会場に人が入りきらないこともしばしばだった。ギオルギ・レオニゼ〔作家、詩人（一八九九―一九六六）。散文の代表作に『希望の樹』がある〕――もっとも成功した文学の夕べの一回は、彼の詩に捧げられたものだった――やゲロンティ・キコゼ、レヴァン・ゴトゥア、レヴァン・アサティアニ、アカキ・ホラヴァ、ニコ・ケツホヴェリ、ギオルギ・トフストノーゴフといった名だたる人々も定期的に足を運んでくれた。コンスタンティネ・ガムサフルディア〔作家（一八九一―一九七五）。代表作に『月の誘拐』『巨匠の右手』など〕も彼の小説の検討の際に二度来たことがある。トビリシでは真実を聞きたければピオネール宮殿に行けとさえ言われたほどだ。私たちにはタブーや恐れるに足る権威はなく、気に入らないものについても率直に意見を述べた。それは禁止に慣れたソ連市民にはまったく馴染みのないことだった。たとえば、サンドロ・シャンシアシヴィリの戯曲『クルツァニシの英雄たち』に基づいてルスタヴェリ劇場で上演された芝居は一般の好評を博し、メディアでも賞讃されていたが、私たちは気に入らず、容赦なく批判を浴びせた。アルチル・ベギアシヴィリが無邪気にも「二時間、私たちはがちゃがちゃと剣を打ち合ううるさい音を聞き、俳優たちがむやみに目をぎらぎらと光らせるのを見ただけで、劇の中にほかには何もない」と述べると、聴衆は大いに喜んだが、作り手たちは明らかに憤慨した。サンドロ・シャンシアシヴィリは「君たちを見ていると、月に手が届かないからと悪態をつく気紛れで愚かな子供の話を思い出す」と私たちのやりとりを評した。

一方で、プリーストリーの戯曲を基にギオルギ・トフストノーゴフが演劇大学で上演した『時とコンウェイ家の人々』を見たときの奇妙な興奮は今でも憶えている。それは内容的にも形式的にも、社会主義リアリズムの主流からまったく外れていた。とりわけ私たちにとって衝撃的だったのは、劇の意外な構成だった。第二幕はいきなり二十年後にとび、メデア・チャハヴァ演じる主人公の一人、朗らかなキャロルがすでに亡くなっているかと思えば、第三幕では再び以前の時代に戻り、生気あふれるキャロルが夢を語る。トフストノーゴフの演劇がそれまでに見てきたあらゆる演劇といかに異なるかを私たちはすぐに感じ取り、子供っぽい率直さでその感激を表わした。私は壇上で「サロメ・カンチェリはその演じる人物の心のあらゆる動きを正確に表現している。私はケイとサロメ・カンチェリを別々に想像することができない」と言った。それを記憶しているのは、トフストノーゴフが私の意見の後でこう述べたからだ。「子供が直感で感じたのだろう。これは俳優が受けることのできる最高の評価だ」と。

ドリコ伯母も私たちの文学の夕べに頻繁にやってきた。あるとき、彼女が少し遅れて会場に入ってくると、壇上に立った細身の美しい十四歳の少年レゾ・タブカシヴィリが、深い感情を込めて沈痛そうに自らの詩を読んでいた。

さらば、トビリシよ。もし生きて戻れねば

もし汚らわしい者たちが私を誹《そし》るならば
お前の月とお前の空に胸を焦がして
一人の詩人が死んだと思え
さらば、トビリシよ!

レゾが再び情熱的にそう叫ぶと、ドリコ伯母が観客の一人のほうへ身を乗り出して、「この男の子はどこへ行くんですか?」と甲高いささやき声で尋ねたので、客席で笑いが起こった。可笑しいのは、その頃レゾが行くことのできたもっとも遠い場所は、せいぜい父親の故郷グドゥメケティ村くらいだったことだ。その日、ドリコ伯母はレゾを「哀しみと苦しみの詩人」と名づけ、その後何年間もそう呼び続けた。

従兄のギヴィ・フツィシヴィリは、私たちのクラブのメンバーをいろいろな意味を込めて「出しゃばり屋たち」とあだ名し、こんなふうに序列をつけた。「出しゃばり一号——ケト。出しゃばり二号——レゾ・タブカシヴィリ。出しゃばり三号——アルチル・ベギアシヴィリ。出しゃばり四号と五号はラナ・ゴゴベリゼとメロル・ストゥルア。出しゃばり六号はグラム・アサティアニ……」

番号をもらった私たちが大喜びしたのを憶えている。すぐに彼の洞察力を評価したのだろう。

私を監視していた秘密警察員

「体制」が私たちに安息を与えることはなく、時折私たちを怯えさせては、その存在を思い出させた。私は六年生か七年生だった。授業の後、クラスじゅうの生徒がいつものように一斉に表に飛び出すと、見知らぬ男性が私たちに近づいてくる。男性は微笑みながら真っすぐ私に向かってくる。目の笑っていない顔にまるで誰かが描きつけたようなその微笑が恐ろしく、私は友人たちと一緒に逃げようとするが、男性は私の腕をしっかりとつかみ、私の目をじろりと覗きこむ。見えない力が一瞬で彼の顔から微笑を消し去り、その気難しそうな顔は普段の状態に戻る。男性は厳めしい調子で「あの子たちは放っておきなさい。私が家まで送ってあげよう」と言う。急に私は蛇の前で震える小さなウサギになったような気がして、承諾のしるしに何度もうなずく。私たちは一緒にベリンスキー通りへ入っていく。男性は私に話しかけるが、最初のうちは何のことを話しているのかよく分からない。しかし、私は徐々に理解する。男性は私や母、伯父、友人たち、私の暮らしや好きなことを何もかも知っているのだ。見知らぬ男性が私という人間にこれほど関心を向けていることに私はぞっとするが、同時に心地よい気分にもなる。しかしながら、彼の望みが何なのか分からない。家のそばまでやってくると、男性はさよならと言って去っていく。もう二度と会いたくないと私は思う。私は友人たちには何も言わないが、それ以来、学校を出るときにはつい立ち止まり、目であの男性を探してしまう。彼の姿は見えない。あれは恐ろしい幻影だったかと、次第に私は男性のことを忘れ、再び以前のように楽しく学校から飛び出すようになる。しかし、それも再び通りの隅に灰色の醜い人影を認め、私に向けられた執拗な視線を感じる日までだ。気難しそうな顔に微笑をとってつけたようなその男性は、時折そうして私の人生に現われた。何度か会ううちに私は理解した。彼は私を抱き込もうと、つまりKGBのスパイにしようとしているのだ。恐怖がすっかり消えたわけではなかったものの、決して恐怖を見透かされてはならないと考えた私は覚悟を決め、ライオンとは言わずとも、うわべは震えるウサギから勇ましいウサギくらいにはなった。私はこの灰色の男性に対してだんだんと奇妙な優越感を覚えるようになった。彼の無駄な努力が実を結ぶことはありえないと確信できたからだ。男性はそれに苛立ちや戸惑いを感じた様子で、もはや堂々と近づいてこなくなった。私は次第に反抗心が湧いてきて、あげくには恐怖すら忘れてしまった。ある日、学校を出てその男性を目にした私は、かっとなって駆け寄り、「もうここへ来ないで!」と叫んだ。そして彼の反応も待たずに駆け戻って友人たちの中に紛れ、急いで家へ帰った。その日以降、あの男性の影は学校のそばに何度かちらついたが、私は目もくれず走り去った。しばらくして彼は最終的に私の人生から消えた……。奇妙な、おそらく不適切な考えがときどき私の頭をよぎる。子供と交流したことで、あの恐ろしい男性の中に人間性や同情が芽生えたのではないかと。しかし、これは子供をスパイに仕立てあげようと試みるのと同じくらい馬鹿げた考えかもしれない……。

詩作という伝染病

詩を私は押し寄せる地滑りと呼ぶ
それは人を押し流し、生き埋めにする……
ティツィアン・タビゼ

詩作はまるで伝染病のように私たちのあいだに広まっていた。詩を書くよう生まれついた者も、単に詩を好きだった者も、誰もが詩を書き、五音節の脚韻をつくるのを互いに競い合った。レゾ・タブカシヴィリは十四歳でこのような詩を書いていた。

今日、喜びも悲しみの色
今日、私は胸の冷酷な鎧戸を下ろす
今日、もはやおとぎ話の妖精に倦むこともなく
私は何も感じない

今日、私のカミツレの花も嫌いになった
吹くそよ風に私はもはや心を打ち明けない
棺の後を慟哭が追いかける場所で
私は何も感じない

今日、私の心の中に広がった空の青さを
黒い翼の生えた誰かが消し去るだろう
私はすべての者に対し罪を負う
私は何も感じない……

こちらはズラブ・カカバゼがその頃に書いた詩の一部だ。

そして今、かすかな音が聞こえる
まるで五月の遠い翼のよう
わけもなく、奇妙に
私は愛を求めていたのだ
これほどの素敵な微笑み
目はまるで星々のよう
胸の痛みを感じるのは
誰も愛したことがないから

私は、私を救うべき見知らぬ誰かに宛ててこう書いた。

ここへ来て、私を救い、何か言っておくれ
目を濡らす密かな涙を乾かしておくれ
ああ、胸の奥に忍び込んだ
邪な夜を追い払っておくれ

私は黒い埋葬布にすっかり包まれ
胸にも邪な夜が宿った
稲妻が走り、頭上で雷が鳴る
ここへ来て、私を救い、何か言っておくれ

あの暗い、行き場のない状況において、詩はまさに私たちの避難所となった。それは私たちの生の渇望であり、愛であり、抗議であり、絶望を乗り越える手段であり、私たちの人生そのものだった。
その頃の私たちの痛み、志向、希望を何よりも正確に、情熱的に表わしているのが、のちに著名な詩人となるタマズ・チヘンケリが学生時代に自由を希求して書いたこの詩であるように思う。

私は裏切り、嫉み、
無言の若者らの情熱という名の大地の傷
だが、お前はどこにいるのか。その額に最も偉大な、
最も明るい考えを痛む目で見出そう

私は両膝をついた者の嫉みと
憤りという名の大地の傷
私はお前を呼ぶ。私の胸に残る弾丸は
最後の戦いのときのものだ

お前の中の飼い馴らされぬ仔馬の誇らしい目と
貧者たちがかき集めた富の太陽
まだ見えぬが、お前はきっと太陽のように昇る
まだ見えぬが、私は何よりも強くお前を崇める

もし私が、貧者の嫉みと若者らの底なしの嘆息という名の
大地の傷であるならば、
私はお前を呼ぶ。いずれお前が最も強く、
無欠の命とともにやってくることを知っているから

タマズは詩を書くと、いつもすぐに私のところに持ってきた。「僕が来るとすれば、傷ついた虎のようにやってきて、ただ詩を読むだけだ」と彼は言ったものだ。この詩もそうだった。もう夜遅かった。私たちはベランダに坐っていた。タマズが詩を読むのを私は驚嘆しながら聞いていた。最初の数語で、すぐにこれはただの良い詩ではないと理解した。それは、私たちの心の一番奥に隠された意識のこだまだった。それと同時に、この詩を秘密に隠しておかねばならないことも、私たちはよく分かっていた。

数日後の晩、私の家には友人たちがいて、いつものように我を忘れるほど愉快に過ごしていた。そこに青ざめた顔のタマズがやってきた。彼はそばへ来ると、ほとんど声を出さずに「燃やせ、燃やせ」と私に言った。すぐに意図を理解した私は机へ飛んでいき、ノートに挟んであった詩を取り出した。私たちは無言で玄関の扉を出た。そこは暗かった。タマズがマッチを擦り、私が握っていた紙に火をつけた。私はその行為が永遠に続くような、紙がいつまでも燃え続け、それとともに私たちの精神も灰になってしまうような気がした。紙が燃え尽きた後、ようやくタマズは囁くように「オティアが逮捕された」と言った。私は何も言わず部屋に戻った。部屋を出たのも、部屋に戻ったのも誰にも気づかれなかった。

数十年後、アンナ・アフマートワに関するリディヤ・チュコフスカヤの本を読んだ。そこには、チュコフスカヤがアンナ・アフマートワの詩「レクイエム」を暗記してから、二人で原稿を蠟燭の炎で焼いたことが詳しく書かれていた。二人の女性――偉大な詩人と偉大な人間――は原稿を焼きながら、何かたわいもないことを声高に話した。アフマートワの家が盗聴されていることを知っていたからだ。ソ連では、詩を焼いて次の世代に伝えるために記憶することが避けられぬ必然の儀式だったのだと私は理解した。

手書きの文集『小さな鈴』は、私たちの文学活動を初めて形にしたものだった。その「編集部」はペロフスカヤ通りのラマズ・パタリゼの家にあった。私たちは編集者でもあり、執筆者でもあり、発行人でもあった。清書は字のきれいなラマズが担当し、私たちの詩や批評、翻訳を載せていた。私が仲間に加わったときに、彼らが私に言った大仰な言葉を思い出すと、私は胸が詰まるとともに笑いがこみ上げる。

「ラナ、君は金の靴を履いて我々の文集の紙面を、夢見る青年たちの胸を踏みしめた。この言葉は、詩のオアシスに集うベドウィンたちのもとに君が初めてやってきた日のことを常に思い出させることだろう。我らが文集への君の加入に幸あれ！」

そこに私の詩が掲載された。

悲しみの小道で私はしばし立ち止まる
いったい私は何に飽きたのか、何を望むのか
ああ、それは君でも、あの人でもない
この心は冬を越すべくざわめき
君の胸の内に酔えぬなら
雪の下に水仙を探す

君をこれほどの感情で倦《う》ませたい
この辱められた生を過ぎ越えたなら
私はそこへ行って、君を探す
あの人も連れていこう、ひとりにはしておけぬ
さもなくば雪の下で冷たくなってしまうだろう
みなしごになった子供のように……

この言葉は私が経験した初めての現実的な心の分裂を表わしていた。
編集作業は秘密裡に行なわれていた。当局から見れば私たちの活動が紛れもない違法行為であることは分かっていたので、私たちは陰謀でも企むかのようにこっそり集まった。その発行は、思いがけずオ

ティア・パチコリアと何人かの私たちの友人が逮捕されたときに中断された。それまでに発行した『小さな鈴』は、発行人であるラマズ・パタリゼのもとに今日まで保管されている。

§

母の短篇「ペチョラ川のワルツ」

周囲の凍りついた白い空間と重くのしかかった曇り空は果てしなかった。冷たい永遠の美は苦悩と不安を抱えた先の短い人間など意にも介さないかのようだった。

この人気のない空間の中、凍りついた川のそばの降り積もったばかりの雪の上を、十四人の女が歩いていた。しかし、この奇妙で無様な存在を「女」と呼べるかどうか。「歩いていた」という言葉も、彼女たちが氷の上を苦労してよたよたと進むさまにはそぐわなかった。

彼女たちは色褪せて油じみた綿入れとズボンを身に着けていた。その着古された服は「三代目」と呼ばれており、彼女たちは三人目の所有者だった。そして上着の中は……どう書き記せばいいだろう、この女たちが着て、いや、くるまっていたものを。シャツ、ワンピース、スカート、ブラウス、ジャケット、ショール、手拭い、まだらのぼろ布——零下四十度に耐えるため、体を覆えるあらゆるものをすべて身につけていた。とりわけ吐く息を体の中に吹き戻されるような雪嵐のときには、風が体の芯まで凍りつかせ、大事に懐に入れたパンの欠片まで凍って味を失ってしまう。

女たちは綿の入った帽子の上にさらに頭巾やショールを被り、腰に巻いた太い縄に鎌やナイフを差していた。ただし、「腰」とは言ってみたものの、この無様な身なりのどこが腰なのか、彼女たちは自分でも分からなかっただろう。

この不格好な女たちは、小舟のように大きなフェルトの長靴を履いてのろのろと進んでいた。長靴の中の隙間を埋めるため、彼女たちはありとあらゆるぼろ布や紙切れを足に巻かねばならなかったが、そんな足でいったいどうやって歩くことができただろう。長靴の空っぽの爪先は上に反り返っていて、一歩足を踏み出すたびに後ろにひっくり返りそうになった。

それは二十五歳から三十五歳ほどの若いジョージア人の女たちで、そのなかに一人だけ年配のユダヤ人の女性が交じっていた。彼女は教養ある冷静で気丈な女性で、全員を懸命に率いる教師だった。

私たちのなかには美しい女性がたくさんいた。私たちが「逮捕前の暮らし」と呼んでいた時代には、彼女たちはおそらく単に美しい女性だった。それが今や痩せこけた青白い顔、笑うことのない暗い目、哀しみや涙を湛えたまぶた、沈んだ表情がその美しさに悲劇的な色合いを与えていた。

女たちは覚束ない足取りで、凍結したペチョラ川をゆっくりと渡っていた。果てしなく白い世界における不格好な存在のこの緩慢な行進は、聖書の一場面を思わせた。

その朝、私たちは毎日の作業をするためにペチョラ川の一方の岸から対岸へと渡っていた。対岸には茂みがあり、その枝はかごを編むのに使われていた。深い雪に埋まった茂みの枝を切り取るのは大変な重労働だった。

晩秋のどんよりとした朝だった。ただし、朝とはいっても、朝と夕方、昼と夜もそこでは理論上の概念に過ぎない。冬の間は一、二時間ほど夜明けが訪れるが、その後また夕闇が下りる。夏の二か月も昼と夜は区別できない。寸断された大きな太陽が沈もうとも昇ろうともせずに、昼も夜も低い空にぶら下がっている。実際に私たちは何度も昼と夜を間違って、しばらく昼の代わりに夜に働いていた。

北極海を越えた私たちは、まるで陸地から切り離されたように感じたものだ。実際は再び陸地に渡ったのだが。女たちは以前のような信念や無邪気さを失っていた。それまでは開かれた門や長く広げられた布地を誰かが夢に見たり、鳥の糞が頭に落ちてきたり、監督官が誰かに柵のほうを目配せしたりしたら、それは私たちがもうすぐ帰ることができるという確かな予兆だった。あるとき清掃夫が女たちにこっそりと二本の指を示したことがあった。いやはや、どれほどの騒ぎと興奮が巻き起こったことだろう。二本の指は何を意味するのか？　二日？　いや、二日はあまりに急すぎる。おそらく二週間……もしかして二か月か？　いや、二か月はあまりに遠い。間違いない、二週間後に私たちは出発するのだ！

しかし、道もないはるかな隔たりが女たちの希望を奪った。「極地」という言葉自体が恐怖やおののきを催させた。夜の静けさのなかで、女たちは眠りながら「ああ、母さん！」という呻き声とともにしばしば「極地」と口走った。

その朝、誰もがひどく憂鬱だった。この凍りついた絶望に私はもう耐えられなかった。

「ねえみんな、夕方に戻ってきたときに、無線で私たちを解放すると連絡があるかもしれないわ」

誰も返事をせず、私のほうを見もしなかった。

「本当よ。そんな気がするの……」

「それが現実になったとして、私たちはどうするの？　もうこの忌々しい氷に閉じこめられてしまったのに」

「氷が解けるまで九か月かかる。どうせそれまでみんな生きていないわ」

「鉄道まで千二百キロよ。歩く？」

「もちろんよ。毎日四十キロ歩けばちょうど二か月で着くわ」

「私たちは二日で八十キロ歩いたでしょう？　それもこっちへ向かって」と誰かがためらいがちに私に加勢して言った。

「トナカイに乗ればいいわ!」

「でも誰がそのトナカイを連れてきてくれるの?」その声にはすでに希望が芽生えていた。

「みんなでぴったり肩寄せ合ったとしても、橇が二台は必要ね」

「無線でお金も送ってもらえるかしら?」

私は女たちが話に乗って活気づいたのでほっとした。

「今日の夕方に戻ってきたら、監督官が書類を持ってやってきて、私たちの名字を読み上げるわ。『ジャパリゼ、荷物をまとめろ!』って」

これはあらゆる場面における出発の公式の表現だった。

「ガルセヴァニシヴィリ、荷物をまとめろ!」

女たちは立ち止まって、みんな私のほうに向きなおった。

「ミツィシヴィリ、荷物をまとめろ!」

「ビビネイシヴィリ、荷物をまとめろ!」

ドド・ビビネイシヴィリは前の世界でピアニストだった。生来明るい性格の彼女はいつも不機嫌でいることができず、何かのメロディを鼻歌で歌ったり、おどけてみせたりしては自分も笑い、他の女たちも笑わせていた。そのとき自分の名字を聞いた彼女は、すぐに笑顔になった。

「タラ、ラ、ラ、ラ……」と彼女はしゃがれ声でショパンのワルツを歌いだした。それから杖を脇に投げ捨てると、タマラ・Mの外套の袖をつかんでワルツを踊りだした。思いがけず、いつも沈着なタマラも一緒に踊った。

「メピサシヴィリ、ゴルデラゼ、ゲゲナヴァ!」私も高揚して女たちの名字を叫んだ。

別のペアも踊り始めた。それから三組目も。

「タラ、ラ、ラ、ラ……」歌声が大きくなった。

「アベサゼ、ゴダブレリゼ、荷物をまとめろ！」私は叫び、女たちはまるで本当に名字を呼ばれたかのように踊り始めた。

「私は？　私は連れていってくれないの？」とぎこちない笑みを浮かべてユダヤ人のライサが私に尋ねた。

「あら、ライサ・ボリソヴナ、何をおっしゃるの！　クラヴッツ、荷物をまとめろ！」と言ってから、私は最後に自分の名字を叫んだ。本当に自分だけここに残されたらどうしようという恐怖に襲われたからだ。

「じゃあ私たちも踊りましょう」とライサ・ボリソヴナが遠慮がちに私に言い、私たちも踊り手たちの輪に加わった。

　ひどく着ぶくれて、先の反り上がった巨大なフェルトの長靴を履いた女たちのワルツに比べたら、熊どころか、鬼の踊りだって、もっと滑らかで美しかったことだろう。

「トナカイ、トナカイ！」突然、一人の女性が叫び、両腕を広げて誰かの行く手を遮った。それまで私たちは一、二度、それも遠くからトナカイの橇を見たことがあっただけだった。それが、驚くべきことに、背の低く肩幅の広いトナカイが四頭、橇を引いてまっすぐ私たちのほうへ向かってやってくるではないか。四頭とも太い枝を広げた角を頭に生やしていた。橇の上にはコミ人の男性が立っていた。平らな橇は雪の上にほとんど見えなかったので、まるでトナカイの少し後ろを男性が不動の姿勢で氷の上を滑りながら近づいてくるようだった。男性は金糸の刺繍の入ったトナカイの毛皮を身にまとい、同じ毛皮の帽子と手袋をつけて、足にもやはり同じ刺繍が施された毛皮の長靴を履いていた。

　勢いよくやってくるたくましいトナカイと、橇の上に立って長い棒でトナカイを操る毛皮の男性は、私たちとは異なり、驚くほど美しく、見事に風景に溶け込んでいた。

橇は瞬く間に私たちのところまでやってきた。コミ人の男性は棒を氷に突き刺し、トナカイを止めた。

それまでも、それ以後もコミ人にどこで出会おうと、男性であれ女性であれ、彼らの表情に一度として驚きを認めたことがない。まるで彼らはその感情を退化させてしまったかのようだ。この世で起こるすべては自然で理にかなったことだと、厳しい環境が彼らに教えているのかもしれない。そのコミ人の男性は小さな目をやや広げ、唖然として私たちを見つめていた。おそらく遠くから私たちが踊っているのが見えたのだろう。あまりに奇妙な光景が彼の思慮深い自制心をねじ伏せたのだ。

女たちは男性の周りを取り囲んだ。

「おじさん、コトラスまで乗せていって!」

「おじさん、私たちにトナカイを売って!」

「おじさん、コトラスまで連れていってくれる?」

男性は何も言わず、胸で十字を切った。それからトナカイに向かって棒を振り、「ツォ!」と掛け声をかけた。橇は滑りだした。

しかし、不意に男性は棒を氷に突き刺し、もう一度橇を止めた。そして懐に手を入れてニシンを二匹取り出すと、それを私たちのほうに放り投げ、それから向きなおってトナカイを走らせた。

浮かれ騒ぎは突然終わった。空はまるでさらに低くなったようで、あたりは白い靄で満たされた。私たちは走り去っていくトナカイをしばらく見つめていた。それから自分たちの棒を手に取り、無言のままのろのろと仕事場へ向かった。

夕方、自分たちの通った跡をたどって帰る途中で、私たちは白い氷の上に黒っぽい二匹のニシンを見つけた。この無人の氷の世界にはそれを持ち去る者などいなかった。ドドがかがんでニシンを拾い、私たちは再び無言のまま小屋へ向かって進んだ。

＊
＊
＊

私は何度も考えたことがある。母が非人間的な環境に置かれていて毎日それに耐え忍ぶ暮らしを送っていたと、もし子供の頃に知っていたら、私はいったいどんな人間になっていただろうか、どんな人生を送っていただろうかと。今では、子供の傷つきやすい繊細な心にそのような試練を乗り越えることができたとは思わない。私は決して顔を上げられず、この人生と戦うことなどできないほど打ちのめされていたかもしれない。

初恋

五月、アラグヴィ川のごとく
荒れ狂い、風吹きすさぶ
夢、それを君はわざと
君の初恋と名づけた
タマズ・チヘンケリ

一九四二年の春。私はピオネールのキャンプでパタラ・ツェミ村にいて、草原に坐り、「ククシュカ」と呼ばれる列車を待っている。私は待ち続ける。一日、二日、五日が過ぎても私は待っている。ククシュカが息を切らせてゆっくりとやってきて停まる。降りてくるのは地球上の誰にも必要とされていない人々だ——私は固くそう信じている。彼、彼が降りてこない！　私は待ち続ける。頭の中に詩が浮かぶ。

道から地響きのような音が聞こえた
ククシュカが荒い息でのろのろとやってくる

君の姿を見る喜びを
無垢な希望を運んでくる

再び優しい会話を愉しみ
繊細な言葉を散らそう
サズ〔トルコ、ペルシアなどで用いられる撥弦楽器〕を奏でて君に孤児の歌を歌おう
ときには独りで泣こう

再びあの激しい思い
再びあの古い夢
再び私を心安く迎える
とりどりの緑に萌える谷

冷静な君をまた見たくない
私だけが君を愛していたくない
夕闇の下りた目から
悲しい涙を流したくない

道でずっと君を待っていたい
夢が翼を生やし
この天を衝く山々が

私を君のもとへ呼ぶよう

こうしてずっと君を待っていたい
君を私のように優しさに満ちた
愛の巣だと思いたい
壁を壊すことができたら……
ずっとこうして君を待っていたい……

このとき私は十三歳で、ひとつ年上のレゾ・タブカシヴィリを待っていた。彼はようやくやってきた。私たちは毎日朝から晩まで一緒に森を歩き、山に登り、川のほとりに坐り、語り合った。もちろん、私たちの会話は人生の意味、生と死、詩といった高尚なテーマに限られていた。決して私たちの気持ちには触れずに。子供の純朴さから、レゾは彼が私の密かな憧れの対象であったことに気づいていなかった。一方、私は彼の詩が自分に関係づけられていたなどとは夢にも思わなかった。私たちがトビリシに戻った後のことだった。その日、私は学校へ行かなかった。私はもやもやした気分で、何かを読むことも、何かを考えることもできずにベッドに横になっていた。そこに突然レゾがやってきて、私のそばに坐り、彼の書いたいくつかの詩を布団の上にばらまいた。それらの詩には「やはり君に」というタイトルがついていた。私はおそるおそるそれらの紙を拾い集め、読んだ。

君の目は何度も僕を引き寄せ
風に吹かれた僕の心に何度も火をつけた
愛の岩から削り出された僕のイシスは

おそらく君なのだろう

あるいは、こんな詩もあった。

天に束ねられた希望に
僕は再び地上から喜ぶ
黒い夜も僕を引き寄せる
夜は君の瞳を思わせる
憂いに沈んだ君の瞳を

激しく奔放な詩が
ほとばしる感情に火をつける
僕の愛情という罇が
君の網に従うならば
黒い翼の悲しみを融かそう……

それを読んで、私はまるで何か大きな不幸に見舞われたかのように泣きだした。詩もまともに読めなくなったほどだ。私はレゾの顔が見られなかった。レゾは「僕がこんなに打ち明けたのだから、君も何か答えてくれ」と静かに言った。私はやっとのことで「あの引き出しを開けて」と声をしぼりだした。レゾはすぐに引き出しを開けて、そこから紙を取り出し、読み始めた。

空の涙に濡れたベランダ
夢もなく燃え尽きた黒い思い
そっと孤独に息をひそめ
寂しく散らばった煙草の吸殻

君がくゆらせた煙が胸を包む
吹き弄ばれた黒い煙
暗い雨に降られて涙を流す
君の手が捨てた吸殻……

もちろんレゾはその「煙草の吸殻」が誰のものかすぐに理解した。というのも、私の家の鉄製のベランダに私とレゾは毎晩のように何時間も坐っていて、レゾは落ち着かない様子でひっきりなしに煙草を吸い続けていたからだ。

二つめの詩は「ククシュカ」だった。レゾがそれを読んだ。

冷静な君をまた見たくない
私だけが君を愛していたくない
夕闇の下りた目から
悲しい涙を流したくない

私はうつむいたままベッドの上に坐っていた。その後、レゾのほうを見ると、彼も大粒の涙を流していた。私たちはそうして互いの隣に坐り、二人のあいだの距離の近さに放心しながらしゃくりあげて泣いていた。その涙が流れた理由はのちに理解した。幸せと不幸せの感覚はその強さがあまりに似ているので、その表現の形も同じになるのだ。不意に私はおそろしい熱を感じた。体温を計ってみると四十度だった。家に誰もいなかった——マロ伯母は夜になるまで仕事から帰ってこなかった——ので、レゾは慌てて飛び出していき、年上の友人ツィアラ・チヘイゼを連れてきた。「ラナが病気だからなんとかしてあげないと」と途中で必死に話していたようだ。二人がやってきたときには、私はもう熱もなければ泣いてもおらず、それどころか、満面の笑みで二人を出迎えた。私たちのことをすべて知っていたツィアラはレゾのパニックを彼の繊細さと度を越した想像力のせいにして、訳知り顔で笑った。

翌日、レゾはこんな詩を持ってきた。

僕は孤独なカラスになって飛んできた
ツバメの巣をつくっておくれ
君が遠くから僕を嘲笑うことはないはず
ああ、君がいつまでも愛してくれたなら

見知らぬ温もりと冷たさは甘く
僕は毒の短剣に微笑む
誰に傷つけられ笑われようとかまわない
僕たちを愛が苦しめるならば

数年後、私はレニングラードへ行ったガイオズに書いた。「それから二人とも坐ったままはらはらと涙を流しました。ああ、あの涙！ 誰かと一緒にもう一度あんなふうに泣くことができたなら、私は何だって差し出すでしょう。なぜ泣いていたのか私たち自身も分からぬまま……」

私たちの関係はこんな温度でそれから数年間続いた。詩や文学の夕べ、演劇の批評会、街の徘徊、学校のずる休みなど、それらがあまりに頻繁だったので、のちに私の最愛の先生となったバボ・ムチェドリゼ先生は、九年生の二学期の最後に私がニコロズ・バラタシヴィリ〔十九世紀のロマン主義詩人（一八一七―一八四五）〕について熱っぽく話したとき、初めて私が彼女のクラスの生徒であることに気がついたのだった。私の家族や先生たちは、この子はすっかりだめになってしまうと困り果てていた。いつも温和なレオニデ伯父が、「お前ならラナを救えるかもしれない」とヴォルクタにいた母に手紙を書いたほどだ。私たちは毎日忙しく、単に学校へ行く暇がなかった。それに、私たちは学校から与えられることは何もないという理論もつくりあげていた。

ときどき私たちは文学の夕べの「巡業」を行なった。クタイシでも開いたことがある。そこでも会場は人でいっぱいになった。私たちはいつものように熱心に詩を読んだ。クタイシの少女たちは当然ながらレゾに夢中になった。彼は本当に並外れて美しく、おまけに詩人で、自作の詩を心を込めて読んだ。少女たちが夢中になるにはそれだけで十分だった。友人である私たちは、レゾの代わりは世界じゅう探しても誰もおらず、肩を並べるとしたら唯一バイロンくらいだと思っていた。私たちの謙遜の程度はこんなものだったのだ。少女たちが集団でレゾを追いかけるのを、私は見栄を張って気にしないふりをしていたが、心の中ではひどく苦しんでいた。そのせいで理由もなくけんかさえした。ゲラティ修道院から戻る途中で橋を渡ったとき、私は逆上してレゾを突き飛ばし、それを予期していなかった彼は川に落ちた。私たちが別れてから何年も経った後、レゾはモスクワからこんな詩を送ってきた。

〔……〕

君はつむじを曲げ、細い橋を渡っていたとき
川の流れの中へ僕と僕の愛情を
十個ほどの小石とともに突き落とした
泡立つ波が僕を運んでいった

あれから多くの年を見送り
小鳥のような、野の花のような娘たちが
僕をたくさん苦しめ、泣かせ、笑わせてきたけれど
今になって懐かしいのは君の想い出だけだ

行こう、昔の橋がまだ残っているかもしれない
飛び下りて、泡立つ波に身を任せよう
飛び下りれば、慈悲深い救い主が
僕の純粋な愛情を思い出させてくれるだろう

その頃、私たちはいつも一緒にいた。レゾはいつも朝早くに私の家に立ち寄った。とくに私がスルハン＝サバ通りの伯母の家にいるときにはそうだった。レゾはその近くのキーロフ通りに住んでいたからだ。私たちは夜になるまで離れなかった。誰かが私たちをロミオとジュリエットと呼んだが、滑稽な二人はまさにロミオとジュリエットを気取ってヴェラ地区やソロラキ地区を歩いた。それなりに青年らし

かったレゾに比べ、私は十四歳という年齢よりも幼く見えた。二人とも綿入りジャンパーを着て、私はオーバーシューズ、それも丈の長く先の反り返ったいわゆる「アジアツキ」を履いていた。中に履いている靴がいつもぼろぼろだったので、それを脱げなかったのだ。綿入りジャンバーのせいで、友人らは私たちをパルチザンと呼んだ。その後、ジャンパーも破れてしまうと、マロ伯母がどこかから私の父のコートの裏地を取り出してきた。小麦色のラシャの裏地には袖の部分がなかった。そこで、私たちは家族の友人だった縫い子の女性、ヴェラおばさんを呼んだ。彼女がいつもの風呂敷包みを持って数日間泊まりがけでやってくると、マロ伯母が古い服や布きれを並べ、針仕事が始まるのだった。ヴェラおばさんはあらゆる服をつくり変える達人だったが、そのときばかりは彼女も困ってしまった。袖のない裏地からどうやってコートをつくったものか、さすがの彼女も分からなかった。私は昔ラジデン伯父に買ってもらった黒い水玉模様のついた金色の毛皮のコートのことをふと思い出した。コートは古い旅行かばんの中に入っていたのがすぐに見つかった。半分ほど虫に食われていたが、それでも残っていた部分は小麦色の裏地に不思議と合い、仕事熱心なヴェラおばさんは大喜びして拍手した。そして、この材料から、周りの誰も見たことのないような素敵なコートと帽子をつくってくれた！　それに加え、ヴォルクタの母から鹿の毛皮の美しいブーツが届いたので、私は体は小さいながらも、まるでファッション雑誌から抜け出してきたマネキンになったようだった。こうして、ある日突然、私は王女様のような気分で友人たちの前に姿を見せた。私はどきどきしながらレゾの反応を待った。レゾは大して喜んでいない様子だった。見慣れたジャンパーとオーバーシューズを捨ててしまったのがむしろ気に入らないようだった。しかし、それでも私のコートと帽子は一篇の詩になった。

空の睫毛に涙が結ぶとき
天の星たちに君の命を願おう

あれは十一月の終わりだったが
雲行きは好天に背いていた

一夜もなく、昼のおとぎ話
君が家に入ってきたのは気紛れか？
豹皮の帽子をかぶった君は
肩にも同じ皮を掛けていた

もし再びその道からやってきたなら
誓いも抜きに信じてくれないか
僕の人生という罪深き本の
その一ページは清いままに残った

〔……〕

こうしてタマズ・チヘンケリの詩の中で、何の動物の毛皮かも分からない私のコートはロマンチックな豹の毛皮になったのだった。

レゾは十六歳のときに、国際関係大学で勉強するためにモスクワへ行った。そして、当然ながら、それが終わりの始まりだった。

二人とも別れに向かってそれぞれの道を進んでいた。レゾはモスクワ国際関係大学で、私たちと比べれば輝かしい人生を歩み始め、その洗練された、どこか憂いを感じさせる容貌、才能と情熱、弁舌でたちまちロシアの女性たちの関心を集めた。それはつまり、田舎くさく純朴な私が、彼の人生の新しい展望にもはやまったくそぐわないことを意味していた。しかし、モスクワから届いた最後の手紙の一つにはこう書かれていた。「シュトラウスが結婚式の乾杯のときに言ったことを、今日僕は自分自身に言った。君がもし思い出せたらいいね」と。映画『グレート・ワルツ』の中でシュトラウスがポルディに言ったことを私はもちろんよく憶えていた。『グレート・ワルツ』は私たち、美しい暮らしに憧れる哀れな子供たちに、まったく異なる未知の世界を垣間見せてくれた映画だった。シュトラウスとカーラ・ドナーの宿命的な破局は私たちを奇妙にしびれさせた。私たちは一日じゅうとり憑かれたようにウィーンの森のワルツを口ずさみ、映画を何回見るかを競い合ったものだ。おかしな競争だが、たとえば私は十六回見た。もっと見た者もいた。そのため、結婚式でシュトラウスが言った胸に響く言葉は、考えるまでもなくすぐに思い出せた。「私は今日理解した。幸せは立派な豪邸ではなく、みすぼらしい小さな小屋で探さねばならない……」今となってはもちろん滑稽だが、そのとき私は本気で、レゾが私のみすぼらしい小屋に戻ってきてくれるように感じたのだ。その小屋、すなわち、天井が高く窓が大きなラジン・フツィシヴィリの家は、実際にはそれほど小屋らしくもなかったけれど。

しかし、その見せかけの関係の修復にもかかわらず、私たちの別れが不可避であることは明らかで、何もかもがそれを示唆していた。それはちょうど、親しい人の死の予感がもたらす感覚にそっくりだった。周りのすべては昨日と何も変わらないが、死の匂いを嗅ぎ取った途端に、緑の草にも萎れる予兆が見えるようになる。私は息が詰まった。次第に重苦しく、理解しがたくなるばかりのその何かから抜け出さねばならなかった。そこで私は、おそらく救いを求めて、陽気でいつも楽天的な青い瞳の青年を好きになった。その青年はのちに著名な腫瘍専門医になる。

数年後にガイオズに書いた手紙から再び引用する。

私はかつて青い瞳が好きでした。青い瞳にはときに灰色が混ざります。それは私がこの世に最初に生まれたときのことでした。

あなたの目が青く
私にとってこれほど悲運であるのは
空の淡い色があなたの中に
希望として宿ったからかもしれない

あなたを愛していると誇られた私は
どこかへ去って生き永らえたい
しかし、あなたの生まれ変わりが
これほど私を苦しめるのに、どうすれば？

知らない小道をたどって私は行く
雪をかぶった氷河へ行きつく
そこではもう誰も私を嗤《わら》わない
そこには永遠の孤独がある……

これはそのとき、その人生で書いた詩の一部です。今はその気持ちの何も残っていません。残っているのは思い出だけです。青い瞳とレヴという名前。ところで、フランス語ではレヴは夢を意味します。青い瞳に本当によく似合う……。

そして、私はこんな詩も書いた。

悲しみの小道で私はしばし立ち止まる
いったい私は何に飽きたのか、何を望むのか
ああ、それは君でも、あの人でもない
この心は冬を越すべくざわめき
君の胸の内に酔えぬなら
雪の下に水仙を探す
微笑みを浮かべた華奢な水仙
そばにいれば私はいつも悔やむだろう
悔やみ、それを引きちぎる……

レゾが帰ってきて、私たちは私の家のベランダに坐っていた。かつてレゾの煙草の吸い殻が散らばっていたそこで、私は感情の高ぶった夜をどれだけ過ごしたか分からない。私たちは何を話すべきか分からないかのように、無言で坐っていた。私がこの詩をレゾに読ませると、彼は愕然となった。レゾはそれを予期していなかった。彼は信じていたのだ。何が起ころうと、どれだけ豪邸を渡り歩こうと、ここに一人の少女、いわばトビリシのペーネロペーがいて、いつも彼を待っていると。彼もそこへ帰ってきて、彼女に詩を読む。少女はすべてを受け入れる。レゾは再びどこかへ行き、どこかで別の暮らしを始めるが、いつも、いつもその少女のことを思う。その気持ちを表わしたのが、私に捧げられたこの最後の詩だった。

僕は誰も信じない、誰も僕を信じるな
僕らの人生はそうであるはず
詩人たることを僕に許したのなら
裏切りも驚くに当たらない

君も無理に僕を信じるな
さもなくば夜の涙のように君を融かそう
心を刈り倒された宿なしの僕は
君の睫毛の上で引き裂かれた

雨上がりの道で君を追いかける僕は
さまよい、運命に醒めて泣く
この北の国でその目を思わずに
明かした夜はなかった

葡萄酒に酔って目に浮かぶ僕の過去は
黒い箱に収めて風に委ねた
君の「また会う日まで」に僕は恋した
しかし、君は「さらば」と言うべきだった……

現実の人生では、この「さらば」はもうすでに言われていた。私たちはそれぞれ別々の道を歩き始めていた。それはあらかじめ運命に定められていたようだ。というのも、それから間もなくレゾは一生を共にすることになるジョージアの美の象徴、女優メデア・ジャパリゼと出会い、私はラド・メスヒシヴィリと出会ったからだ。
　タマズ・チヘンケリは私たちの別れにこのような詩を寄せた。

雨が降れば私たちは傘を開き
君も濡れなかった
私は言った。ああ、彼らは
ノロジカの親子にそっくりだと

しかし、夢は雪のように消え
天空は雲にのしかかった
まるで木々も何かを悲しむよう
並木道に雨が降る

君の目の中で太陽は膝をつき
もはや立ち上がれなかった
ノロジカの親子は夢で
太陽も夢だった

並木道は憶えている

誇らしげなノロジカが木々の前を通ったのを
愛しき者よ、今や君の目は
濡れた葉のように地面に落ちた

木々は風や嵐に見舞われ
呆然と立ち尽くす
夢もノロジカの親子も消え
夕闇が太陽も消した

終戦、私の「恩赦」と特殊売店の白パン

一九四五年五月九日。戦争が終わって、私たち哀れなソ連の子供は、これで街が明るくなり、パンの配給もなくなり、もはや耐えがたかった常にひもじい暮らしもおそらく終わるだろうと希望を抱いた。

私は終戦を個人的な「恩赦」で祝われた。その二週間前に私は学校を放校になっていた。教師の一人に対する抗議のしるしに、私たちは教室の扉を外し、歓声を上げながらそれを持って廊下を行進した。校長は何がどのように起こったのかろくに調べもせず、私を首謀者と見なして放校処分にした。学校を休むのはいつものことだったので、私は大してそれを気にしなかったが、マロ伯母は「もうおしまいよ。学校を卒業できないなんて。あなたの母さんに何と言えばいいの!」と大騒ぎした。この最後の一言は、私が何かをしでかすたびに繰り返されたフレーズだった。ところが、五月九日に学校からある生徒がやってきて、「校長先生が君を呼んでいる」と言う。学校へ行くとクラスじゅうに大喜びで迎えられ、「戦争が終わったから君に恩赦だ!」とみんなが一斉に言った。私は不当としか思えない決定について校長に抗議し、恩赦を拒否したかった。成績優秀な生徒に与えられる金メダルの現実的な候補は私くらいしかいなかったので、そうすれば学校も困るはずだった。しかし、直前にマロ伯母の絶望した顔が目に浮かんだため、私はさも自分の行動を後悔し、彼女の決定に喜んでいるふりをして校長と面会した。それに心を動かされた校長も、この気の荒い女性にしては珍しく、私の頭を撫でた。

戦争は終わったものの、暮らしはなかなか楽にならなかった。トビリシにはいわゆる「特殊売店」が開かれ、その店先にソーセージや練乳、キャンディーなど、その存在すら知らなかった、あるいは存在を忘れていた驚くべき品々が並んだ。私たちの目をもっとも奪ったのは真っ白な平パン《ショティ》だった。しかし、それらのいずれも、私たちの手に届くなど夢見ることすらできなかった。

ある日、ソロラキ地区のキーロフ通りを私が友人たち――グリ、タマズ、ラマズ――と一緒に歩いていると、ちょうど特殊売店の向かいでゲクトル叔父に出会った。私たちの顔にそう書いてあったのか、あるいは私たちが店を物欲しげに眺めていたからなのか分からないが、思いがけないことに、ゲクトル叔父はポケットから百ルーブル札を取り出して私たちにくれた！ 当然ながら私たちはすぐさま特殊売店へ飛んでいって、平パンが山積みになった棚へ向かった。百ルーブルをどう使うべきか私たちはひとしきり議論した。パンを四つ買うか、パン三つと練乳を一つ買うかどちらかだった。結局、練乳をあきらめきれず、パンを三つ買うことにした。私たちは窓口で代金を払い、練乳を受け取り、それからパンの売り子に支払い票を手渡した。おそらく私たちの延々と終わらない議論を聞いていて混乱したのだろう、売り子は私たちにパンを三つではなく、四つくれた。一瞬の静寂の後、私たちはお互いに顔を見合わせ、全員が同時に決断を下した。私たちはパンを受け取り、落ち着いてゆっくりと店を出て、それから……後ろを振り返ることなく駆けだした。私たちはルスタヴェリ通りとペロフスカヤ通りをひと息に駆け抜け、ラマズの家に飛び込んだ。笑いと疲れで息が詰まった。それから落ち着いて……。パンを食べることにそれほどの幸福を覚えたのは初めてだったように思う。

子供時代も、その後も、これまでほぼずっとそうなのだが、私はさまざまな、ほとんど相反するような関心を持ち合わせていることに悩まされてきた。一方で、私は母の一家の伝統のおかげで得意だった物理学と数学が大好きだった。最初はラジデン伯父から、その後はギヴィから、学校の教科書よりもはるかに進んだ内容を教わり、難しい問題を解くことに大きな快感を覚えていた。そのため私は物理学・数学科へ入ることを真剣に考えていた。それに建築にも興味があった。しかし、やはりもっとも強い関心があったのは詩や文学、それに映画、演劇だった。私は子供の頃から「戯曲」を書き、「芝居」を上演してきたのだ。上演はスルハン＝サバ通りのおばたちの家の庭で、通りに住む子供たちみんなが参加して行なわれた。私の「戯曲」の一つで陸軍大佐の役を演じたヌヌ・ギヴィシヴィリを、叔母の夫ヴァリコ・エリスタヴィはその後もずっと亡くなるまで陸軍大佐と呼んでいた。芝居の切符を売れば、キャンディーを一つかみ買うくらいのお金はたまったものだ。学校を卒業したときには卒業公演も打った。その脚本も演出も私が担当し、主演も務めた。その夕べは、私のこんな詩で始まった。

心は憂いの黒をまとい
悲しみが心に蓋をする
温かい巣から私たちは飛び立つ
みなしごのスズメになって
みなしごのスズメになって学校を後に……

私たちの上演は好評だった。作り手として三倍（脚本、演出、主演を務めたのだ！）の自負に満たされた私は演劇大学の演出学科に入ることを決めた。

おばやおじたちはひどく心配した。みんな私の将来を案じていた。演出家になるという十五歳の子供の選択は、両親の境遇のせいでそもそもまったく先が見えない将来を、いっそう不確かなものにしていた。母方、父方の親戚じゅうが集まって、私の運命を決めるべく親族会議が行なわれた。私はそれを冷ややかに眺めていた。大人に何を言われようと決心を変えるつもりはなかった。会議は結論が得られないまま終わった。会議では埒が明かないので、リザ伯母は自身の友人で、ルスダン・ミケラゼの友人でもあった、当時の演劇大学の教授ギオルギ（ゲオルギー）・トフストノーゴフを家に招いた。彼は文学の夕べでの彼の芝居の検討会のときから私を憶えていてくれたようで、私がこの道に進むべきかどうか助言をくれることになっていた。その日のことは決して忘れられない。私たちは薔薇の庭のベンチに坐っていた。リザ伯母は賓客のために紅茶と特別に焼いたケーキ――それは私たちの苦しい暮らしではきわめて稀なことだった――を運んできたが、緊張のせいで木の根に足を引っかけ、せっかく用意したケーキを土の上に落としてしまった。リザ伯母は悲鳴を上げた。しかし、私は同情するどころか、勝ち誇った気分で満足していた。というのも、私が自分一人で決めるべき問題だと深く確信していたことについて親族じゅうがいつまでも騒いでいることが、まったく見当違いで不適当なことに思われたからだ。私とトフストノーゴフはベンチに坐り、大人どうしのように、いや、正確に言えば、私もまるで彼と同じ大人のように話した。私たちは文学や詩、演劇について語り合った。私がノヴァーリスを読んでいたことに彼が驚いたのを憶えている。私は周りを忙しなく行ったり来たりしている伯母たちに尊大な視線を投げた。最後に私は宿題ももらった。私はいずれかの好きな作品の演出案を書くことになった。これはすでに一つの勝利ではあったが、その一方で、私は演出案をどうやって書いたらいいのか見当もつかず、何を求められているのか直感的に想像しただけだった。私はレールモントフの『仮面舞踏会』をどのように演出しようか考えて何日も夜を明かした。やっとのことで書き上げた演出案は、尊敬すべきトフストノーゴフの高い評価も得た。そうして私の運命は決まった。親族たちはようやく黙り、十六歳の私は演劇大学の演出学科の学生になった。

私はまったく新しい環境での毎日に没頭した。トフストノーゴフはスタニスラフスキー・システムの信奉者で、きわめて興味深い独自の教育法をつくりあげていた。数週間、彼はこのシステムの一つひとつの項目を私たちに学ばせ、さまざまな方法で彼の考えを私たちの意識や日常に浸透させていった。

「私は信じない」というスタニスラフスキーの有名な文句は、私たちが練習課題を進めるうえで刺激になった。私はそれを大いに楽しんでいた。一般的な哲学の問題に関するトフストノーゴフの講義もまた、非常に面白かった。私は毎朝嬉々として大学へ駆けていき、演出家が私の天職であることにもはや何の疑いを抱くこともなかった。

しかし、入学してまだ三か月も経たないある日、ギオルギ・トフストノーゴフがトビリシを去った。私は深く動揺した。彼がトビリシを去った理由が女優サロメ・カンチェリとのあいだの個人的な事情だったことは知っていた。これがジョージアの演劇にとって、ひいては演劇大学にとって、いかに大きな損失であるかも分かっていた。実際に演出学科はひどく混乱し、私たちには新たな教師もあてがわれなかった。私は大海に放り出されたような気分だった。もはやスタニスラフスキー・システムについて話してくれる人も、哲学の問題について話してくれる人も誰もいなかった。演劇大学にいる意味はなくなってしまった。

私はためらうことなくトビリシ大学に移ることを決め、トビリシ大学の学長ニコ・ケツホヴェリを訪ねた。どうやらニコ学長は私の母の友人だったらしく、私のこともピオネール宮殿で見て以来知っていた。私はとても温かく気さくに迎えられ、私の経歴にもかかわらず、彼は速やかに編入を取り計らってくれた。そうして私は学年の途中でトビリシ大学文学部の一年生になった。

その頃、運命の手で北極圏に飛ばされた母は、境遇を同じくするほかの女性たちとともに、白い無辺の世界を歩いていた。しかし、私はそれを知らなかった。そのあてもない彷徨のあいだじゅう、母がずっと私と話していたこともやはり知らなかった。

§

母の短篇「アズヴァ・ヴォムからコチマスまでの徒行」

「ラナ、手を繋いで。ついてきて。ラナ、何か話して」

「疲れてもう歩けない？　いいえ、ラナ、もちろん歩けるわ！　雪を掻き分けて森の中を八十キロ？　大したことはないわ。今日は四十キロだけ、残りは明日よ。たくさん歩いて足が重くなった？　ええ、ラナ。旅が始まってからどれだけの時間が経ったかもう憶えてもいない。あなたの可笑しい口癖を憶えてる？『想像できる？』って。そうよ、想像できる？　最初はずっと、ずっと列車に乗って、そして北極海を越えて、白海、それからペチョラ川をさかのぼって、さかのぼって……ある晩に船がペチョラ川で凍りついて、私たちはアズヴァ・ヴォムの岸辺に降ろされた。そこにも留まれなくて、今度は森づたいに歩いていかないといけない。私たちは疲れてくたくただけど、大丈夫よ。私たちはまだ若いし、力を振り絞るわ」

「私たちが本当にまだ若いのかって？　こんな怪物みたいな私たちが若いのか、年寄りなのかなんて分からないわね。憶えてる？　あなたが私を怒らせるたびに、私がおばあさんになって髪も白くなるって言うと、あなたはすぐに泣きだしたものよ。あの頃は私も年を取るのが怖かった。今はもう自分が若いのか年寄りなのかも分からない。髪が白くなったのは、最初に逮捕されてから三か月後に、小さな鏡の破片を覗きこんだときに気がついたの」

「ラナ、私についてきて。あなたは私の友達だったでしょう？　憶えてる？　ベッドを抜け出して、忍び足で私のベッドにやってきては、私の目が濡れていないか確かめようと、暗がりで私の顔を撫でていたのを。あなたがやってくると私は急いで涙を拭いたものよ」

「ほら、見えないけれどあの女の人も子供と一緒よ。あの人もそう。黙ってゆっくりと雪の中を歩いているのが見える？　誰かとこっそりおしゃべりしているわ」

「おとぎ話をしてあげましょう。あなたはおとぎ話が大好きだったわね。ほら、ここにはおとぎ話がいくらでもあるわ」

「雪が降った森は本当に静かねえ。木々はなんて高く伸びているんでしょう。なんて大きく枝を広げたんでしょう。どの枝にも三倍くらいの厚さの雪が積もってる。地面の上にも、倒木の上にも、折れた木の根にも、いたるところに雪が積もってる。でも、風が吹くと、いや、風ではなく嵐、吹雪になれば、木はたちまち裸になってしまう。嵐が枝の雪を払い落として、地面の雪も舞い上げながら木々のあいだを吹き抜けていく。ここでは森の木々が抗って風の邪魔をするけれど、川のそばや開けたところで嵐が吹き荒れれば、雪が大きな塊になって真っ白の果てしない空間を舞い乱れる。私たちも同じように風に吹き飛ばされて、あてもなくどこかへ運ばれているのかもしれないわ」

「ラナ、私たちはどうして歩いているのかしら？　何のために？　分からないわ。誰も分からない。それを知っているのはたぶん一人か二人の悪い精霊だけね。おとぎ話の中に悪い妖精や悪い精霊が出てきたのを憶えているでしょう？　そんな悪い精霊が力を使ったのよ。呪文を言って、紙に書いたの。それからというもの、私たちはこうしていつまでも歩き続けているのよ。何のために、どうして歩かせたのか、たぶん悪い精霊ももう憶えていないでしょうね」

「あなたは今でもおとぎ話が好きなの？　今でもよく『どうして？　どうやって？』と質問しているの？　もしそうなら、よく聞いて。今日はたくさんお話ししてあげるわ。今日も明日も八十キロ歩きながらずっとお話ししましょう」

「監房でメデアという名前の友人がいたわ。きれいで賢くて、誇り高くて、強い女性だった。ある朝、彼女はその日が最後の日だと知ったの。彼女は顔を真っ青にして板張りの私の寝床にやってくると、私の手を握って、朝から晩まで私だけに聞こえるように小さな声でずっと話してくれたの。一日じゅう二人で手を握り合って横になっていて、メデアは休むこともなくとり憑かれたように自分の人生を話した。夜に名前が呼ばれると、彼女は顔をもっと真っ青にして、何も言わずに私を抱きしめ、口づけした。それからほかの人たちに手を振って、顔を上げて誇らしげに出ていったわ」

「憶えてる？　本を読んであげようとすると、あなたは怖がって『悲しいお話なの？』って聞いたわね。私は少しずつあなたを悲しい結末に慣れさせた。すぐれた本の結末は悲しいことが多いから。そのときは、これはつくり話よってあなたを落ち着かせたけれど、今は何が言えるかしら」

「この森は美しくてとても大きいけれど、この大木たちは、地面深くに根を下ろしていないんですって。ここではすぐに地面が氷で覆われるせいで、深く根が張れないの。でも、その代わり、互いにしっかり絡み合って、抱き合っているから、この枝を広げた高い木々は吹雪でも簡単には倒れないわ」

「私が帰ってからずっと後に、あなたが大きくなってから、いつか二人で必ずここに来ましょう。ここへ来るまでに何度も信じられないような光景を見るはずよ。そのときにはこの美しさが私たちに喜びをもたらすでしょうね。でも、今はこの不思議な自然がただ目に映るだけよ。頭の中ではこれが美しいと分かっているけれど」

「ほら、誰かが雪合戦をした跡がある。雪の上に白い雪玉がたくさん散らばってる。もしかしたら仔熊たちが雪合戦をしたのかもしれないわ。ああ、飛んだ！　雪玉に羽が生えてひとりでに飛び上がった。雪の積もった木の枝に止まって、雪を払い落とした。あれはライチョウね。冬になると雪の色になるのよ。夏は木の枝のような黄色っぽい灰色なのに」

「ほら、あの女の人が転んだ。まるで力が抜けたみたいに雪の上にゆっくりと倒れた。子供が手を離したんでしょう。ほら、二人めも、三人めも倒れた。見た？　私もしばらく雪の上で横になるわ。目も閉じて少し休憩するの。しばらく手を離せばいいわよ」

「くたくたになって雪の上にあおむけに寝転ぶのは、なんて気持ちがいいんでしょう。重くなった肩も膝も筋肉もたちまち力が抜けて、痛むけれど、その痛みがまるで心地よいみたいなの。唯一、幸せな死にかたは凍死だと今なら信じられるわ」

「ラナ、ラナ、どこへ行ったの？　護衛兵が呼んでいるわ。また歩かないといけない」

「もう暗くなってきた。ここではもうすぐ昼がひどく短くなる。そうだ、もう一つ悲しい話を思い出した。同じ監房に、若い女の子がいたの。十七歳くらいかしら。上唇がわずかに裂けていて、みんなウサギちゃんって呼んでいたわ。いつもウサギのように目をぱっちり開けているの。ドイツ系よ。お祖父さんのお祖父さんがドイツから移ってきたそうよ。あるとき彼女は名前を呼ばれて出ていった後、別人のようになって戻ってきた。好奇心の強そうな表情は消えて、突然年を取ったみたいだった。うつろな目で坐り込んで動かないから、隣に坐って肩を撫でてあげた。何も尋ねず、肩を優しく撫でてあげただけ。私たちはそうして長いあいだ坐っていた。彼女は私の手に気がついてもいない様子だった。彼女はぽつりとかすかに聞こえるような声で言ったわ。『対面させられて、あの人は私を何かの反政府組織に入れたと言ったの』って。私は『恥知らず！　人でなし！』と叫んだ。私はもう経験を積んでいたから、自分や他人についてそういう真っ赤な嘘をつく人間を恥知らずだとはもはや思わなかったけれど。すると彼女は『いいえ、違うの。そんなことを言わないで！』と言って体を震わせて私に抱きついた。それから小さな声で言ったわ。『父さんだったの』って」

「監房にはもう一人若い女の子がいたわ。彼女はヘヴスレティ地方の出身で、共産主義青年同盟《コムソモール》の一員だった。名前はイヴリタ。新しい考えかたを自分の信条にして、心から信じていた。私たちと交わろうとせず、いつも遠くから睨んでいた。私たちが自分の境遇に悪態をつけば、狼の仔のように唸って、『あなたたちは人民の敵よ。だからここにいるんだわ』と私たちに言ったものよ。私は一度尋ねたの。『イヴリタ、あなたはどうしてここにいるの？』って。すると彼女はぎろりと私を見て、少し考えてから『私がいたっていいでしょう？　猿も木から落ちると言うとおりよ』って言ったの。『私もあなたと同じような敵よ、イヴリタ』と私が言うと、すぐに彼女は試すように私の目を覗きこんでから、ためらいがちに言ったわ。『知らない。私は知らない！』それからきっぱりと付け足した。『私は関係ない』って」

「また誰かが倒れたわ……。ほかの人たちも倒れてる……。私たちの休憩よ、ラナ。あなたも少し休ませてあげるわ」

「ラナ、行くわよ。手を繋いで。あのヘヴスレティの女の子について話していたわね。私は監獄でしばらくみんなの手相を読んでいたの。手相が何か知ってる？　手のひらの線を見て、その人の性格や将来を占うのよ。手相の本を一、二冊読んだことがあって、何本かの線の意味を知っていたの。みんな喜んでいたわ。私はいつもその人が喜びそうなことを手のひらに見つけようとしていたから。イヴリタは私たちに背を向けて坐っていた。小柄で頑固な狂信家だったわ。でも、こちらに背中を向けてはいても、耳をそばだてているのは分かった。あるとき、我慢できなくなったんでしょうね。私のところにやってくると、手を差し出して『私の手も見て』って言ったの。イヴリタの手を見た私は固まってしまったわ。きれいな、真っ平らな手のひらにうっすらと見える線がすぐに途切れていたの。生命線よ。『何を怖がっているの？　早く死ぬって書いてある？』とイヴリタが微笑むから、私はなんとか笑顔をつくって言ったわ。『イヴリタ、馬鹿なこと言わないで。手にしわをつくって。ほら、しわが三本できた。子供が三人生まれるのね』『子供？　私は結婚もしていないのに』『ここから出たら結婚できるでしょう？』イヴリタは少し考えてから手を引っこめた。彼女はその数日後に名前を呼ばれて出ていったきりよ」

「ラナ、またあなたを泣かせちゃった？　どうしたらいいかしら。この世では悲しいことがたくさん起きるのよ。それがあなたの身に起こらないようにできたらいいけれど」

「女の人たちはなんて静かに歩いているんでしょう。みんな黙ったまま。声に出さずに、心の中で話しているのよ。森も静かだわ。ぴくりとも揺れない。木も誰かと話しているのかしら。森の中で育つ若い木たちにお話をしているのかもしれないわね」

「三人がいっぺんに倒れたわ。ほかの人たちも倒れた。ラナ、私も倒れるわ。もうくたくたよ。やっとのことで足を引きずっているの。手を離すわね。倒れて、目を閉じるから」

「あなたも疲れたの？　お腹が空いた？　寒い？　もう少しついてきて。あとどれくらい歩かなくちゃいけないのかしら。森づたいに歩けてまだよかったわ。何かしら景色が変わって、動きがあるから。この木々は後ろに残って、今度は別の木々が近づいてくる。凍りついた川のほうを見てみなさい。向こうは単調な空っぽの空間よ。上も下も白いだけ。でも、同じ白さじゃないわ。灰色がかった白い空と、真っ白の地面。この世にはいろんな白があるのね。それをここで初めて知った。そんな真っ白な空間を歩いていると、同じ場所で足踏みしているだけのような気がするわ」

「みんなしょっちゅう転んでる。いつになったら着くのかしら？　私たちが留まれるところが本当にどこかにあるのかしら？」

「ラナ、ラナ、手を離さないで。もっとたくさんお話ししてあげる。何のお話がいいかしら。暗くなってきたから、なにか愉快な、可笑しな話がいいわね。そうでしょう？」

「今度は私が最初に倒れるようね……。あら、誰かが先に倒れた。疲れて、寒くて、お腹が空いたわ」

「ほら、木と木のあいだに明かりがぼんやりと見える。どうやら本当に、私たちが今日夜を明かすところのようね。あなたがいなかったらここまでたどり着けなかった。ほかの人たちにも最後まで子供たちがついてきたわ。そうでなければこんなところまで来れなかった」

「ラナ、もう行きなさい。でも明日、明日になったら必ずまた来るのよ。明日もまたこれくらい歩かないといけないから。明日も来て、手を繋ぐのよ」

「ラナ、ラナ、よく聞いて。あなたの子供にも必ずお話や夢をたくさん教えるのよ」

＊　＊　＊

極地に送られた母はこんなふうに私と話をしていたという。しかし、その声は私まで届かなかった。母を生に繋ぎとめていた唯一の糸が私の存在であったことも、私は知らなかった。しかし、私は私で、しばしば母のことを想った。一人のときにはベランダに出て、母について考えた。かつてラジデン伯父を待っていたときと同じように、私はひどく思いつめたものだ。しかし、時が経つにつれて母の顔は次第に色褪せ、現実味を失っていった。母がどんな人だったのか、どんな声だったのか、どんな手をしていたのか懸命に思い出そうとしても、どうしても思い出せなくなっていった。最後には私の記憶の中で母の顔はすっかりおぼろげになり、目も色を失い、いつか誰よりも好きだった母のことがまったく分からなくなってしまった。

母

母が戻った
愛撫、太陽、そして叔父トマ
愛しい人よ、温まれ……

タマズ・チヘンケリ

そしてとうとう母が帰ってくる日が来た。逆説的だが、その日は幸せな日ではなく、むやみな騒ぎと苦しみの日として私の記憶に残っている。

母はモスクワからの列車で朝に到着するはずだった。母は前もって私が駅で出迎えないよう連絡してきた。前日の晩、私たちは友人ニアズ・ホペリアの誕生日のお祝いに行っていた。誰もが緊張していて、楽しい席ではあったがどこかヒステリックな雰囲気だった。私は休むことなく踊り続け、わけもなくずっと笑っていた。しかし、私の笑いはその場のお祝いとはまったく無関係だった。私は夜遅くにグリ、ガイオズ、タマズ、ノダルといった友人たちと一緒に家に戻った。彼らは私の家に泊まり、翌日に駅で母を出迎えることになっていた。大きな部屋の床に布団を敷いたが、誰も眠らなかった。私たちはとりとめもないことをぽつりぽつりと話していた。母のことや、母が帰ってくることには誰も触れなかった。期待は徐々に耐えがたいものになりつつあった。夜が明けて、私たちはほっと息をつき、床に敷いた布団を片づけて部屋を入念に掃除した。

「なんと幸せなことでしょう！」とマロ伯母がたびたび言った。それを聞くたびに私はこれ見よがしに部屋から逃げ出した。マロ伯母は私の反応がまったく理解できず、肩をすくめていた。

家は次第に親戚や隣人たちでいっぱいになった。私はそれにも苛立っていた。私は彼らを単なる野次馬だと見なして睨んだが、彼らは感極まって目に涙を浮かべながら私に微笑みかけた。

「何時？」とひっきりなしに誰かが尋ねた。時間はなかなか過ぎなかった。

「さあ、お茶を淹れたわよ」とマロ伯母が元気な声で私たちに言った。私は「お茶なんか飲んでいる場合じゃないわ」と叫びたかったが、マロ伯母はまるでその叫びが聞こえたかのように悲しそうに私のほうを見た。私はマロ伯母は何も悪いことをしていないと自分に言い聞かせて、叫ぶのは思いとどまった。

ガイオズとタマズとノダルが食卓につき、お茶を飲んだ。そこへ伯父の妻が騒がしく部屋に駆けこんでくるなり言った。「何をゆっくりしているの。急いで。もうすぐ列車が到着するわよ！」

ガイオズたちが出発した。彼らは息が詰まる雰囲気から解放されて安堵したことだろう。

再び待ちわびる時間が始まった。どの部屋も人でいっぱいだった。ただ独りきりになって母を待つことだけが私の望みだったが、それが無理なことも分かっていた。親戚や隣人たちが入り交じり、誰もが何をどうすべきか各々の意見を持っていた。食卓の用意をする人もいれば、自宅から料理を持ってくる人もいた。すでに片づいた部屋をさらに片づけようとする人もいた。おお、神よ！　神よ！　私は心の中であらん限りの声で叫んでいた。誰がこんな料理を、こんな宴を望むだろう。放っておいてくれ！　当然ながら、私の無言の叫びは誰にも聞こえなかった。

家の前に車が停まった。全員がその場で硬直した。私は、「ベランダに出て。ベランダに出て彼女が……母が……車からどんなふうに降りてくるのか見るのよ」と自らに言い聞かせていたが、体は動かなかった。建物の入り口を開けるために誰かが飛び出していった。私たちの二階建ての建物は足音でいっぱいになった。部屋の扉が開いた。私は壁にはりついて目を閉じていた。目を開けると、戸口に女性が、悲しげな大きい目をした痩せた女性が立っていた。何かが、おそらくジョージア人らしからぬ雰囲気と身なりが、ほかの誰とも異なっていた。それは私の知らない女性だった。彼女は目で私を探し、しばらく無言で私を見つめた。それから不意に低い声で「ラナ」と言った。「ほら、お母さんのところへ行くのよ」とマロ伯母が私に囁いた。私は足を踏み出せぬまま女性を見つめていた。その女性は私の母であり、私が知らない女性だった。

マロ伯母に押されて、私は何歩か前に進み、女性に近づいて手を差し出した。彼女は私の手を握り、自分のほうへ引き寄せると、私を抱きしめた。そうして私は母に抱きしめられながら立ちつくしていた。私は気まずさのほか何も感じなかった（映画『インタビュアー』の中でソフィコの母親が帰ってくるシーンは、私の当時の感情を反映したものだ）。

タマズ・チヘンケリがそのときこんな詩を書いた。

十一月の晴天、今日は心が
木の葉の震えをより深く感じた
母が戻った
愛撫、太陽、そして叔父トマ

愛しい人よ、温まれ、もう安らかだ
道も、山々の向こうも安らかだ……

しかし、安らぎまではまだまだ遠かった。

母の帰還、それは私の人生における一つの大きな時代だ。それは、戸口に痩せた知らない女性を見た瞬間から、「母さん」という何気ない、しかし私にとっては宿命的になじみのない言葉を発することができるようになるまで続いた。

母が帰った翌日から、私たちの家ではあたかも普通の、日常の些事と苦労でいっぱいの暮らしが始まった。親しい人たちがやってきて、熱心に同情や喜びを表わした。私は自分の殻に閉じこもり、人々を避け、誰にも気づかれぬようにこっそりと母の様子をうかがっていた。物思いに沈んだ母の重い表情を見ると、私は落ち着かなかった。母は私の心が応えて動きだすのを、何も言わずに辛抱強く待っていた。母の沈黙はまるで、幽霊が住み着いた家のようだった。母は考え込むたびにぽつりぽつりと思い出話をした。私はその声に耳を傾けた。その奇妙に低い、温かい声はゆっくりと私を子供時代へと立ち返らせた。その声にはジョージアの太陽の光に温まった微笑みも、極地の茫漠さも、個人的なひどく重い痛みも、親しい人々への無条件の愛も含まれていた。それはある悲劇的な人生を映していた。

母は忘れていた子供時代の光景とともに、私の目の前で徐々によみがえっていった。

私は思い出す……トビリシ駅。母はグループで撮影旅行に出発するところで、私を連れては行けない。泣き喚く私を母がなだめている。私たちの前に老人が立ち止まり、母に小言を言う。「この子に涙を流させるようなことをわざわざしなくちゃいけないのか？」と。私は母の肩をもってすぐに泣きやみ、老人を睨む。老人は立ち去る。

さらに思い出す……私は家に入るところだ。母の青い部屋から声が聞こえる。けんかの声だ。そんな声を聞き慣れていない私は怖がる。扉をばたんと閉める音がして、誰かが騒々しく家を出ていく。足音でそれが父だと分かる。私は母の部屋に駆けこむ。母は部屋の真ん中に立っていて、私のほうを見るが、まるで私の姿が見えていないかのようだ。それから母は急に倒れ、床の上で動かない。私はびっくりして力いっぱい母の体を揺らす。母はゆっくりと目を開き、遠くから眺めるような目で私を見て、微笑もうとする。「心配いらないわ。気を失ったんじゃないのよ。劇の練習よ」しかし私は信じない。私はそれが劇の練習ではないと分かっている。母は本当に気を失ったのだ。私は母をなだめ、落ち着かせようとする。

私はこういったことも思い出す。私たちの家にいつも人がどれほどたくさんいて、騒がしかったか。両親の親友であった作家ゲロンティ・キコゼの背中に乗ると、彼がいつも馬になって部屋じゅうを走り回ってくれたこと。詩人パオロ・イアシヴィリやティツィアン・タビゼら、家族の客が毎日のようにやってきて、五歳の私が彼らの詩を暗唱したこと。母の映画の撮影にしばしばついていったこと。照明に照らされ、たくさんの人が入り乱れる撮影現場がどんなに好きだったか。あるとき、撮影前にカメラの前に駆けこんで、村から連れてこられた子供たちに交ざったこと。母は私に分からないように、こんな言葉で助手に言った。「観念的《イデオロギー》にそぐわないから、あの子を外して《ゾオロギー》」誰のことを話しているのかすぐに悟った私は、憤慨して母のほうを見る。「母さんってば、私は動物園に行ったじゃない！」

父の逮捕の後、三部屋ある家から追い出されて、母と私とジェヌヴィエーヴがレーニン通りの小さな窓のない部屋で暮らしていた日々を思い出す。母は映画スタジオを追放されて、収入が断たれてしまった。もちろんラジデン伯父が私たちを助けてくれたものの、母は無職でいることにも、三人でラジデン伯父の世話になることにも我慢がならず、その暮らしを抜け出す手立てを探していた。そのとき、ゲロンティ・キコゼがこんなことをした。自分の名前でフランス語の短篇小説や童話を翻訳する契約を出版社と結び、仕事を母に任せたのだ。母はひとまず職業を変え、あらゆる辞書をそろえて一心不乱に翻訳を始めた。そして数か月で本当に短篇集が二冊できあがった。私が子供時代に大好きだったシャルル・ペローの童話集はこうしてつくられた。翻訳者の名前はゲロンティ・キコゼになっているが、実際には母が訳したものだった。初めて翻訳料がゲロンティから届けられたときの母の喜びようといったら！もちろん、当時の私は何も知らず、ずっと後になって分かったのだが、ゲロンティのこのような計らいはまさに英雄的な行動だった。その頃、「人民の敵」の家族をこのように援助することなどもってのほかで、単に付き合いをもつだけでも破滅的な結果を招く恐れがあった。人々はその恐怖に怯えながら暮らしていた。それを理解するには次の思い出だけでも十分だろう。クヴィシヘティ村の小さな無人の駅で、私と母が列車を降りた。母はタマラ伯母といとこたちのもとに私を預け、翻訳の仕事を終わらせるために急いでトビリシへ戻ろうとしていた。それに、逮捕されることをいつも予期していた母は、どういうわけか、逮捕されるときには必ず家にいなければならないと考えていた。駅には人気はなく、私たちを出迎える者もいなかった。私はひどく心細くなったが、そのとき不意に列車から私たちがとても親しくしていた男性が降りてくるのを見た。男性は詩人で、私にとっては大好きなおじさんだった……。彼は私たちのほうへ向かってきた。私は見知らぬ場所に彼が現われたのがあまりにうれしくて、興奮して「……おじさん！」と叫んだ。私の呼びかけに彼はぴたりと足を止め、まるで魔法にでもかかったかのように呆然と私と母を交互に見つめた。それから周りを見回すと、いきなり私たちに背中を向けて走り去った。私は「おじさん、おじさん！」と叫びながら追いかけた。慌てた母が私を追いかけてきたが、私を止めることができなかった。「おじさん！　私よ、ラナよ！」と私は叫んだ。彼は一瞬立ち止まって、狼狽した様子で私を見たが、再び背中を向けると、ついさっき降りたばかりの動きだした列車に飛び乗った。

私にはまったく理解不能だった彼のその振る舞いを、母が私に説明しようとした夜のことも憶えている。タマラ伯母は小さな木造の家を借りていた。私と母はベランダで寝ていた。私は寝返りを打ちながら、母が眠っているのかどうか気になっていた。そのとき母の静かなため息が聞こえたので、私はすぐに母のベッドにもぐりこみ、その頃いつもしていたように、泣いているのかどうか確かめようと母の顔を手でさすった。その晩は母の頬が濡れていなかったので、私は安堵した。私たちは無言のまま横になっていた。母が私と同じことを考えているのを知っていたため、私は何も尋ねなかった。母が必ず私に話してくれる、すべてを説明してくれるはずと疑いもせず、母の言葉を待っていた……。母は低く深い声で本当に話し始めた。その声はたとえ話の内容がよく分からなくとも、いつも私を落ち着かせた。しかし、このときばかりは、おじさんが走り去った理由を私はきちんと理解する必要があった……。クヴィシヘティ村にやってきた列車にどうして再び飛び乗らなくてはならなかったのか。彼は間違いなく私が誰だか分かっていた！　母の話で、私はおそらくそのとき初めて理解した。人生はすべてが思いどおりにいくわけではなく、よからぬ行ないをした人が必ずしも悪人とは限らないということを。今日おじさんがしたことは、同情と憐れみに値すると……。おじさんは私たちよりもはるかにかわいそうだ。この先ずっと悔やむだろうことをしたから。おおよそこのようなことを母は話してくれた。私はすべて理解し、ただおじさんが大好きで信じたかったので、それを信じた。

遠い過去のある不思議な一日のことも思い出す。私はムタツミンダのふもとにあった、当時は有名だったウナプコシヴィリの幼稚園にいた。子供たちは二つのグループに分かれ、一つのグループのリーダーは私、もう一つのグループのリーダーは縮れ髪のギゾだった。私たちは「一、二、三、ポーズを見せて！」を遊んでいた。一方のグループのリーダーが「一、二、三」と叫ぶと、他方のグループのメンバーはできるだけばらばらの奇想天外なポーズを取らなければならない。それが「ポーズを見せて！」だった。私たちはずいぶん長いあいだ遊んでいた。私は妙なふうに体をねじらせて立っていて、誰かが私に触れて私を自由にしてくれるはずだった。そのとき、そうして立っているのに飽きたのか、あるいは母が恋しくなったのか分からないが、私はにわかに立っていられなくなり、くずおれて地面に倒れた。大騒ぎになった。先生たちが私を立たせようとしたが、私は再び倒れた。電話で連絡を受けた母がすぐに大慌てでやってきた。母は私を連れて帰るために馬車を借りていた。私を抱え上げ、抱きしめた母の愛撫がどんなに心地よかったかを憶えている。しかし、それでもやはり膝を折ったまま私は立たなかった。馬車の中に寝かされ、馬車はルスタヴェリ通りのほうへ下りていった。私はしばらく馬車の座席にもたれていたが、不意に、私が持っていたのと同じようなペダルつきの自動車に乗った子供が通りにいるのが目に入った。それで私は膝が立たなかったことも力が出なかったこともすべて忘れてしまった。その当時、ペダルつきのおもちゃの自動車はトビリシではたいへん珍しかったのだ。私は大喜びで飛び上がり、ペダルつきの自動車に乗っていた少年に、同じ運転手としての連帯のしるしに何かを叫んだ。母は私がすっかり元気になったことが分からず、「ラナ、坐りなさい。ラナ！」と言って私の体をつかんだ。いや、私は最初から具合など何も悪くなく、ただ演技をしただけだったのだ。その後、母は流刑から戻ったのち、そのとき私の行動がどうしても理解できなかったと話した。もちろん私自身も、この母を怯えさせた一幕をどうして演じたのか分からなかった。同情を受けたかったのか、それとも単に演技をしたかっただけなのか。それから何年も経って、アントニオーニの映画『赤い砂漠』の中で小さな少年が同じような演技をし、モニカ・ヴィッティ演じる少年の母親が絶望するのを見たとき、私は子供の心理というのはどんな時代でも、どんな場所でも同じ法則に則っていて、大人には謎めいたものなのだと理解した。

人生は光に照らされた部分と暗い影の部分から構成されるものである。それらは互いに入れ替わる。光から影に入った後、その影はだしぬけに明るくなり、そのとき、人は何か特別に重要なことをはっと理解する。

ベランダの端に薄暗い、隣人たちとの共同の台所があった。そこで私たちは料理をつくったり、顔を洗ったりした。その朝、早く目が覚めた私は台所へ行った。母が水道のところに立っていて、身動きもせずじっと手を水にさらしていた。それからゆっくりと手を上げて、顔を撫でた。母の体全体と、とりわけその仕草に深い絶望と孤独を見てとった私は、呆然となった。そのとき、あたかも心の中にぱっと光が灯ったかのように、私は何をするべきかを悟った。「母さん、タオルを持ってこようか？」と私は言った。それを言うのに何の苦労もなかった。私がそこにいたことに気づいていなかった母はびっくりして、はるか遠くから見るような深い眼差しで私を見た。そして微かに笑みを浮かべてうなずいた。私はタオルを取りに走っていった。

その日から母は本当に私の人生に戻ってきた。そして、母のいない長い時間が終わりを告げた。

母の人生は、個人的にも社会的にも際立った悲劇性に彩られていた。私はしばしば思う。崇高な精神の持ち主にとって、試練や不幸は人としての品格を高めるだけであるということを証明するために、神が母を選んだのではないかと。

母は幼い頃に父親にサインギロ地方から荷車でトビリシに連れてこられた。トビリシでギムナジアを卒業し、大学に入り、哲学科で学んだ。優等な成績を収め、兄ラジデンの助けでドイツのイエナへ行き、そこで大学を卒業した。母の先生だったシャルヴァ・ヌツビゼは母が哲学の研究の道に進むことを強く望んだが、母は映画を選んだ。『18－28』というタイトルの最初のドキュメンタリー映画はミヘイル・

カラトジシヴィリ（カラトーゾフ）とともに製作した。その後、『ウジュムリ』と『ブバ』という二つの作品を製作したが、この二つは母の逮捕とともに存在を消された。母はとても美人で、大きな円い目とエジプト人を思わせる横顔ゆえに若い頃はネフェルティティと呼ばれていた。婚約者がいたが、兄ラジデンの妻の弟レヴァンと出会い、二人は愛し合うようになった。レヴァンは革命思想に燃える魅力的な青年で、歌が上手だった。ラジデンは二人の仲に固く反対した。ボリシェヴィキに関係することは何ひとつ受け入れられなかったからだ。二つの家は悲劇的に対立した。母は独りきりになって自ら決断を下すため、一週間修道院にこもった。修道院から出てきたとき、母は突然舞い降りてきた愛を選ぶことを決めていた。そうして母は父と一緒になった。失望したラジデンはそれを認められず、最愛の妹との関係を断ち、何年も口をきかなかった。関係が険悪になるあまり、ラジデンは妻リザとも離婚した。

　母と父は深く愛し合っていた。母は政治に決して口をはさまず、創作者としての激しい情熱を追求していた。もっとも、多くの問題について父とは意見が合わなかった。どうやら愛情も結局はその意見の食い違いをかばいきれず、男女の難しい関係がほぼいつも迎える結末を迎えることになった。父には新たな愛する女性が現われた。それはすぐれて才能豊かで魅力的な女性だった。二人は我を忘れて愛し合ったようだ。二人ともそれぞれの家庭を捨てることを考えていたが、それは困難な決断だった。母はきわめて重苦しい悲劇を乗り越えた。父の逮捕の前に何が起こったのか、誰も私に話してくれたことはない。しかし、父が逮捕されたとき、母と父と私が一緒にホスタ〔黒海沿岸のソチ市の近郊〕にいたことは知っている。私が憶えている限りでは、それは父と母が関係を修復したからではなかった。両親はほとんど互いに口をきかなかった。私は海へ母と行ったり、父と行ったりしていた。父は私を海に入らせて泳がせた。母とはたいてい浜辺に一緒に坐ったり、裸足で波打ち際を歩いたりした。母が小さな声でこう口ずさんでいたのを憶えている。

そのとき海はあまりに静かだった
海があったのかなかったのか憶えてもいないほど……

その後、長い年月を経て、このフレーズを思い出すと目の前に浮かぶのは、静かな海ではなく、奇妙な赤い光に照らされた部屋と、父のどこか別人のような、見慣れない険しい表情だった。その晩、私がふと目覚めると、父は私のベッドのそばでうなだれていて、周りには大きな武器を持った男たちが立っていた。私は戦慄した。スペイン人の子供たちを苦しめ、殺害する恐ろしいファシストをちょうどそのように想像していたからだ。当時のソ連の子供はスペインの子供たちに心から同情していた。今、そのファシストたちはここ、私たちの部屋に、私のベッドのそばにいた！　私は慌ててベッドから飛び起きて、「父さん、ファシストたちが来た！」とあらん限りの声で叫んだ。のちに母から聞いたところでは、高い地位にあるベテランのその秘密警察員《チェキスト》たちさえ、子供の絶望的な叫び声にひるんだという。共産主義者とファシストを同列に並べるなど、誰も想像すらできなかった時代だ。それでも父は連れていかれた。出ていくときに父は振り返って言った。「心配するな。すぐに戻る……」それきりだった。翌日すぐに私たちはトビリシへ向かった。ホスタを出て、国境で母は私に言った。「ロシアはここで終わりで、ここからジョージアよ」と。私は急に、父を連れていったあのロシア語を話す恐ろしい男たちが目に浮かんで、ロシアのほうを振り返って声高に叫んだ。「ひどいロシア人め！」

父がいなくなった後、あの女性は家に戻った。人づてに聞いたところでは、女性が庭に入ると、庭の反対側の端に夫が立っていた。女性は立ち止まってうつむいたまま塀に寄りかかり、しばらくそのままきまり悪そうに立っていた。夫はそれを黙ったまま見つめていた。最後には「入れ……ここはお前の家だ」と夫が言った。女性は家に入った。外では一九三六年の嵐が吹き荒れていた。

監獄から父は母に手紙を寄越した（私たちが受け取った二通の手紙は、煙草の巻紙に非常に小さな字で書かれていて、洗濯のために送られてきた服の裏地に隠されていた）。「私とは離婚したと書け。そうすれば逮捕は免れる。頼むからラナのことを考えて書くんだ」と。父は尋問の際に実際にそう答え、自分の経歴書にもそう記した。その経歴書を私はずっと後に内務人民委員部で見せてもらった。母はそれに従わなかった。自分がどうなるか分かっていたにもかかわらず、おそらく十年の恐ろしい流刑を免れさせたであろうその一歩を踏み出すことができなかった。そうする道義的な権利がないと考えていたからだ。父の刑を分かち合わねばならないと良心が母に教えていた。母はそのことを話したがらなかった。一度だけ、夜遅くに、私が幼い子供のように母のベッドにもぐりこんだとき、母の目の表情も見えないなかで、母は言った。「あなたの父親は私の人生で唯一の大きな愛だったけれど、同じくらい大きな不幸でもあった。その人格や性質——優しさ、勇敢さ、気さくさ、他者に対する関心、芸術性——で、ほかの人々のために軽やかに生きるよう生まれついていた。素晴らしい声と音楽の才能でオペラ歌手になることだってできた。でも、その代わりに、国をつくり変えて、虐げられた人々を幸せにすることを自分の人生の信条にして、まだ若いときからその理想を実現するために取り組んだ。入党したのは一九一五年、党がまだ地下活動をしていた十六歳のときだった。それ以来、追われ、迫害されて、死にかけたことも何度もあった。胃と肺には銃弾が残っていた。その銃弾は何年も経ってからドイツで、胃と肺の半分と一緒に摘出された。そのときもう一度死にかけた。私が出会ったとき、彼はまだ若く美しい青年だった。人々に奉仕するという崇高な理想に燃えて、その情熱で周りの人々みんなを魅了していた……」母は黙り、まるで深淵から聞こえてくるような声で付け足した。「そのとき、独裁に基づくイデオロギーが恐怖政治を招くことを理解していた者は少なかった」と。親密な感情について話すのをいつも避けていた母にとって、その言葉は懺悔と同じようなものだったのが分かった。私たちは長いあいだ黙ったままだった。「どうして父さんと離婚したことにしなかったの？」と最後に私は思い切って尋ねた。その後の私の人生のために、避けることのできない質問だと考えたからだ。「それはできなかった。そうしたら、自分自身に対するあらゆる信念を失うことになったでしょう」と母は言った。それから静かに言い足した。「それに離婚もしていなかったし」そのとき私は理解した。自分の身に起きたあらゆる不幸――なかでも夫の裏切りがもっとも悲痛なものだった――にもかかわらず、母は一生をかけた愛を犠牲にすることができなかった。そうした行為によって、その愛を救おうとしていたのだった。

そのようにして、母はほとんど自らの意思で監獄に入った。

流刑から帰った母は陰険になったり、感情を失ったりしていなかった。それどころか、気さくで、親しい人たちに対する同情や愛情に満ちていた。母の書いた短篇にも、そのような感情が詰まっている。十年を経て、母はまったく異なる環境に戻った。まだ比較的若い四十五歳という年齢で友人や娘、姉のところに帰ってきた。しかし、あまりに特殊な経験をしたせいで、私たちのもとでも長いあいだ疎外感を感じていた。専門的な関心と愛、情熱、幸福と不運に満ちた以前の人生は、一九三七年に幕を閉じた。故郷に戻った母は、姉の家でまた新たに人生を構築せねばならなかった。それはとても難しいことだった。以前の仕事については考えることもできなかった。伯母のわずかな収入では私たちが飢え死にしないのがやっとだったので、仕事を探さないわけにはいかなかった。

間もなくして、母の不幸は流刑からの帰還では終わらなかったことが明らかになった。秋のある寒い夜、私たちの家の扉を騒々しく叩く音が響いた。その音で私、母、伯母の三人はすぐに目が覚めた。一九三七年の光景が目に浮かんだ。私たちはベッドにじっと坐ったまま待っていた。扉を叩く音がより強く繰り返された。それは間違いなく一九三七年だった。私は飛び起きて、閂を外し、重い扉を開けた。

敷居に制服を着た男性が二人立っていた。そのときも、今でも、私は制服姿の男性を一人ひとり区別できない。制服を着た男性は、鉄道員すら、みな秘密警察員に思われた。その二人は、まさに私が子供の頃ずっと恐れ怯えていたその秘密警察員だった。私もよく知る、あの射すくめるような目で二人に見られて、私は硬直した。二人は家の中に入ってきて、一緒に来るように平然と母に言った。まるで、真夜中に家に押し入って、十年間流刑で虐げられた女性を、再び彼らの施設に連れていく以上に自然なことなどないかのように。母は取り乱しもせず、不安を見せることもなく、黙ったまま服を着て、「すぐに帰るから、私を待っていないで寝て」と言って、私と伯母に手を振った。私たちはそのとおりに再び横になった。マロ伯母は、家具で仕切られ、ときには病人を寝かせることもあった部屋の隅で、私は窓のそばのベッドで寝ていた。目を開けたまま横になっていた私の耳に、たびたび伯母の呻き声が聞こえていた。それはどういうわけか祖母の嘆息を強く思い起こさせ、私はいっそう混乱した。私は母がどうして連れていかれたのか、これからどうなるのかについては考えないようにしていた。目の前には子供の頃の光景が浮かんでいた。学校から楽しそうに飛びだしてきた子供たち。少し離れたところにじっと立っている灰色の男性の人影。私に投げられる冷たい視線……。秋の肌寒い夜、私はそんなことを考えて横になりながら、そのぞっとするような得体の知れない世界から母が帰ってくるのを再び待っていた。母が連れ戻されてきたのは、まだ夜が明ける前だった。その後はしばしばそれが繰り返された。夜中のノック、予期せぬ恐怖に止まる心臓、母の連行、待ちわびる私たち、夜明けにくたくたになって帰ってくる母。誰にも口外せぬよう固く言われていたものの、母は当然ながら私たちに話してくれた。部屋から部屋へどんなふうに連れ回され、さまざまな階級の役人たちが一見狡猾な、しかし本質的には素朴な手段を使って、いかに母を諜報のネットワークに引き込もうとするのか。彼らは私が大学院への進学を望んでいたことや、総じて私の未来まで利用して脅迫していた。しかし、結局は母をどうすることもできず、母が彼らのスパイにはなることは決してないとその組織で理解されると、夜中の訪問はなくなった。

暮らしていくには、母はどうしても仕事を見つけなければならなかった。

母の類まれな精神力と才能が発揮されたのはまさにこのときだった。国語辞典のために書耕者を探しているという話を聞いた母は、そこで運を試すことに決めた。母はまだ新しい環境になかなか慣れず、科学アカデミーの辞書部門へ初めて赴いたときには、部門長ソロモン・イオルダニシヴィリの部屋の前で一時間も立ったまま中に入ることができなかった。イオルダニシヴィリがたまたま扉の外に顔を出して招き入れなければ、母はそのまま家に帰っていたかもしれない。こうして母の仕事が始まった。最初は書耕者だったが、仕事に対する母の熱心な姿勢や勤勉さ、問題の本質をつかむ能力はすぐに誰の目にも明らかになり、予期せぬことが起こった。アルノルド・チコバヴァの指示で、彼およびその他の有名な何人かの言語学者とともに、母が国語辞典の編纂者の一人となったのだ。これは母の新しい人生におけるもっとも大きな達成だった。母は来る日も来る日も、壁に浮き彫りの施された辞書部門のきれいな部屋で巨大な机に向き合い、さまざまな辞書に頭を埋めて脇目もふらずに働いた。そばには若い言語学者たちがいて、そのうちの二人、私の人生における大きな宝物であるルシコ・ガグアと、おしゃべりで甲高い笑い声の短気なヌヌ・サクヴァレリゼは、母の（そして私の）親友となった。母の国語辞典との付き合いは私たちの目の前で始まり、やがてジョージアの言語学の重鎮の一人、イヴァネ・ギギネイシヴィリと再婚するに至った。母にとって辞書の編纂は天職となった。仕事によって精神的な満足と同時に、家族を養うだけではなく、困っている親しい人々を助けるというおそらくもっとも大事な願いを果たすためにも充分な給料を得ることができた。

母はだんだんと、私にとってもっとも親しい人になっていった。それは双方にとって、絶えず互いの新しい性質を発見するわくわくするような過程だった。十年間離れていたにもかかわらず、私の心の奥に幼い時代と母の痕跡が残っており、どこかとても基本的な部分で私たちが互いに似ていることを二人とも理解した。この発見は私たちに幸せをもたらした。母は私のみならず、私の友人たちみんなを、特別に惹きつけ、喜ばせる人物となった。そして、我が家は再び毎晩のようにさまざまな世代の、さまざまな境遇の人々、母の新たな友人や私の子供の頃の友人たちが集まる場所となった。そこでは、すぐれて強い情熱や好奇心に満ちた暮らしが営まれるようになった。学校を卒業したばかりの子供たちと若い言語学者たち、そしてあらゆる苦労を経験して髪が真っ白になった女性は、とても多くを共有していた。人を質問攻めにすることで有名だったギヴィは、我が家に来ると、出迎えたリアやルスダン、スサナ、ヌヌたちにいつも尋ねた。「ねえ、君はラナの友人か？ それともヌツァの友人か？」と。こういうとき母はいつも、何のレシピもなく、ありあわせのもので思いつくままに何かを焼いていた。母はさまざまな焼き菓子をよく考案した。一番手軽で、よくつくっていたのは林檎のパイだったが、何の焼き菓子であれ、母のつくるものは私たちの友人を同じように喜ばせた。母が他人にまったく自然に向ける温もりや関心は、誰にとっても魅力的なものだったからだ。私たちはみな家庭的な落ち着いた雰囲気を同じように求めていた。

母は手をつけたものを何でも上手にこなした。新しい生地を前に置き、型紙もなしにそれを切り、一日で素敵なワンピースを仕立てた。裁縫や刺繍は流刑のあいだに習得していた。どんな清掃夫よりも上手に素早く家を片づけた。とりわけ驚くべきは、建物じゅうの子供たちが物理学や数学の難しい問題を解くために、母のところにやってきたことだ。

母は妙に自制心が強かった。怒りは、より濃い色になる大きな深い目と、さらに低くなる声に表われるくらいだった。

死の床にあって、もうわずか数日の命しか残されていないと自ら知りながら、母は見舞う人々みなを温かく迎えた。私の友人の新しいワンピースに喜んだり、彼女たちの人生のあらゆる細部に関心を抱いたりするので、見舞い客は母が病気であることも忘れて熱心に自分の話をしたものだ。母も、数分前に耐えがたい痛みを注射で鎮めたことなどおくびにも出さず、とりとめのない話に応じた。亡くなる前日、母は激しい痛みを隠そうと笑みを浮かべ、私の手に自分の手を乗せて言った。「これは当然のことだから悲しまないで。あなたにとってあなたの子供たちも、私にとってのあなたと同じようであればそれでいいのよ」

人生において母の身に降りかかったあらゆることに加え、恐ろしい病にまで罹らなければならなかったのを、私は当然のことだとはとても思えなかったが、母はその振る舞いによって、永遠の別れを私にとって乗り越えやすいものにしたのだった。

父

恐怖政治は彼らの武器にも
彼らの宿命にもなる

ゲロンティ・キコゼ

幼い頃に失った父。私がこれまでに経験したもっとも重い衝撃の記憶は、父にまつわるものである。

ゴゴベリゼの一族の名は、ジョージア西部の町ヴァニにある十一世紀の大理石の彫刻に刻まれた、古いジョージア文字の銘文の中に初めて見られる。その頃、ゴゴベリゼ家の一人、ズヴィアド・ゴゴベリゼは「エリスタヴトエリスタヴィ」（大公）の称号を持つ高位の支配者であった。

十五世紀にはゴゴベリゼの一族は、王家の甲冑を管理する役職や城の司令官を務めていた。

一族の隆盛期（十五世紀末から十六世紀）にはゴゴベリゼ家の公領が設けられ、ゴビスツカリ川からツヘニスツカリ川までの地域がその範囲に含まれた。領主の屋敷はゴチャジハイシ村にあった（私たちの一家はこのゴチャジハイシのゴゴベリゼ家の流れをくむ）。

十八世紀にはゴゴベリゼの一族からツァイシ主教やチコンディディ府主教、マルトヴィリ修道院の院長、イメレティ王ソロモン一世の王宮司祭、掌院など高位の聖職者が輩出した。十八世紀前半の地理学者・歴史家ヴァフシュティ・バトニシヴィリは、ゴゴベリゼ家を当時のイメレティ〔ジョージア西部の一地方〕の名家の一つに挙げている。

十九世紀になると、一族の者たちが教育や文化の面で名を馳せた。父のおじたち、ニコとベサリオンは有名な社会活動家で、初期の「テルギ川の水を飲んだ者」〔十九世紀中葉にロシアで教育を受けた革新主義者〕であり、イリア・チャフチャヴァゼやアカキ・ツェレテリ〔ともに十九世紀のジョージアを代表する作家〕の友人でもあった。ゴチャジハイシ村で私は、ベサリオン・ゴゴベリゼとギオルギ・ゴゴベリゼが大変な苦労の末に設立した国立学校の建物を見せてもらったことがある。西ジョージアでもっとも早くに開かれた学校の一つだ。ベサリオン・ゴゴベリゼの埋葬の際、イリア・チャフチャヴァゼはゴチャジハイシ村を訪れ、「ベサリオンのような人物を失ったのは社会の不幸である。我々は彼を偲び、それにより社会の悲嘆と慟哭に加わらねばならない」と述べた。ニコ・ゴゴベリゼの埋葬の際にはアカキ・ツェレテリが弔辞を述べた。

父の母親の出自については、ギヴィ・フツィシヴィリによれば、「昔々あるところにツルキゼ家の三人姉妹がいた。一人は貴族ロルトキパニゼの妻となり、その結果、二十世紀の文豪ニコ・ロルトキパニゼが生まれた。二人めは貴族ダディアニの妻となり、その息子が作家シャルヴァ・ダディアニだ。三人めはダラフヴェリゼの妻となり、我々の祖母サシャ・ダラフヴェリゼを生んだ」。ギヴィの記憶では、祖母サシャ・ダラフヴェリゼはずっと本を読んで毎日を過ごしていたという。父はそのような家庭に生まれ、十六歳のときに革命家アリョーシャ・ジャパリゼと出会ったことでその運命を決定づけられた。

父が逮捕され、処刑されたとき、私は七歳だった。そのため、私にとって父は常に犠牲者である。私の記憶に残っているのは、私の願いを何でも叶えてくれる、この上なく温かく優しい父だ。父はさまざまな遊びに熱心に付き合ってくれた。その遊びの多くは父が自ら思いついたものだった。私にペダルつきの自動車を送ってきてくれたときには、同じ建物に暮らす子供たちみんなに送ってあげられなかったが、今度送ってあげようと私に謝った。父は必ずそうするものと私はつゆも疑わなかった。朝にはシーツにくるまって、本物のオペラ歌手のようにテノールのさまざまなアリアをイタリア語で歌った。私の手元に残る父の写真には、ロシア語で「かしましくておしゃべりな素敵な女の子へ」と父の手で書き添えられている。

バビ叔母、メリタ、ジュヌヴィエーヴと私がロストフ・ナ・ドヌーにいた父のもとへ行き、ドン川で泳いだときのことが思い出される。ジュヌヴィエーヴが川へ深く入っていくと、彼女のパンツが脱げて流れていってしまった。私たちはどれほど笑ったことか。父はすぐに歌をつくって、聞く者の心をつかむその声で歌い、私たちも一緒に歌わせた。

ジュヌヴィエーヴはパンツなしで、オホホ
ドン川から上がってきた、オホホ
バビが替えをあげるまで、オホホ
ずっとそうして歩き通した、オホホ……

私たちはそのマーチを歌いながら家に帰った。

それは、父が共産党中央委員会書記を解任された後のことで、父の運命はすでに決まっていたも同然だった。父自身もそれをはっきり分かっていた。

私の記憶に焼きついている光景がある。私は父と一緒にロストフ・ナ・ドヌーにおり、私たちは大きな居間に坐っている。レコードが「太陽が沈み……」と歌っている。

そこに見知らぬ男性がやってきて、父にこそこそと何かを伝え、去っていく。父は言う。「ダヴィトの身の不幸はすべてダヴィトのせいだ」（ジョージア語のことわざ）と。それは私に言っているのではなく、自分自身に言っているのだと分かる。しかし、何かひどく悪いことが起こっているのだと感じた私は父に尋ねる。「誰のこと？」父はすぐにはっとして、すべてを冗談めかす。「もちろん僕のことだ。僕がダヴィトだと知らなかったのか？　父さんがダヴィトだったから、僕もダヴィトと呼ばれていたんだ」父は笑うが、私はそれがつくり笑いだと見抜く。私は父のそばへ行って抱きつく。父は私を胸に抱きしめ、そうして私たちはしばらくじっと坐っている。レコードが「太陽が沈み、夜が近づき……」と歌っている。

　それ以来、この歌を聞くたびに私は泣きたくなる。

　若い頃、私は家族の友人や知人から父についてさまざまな話を聞いた。これは私が好きだった話の一つだ。父は共産党中央員会書記だった。あるとき、マルジャニシヴィリ劇場で何かの芝居を上演する際に黒いビロードが大量に必要になった。劇場は政府に要請したが、誰も耳を貸さなかった。そこで、コテ・マルジャニシヴィリと父が相談し（私の両親の親友だった演出家コテ・マルジャニシヴィリは私の名づけ親であり、のちに私の洗礼親にもなった）、父が自ら進んで人質になって劇場に閉じこめられ、劇場は百ないし二百メートルの黒いビロードを支給しない限り人質を解放しないと政府に要求を突きつけたという。二、三日、コテ率いる劇場のメンバー全員が人質の中央委員会書記とともに劇場に立てこもり、俳優たちならではの陽気さで愉快に過ごしながら（ジョルジョリアニやクヴァンタリアニのような喜劇役者もいたことを考えればこれは想像に易い）、政府の回答を待った。政府は騒然となったが、すでにその頃には名を知られ、権威ある人物だったコテ・マルジャニシヴィリは引き下がらなかった。結局、政府が折れ、どこからか百メートルほどの黒いビロードを調達し、自発的な人質の父を解放させたのだった。トビリシの人々は、マルジャニシヴィリ劇場から出てきた俳優や劇場の幹部たちがルスタヴェリ通りを楽しげに行進し、共産党中央委員会の建物の中へ入っていったのを見た。

ルン伯父さんも父について風変わりな話をしてくれた。「あるときトビリシにやってきて、職場にレヴァンを訪ねたときのことだ。そのときレヴァンは人民委員会議の議長だった。私たちが議長室にいると、突然、ロビーが騒々しくなり、数分後には怒り狂ったクルド人の女性が議長室に飛び込んできた。秘書が彼女を連れ出そうとしたが、レヴァンはそれを止め、女性の話をじっくり聞いた。女性は喚いているばかりだったが、どうやら彼女が庭に干していた洗濯物を誰かに盗まれたので、政府になんとかしてくれと求めているようだ。私は心の中で笑いながら、レヴァンの反応をうかがっていた。それから起こったことはまったく予想外だった。レヴァンは『洗濯物を捜すのを手伝いましょう』と言い、私たちはその女性と一緒に旧市街じゅうを歩き回った。そのせいで一帯は大騒ぎになった。とうとう洗濯物が見つかった。もちろん盗んだ者は不明のままだが。クルド人の女性は喜びのあまり泣きだした。家に帰る途中で私はレヴァンに、『政府の高官が洗濯物を捜して通りを歩き回るのはおふざけが過ぎていると は思わないか?』と尋ねた。レヴァンはしばらく黙っていたが、それからこう言った。『革命は人々から多くのものを奪うから、少しでも返せるものを返すことが私の責務だと思う。失ったものと比べれば微々たるものだろうけど』」

父が怒っているところはほとんど憶えていない。叱られたのはただ一度、本当に身寄りのなかったジュヌヴィエーヴに向かって、私が横柄に「私の家から出ていって」と叫んだときだけだ。それからもう一度、怒っているのを見たのは、家に帰った父が、誰かが届けてよこした稀少な本を見たときだった。そのとき父は中央委員会書記だったように思う。父はすぐにどこかへ電話した。それまで一度も聞いたことがないような声が記憶に残っている。父は憤慨して「誰にでも手が届くもの以外、私のところに持ってくるな」と言った。私がその言葉を憶えているのは、正義を求める人間の自然な――しかし子供時代には無意識の――精神と響き合っていたからだろう。

私は父から、彼の子供時代のことを聞くのが好きだった。そんなエピソードの一つがこれだ。ゴチャジハイシ村のゴゴベリゼ家で大きな宴会があり、父の両親はイメレティじゅうの貴族を招いていた。家の入口には数えきれないほどのさまざまな種類の帽子――ジョージアのボホヒ〔毛皮の帽子〕やヨーロッパ風の中折れ帽にシルクハットなど――が並んでいた。見たこともないそれらの帽子に興味を惹かれた父とドリコ伯母は、こんないたずらを思いついた。こっそり中折れ帽を一つ持ち出し、家のそばを流れるツヘニスツカリ川に流したのだ。川を帽子が流れていくのが気に入った子供たちは、二つめの帽子も、それから三つめの帽子も川に流した。あげくには、ゴチャジハイシ村の人々はツヘニスツカリ川をいろんな種類の帽子が次々と流れていくという奇妙な光景を見ることになった。なかでもとくに目立っていたのはシルクハットだった。村の子供たちは歓声を上げながら、帽子を追いかけて川沿いを走った。貴族たちは恐縮した主人の家を気まずそうに無帽で辞した。

私はトビリシで大学院を修了した後、モスクワの全ソ国立映画大学の二年生に編入した。最初の日、ドヴジェンコの講義に出席した。彼は大学じゅうの学生を相手に大教室で講義をしていた。ベルが鳴って講義が終わってから、ドヴジェンコは私を手招きした。私は緊張した。ドヴジェンコのことは深く尊敬していたが、講義中におしゃべりしていたので、それを注意されるのだろうと思った。どきどきしながらそばへ行くと、ドヴジェンコはその射すくめるような目で私を見て、前置きもなくこう尋ねた。「あなたがゴゴベリゼですか?」私は狼狽してうなずいた。「レヴァンの娘ですか?」私は再びうなずいた。「そうだと思った」と彼は独り言のようにつぶやいた。そしてにわかに、いつものしかめ面が一変し、目が微笑んだかと思うと、顔じゅうが明るい表情になった。彼は私の手を握り、ぎこちない動きでひとしきり私の手を揺すった後、最後にこう言った。「レヴァンは驚くべき男だった。革命のプーシキンだった」

ドヴジェンコはこの奇妙な意見に自ら満足したようで、私の手を離し、彼らしからぬ嬉しそうな様子で去っていった。この興味深い出会いの後、私は何度かドヴジェンコの家に招かれた。私たちのやりとりは次第に自然になり、私は最初の会話のときに彼が何を言いたかったのか、「革命のプーシキン」がいったい何を意味していたのかを徐々に理解した。自身も革命の讃美者だったドヴジェンコは、父の革命に対する姿勢が詩人のそれであったと考えていたようだ。すなわち、情熱が理性を凌いでいたという意味だ。

父の人生を語る際、スターリンに関係する二つのエピソードに触れないわけにはいかない。スターリンがジョージアに来たときのことだ。ちょうどそのとき、父の親友であったベソ・ロミナゼ〔ジョージア共産党中央委員会第一書記（在任一九二二―一九二四）〕が解任された（それからしばらく後、ウラルへ送られていたベソ・ロミナゼは内務人民委員部に呼び出されたが、何が待ち受けているかよく分かっていた彼はその途中で自ら命を絶った）。スターリンは「ベソの周りではどうなっている？ 友人たちは何をしている？」と尋ねたという。「当然ながら、みな疎遠になりました」との判で押したような返事の後、「レヴァンは？」とさらにスターリンが尋ねた。「レヴァンは違います。今も一緒にいます」と聞いたスターリンは目を閉じて「やるな、レヴァン！」と言った。

この話を聞いたとき、父は「どうやら私も終わりだ」と言って苦笑いした。

もう一つのエピソードは、スターリンとジョージアの政治エリートたちがそろって、オペラ劇場でオペラ公演を鑑賞していたときのことだ。幕間で父は「スターリンが呼んでいる」と伝えられた。父はスターリンのいた特別席へ入った。「レヴァン、君が私に関するチャストゥーシカ〔ロシアの俗謡〕を上手に歌うと聞いたぞ」とスターリンが言った。その場の全員が黙りこんだ。「歌ってくれ、レヴァン！」父がしかたなく歌うと、スターリンは腹を抱えて笑った。「もっと、もっと」と乞われるままに父は歌い続けた。

これは一九三四年の出来事だった。

私が父について知る政治的にもっとも重要な事実はおそらくこれだろう。逮捕の少し前、父はスターリンに手紙を書いた。「親愛なるコバ〔スターリンの愛称〕。最近、私は古いタイプの共産主義者になったような気がする。私の周りで何が起こっているのか分からない。信頼し、愛していた人々はみな、今では裏切り者と呼ばれている……」手紙は長く、私が憶えているのは冒頭の部分だけだ。父の名誉回復の書類を私に見せた取調官が、一度読ませてくれたのだ。手紙全体が疑念と痛みに満ちていたのが印象に残っている。その情熱的な批判ゆえに、手紙はベリヤの逮捕の際に党員のあいだで広まった文書に引用されていた。

父の最後の手紙は、銃殺の数日前に監獄から送られてきたものだった。

> ラナに伝えてくれ。工作員らに侮辱され、父は拷問を受けたと。
> 不名誉な死を赦してくれ。
> 私が生涯を捧げた我らが党への献身をラナに教えてやってくれ。
> 彼女がいつか私についての真実を知るよう願う。

私はいつも父が大好きだった。その理由を数え上げればきりがない。父を亡くしたとき私は七歳で、父はまだ三十八歳だった。私の存在の最初の数年間は父の優しさで温められ、父の限りない愛情を肌で感じていた。父は私の心の記憶に永遠に刻まれた。私や同じ中庭に集まる子供たちが父と一緒に過ごして味わった喜びのことを、私は決して忘れたことがない。父は豊かな想像力を持っていて、おとぎ話や遊びの新しい続きをすぐに考えついた。また、ドリコ伯母が私に言ったように、子供が大好きで、子供と仲良くする達人だった。父を知る人はみなその親切な行動や人間愛について私に話したものだ……。

そして、もちろん、大好きだったのは私の父だったからにほかならない。

母は政治家としての父についてほとんど語らなかった。おそらく、母の個人的および社会的なあらゆる悲劇が父に繋がるものだったからだろう。一度だけ母は奇妙なことを私に言った。彼は感情と情熱の人だった。だからこそ、彼が政治家になるべきだったとは思わないと。彼は政治家に必要な実務的な資質を持ち合わせていなかった。革命思想にのめりこむのが彼にとって自然なことであった反面、統治や事務的な仕事は彼の性質とはまったく相容れなかったと（この言葉は、ドヴジェンコが「革命のプーシキンだった」と言ったことを思い起こさせた）。

私は処刑人と犠牲者という永遠のテーマについてしばしば考えてきた。父は犠牲者だった。父の悲劇的な最期は明らかにその証左であり、ほかの可能性について考えたことがなかった。一方で、父が一生の信条にした独裁に基づくイデオロギーに、私が心底から抵抗してきたことは、私の大きな痛みでもあった。そのイデオロギーは、私が理解する限り、父のあらゆる性質や性向に反していた。

しかし、ジョージアが独立した後、初めての総選挙で政権を握った新しい勢力とさまざまな理由により私が対立したとき、私は真に打ちのめされることになった。

新聞に父とその生涯に焦点を当てた記事が現われた。それらの記事では、明白な虚偽も半分は真実であることも正しい事実も、すべてが一緒くたになっていた。それが私に対する敵意に端を発したキャンペーンであったことは承知していた。これで実際に私の立場はさらに悪くなった。ついには、いずれかの会議でレヴァン・ゴゴベリゼが「ジョージアでは貴族階級の割合が縮小されねばならない」と発言したことも読んだ。それはもはや事実であり、実際に発言されたことだった……。

私は大きなショックを受けた。父にこのような発言ができたとは、どうしても想像できなかった。私は信じようとせず、公文書館へ行って演説のテクストを探した……。そして、そのまったく理解不能な説明のつかない言葉を愕然として読んだ！　それはあまりに耐えがたく、人生で初めて、私は生きる意欲をしばらく失ったように思う。思考力が戻ったとき、私の頭の中を相反する二つの考えが渦巻いていた。ある声は、私にこう書けと教えていた。この言葉は当時の特徴的なレトリックであり、現実的な内容を伴っていなかった。父は時代の潮流に従って、貴族が自らの称号を放棄するべきだと言いたかったのかもしれない。父は誰かの処罰に関与したことはなかった。二十四歳の彼は国家計画委員会《ゴスプラン》の委員長で、政治的な問題について決定を下す立場にはなかった。蜂起が鎮圧されたとき、父は姉のドリコ伯母に絶望のこもった手紙を書いた。「我々の周りで起こったこのすべてはまったくひどいことだ。私は自分を完全に見失っている。『進む、美しい二十二歳の僕は』〔マヤコフスキーの詩の一節〕とはもはや思えない」

　しかし、私は最初からそれを正当化するようなことを書くつもりはなかった。その時代の発言の力や意味をよく分かっていたからだ。私の心は父に対して寛容になるよう自分に求めていたが、胸の奥底では自分にその道徳的な権利がないと分かっていた。父は情熱的なボリシェヴィキで、残念ながら、それが彼の人生のすべてを規定していた。


　これは私にとってあまりに大きな痛みを伴うテーマであり、このことをめぐって何かを発言する決心をするのに、今でも激しい葛藤に苦しまねばならなかった。それでも、私はこれまで出会ったすべての人々に対して、自ら課したタブーを打ちやぶり、私の中のもっとも深いところに隠した感情を率直に話さねばならないという結論に至った。これを、革命の嵐に烙印を押された一人の人間の告解として受け取ってもらいたい。

今日の観点から私は何を考えているのか？

人間愛、虐げられた人々の解放、平等といった魅力的な衣装に包まれつつも、同時に、独裁や恐怖政治をその礎として認めるイデオロギーは、それを信じる者たちを抑圧し、束縛し、通常の人間的な反応を不能にし、その本性や性向にまったく反するようなことを実行させてしまう。このイデオロギーを信じる限り、各自がどんな人間であるのか、親切なのかそうでないのか、人を愛しているのか憎んでいるのか、他人に同情を向けるのか嫌悪を向けるのか、良家の教養人であるのか無学な物乞いであるのか、そういった個人の性質は何の意味も持たなくなってしまう。人は権力に意のままに操られるようになり、その力は人間の連帯というまやかしの名目で人を欺くのだが、必要になれば、同じ名目に奉仕するためを装いつつ、親しい者に向かって手を上げさせることもできるのである。

何百万人もの人々と同じように、父も世界の歴史の途上で革命の子となり、武器として利用され、そして呑みこまれ、葬られた。彼らの存在に刻まれた悲劇性をゲロンティ・キコゼがその著書『民族の活力』の中できわめて正確に定義している。「恐怖政治は、彼らの認めるイデオロギーに則して、彼らの武器にもなり、彼らの宿命にもなる」（ゲロンティ・キコゼはこの言葉をソ連の黎明期に書いた。その頃に、恐怖政治が彼ら、つまり革命家たちの宿命になると理解していた者は、いたとしてもごく少数だった。この事実は彼の先見性を物語っている）。

今日の私の唯一の願いは、人々が一丸となって、我々の子や孫たち、そして私たちの後にこの世界にやってくるすべての人々を、この破壊的な病から守ることである。

私の大学、山の発見

やあ、峰々よ
遅い挨拶になった
お前たちのツツジやネズの木が
我が墓を飾らんことを！

ヴァジャ・プシャヴェラ

トビリシ大学ではまず文学部ジョージア文学科で勉強していたが、その後、言語学が好きになり、カルトヴェリ語族科へ移った。しかし、結局そこにも落ち着けず、四年生のときに西欧語・西欧文学科に移って英語を専攻した。

今日、大学で過ごした日々を回想すると、その頃の辛い思い出はすっかりどこかへ行ってしまい、もっとも強く記憶に残っているのは、アルノルド・チコバヴァやコテ・バクラゼ、シャルヴァ・ヌツビゼ、ミヘイル・クヴェセラヴァらが初めて教室に入ってきたときの張り詰めた雰囲気と緊張感である。

私の大学――それはメーテルリンクについてのミヘイル・クヴェセラヴァの講義、その霊感に満ちた表情、突拍子もない身振り手振り、私たちは若々しい情熱にまかせて青い鳥や秘密の夜の見知らぬ世界に我を忘れる……。あるいは天井を見上げるシャルヴァ・ヌツビゼの目と、ヨーロッパのルネサンスがジョージアに始まるという、奇妙な節回しで発せられる大胆な言葉。私たちの心を祖国の過去についての誇りで満たす言葉。あるいは、コテ・バクラゼによって単純かつ素朴な形に言い直された論理。それは哲学を私たちにとって至極分かりやすい、近しいものにする。その射すくめるような冷笑的な眼差しと、きつく投げかけられる「君の頭はアヒルの脳みそか？　分かった？　いや、君は何ひとつ分かっていない！」――面白いことに、私たちはその言葉に傷つくどころか、むしろ逆に、現象の本質をつかむ意欲をいっそう掻き立てられたものだ。

　私の大学――それは私を守ってくれた学長ニコ・ケツホヴェリの、当時の「第一局」つまりＫＧＢとの懸命の戦い。あるとき学長室で彼に共産主義青年同盟《コムソモール》に入るよう説得されたことが思い出される。入らなければ、スターリンの名を冠した奨学金を得られなかったからだ。私はそれに同意してコムソモールに入ったのだが、結局ＫＧＢの強い反対で奨学金を受けられなかった。その代わり学長は、この経歴にもかかわらず私が大学院の試験を受けられるよう手を尽くしてくれた。

　私の大学――それは突然みなの心に宿った恐怖。前日に思いがけずオティア・パチコリアと何人かの学生が逮捕されたためだ。

　私の大学――それは昼も夜も友人たちと過ごした日々。友人たちとともに講義に出席し、連れ立って街を歩き回った。

　私の大学――それは人間関係の極端な濃密さ、新しい人々を見つける喜び、今日まで一生の友人であるレイラ・ゴルデラゼとの出会い、そして、第八十六番教室での講義で、美しい青年ゴギ・オチアウリが隣に坐った感激。私と同じようにクヌート・ハムスンに夢中で、牧神パンに似た彼は、エドヴァルダの「グラーン、グラーン、痛むの？」という一見何気ない言葉に私と同じように心を震わせていた。
初めて出会ったそのときは、まだ当然ながら私は知らなかった。ゴギと親しくなった結果、私たちの前にプシャヴィとヘヴスレティというまったく新しい世界が開かれることを。その魅力と美しさ、厳格な道徳的戒律と伝統、比類のない民俗詩とともに、ジョージアの山々はそのとき以来ずっと私の心の一部となった。

ヘヴスレティから移ったゴギの両親が暮らしていたシュアプホ村やヘヴスレティへの旅は、私にとって大きな喜びの源となった。身の周りのものをかばんに詰めて何度もシュアプホ村へ向かった。シュアプホ村までは貨物トラックに乗って行った。トラックはあちこちから調達した。あるときノダルの父親で有名な歌手のダティコ・アンドグラゼが、その頃はオペラ劇場の芸術監督だったので、劇場の車を運転手つきで私たちに貸してくれたことがあった。その運転手は大のオペラ好きで、途中で警官に行き先を尋ねられると、ジンヴァリの代わりにジゼルに行くと誇らしげに答え、私たちは荷台でそれに歓声を上げた。
私たちはしばしばオチアウリ家の二階建ての家のベランダに寝床を広げた。夏も涼しい山の空気や星がいっぱいの空の近さ、そして何より友人たちと一緒に過ごす時間に酔いしれた私たちはなかなか眠れず、アラグヴィ川の静まることのない水音を息をひそめて聞いていたものだ。

山々を歩き回るうちに私たちはもう一人の友人ムジア・バクラゼを得た。愛すべきコテ先生の娘で、のちにフランス語・フランス文学の専門家となった彼女は、サルトルについてのソ連で初めての学位論文の著者にして、サルトルとマルグリット・ユルスナールの難解な文章の翻訳者だ。ムジアはプシャヴィがあまりに気に入って、トヒリアナ村に小さな家まで買い、今もプシャヴィの友人たちとともにそこで夏を過ごしている。

毎朝、ゴギが向こうの山へ牧草を刈りに行ったり、みんなで一緒にアラグヴィ川へ下りたりした。ゴギは巧みな釣竿さばきで鱒を釣った。

太陽がシュアプホを覗き込み
尾根が目を覚ます
アラグヴィ川の岸で
青い馬氈《ばせん》の馬たちが草を食む……
山川の流れにプシャヴィの水車が
休むことなく回り続ける……

オチアウリ家の常客で友人だった詩人アナ・カランダゼはこう書き、シュアプホ村とヘヴスレティの忘れがたい印象を詩に描いた。

ナテラ、あなたの脚は強く
心は底なしに豊か
まるで山風のように
道なき道を歩く……

私たちは九つの泉を越えてきた

日なた、影さした場所……
しかし、あなたのような女は見たことがない
このような道も……

アナ・カランダゼのこの詩は、ゴギの母親のナテラ・バリアウリのことを書いたものだ。ゴギの家を初めて訪れた私たちは、ナテラと知り合うなり男も女もみなすぐに彼女に魅了された。彼女はまるで風のように山を上り下りし、すぐれて手際よく干し草の山を積んだ。ときにはヘヴスリ〔ヘヴスレティ地方の住民〕ならではの魅力的な訛りでさまざまな話を語ってくれた。あちらの山の話、こちらの平地の話、ヘヴスリたち、キスティ〔ヘヴスレティ地方の北に暮らすチェチェン・イングーシ系の人々〕たち、彼らのややこしくも英雄的な交流にまつわる驚くべきエピソードなど。ときには火のそばに坐って靴下を編みながら、山には場違いな私たちの街の習慣に冷ややかな視線を送ったものだ。彼女が馬に飛び乗り、何気なくロシナンテと馬に呼びかけたときには、私たちは大いに感激した。

アナ・カランダゼに宛てたナテラの手紙から一節を引きたい。私にはこの言葉がこの素晴らしい女性の本質を表わしていると思われる。「年を取ったけれど、何ものも私のヘヴスレティへの愛、ジョージアへの愛を消すことはなかった……。たくさん笑い、泣き……好きになり、嫌いになり、好かれ、嫌われ、それらはすべて消えてしまったけれど、ジョージアに対する愛は倍になった」この言葉を書いたとき、ナテラは九十歳になるところで、ヘヴスレティやシュアプホ村から遠く離れたトビリシ、ヌツビゼ通りのゴギの家で暮らしていた。

そしてもう一つ、やはりアナ・カランダゼが書き留めたこのような言葉。「私は遠い女、あなたがたのことは何も分からないし、あなたがたも私のことはたいして分からない」

遠い女……。この言葉は今も私の心を乱し、あの日々への懐旧の念を掻き立てる。私たちみながナナ

と呼んでいたナテラ・バリアウリ、遠い女……。もしかしたら私たちは本当に、彼女のことをほとんど何も分かっていなかったのかもしれない。

私たちはしばしばピリキタ・ヘヴスレティ〔ヘヴスレティ地方の北側〕のアルホティ村へ渡った。荷物を馬に載せて、自分たちはたいてい歩いていく。壮麗な岩山のふもとを過ぎ、ロシュカの上り坂を上り、もっとも標高の高いロシュカ峠を越えれば、霧に沈む平野が眼下に見える。その後、ピリキタ・ヘヴスレティへと細い山道をたどって大コーカサス山脈の主脈を下る。「悪魔の通り道」と呼ばれるその山道は魅力的だが、危険も多い。「アテンゲノバ」の祭りの日にアヒエリ村を訪れたときには、祠《ほこら》の中は女人禁制なので、私はゴギを「祭主《ダストウリ》」に任じる幻想的な儀式を遠くから眺めていた。その後、長老のビチュリができたばかりの麦酒を大きな杯でほとんど無理やり私たちに飲ませた……。険しい岩山、大コーカサス山脈、山肌にはりついた村々、ヴァジャ・プシャヴェラが「山々の考え」と呼んだ霧が降りた斜面、初めて目にしたときには感激で胸が止まりそうになったシャティリの独特の城塞村、悲劇的な歴史——伝承では、村で黒死病が広まった際、大人も子供も全員が一つの建物に閉じこもって死に絶え、そうしてほかの村々を守ったという——をもつアナトリ村、アテンゲノバの祭、ヘヴスレティの女たちや男たちに大昔から伝わる独特の色を取り合わせた上着やシャツ、それらすべてが私たちのロマンチックな想像力と、己のルーツを知りたいという心の奥底に秘められていた欲求と完璧に響き合っていた。それに、この峻厳な山々や谷を征服せんとする若々しい渇望も相まって、みなヘヴスレティを歩き回ることがいつも頭から離れないようになった……。

学校を卒業後、ガイオズはレニングラードへ進学した。そのため、私たちの交流の方法は自然と文通になった。しかし、文通のなんと濃厚なことか！　先日、ガイオズがこの手紙を私のところに持ってきた。私はその日、ロシア・ジョージア関係に関するきわめて緊迫した議論を行なってストラスブールから戻ったばかりだった……。そして今、年を重ねた友人として私の部屋に坐り、五十五年前に書かれた手紙を一緒に読んでいる。私たちの記憶の中で、限りない率直さと情熱とともに遠い子供時代がよみがえった。ある手紙など、便箋が三十六枚（！）あった。今日、その手紙の一部を読者と共有したい。

親愛なるガイオズ！

今、なぜかひどく混乱した頭で家に帰り、（こんな気分のときにはいつもそうするように）親しい人たちの手紙を読み始めたところです。それから……あなたに手紙が書きたくなったから、本当に書いています。明日までにやるべきことがたくさんあるのに、どうしたらいいでしょう。でも、どこか遠く、氷の世界へ行ってしまった人が私との会話を喜ぶと知っているのですから、何がどうなろうとかまいません。太陽は自由に私の部屋に入ってきます……。トビリシは今、春のはじめで、トビリシ自体が初春そのものです。こんなときに優先されるどんな課題があるというのでしょう！　明日はたぶん大学には行きません。仕方ありません！　これが私たちの太陽、山々、そして友人たちです（これは当時の私たちの決まり文句で、私たちの存在を定義するものだった）。後悔するどころか、むしろ私は喜んでいます。それなくしては生きている価値もないでしょう……。私たちは生を欲しているのです。ただし、太陽と山々と友人たちとともに！

……ねえ、ガイオズ、バクリアニを知っていますか?!　雪ならレニングラードにもたくさんありますが、バクリアニの雪とは比べるべくもありません。バクリアニには、ジョージアの雪とジョージアの太陽があります。森と山々。それらはロシアじゅうを探しても見つからないでしょう。そこでは太陽があなたを焼き、雪があなたを冷まします。山があなたを疲れさせ、森があなたを休ませます。そこでは空が水色です。いつも水色です。一言で言えば、そこにはジョージアがあります……。

……今、この瞬間、私は孤独を感じています。何かを待っています。何かが欲しいのです。「いったい私は何に飽きたのか、何を望むのか……」この一節を書いていたときも分かりませんでしたし、今も分かりません。あらゆる感情は本当にいつか消えなくてはいけないのでしょうか？　永遠に変わらぬ、終わりのないものは本当にないのでしょうか……。これほど同じ気持ちを感じ、これほど手紙をやりとりした私たちは、いつかただの知り合いのように会うようになるのでしょうか。ガイオズ、私たちは互いの存在で満たされているのです！　みな互いの存在のおかげで生きているのです。互いの存在がなくなっても生きていくなんて。人生はいつもそんなものだと言います。なんとかしてその「いつも」を避けられないものでしょうか。今いるようにいつまでもいられたら。そうすれば、どんなにつらいこともすべて乗り越えられると信じています。

……昨日、あなたが死んでしまった夢を見ました（ガイオズ、怖がらないで。みな、それはあなたがとても長生きする予兆だと言います。ある老婆はあなたがもう決して死なないだろうとさえ言いました。神のご加護を）。すべてをはっきりと憶えています。私たちはレニングラードにいるのですが、部屋はトビリシのあなたの家と同じなのです。私が部屋に入ると、あなたは隣の部屋でいつか酔っ払っていたときのように横になっていました（憶えていますか？　あなたはアティロの家でウォッカを飲んで、五時間眠った後、もっと酔っ払ったみたいでした）。私は、ガイオズは死んでいるのではなく、酔っぱらっているのだと考えました。それからの記憶はぼんやりしています。誰かが泣いていました。私はずっと一つのことを考えていました。書き始めた手紙をどうしてガイオズに送らなかったんだろう。もしかしたら、死ぬ前にどうして手紙を送ってこないのかと思っていたかもしれないと……。

マナナおばさんが言っていました。夜の二時半に電話したらあなたがまだ勉強していたと。私は気の毒になりました。本当にそんなに勉強しているの？　かわいそうに！　ここの自由はどこへ行ってしまったのでしょう！　自由は甘くもあり苦くもあります。ここでは何かをすることは不可能です。とくに、こんなにたくさんの友人がいては。みな互いのことに干渉するばかりで、結局は誰も何もしていないのです。ひどい話です！　でも、私は今はものを考える気分ではありません。ひどい話ならそれでもいいでしょう！

……今、家には母、マロ伯母、レオニデ伯父の三人の大人がいます。ストーブのそばに坐って話していて、私はそれに耳をそばだてています。もう一度人生をやり直せたなら、どれほどのことを変えるのか、どれだけの過ちを犯さずに済むかについて話しています。でも、私たちはいま人生を始めたばかりです。これからどれほどの過ちを犯すでしょう。すでにどれほど犯してきたでしょう。そして最後にどれほど後悔するでしょう。でも、後悔なんてする必要があるでしょうか？　後悔しても何も変わりません。ガイオズ、人生において間違いを犯すことは避けられないと思います。たとえ年を取ってから再び人生をやり直せたとしても……。

そして、一番最後にこう書き添えてある。

私はあなたを待っています。私の問題はまったくうまくいきません。ニコ・ケツホヴェリがモスクワで努力してくれましたが、私を編入させることはできませんでした。今日電報を受け取りました。最悪の気分です。泣きたいくらいです。（私はここでモスクワの大学院への私の編入について話している。私の経歴のせいで編入は叶わなかった。）

今日では微笑ましく思われるこの手紙は、その頃の私たちの偽らざる心情を映したものだった。

私たちは必ず夏を一緒に過ごそうとした。どこからかスヴァネティ地方にウクライナの登山家たちのキャンプ「ナクラ」があると聞いた私たちは、疲労困憊でトビリシに戻ったばかりのガイオズの意見を聞くこともなく、すぐに全員でそこへ行くことに決めた。私たちは彼に息つく暇も与えず貨物トラックに乗せ、登山キャンプへ向かった。トラックを降りてからさらに十キロほど歩かなくてはならなかった。

私たちの考えでは、友情の絶対性とはそういうもので、全員それに従わなければならなかった！キャンプは本物の登山家のキャンプで、毎日夜明けとともに飛び起き、一列に並んで何時間かトレーニングを行なうことを含め、一日のスケジュールが厳しく決まっていた。ジョージア人の怠惰さや呑気さゆえに私たちはそれになかなか馴染めず、そのせいで、一番いい加減だが、その代わり運動能力や団結力では最高のグループという評価を得た。山を登頂させれば私たちに並ぶグループはいなかった。軽やかさと敏捷さではとりわけゴギ・オチアウリが抜きんでていた。互いの助け合いについては……。最初の山に登る途中で、レニングラードでろくに食べておらず疲れていたガイオズは脈拍が百六十だったので、荷物を担いで登るのに難儀していた。それで、私とオチョはガイオズに気づかれないように彼のリュックサックから重い荷物をこっそり取り出して、私たちのリュックサックに入れた。しかし、この話の本当に滑稽なところは、ずっと後のある日にゴギが私とオチョにこう話したことだ。ゴギがガイオズの荷物をリュックサックから取り出して頂上まで運んだと！　私たちは笑いが止まらなかった。私たちは、ガイオズが目を閉じて休んでいる隙を見て、大急ぎで彼のリュックサックから缶詰をいくつも取り出し、その代わりに軽い荷物を詰めたのをはっきり憶えているからだ。頑固さで有名なゴギはもちろん自説を譲らなかった。私たちのどちらが正しいのか、どちらが間違っているのか、誰も証人はおらず、もはや確かめるすべはない。しかし、二対一で私たちのほうに分がある！

私たちのグループはいい加減さだけでなく、ほかのたくさんの点でも際立っていた。たとえば、いろいろなゲームに勝つのはたいてい私たちだった。靴の山のなかから自分のぼろぼろの靴を探し出して履く早さにかけて、ガイオズに勝る者はいなかった。オチョは懸垂で誰にも負けなかった。また、素晴らしいハーモニーとまでは言えないものの、それでも三部合唱が私たちの自慢だった。しかしあるとき、何度も練習したお気に入りの歌「彼らは遅れた」を披露したときには、思いがけず失敗に終わった。ソロをガイオズが歌い、私たちはそのそばに立って熱心に低音部を歌っていた。「彼らは遅れた。まだどこにも見えない」ガイオズは熱を込めて歌っていた。「オオオー」私たちも同じくらい熱を込めて低音を伸ばした。しかし、一人のウクライナ人が大声で「ちゃんと歌わせてあげろよ。どうして邪魔するんだ！」と私たちに言うので、この自慢の合唱も終わりになった。

キャンプでの滞在を終えた私たちは、徒歩でウシュグリへ、それからメスティアへ行った。そのうちにとうとう食べものが尽き、所持金も一銭もなくなってしまった。そこで私たちはメスティアの地区委員会の建物に押しかけ、なんとかして第一書記との面会を取りつけて、全員そろって執務室に入った。私たちは合唱のときと同じように役割を分担した。ガイオズがソリストになり（私たちはガイオズの魅力には誰も抗えないと固く信じていたからだ）、私たちはみんなでそれを応援するのだ。私たちは扉のそばに立ったまま、少なからず驚いた様子の書記を無言で見つめた。それからレイラがガイオズをけしかけた。今でもそうだが、もともと引っ込み思案なところのあったガイオズが、どうしてこんな彼らしからぬ役割を引き受けたのか分からない。いずれにしろガイオズは一歩前に踏み出し、「できれば、パンを一個いただけませんか」と静かに言った。書記は驚いたが、笑顔になった。そこで誰かが、そう言うことがまるでガイオズの当然の定めであるかのように、「チーズも頼め」とささやいた。ガイオズも「できればチーズも」と従順に繰り返した。すると書記は愉快そうに秘書を呼び、私たちを贈りものとともに帰したのだった。私たちはいくつかのパンとひとかたまりのチーズを手に、ときどきそれをほおばりながら、メスティアの通りを誇らしげに歩いた。腹を満たすと、スヴァネティの山々や塔の美しさがいっそう胸にしみた。

ウォルト・ホイットマン、あるいはシャルヴァ・ヌツビゼはソ連の検閲をいかに欺いたか

私の中に潮の満ち引きを感じる……
ウォルト・ホイットマン

西欧語・西欧文学科に移ったのはウォルト・ホイットマンの詩に熱中していたからだった。二年生のときのことだ。公共図書館で『草の葉』という変わったタイトルがついた緑の表紙の小さな英語の本を初めて見つけた。それを読み始めた私の心の奥で、何かが揺れ動いた。まるでポトマック川の岸辺から吹いた嵐が、イデオロギーによどんだ空気をかき乱したかのようだった。そして私ははっきりと見た。誇り高く、何ものにも束縛されず、自由で気ままな見知らぬ作者が自らの愛、愉悦、生きる喜びを世界じゅうに向けて叫ぶのを。

私はウォルト・ホイットマン、宇宙
大いなるマンハッタンの息子

短気で、性急で、肉づきよく、がっしりとし
堂々たる体で、よく飲み、子をつくり
恥を知らずも慎み深い……

この見知らぬ詩人の何が私をそこまで果てしなく感激させたのか、今は分かる。それはまたしても、ソ連体制に抑圧されようと心の奥で常に生き続けている自由への希求だった。それはホイットマンの詩のどの一行にも息づいており、彼の思考と詩的形象の驚嘆すべきスケールは、その直接の表われであるように思われた。

輝く、巨大な太陽よ
同じ太陽が私の中に常に息づいていなければ
お前はたちまち私を殺してしまうだろう
我々は輝く巨大な太陽のように昇り
夜明けの静けさと涼しさの中で
探しているものを見つけるのだ、我が魂よ

これらの詩を訳していると、私も自由で開かれた場所で生きているような錯覚にとらわれた。ホイットマンの詩は、まず私の期末論文のテーマとなり、卒業論文のテーマとなり、ついには学位論文のテーマとなった。ただし、期末論文と卒業論文では問題は起こらなかったが、学位論文となるとそのテーマは学科から明確に却下された。ホイットマンはソ連のイデオロギーの枠に収まらなかったのだ。私の学位論文の指導教授であったシャルヴァ・ヌツビゼのような熱意ある果敢な人物であっても、どう

にもならなかった。彼は努力してくれたが、アメリカの生活様式を讃えるホイットマンの詩にソ連の学生がどうして関心を向けてもよいのか、それがなぜ非難されるべきものではないのか、迎合主義的な姿勢で知られた学科長グリゴル・ハヴタシを説得できなかった。私は絶望した。あまりにホイットマンの詩にのめりこんでいたので、ほかのテーマについて論文を書くことは想像ができなかった。それでも私を救ってくれたのはやはりシャルヴァ・ヌツビゼだった。ある日、彼は私を呼ぶと、不意に大きな目でいたずらっぽくウインクし、私にとある本を手渡しながら「これで一つ貸しができたね」と言った。本のあるページに印がつけてあった。そこには詩人デミヤン・ベドヌイに宛ててスターリンが書いた手紙が引用されており、その中にこんな一行があった。

米国人のホイットマンが言ったように、我々は生きており、我々の真っ赤な血は尽きせぬ力を持つ火のようにたぎっている。

それを読んだ私は、何らかの考えが頭をよぎったものの、最初はどう判断すべきかよく分からなかった。しかし、ヌツビゼ先生は笑いが止まらないようで、理由のあるなしにかかわらず笑いを愛していた私もそれにならった。ようやく息をつくと、彼は苦しそうに言った。「スターリンのこの手紙を見せたらどんな顔をするだろうね！」それ以上は何も言えず、彼は体をよじって笑っていた。そうして高名な教授と彼の若い一大学院生は二人して、大学の第一号館の廊下に立ったまま目に涙を浮かべて笑い続けた。

翌日、学科長は私を部屋に呼び、ひどく慇懃な調子で、しかし明らかにつくり笑いを浮かべて、「おめでとう。あなたのテーマは承認されました。執筆を始めても結構です」と私に伝えた。そして急いで付け加えた。「指導はシャルヴァ・ヌツビゼ教授でよろしいですね。ただし、アメリカ文学は彼の専門外ですから、あなたは指導教授を自由に変更することができます！」そう言って彼は挑発するように私を見た。彼は私がシャルヴァ・ヌツビゼを拒み、それによってヌツビゼ先生に一種の精神的なショックを与えるという虚しい希望を持っていたのだ。ハヴタシにしてみれば、これは思いがけず巧妙に彼を打ち負かした偉大な学者に対するささやかな復讐の企てだった。しかし、当然ながらその企てが実現するはずはなかった。私はまるでその提案が聞こえなかったかのように彼の目を見て、尊大に微笑み、テーマの承認に対する感謝を述べた。そして、にわかに彼の顔から優しい仮面が消え、一瞬その目にあからさまな憎しみが光ったのを、気分よく眺めた。

私は二年間を学位論文の執筆に費やした。毎日、モスクワのレーニン図書館と外国語図書館で過ごし、アメリカ人の研究者たちの著作を二百冊ほど読み、期限内に論文を提出した。しかし、審査の頃には私はすでにモスクワの全ソ映画大学の二年生の学生だった。大学の黒板に書かれた「二年生ラナ・ゴゴベリゼを学位論文の審査のためにトビリシへ派遣する」という一文をみな面白がって読んだ。

私の学位論文の冒頭には、ホイットマンについてのスターリンの言葉が仰々しく記されていた。シャルヴァ・ヌツビゼの考えでは、この言葉が私を攻撃から守ってくれるはずだった。しかし、実際はそう簡単にはいかなかった。審査は大いに荒れた。討論者であった学科長グリゴル・ハヴタシは、体制の従順な奉仕者として、スターリンの言葉を無視するわけにはいかなかった。そのためにテーマを認めざるをえなかったのだ。しかし、アメリカの詩人に対する私の態度も、自由な魂も、私という一個人も、『草の葉』と私の論文に対する称讃も、彼には何ひとつ受け入れられなかった。当時の保守主義者たちが、生を手放しで讃美するホイットマンをデカダンと見なしたことを思い返すと、今では滑稽にさえ思われる。その代わり、学科のほかの面々、とくにシャルヴァ・ヌツビゼとギヴィ・ガチェチラゼは私の論文を積極的に擁護してくれた。議論は白熱した。私は第九十三番教室の演台のそばに立ち、質問に答える際には必死で腕を振りながら動き回った。それがあまりに激しかったために、私はかなり高い演壇から落ちてしまった。そのせいで教室の中はすこぶる愉快な雰囲気になり、張り詰めた雰囲気も和らいだようだった。いつもしかめ面のハヴタシさえ、思想的に対立する相手がいきなり床の上に寝転がったので笑顔になったのを、その場の全員が目にした。

　学位論文の執筆と並行して、私はホイットマンの詩を翻訳していた。一九五五年にホイットマンの詩集『草の葉』のジョージア語訳が出版され、そこにコンスタンティネ・ガムサフルディア、タマズ・チヘンケリ、ズヴィアド・ガムサフルディア（のちのジョージア初代大統領。コンスタンティネは父）と私の翻訳が収められた。その一年後には私の著書『ウォルト・ホイットマン』が刊行された。二十五歳の私が書いたホイットマンについての言葉をここで振り返りたい。今日でも私はこの言葉に署名できる。

　百年前、生の讃美者、まだ若いウォルター・ホイットマンはニューヨークの通りやロング・アイランドの広い海岸をゆったりと落ち着いた足取りで歩いていた。彼はいつも白い開襟シャツを着ており、その顔には濃い色のソンブレロ帽の影が差していた。目は青く、深く、やや悲しげな海の色で、白い髭が老人の印象を与えていた。彼はスポーツ選手のような体格で、他人にはよく船乗りや荷役夫、あるいは鍛冶職人だと思われた。その目は謎めいた夢をたたえていた。

　彼はニューヨークの通りをゆったりと落ち着いた足取りで歩き、ブルックリン橋から川の緩やかな流れを眺めた。彼はその流れに生の永遠や不死を見てとり、川は詩人にとって世代をつなぐ仲介者となった。そして彼は未来の人々へのメッセージを川の流れに託した。

空や川を眺めるときにお前が感じることを
私も感じていた
今この川の流れがお前を冷やすように

私も冷やされていた
私もお前のように川面の天を見つめていた
私も太陽の光の優しいきらめきに目がくらんだ

詩人は時間と空間の障壁を乗り越え、その想像力で未来の秘密に触れようとした。彼はしばしばまだ生まれていない者に呼びかけた。

君がこの詩を見るとき、私はもう生きていない
君は私の歌を知り、私に逢いたくなるだろう
私がどれほど君を喜ばせるか、君は考えるだろう
君と一緒にいられたら、君の友人になれたら
だから、本当に私がいつも君のそばにいるように思えばいい

これが詩人の願いであり、遺言であった。おそらく、だからこそ、彼は我々にとって、彼が熱心に呼びかけた未来の人々にとって、近しい人なのだろう。

「文学新聞」にはこの本を高評する英文学科の学科長ギヴィ・ガチェチラゼによる記事が掲載された。その冒頭をここに引用する。

ラナ・ゴゴベリゼの著書『ウォルト・ホイットマン』にはこのようなエピグラフがついている。

友よ、これは本ではない
君はそれに手を触れ、人に触れる
ホイットマン

そして、隣に掲載された写真から、額に皺が刻まれた白髪の老人の生き生きとした、深い考えに沈んだ目が読者を見つめており、読者は本を読んでいる間じゅうその視線に追いかけられる。まるでこの人物の温もり、活力そして人間に対する彼の大きな愛が本当に感じられるようだ。我々は本当にそれに、友に触れたくなる。

しかし、この鮮明な感情について少しでも考えてみたならば、読者はすぐに気がつくだろう。この本には二人の人物が収められ、二人の奇妙に繊細な関係が表現されている。一人はこの本のテーマとなる人物である。そして、もう一人の愛情なしには一人めの人物に魂はこめられず、本が人と化すことはなかっただろう……。

あの陰鬱な時代の文脈においてこのような言葉は、上から操られる思想に対するある種の挑戦であった。また、驚くべきは当時いかに熱心に本が読まれていたかということで、この『ウォルト・ホイットマン』は五千部印刷され、今日ではさらに信じがたいことに、すぐに全部売り切れてしまった。

ラド

あなたの目の中では私たちは眠る
その目は私の夜を明かりで満たした……
ポール・エリュアール

二十歳のとき、私は一生を決定する大きな愛に出会った。あらゆるものを包みこみ、たとえ相愛であったとしても痛みを伴う、驚くべき過剰な感情である。私は友人たちとともにバクリアニにいた。私たちの宿泊していた女性の部屋と男性の部屋のあいだの壁には、ひどく煙たい薪のストーブがついていた。煙が目にしみて、息が詰まったが、それでも凍えないよう薪を燃やさないわけにはいかなかった。宿の主人はオセット人だったが、その頃はオセット人もジョージア人もまったく区別がなかった。その晩、私たちはひどく緊張していた。翌日の朝に行なわれるスラロームとスピードスキーの競技に私が出場することになっていたのだ。それまでトビリシからその大会に参加した女性はいなかった。一位を争っていたのはいつもバクリアニとスヴァネティ地方の女性たちだった。私はまったく眠れなかった。目を閉じても開けても、雪をかぶった競技場の丘の頂と、雪に突き刺された旗つきのポールが目に浮かんだ。

そうして一睡もできないまま夜が明けた。朝、私は男女の友人たちに囲まれて競技場へ向かった。その頃はまだコフタ山が整備されておらず、大会はすべてバクリアニ中心部の公園で行なわれていた。そこでは参加者と観客と審判とが入り交じり、すでにお祭りのような雰囲気だった。最初は男子の競技だった。ゼッケンが配られるときになって、全員に行き渡らないことが判明したため、まずは男子選手がゼッケンをつけ、その後、同じゼッケンで私たちが出場することになった。私は十三番の番号を与えられた。同じ十三番の男子選手はラド・メスヒシヴィリだった！　それまで私はトビリシのルスタヴェリ通りで一度だけ彼を見かけたことがあった。彼はかなり白髪の交じった若い男性だった。脇にひどく大きな製図用紙を何枚も挟み、わずかに曲がった足で颯爽と歩いていた。驚くほどのびやかな余裕のある足取りで、ぐんぐんとこちらへやってくる。顔を横に向け、まるで何かを噛んでいるようだった。後で分かったのだが、それは彼のいつもの緊張と不安の表われだった。彼の美しさ、仕草、バネのようにしなやかな体からほとばしる活力と生に対する意志に引き寄せられた私とグリは、息をひそめて後をついていった。人でいっぱいのルスタヴェリ通りを追いかけていくと、あるところまで来て、彼は抱えていた何枚もの製図用紙を全部落としてしまった。彼がまるで犯人を捜すかのように必死であたりを見回したので、私たちはびっくりして木陰に隠れ、腹がよじれるほど笑った。というのも、自分たちが本当に犯人である気がしたからだ。疑う余地はなかった。彼がつまずいたのは私たちがあまりにじろじろ見つめていたせいだ。その後、彼が建築家で、有名な俳優ラド・メスヒシヴィリの孫であり、妻子がいると知った。同時に、私たちにはまったく理解できない、四十歳くらいの美しい女性たちとの関係が噂されていることも聞いた。それらすべてが秘密めいて、手が届かぬようで魅惑的に思われた。しかし、その追跡の後はまったく出会うことがなかったので、自然と私たちは忘れてしまっていた。それが突然、その日バクリアニの雪の積もった公園の斜面で、再び彼を見かけたのだ。彼は変わらず身のこなしがしなやかで、帽子もかぶらずに、その頃誰も持っていなかった黒いアノラックを着て、銀髪と鋭い眼光とともに信じられぬほどの活力をみなぎらせていた。私には彼がまるで遠い国から束の間やってきた、見たことのない鳥のように思われた。しかし、もっとも驚くべきは、彼が私と同じ十三番をつけたことだった！　彼の出番がやってきた！　ラドは斜面を伸び伸びと、誰よりも軽やかに速く滑り下りてきた。一本目、二本目、十本目……とポールをすれすれに通過したが、もうすぐゴールというところで突然スキー板が横滑りし、よろめき、ポールを通過できずに勢い余って、立っていた私たちのすぐそばの木に激突した！　私が胸が張り裂けそうな気持ちで見つめていると、彼は何でもなかったかのように立ち上がった。そして声高に笑い、雪を払ってから、こちらのほうへやってきて、ゼッケンを外して私に差し出した。彼は「この番号があなたには幸運をもたらすといい！」と笑いながら言って、背中のゼッケンの紐を結んでくれた！　あまりのことに私は天にも昇る心地だった。それから私は雪の積もった地上に慎重に降りてきて、目の前に立っている不運な、しかし輝かしいスキー選手に魅力的な微笑を送り、ゆっくりと公園の頂上へ向かった。スタート地点には競技に参加する女子選手たちが集まりつつあった。私は小さな丘の上に立って世界を見下ろした。下のほうに人々が点のように見えた。そのうちの一人はラド・メスヒシヴィリだった。「この番号があなたには幸運をもたらすといい！」という馴染みのない声が耳に響いた。出番がやってきたとき、私はいつになく冷静で自信がみなぎっていた。かつてないほどスムーズにコースを滑り、スラロームで私は二位になった！　トビリシ出身の女子選手としては前例のない快挙だった！　ラドは黒いアノラックのフードを目深にかぶって、ゴールで私を待っていた。白い雪を背景に立つその見慣れぬ黒い姿はまるで悪魔のようだったが、悪魔にはそぐわぬほど顔を輝かせ、大声で笑っていた。彼は私を抱きしめ、まるでさっき競技から脱落したことなどなかったかのように喜んで二位を祝ってくれた。私は年齢差も秘密めいた噂話もすっかり忘れて、急に自然に話せるようになった。そして、同じ番号をもらったこと、彼は木に衝突したけれど私は無事にコースを滑ったこと、それは十三日に生まれた私にとって十三が幸運の数だったからだと話して、私たちは腹を抱えて笑い合った。こうして大笑いしながら私たちはみんなで宿へ戻り、すぐに煙たいストーブを焚いた。ラドが言った「凍えるよりは息が詰まるほうがましだ！」というスローガンは、煙のせいで目に涙をためた全員の合言葉になった。ラドは何度も椅子から転げ落ちるほど大笑いし、床の上で笑い続けていた。一方、ラドのスローガンに勇気づけられた私たちは、煙の充満した部屋で本当に息が詰まって床に倒れることにならない程度に扉を開けた。その日から、私とラドは朝から晩までいつも一緒に過ごした。ラドは私にスラロームを練習させ、その訓練に彼の尽きせぬ活力を費やした。私も一生懸命に新しい技を学び、夕方にはくたくたに疲れ果てて宿に戻った。宿ではラドが私たちの知識を試験したものだ。

ラドの主な性質の一つに、あらゆる知識の飽くなき追求があり、同じ性質をやはり飽くことなく他人の中にも探した。それで、私たちがタゴールを読んだことがないと知ると、彼は顔を輝かせて「君たちは無煙炭のように暗い」と結論を下した。新しく誰かと知り合えば、その人物について真っ先に「教養はあるのか？　知識人か？」と尋ねるのだった。

彼は極端な人間だった。うれしいときは、まるで周りのすべてを光で照らすかのように我を忘れて喜んだ。しかし、ひとたび腹を立てると、そばにいる者は生きる気力を失くしてしまった。仕事となれば、何日も昼夜を分かたず二千枚のスケッチを描いた。酒宴は全力で楽しみ、タマダ〔ジョージアの酒宴において、その場を取りしきり、乾杯の音頭をとる人〕も一生懸命務めたが、いったん飽きれば、突然席を立ち、タマダの役目を放り出してしまうことだってありえた。彼は一か所に長く留まっていられない性格だった。海に入ればなかなか上がらず、何時間も、まったく姿が見えないほど沖まで泳いでいった。毎日のようにそれが繰り返されたとはいえ、浜じゅうの人がみな心配するほどだった。とくにラドが一度心臓発作を起こしてからはそうだった。遠く水平線にラドの頭が現われる頃には、浜辺ではひと騒ぎになっていたものだ。それから自然の力に打ち勝って幸せそうに海から上がってきては、女性たちの悲鳴を笑い飛ばした。スキーでも、スラロームやスピードスキーで優勝したことに飽き足らず、ジョージアでスキーがスポーツとしてこれから発展しようとしていた時期に、山を滑り降りながらスキーで何度も宙返りをしていた。このきわめて難しいスポーツはここ最近で世界に広まったばかりである。彼は毎朝山を歩くのを好んだ。朝の六時にまず亀湖《クストバ》まで駆け上り、そこからウゾ山へ移り、最後に崖を走りながら下りてくる。いつも必ず野の花を、冬にはさまざまな枝を持ち帰った。そのせいで私たちの家には、夏も冬も美しい植物が飾られていた。ラドは樺の木でつくられ、常にデッサンが山のように積まれていた特注の長い仕事机や、海、雪、大コーカサス山脈やトビリシの山々と同じく、本も愛してやまなかった。仕事をしたり、デッサンを書いたり、泳いだり、スキーをしたり、人を愛したりするのと同じように本を読んだ。彼は寝転がって読んだ。ベッドの周りには、テーブルの上にも床の上にもいつもたくさんの本が散らばっていた。ジョージア語やロシア語、フランス語の散文や詩、ガルシア・ロルカ、ガラクティオン・タビゼやアンナ・アフマートワの詩、フランシス・カルコの『モンマルトルからカルチェ・ラタンまで』、最新の建築雑誌にドストエフスキーの『白痴』。しかし、深い文化的な素養を具えていたにもかかわらず、強力な本能には抗えず、彼の情熱は原始的な激しさと直截さに支配されていた。美に対する自然な執着がもっとも明らかに表われていたのは、女性に対する彼の態度だった。彼は常に新たな情熱を探し求め、そしてそれを見つけていた。それが理由で私たちは別れそうにさえなった。しかし、運命がそう望んだのだろう。彼が夢中になっていたとき、私も別の情熱にとらわれており、その偶然あるいは必然の巡り合わせが、結局は私たちを救った。彼にとって愛とは、毎日高い山の頂に登ることであり、底の見えぬ深淵に降りていくことであった。彼との暮らしは不断の格闘であり、敗北と勝利の途切れることのない連鎖であり、関係がもっとも行き詰まったときに新たな和解がもたらす幸せであった。

ラドはアレクシ＝メスヒシヴィリという古くから名高い大きな一族の出だった。彼の祖先には有名な画家や書家や聖職者らがいる。十七世紀には司祭であったその一人がメスヘティ地方からトビリシへ聖画を運び、アンチスハティ教会に安置した。クルツァニシの戦い〔一七九五年にトビリシの近郊で行なわれたジョージア（カルトリ・カヘティ王国）とガージャール朝イランとの戦い〕のときにはメスヒシヴィリ家の別の一人がその聖画を教会から持ち出し、敵から身を隠して戦いの行方を見守っていたが、勝利の望みが断たれたと判断すると、炎上するトビリシを避け、大変な苦労の末に聖画をムツヘタへ運び、最後にはアナヌリに隠した（私たちの娘ヌツァの息子サンドロが昨年、ほかでもないアンチスハティ教会で洗礼を受けたのは象徴的なことに思われる）。二十世紀になると、この一族は偉大な俳優ラド・アレクシ＝メスヒシヴィリを生んだ。クタイシの劇場は今日も彼の名前を冠している。そして最後にラドの父親のシャルヴァは優れた法律家、弁護士で、ジョージア民主共和国政府〔一九一八年から一九二一年まで存在した独立国家〕の法務大臣として、ジョージアの独立宣言に最初に署名を行なった人物である。ラドの母親ケトゥシア・チコニアは美貌と心優しさで知られ、気難しく厳格な父シャルヴァとはまさに正反対の人柄だった。陽気でいつも甲斐甲斐しく、趣味の洗練された母親をラドは深く愛していた。ラドは家庭の愉快なエピソードをしばしば語ってくれたものだ。たとえばこんな話だ。ゼルジンスキー通りでメスヒシヴィリ家の隣にペポという名の美しい老婦人が住んでいた。ケトゥシアはどういうわけかそのペポを絶対的な権威と見なしており、夫シャルヴァのあらゆる考えをペポの言葉に照らし合わせた。第二次世界大戦の前夜、シャルヴァが世界情勢を憂慮していると、ケトゥシアはきっぱりと反論した。「戦争は起こらないとペポが言っていましたよ！」

ラドが設計したスポーツ宮殿の落成式の際には、ケトゥシアはラドのそばで耳打ちしたという。「この入口と出口は全部あなたが考えたの？」と。

その特別な生の才能と情熱で、ラドは多くの人々に影響を与えた。「走らず、跳ばず、スポーツもせず、本も読まないなら、君たちはいったいいかなる人間だというのか？」という彼の言葉を私の友人たちは今も思い出す。

彼が一度ならず心をこめて発したその言葉は実際に青年たちを動かし、スポーツにあまり興味のなかった者たちさえ亀湖へのジョギングや山歩きを始めたのだった。

私はときどき思う。一九四九年の大雪の冬、この星の辺鄙な片隅バクリアニで私たち――苦労を重ねてきたとはいえ無邪気で軽率な二十歳の女性と、美しい女性を崇拝し、ロマンスで世間を騒がす三十三歳にして白髪交じりの建築家、スキー選手、登山家――が出会ったのは、愛をめぐって生死をかけてぶつかり合い、その戦いにおいてついには両方が生き残り、自分自身に対してか互いに対してか分からないが、大きな勝利を得るためであったのではないかと。

バクリアニの余韻はトビリシに戻ってもしばらく続いた。雪山の代わりに、私たちはトビリシの通りや亀湖やウゾ山の付近を一緒に歩き回った。私は彼の生活のリズムで動くようになり、起床は朝六時。母は疑わしげで憂鬱そうな微笑を浮かべたものだ。私はすぐに運動用のズボンと靴をはき、ヴェラ墓地のほうへ走っていった。すると、いつも古そうではあるが上品な服を身につけたラドが墓地の柵に寄りかかっているのが遠くから見える。気を張りつめた様子で、まるで待っているあいだに凍りついてしまったかのようなその姿を見るたびに、私はいつも足がすくんだ。そして私たちは落ち合い、坂を上る。私は長いこと気分が落ち着かず力が出なかった。ウゾ山からときにはさらに上へ登り、古い教会の廃墟に入って過去の香りを吸い込んでから、走って山を下りる。ラドは崖を駆け下りる独特のコツも教えてくれた。私たちは道々立ち止まりながら野の花を摘み、もちろんたくさん笑い合った。最後には、岩山を走ってくたくたに疲れ、生の喜びを満喫した私は普段の学生生活に戻るべく家に帰った。

あるとき私たちはムツヘタへ行って、旅行者のグループに加わることにした。車が見つからなかったのか、ただ歩きたかったのかもう憶えていないが、私たちは歩いて行った。途中で私が「疲れた」と口を滑らせると、ラドはすぐに立ち止まり、私の抗議など意に介さず、私を抱えて彼のリュックに入れた。そうしておかしな格好で私たちはムツヘタまで歩き、旅行者用のキャンプに着いた……。

その後、私たちはプールに通うのに熱中し、やはり朝の六時に、今はもうない川沿いのプールで落ち合った。私のコーチは選手としても一人の人間としてもすぐれたルカ・イアキミディだった。彼は子供の頃から慣れていた横泳ぎを私にやめさせ、正しいクロールを教えてくれた。そこで私はプールの真の主であるラドの兄ギヴィと知り合った。きわめて深い教養を具えつつ、どこかとても純真なギヴィはまったく独特の人物で、フランス語を話した。彼はいつも大きくて心優しい熊を思わせた。パリで教育を受け、自由な暮らしを経験した彼は、ソ連の暮らしになじめなかったのだが、争いを好まぬ温和な性質ゆえに闘争よりも現実逃避を選んだ。何時間もプールで泳ぎ、同じく水泳を好む人たちと付き合うことが、彼の逃避の手段となった。若い頃、兄弟にはこんな習慣があった。朝にたとえばベタニアまで歩いて行って教会を見てから、近くの森や野原を歩き回り、夕方に走って家に戻る。その間、互いに言葉を交わすことはほとんどなかったはずだ。というのも、私がこの目で見たこんなエピソードがある。パリアシヴィリ通りですでにラドと私が一緒に暮らしていたときのことだ。ギヴィはちょくちょく私たちの家にやってきた。家に来ると、彼は私たちと抱擁し、口づけし、温かく挨拶を交わしてから、本棚から適当な本や雑誌を取り出し、ソファに坐ってじっくり読む。ラドも隣に坐って何かを読み始める。そうして並んで坐りながら二人はいつまでも読みふけっていた。それが兄弟どうしの独特の交流の方法なのだと私は理解した。ある程度時間が経った後、ギヴィは立ち上がり、本をもとの場所に戻してから、丁寧な別れの挨拶をして帰っていった。ラドが病気に臥せってからは、ギヴィは頻繁に私たちの家を訪れるようになった。毎朝、必ず熱い平パン《ショティ》を持ってやってきて、ラドのそばに坐るのだが、やはり声を立てることはない。ただ、緑色の目の表情だけがいつもと違っていた。ときどき独り言のように、ラドに聞こえぬよう「かわいそうに……」とつぶやいた。ギヴィはある朝、家を出て、見知らぬ人々の行き交う路上で亡くなった。ラドが亡くなる一か月前のことだった。ギヴィが弟の死を見届けぬよう天が采配したように私たちには思われた。ラドは兄ギヴィの死を知らずに亡くなった。亡くなる二日前、すでに世を去った親しい人々を夢に見ていたラドは、急に「僕は今ギヴィと話していたんだ……」と私に言った。それはどこか深く神秘的な瞬間だった。ラドは兄が生きていると思っていたのだが、無意識のうちにあの世の人だと感じとったようだ。

夕方はいつもレイラ・ゴルデラゼ、グリ・ロルトキパニゼと私の三人でゴゲバシヴィリ図書館へ通った。その静かな場所で私たちは何時間も卒業論文を書いた。すっかり暗くなると、ラドがやってきて、一緒にどこか別の場所へ移る。エルバキゼ坂のリア・ムディヴァニの家の広間に坐って際限なくおしゃべりしたり、オペラや劇場へ行ったり、ときにはただ通りを散歩したりした。何より驚くべきは、恋愛の分野では誰より経験豊富なはずのラドが私に劣らず純情で、一年間もずっと一緒にいたにもかかわらず、私たちのあいだに友情とは別の力が働いていたことを、私のように認めようとしなかったことだ。

一九五一年十二月二十五日の朝が明けた。一見、普段どおりのどんよりとした寒い朝だった。我が家ではまだ誰も起きてすらいなかった時間に、扉の外で尋常ならぬ騒ぎが起こった。私と母が起きるより早くレナ・ホチョラヴァが飛び込んできて、「連れていかれた！　全員連れていかれた！」と戸口から叫んだ。母は「誰が？　何があったの？」と言いながら慌てて服を着た。「ミケラゼの一家がみんな連れていかれたわ！　お祖母さんもイリナもラリもみんな！」母と私は唖然としてレナの顔を見つめた。ルスダン・ミケラゼの若い頃に川で泳いでいて亡くなった彼女の兄の家族と、私たちはとても親しくしていた。ベリンスキー通りの、古い家具が置かれた小さく静かな部屋で、祖母と娘と孫の三世代の女性が一緒に暮らしていた。イリナはピオネール宮殿の歴史クラブの指導者で、子供の私をさまざまな地方へ連れていってくれた。私より年下のラリはとても愛らしく、ルスダンの家でしばしば会っていた。そこに突然、私たちはこの恐ろしい事実を知らされた。政治とは何の関係もないこの無害な人々が、夜中に寝床からたたき起こされ、まるでひどい悪事でも働いたかのように追い立てられた！　それを知ってから数分後には、ガバシヴィリの一家も夜中に連れ去られたと分かった。やはり家族全員だ。私の従兄ギヴィの親友だったグラムが母親と姉とともに連れ去られたのだ。時間が経つにつれて次々に新たな事実が判明した。あの一家も、この一家も、さらに別の一家も、夜中に家族全員が一人残らず連れ去られていた。一九三〇年代のように、あらゆるものを支配する恐怖と、それに伴う先の見えない不安がわき上がった。誰を何の理由で連れ去ったのか？　新たな事実が次々に明るみに出るにつれて、はっきりしたのは、連れ去られた全員に外国に親族がいたことだった！　この発見もまた恐ろしいものだった！私はすぐにラドが頭に浮かんだ。ラドの伯父――世界的に名の知れた香水ブランドのオーナーであるアメリカ人ヘレナ・ルビンスタインの夫――と伯母が外国に住んでいた！　電話をするわけにもいかず、ラドの安否を確かめるため家を飛び出した私は、ジャヴァヒシヴィリ通りを駆け下り、しょっちゅう一緒に歩いていたルスタヴェリ通りへ向かった。すると、息を切らした私の目に、通りの向かい側、オペラ劇場のそばを走ってくるラドの姿が見えた。彼もやはり懸命に私を探していた。私も叔母が外国にいたからだ！　しばしのあいだ、私たちは魔法にかけられたかのように、互いを見つめ合いながら立ちすくんでいた。それから二人とも駆け寄り、通りの真ん中で落ち合った。まるで永遠に続く恐ろしい流刑から戻ってきたかのように！　私たちのそばを自動車が走り抜け、運転手たちが何かを叫んでいたが、抱き合ったまま石のように固まった私たちには周りの何も見えず、何も聞こえなかった。こうして私たちは劇的かつ非日常的に、人の多い白昼の通りで、連れ去られた人々や身近な恐怖について考えながら、まるで私たちの意図とは関係なくそうなったかのように、それまで深く隠してきた感情を互いに打ち明けたのだった！

一九五二年の夏……学位論文に取り組みながら、並行してホイットマンの叙事詩「私自身の歌」の翻訳に熱中していた私に、予期せぬ誘いが舞い込んできた。映画監督ダヴィト・ロンデリから映画『山々の征服者たち』のカメラテストに招待されたのだ。イデオロギーの嵐が吹き荒れていたその頃は、ソ連全体で一年に六本しか映画が製作されず、厳しい検閲にさらされたスクリーンでは決まって幸せで善良なソ連市民が得も言われぬ風景と豪華なインテリアに囲まれて暮らし、さらに幸せな未来を築いていた。それは現実の美化と事なかれ主義がすべてを支配する時代だった。そこに、かつて『失楽園』のような真の傑作をつくりつつも、長年製作から遠ざかっていたダヴィト・ロンデリが、新たに『山々の征服者たち』の撮影を始めたのだった。当然ながらこの作品も現実を美化した醜悪な映画の一つになる宿命だったが、そのときの私にとってそれはどうでもよかった。私が興味をそそられたのは撮影のプロセス自体で、とりわけ映画の中でスキー選手を演じることだった。夏のエルブルス山の斜面をスキーで滑るのだ！　こうして私は映画のロケ隊の一員となり、ナリチクの近く、エルブルス山のふもとに即席に設営されたテントで、美しいキラ・アンドロニカシヴィリと一緒に寝起きすることになった。キラは洗練された容姿と振る舞いが魅力的な女性で、一九三八年に粛清された作家ボリス・ピリニャークの妻だった。ニコロズ・シェンゲラヤの有名な「エリソ」役である。彼女はこの『山々の征服者たち』で監督の助手として働いていた。私は若い頃からいつも、自分よりもずっと年上で、痛ましい過去を持つ女性たちに惹かれていた。私自身も含め、若者たちは自分自身のことにかまけすぎているように思われた。年上の女性たちも私の特別な関心を感じ取って、心安く私と仲良くなってくれたように思う。このときもそうだった。キラが私と一緒にテントに泊まることを希望したときの私の喜びといったら、計り知れなかった。そうして私たちは昼はエルブルス山の斜面で、夜はテントで一緒に数週間を過ごした……。ラドはそのときトビリシにいて、一度手紙を送ってきた。手紙の中でラドは自身を竜、私を王女と呼び、こんな冗談を書いた。「……邪悪な竜は王女をさらわれた。しかし、竜はそれほど邪悪でもなく、王女と離ればなれになったことをひどく悲しんだ……。あるとき竜は地を蹴り、九つの山を越えてエルブルス山の頂に昇り、そこから王女が撮影隊に囚われている場所へと滑り降りた……」邪悪な竜が悲しんでエルブルス山の頂に昇ったことはもちろん私の胸を高鳴らせたが、その一見何気なく書かれた言葉がすぐに現実になり、彼が本当にやってくるとは想像もしなかった！　トビリシからヒッチハイクで軍用道路を通って大コーカサス山脈を越えたラドは、リュックサックを背負って歩き通し、真っ黒に日焼けした髭だらけの顔で、エルブルス山の私たちのキャンプへまっすぐやってきた！　それはラドがしばしば惜しみなく他人にふるまった贈りものの一つだった。幸福なその二日間の思い出は決して消えることはない。私たちは昼間はエルブルス山の斜面をスキーで滑った。凍りかけた雪は踏み固める必要がなく、いかなる方向にも自由に滑ることができて非常に心地よかった。夜はテントの中で話しこんだ。一度、キラは粛清された彼女の夫ピリニャークに捧げられたアフマートワの詩を聞かせてくれた。キラが亡くなってからずっと後にその詩を訳したとき、私の目にはずっとあの光景が浮かんでいた。エルブルス山のふもと、テント、夜、寝袋、隣り合ってくっついていたラドと私、キラの低い声と、銃殺された友人に呼びかけるアフマートワの痛ましい詩。

……小道をたどりて君のもとへ
屈託なく君は微笑み
針葉樹林と池の葦が
どこか奇妙な響きで応える……
ああ、もしそれが死者を目覚めさせてしまうなら
許してくれ、仕方がない
我が身のように君を悼む

そして、泣く者たちを羨む
この恐ろしい時に泣ける者を
溝の底に眠る者のために……
しかし、涙は我が目を潤さず
目に到らずして蒸発す

この言葉を訳しながら私はもう一つの顔も思い浮かべた。一九三八年にはまだうら若く美しい女性だったキラは、夫の墓で泣くことすらできなかった。夫は執行人たちが間に合わせに掘った穴の底で眠っていたのだ。

一九五三年、私は母や親しい人たちと一緒にアブハジアのリザヴァ村にいる。海のそばの林の中に立つ二階建ての白い家に滞在し、タゴールの詩を訳している。ラドが教えてくれたタゴールだ。そこへ、こちらのほうに用があったからと言ってラドがふらりとやってきた。母は悲しげだ。十三歳も年上で妻子があり、波乱の過去を持つ男性とのややこしく劇的な関係に娘が巻き込まれるのをまったく快く思っていないが、何も言わない。私が幸せそうだからだ。明らかに暗い眼差しにもかかわらず、私に表立って反対はできず、ラドにベランダで寝るよう勧める。そうして夢のような生活が始まる。「たまたま立ち寄った」ラドはもう帰ることはない。少なくともその数週間は、私にとって永遠に続くように感じられる。私たちは一日じゅうくたくたになるまで泳ぎ、海のそばの林の中や波打ち際に坐っている。私は締め切りがあるので翻訳をしなければいけない。ラドは今しがた翻訳されたばかりの一行一行を読む。まるで二人で一緒に英語から訳しながら（ラドは英語を知らない）、この驚くべき詩の世界に二人して沈潜するかのような気分になる。その世界に暮らす賢い老人と、我を忘れて愛し合う女たちと男たち、草露、夜明けの星、追憶の足音を聞く道、広大無辺の世界の縁に集まった子供たち、一瞬と永遠、檻の中の小鳥と空を滑るように飛ぶ鳥、若い旅人とその旅路を歌でさえぎる若い女たち、葉と砂漠。そのすべてが互いに絡み合い、情熱と愛に満たされて打ち震えながら、インドの深く美しい哲学の光に照らされて、私たちの心に入り込み、そこに永遠に根を下ろす。

私は訳す。

瞬間のざわめきは永遠の静かな声を意に介さない
繊細な影が慎重な愛の足取りで光の後を追う
夕闇の中で明け方の鳥は静けさの巣にこもる

あるいは、

いとしい人よ、あなたを愛す
どうか、この愛を赦してほしい
道に迷って怯えた鳥のように
私は独りさまよう
私の心が震えたとき
心は衣を脱いでたちまち裸になった
いとしい人よ、どうか、私の心を憐れみで包み
この愛を赦してほしい

いとしい人よ、もし私を愛せぬなら
せめて私を苦しめないで
そんな目で私を睨まないで
あなたを離れ、どこか遠くで
夜の闇の中に独りで坐り
計り知れぬ恥を両手で隠そう
ああ、その目を私に向けないで、いとしい人よ
私を苦しめないで

いとしい人よ、もし私を愛しているなら
この喜びを赦してほしい
私の心が尽きせぬ幸せの流れに浸るとき
この傲慢な陶酔を嗤わないで
私の輿に坐り、愛の無慈悲な力で
あなたを隷属させるとき
女神のようにあなたに憐れみを振りまくとき
私の誇りを思いやり
そして、この喜びを赦してほしい

私たちは海辺に坐り、訳したばかりの詩行をラドに読み聞かせる。私は幸せだ。タゴールによってこれほど繊細に記された愛の段階を、私たちはすでに自ら歩んできたからだ。その言葉は私たち——私と

ラド――だけのものだ。
あるいは、

金色の鹿を追いかける
私を笑うがいい、友らよ
私は見知らぬ夢を追いかけるが
それは逃げていく
人気のない道なき道を踏みしめ
山野をさまよい
ほうぼうで金色の鹿を探す
君たちは店へ急ぎ
食糧を抱えて家に帰る
私は行方の知れぬ風に魔法をかけられ
いつ、どこへ行くのか分からない
心に憂いも悲しみもなく
持っていたものは気前よくまき散らしてしまった
人気のない道なき道を踏みしめ
山野をさまよい
ほうぼうで金色の鹿を探す

私たちは人生という道に金の鹿を探しにやってきたという確かな感覚があった。私たちが出会ったのも、行方の知れぬ風の魔法をかけられ、タゴールが記した見知らぬ夢を見つけるためなのだ。

リザヴァ村から五キロのところにある金色の砂浜まで、私たちはよく泳いだ。その手つかずの人気のない海岸は、まさに私たちだけの場所となった。そこにいれば、この世界にいるのが私たちだけではないことも、私たちが盗み出したこの二人だけの時間がすぐに終わり、再び居心地の悪いトビリシに帰らねばならないことも忘れてしまった。あちらでは誰もが、何もかもが私たちが二人きりになることを邪魔するのだ。しかし、私たちは分かっていた。あらゆる正しさがその「誰も」の側にあることを。あらゆる道徳的な決まりも、子や親しい者たちに対する責任も分かっていた。それにどう抗うこともできない私たちには言葉しかないことも。

月のないある暗い夜に
一万年の向こうに生まれ落ち、
二つの体と命に結びつけられた……

実際には私たちが口に出してもいない、私たちの人生の本質である言葉。私は押し寄せる感情を子供の頃のように詩に書いた。

リザヴァは静か、静かなリザヴァ
トウヒの木陰
黒海はお前の乳母なのだろう
我がリザヴァよ

眠る山と眠る平原
山の向こうには月
外へ出でよ、海が私たちを待っている
海が私たちを待っている、外へ出でよ

凍った砂の上に私たちは無言で坐り
風が吹き荒れる
愛しい人よ、凍えぬよう
私を早くその腕の中に

ほら、あたりは暗い夜
月もどこかへいなくなった
トウヒの木を穏やかな風が揺らす
海は悲しげに泣いている

ほら、夜よりも黒く
暗くて不機嫌そうな森
そして海が立ち上がり、静かに震えながら
あなたと私とリザヴァを胸に抱きしめる

結局、ラドは帰っていき、一人残った私は書いた。

あなたは行ってしまった。無言の憂いを抱えて
波は変わらずざあざあと打ち寄せ
私は熱い砂の上に独り横になっていた
すると潮が満ち、あなたの愛撫を運んできた

ラドは去り、私はリザヴァ村に残った。その後、私たちは再びトビリシで会った。トビリシには、私の友人たちを除いて、私たちが一緒に訪ねることのできる家は多くなかった。そのうちもっとも魅力的で心地よかったのは、バルノヴィ通りの舞踊家ニノ・ラミシヴィリの家だった。そこにはしばしば画家のソリコ・ヴィルサラゼもいた。いつも血気盛んで活動的なラド、懐疑的な微笑を浮かべるソリコ、そして洗練され優雅なことこの上なく、常にヴェールをかぶり、ジョージア舞踊に身を捧げたニノ。このきわめて興味深く才気あふれる三人は若い頃からの友人どうしだった。それは本物の芸術に対する愛と才能に基づいた、どこか一風変わった結束だった。ラドがニノの踊りを真似て飛び上がっては、ジェイラニ〔ジョージアの民俗舞踊の一つ〕の動作を熱心に繰り返すと、ニノは腹を抱えて笑ったものだ。するとソリコは真剣に拍手をして、ニノを踊らせようとした……。私はこの著名な年長者たちの余興を感激して眺めるのだった……。

しかし、現実は私たちの関係の前にますます強く立ちはだかり、周囲のすべてが次第におそろしく耐えがたいものになっていった。もはやそのままでいることは不可能で、私たちはすぐれて賢明な決断を下した。別れることを決めたのだ。別れ……自分の人生の一部との別れ、己の一部との別れ以上に人を愕然とさせることがあるだろうか。一瞬にして人生のあらゆる意味が失われる。おそろしい虚無感に襲

われ、いかなる関心も消えてしまう……。私の内にも外にも、何の慰めも見出せない。私は雨を渇望する地面のように干上がっていた。その後、私はまったくの無為な日々から抜け出そうと、ただそれだけの理由で、ラドも友人たちも伴わず一人でバクリアニへ行くことにした。別れの日、ラドは私にバクリアニを「譲ってくれた」。つまり、もうバクリアニへは行かないと誓った。そうして私が訪れたのは、何もかもがラドを思い起こさせる場所だった。一緒にスキーで滑ったあちらこちらの雪の斜面、息をつこうと一緒に寄りかかったトウヒの木々、いつも私にラドのことを尋ねるオセット人の宿主たち、そして何より澄んだ空気と降り積もったばかりの雪のくらくらするような匂い、靴の下で雪がきしむ音。バクリアニに到着して二日目だったか、三日目だったか、深い悲しみに暮れつつ私が斜面を滑っていると、突然、聞き覚えのある掛け声が聞こえてきた。いや、掛け声と言うよりは、ほかのあらゆる音をかき消す叫び声だ。「膝を前に！」私は息が詰まり、膝を前に出すどころか、足を動かすこともできずに倒れる。ちょうどそこにいつもの黒いアノラックを着たラドが立っており、私をじっと見つめている。私は動転して倒れたままだ。ラドがそばにやってきて、力強い手で私の体をつかみ、立ち上がらせる……。そして急に彼は吹きだす……心の奥底から響いてくるような彼ならではの豪快な笑い声。そのあまりに耳に馴染んだ声に、私は不意に生まれ変わる。その瞬間に空は再び青さを、雪は白さを、人生は味わいを取り戻す。私は二人で何かを決断していたこともすっかり忘れ、数分後には一緒に斜面を滑っている。目に見えるのは前を行く黒い姿だけで、私はその姿に遅れまいとついていく。再び幸せに満ちた日々が始まり、私たちは外の世界に、あるいは自分たちの中に絶えず新たなものを発見する。私たちの主な発見の一つはコフタ山だ。その美しい山の頂上から、紅に染まった大コーカサス山脈がまるで手が届きそうなほどにはっきりと見える。山の斜面はスキーで滑り降りるためにつくられたものだ。私たちは情熱に任せて毎日コフタ山のふもとまで歩き、それから数時間かけて二人してコースの雪を固めては、さらに何時間もそこを滑る。のちに、コフタ山のふもとまで常に自動車が行き来し、コースが特別な機械で固められ、コフタ山の頂上や中腹の平らな場所までリフトで登れるようになった頃には、少し前まで私たちが二人きりで自分たちの倦むことを知らぬ力だけを頼りに闘い、自然をねじ伏せていたとは誰も信じなかった。

その年、モスクワ大学の大きなスキーチームがバクリアニ村へやってきた。私は大学から呼び出されて一日だけトビリシへ戻る途中、バクリアニ村の駅で彼らを見かけた。生気にあふれた金髪の若者たちが笑い合っていた。その日、ラドもコフタ山へ行かなかった。私たちが練習を休んだのはその日一日だけだった。その代わり、モスクワ大学の学生たちがコフタ山の斜面に詰めかけ、雪を踏み固めた。それがあまりに大勢だったせいだろうとのちに言われたのだが、数か月かけて積もった雪の底が山肌を離れ……雪崩が起こった。スキー選手たちは二人を残してみな雪崩に呑みこまれてしまった。助かった二人がすぐに村へ知らせに行き、学生たちを救い出すために大勢の人々がコフタ山へ駆けつけた。そのなかには当然ながらラドもいた。静かで何の危険もないように見える真っ白な空間が、これほどの人間を奥へ引きずり込み、表面にはその痕跡すらどこにも見せないのが恐ろしかったと後でラドは語った。押しつぶされて石のように固くなった雪を掘る作業が始められた。人々は苦労して何時間も雪を掘り続けた。すぐに見つかった者たちは助かったが、深く埋まっていた五人の学生は、ようやく発見されたときにはすでに息絶えていた。ラドは夜になるまで固い雪を掘り、最後の遺体を見つけた一人だった。翌日にバクリアニ村へ戻った私を待ち受けていたのは、言葉を失った村とその中心部にあるディナモ〔スポーツクラブ〕の施設の庭に横たわった五人の遺体だった。夕方、モスクワ大学の学生たちが驚いたことに、自然と行なわれた通夜に村じゅうの人々が集まった。黒い服を着たバクリアニ村の人々（彼らの大部分はオセット人だった）が、我々のしきたりどおり、まず遺体の周りを回ってから庭に立った。そこで、おそらく専門の「泣き屋」の一人が、彼らの村で不運にも命を落とした若者たちを心から悼んで慟哭した。モスクワ大学の学生たちは混乱した様子で庭の一角に固まっていた。彼らにとってはこの儀式も馴染みがなく、言葉も分からなかったはずだが、それでも見知らぬ人々からはっきりと示された同情に心を動かされているように見えた。

私たちはトビリシに戻った。

私の人生におけるもう一つの重大な瞬間がやってきた。キャリアの点から見れば、すべて順風満帆だった。私は大学院を優等な成績で修了し、ホイットマンの詩についての学位論文を提出し、バトゥミ教育大学での一年間の講義に一生懸命取り組んでいた。講義には私より年長の戦争帰りの学生がたくさん出席していた。その年からトビリシ大学で西欧文学を概説する講義と、十九世紀のアメリカ文学に関する特別講義も始めることになっていた。私は自分の仕事を大変気に入っており、ホイットマンやタゴールを熱心に訳し、その翻訳とホイットマンについての著書がもうすぐ出版されるところだった。あらゆる基準に照らして私の未来は確かで明るく、周りの人々からもそう言われていた。ただ一人、母だけは私に何も言わなかった。私の中で鎮まることのない何かが私をせっついていたことに、母は気づいていた。その何かとは、心の奥深くに隠していた、芸術に、端的に言えば映画に対する思いだった。そして、悩み抜いた結果、とうとう私は誰のことも気にせず、ほかの何についても考えずに、モスクワの映画大学監督科への入学を決心した。その決断は私の人生を根底から変えるものになるはずだった。

こうして私は運を試すべくモスクワへ移り、映画大学に入学した。そして、もう何度目かも分からないが、再びラドと別れることになった。

モスクワ、全ソ映画大学、ゲラシモフらとの出会い（ブーロフ、ミコヤン、セルゴ・ロミナゼ）

人生がスクリーンを満たす
水が浴槽を満たし、同じ速さでそこからこぼれるように
ジャン＝リュック・ゴダール

モスクワへ向かう私に、母は旧友ミハイル・カラトーゾフ（ミヘイル・カラトジシヴィリ）に宛てた手紙を持たせた。カラトーゾフはまだ『鶴は飛んでいく』を製作する前だったが、すでに高名な映画監督だった。彼は温かく気さくに私を迎え、母について、ともに過ごした青年時代や共有していた志向についてたくさん話してくれた。私はひどく不安だった。映画監督になりたいという強い願望を裏づけるような具体的なものが何もなかったからだ。私にあったのはただその頑なな信念だけだった。私の経歴からいって、一九五三年まで、つまりスターリンの死去までは、モスクワの全ソ映画大学で勉強することなど想像すらできなかった。モスクワとトビリシのあいだには大きな違いがあった。私はそれを身をもって経験している。学位論文の準備の際、ホイットマンに関する資料はモスクワのいくつかの図書館に

しかなかったので、トビリシ大学からモスクワへ派遣されたときのことだ。モスクワに到着し、私は試験を受けるために大学へ行った。壁にシェイクスピアとバルザックの肖像が掛かった教室で私の前に坐ったのは、有名な学者であった西欧文学科の学科長ロマン・サマーリンだった。私も彼の数々の著書を知っていた。貴族のような風采の、整った顔をしたサマーリンに冷たく険しい目を向けられた私は狼狽した。トビリシではピオネール宮殿での活動のおかげで、私に対するまったく異なる受け入れられかたに慣れていたからだろう。試験は二時間以上続いた。私は持てる力をすべて振りしぼって、これまでに知ったあらゆることを思い出し、質問にしっかりと答えた。情熱的に答えたと言ってもいいだろう。しかし、まともな回答にもかかわらず、あるいはもしかしたらまともな回答のせいで、試験官の表情はますます冷たくなっていき、最後には密な眉毛の下から敵意のこもった細い二つの目が私を睨みつけていた。私は抗議の意もこめていっそう饒舌になり、話が止まらなくなった。とうとうサマーリンは苛立って腕を振り、私の話をさえぎると、「ここにはフランスの詩人の作品を翻訳していると書いてありますが、誰の詩ですか?」と尋ねた。「ボードレールとヴェルレーヌです」と私は挑みかかるように答えた。そこでこの「デカダンの」詩人を挙げるべきでなかったことは十分承知していた。サマーリンはまるでやっと尻尾をつかんだとでも言わんばかりに忍び笑いをして、「そうだと思いました」と満足そうに言った。そして、私の書類をじろじろと見ながら意味ありげに言い足した。「このような経歴で、あなたはモスクワの大学院で勉強したいと言うんですか?」これは明らかな打撃だった。私は書類をつかんで外へ走り出て、それから二時間ほどすすり泣きながらモスクワの通りを歩いた。家には帰らなかった。絶望した姿を伯母に見られたくなかったからだ。とりわけ侮辱されたように感じたのは、彼が私の経歴について最初は何も言わず、おそらく早く答えられなくなるのを期待しながら二時間のあいだずっと私を試していたことだった。

その後、一九五四年の秋、私はクトゥーゾフ通りにある母の旧友の家にいて、紅茶を飲んでくつろぎながら、ミシャおじさんこと著名な映画監督ミハイル・カラトーゾフにトビリシの話を語って聞かせていた。のちに彼の息子ティトと仲良くなってからは、この家は私たちの仲間が集まるいつもの場所の一つとなった。

カラトーゾフは大いに親切にしてくれた。彼が全ソ映画大学で教えていた友人のセルゲイ・ゲラシモフに私のことを話してくれたので、私は今度はゲラシモフの家に呼ばれた。ゲラシモフの家は同じクトゥーゾフ通りのウクライナ・ホテルの建物の中にあった。私はその家ほどおしゃれで豪華な広々としたアパートをそれまで見たことがなかった。夫人で俳優のタマラ・マカロワが淹れてくれた紅茶を飲みながら私たちは話した。学位論文や著書、翻訳について質問された私は、彼が関心を抱いてくれたことを感じ、心を開いて自然に話した。彼は私が準博士になるところなのに再び学生に戻りたがっていることを非常に愉快に思ったようだった。「私はこのような事例をこれまで知らないですね」と彼は優しい笑顔を浮かべて言った。「試験をする意味はまったくないでしょう。直接、二年生に編入してください。それから一年間で、あなたが監督科に残るべきかどうか、私たちも、あなたも分かるでしょう……」

こうして私は比較的容易に全ソ映画大学の二年生の学生になり、ゲラシモフとマカロワの指導する監督科と俳優科の合同クラスに加わった。

まったく新しい、予期せぬ出来事に満ちた目くるめく日々が始まった。最初のうち、大学講師から再び学生に戻ったのは変な気がしたが、学生の習慣はすぐによみがえり、試験の前には再び学生時代ならではの緊張感に襲われた。少し前までは机の反対側に坐っていたというのに。また、トビリシでの学生生活に比べると、そこは何もかも変わっていた。教師が学生に親しい調子で話しかけることも、決まった時間割のないこともそうだった。いわゆる「一場面の上演」を行なうときには、しばしば夜中の三時まで作業が続いた。ゲラシモフは日曜日ごとに私たちを自宅に招いた。まず、みんなでスキーをした後、くたくたになって彼の家に入る。それから、ウラル・コサックの血を引く、飲み食いには目がない我らが主人は、夢中になって彼の趣味、すなわちコサック料理づくりに取りかかる。皮つきのじゃがいもと小さな玉ねぎ——真ん中にバターを入れて食べることはすでに分かっていた——をオーブンに入れ、続いてメインディッシュのシベリア風ペリメニをつくり始める。生地をこねて平らにする手さばきがあまりに見事で、私たち女子学生も手伝いを申し出るのがはばかられた。私たちだけではない、ゲラシモフはこの崇高な仕事をタマラ夫人にもさせなかった。タマラはそれにまったく不満はなかった。その家で女主人の唯一の仕事は食卓を整えることだった……。最後に料理が並べられ、ゲラシモフが上座に坐る。そして、彼自身の言葉を借りれば、コサック料理にジョージア式の乾杯で味つけをする。ゲラシモフはジョージアを頻繁に訪れており、本物の美食家としてジョージア料理やジョージアの宴席の伝統を大いに好んでいたのだった。

私と同じ学年では、監督科でキラ・ムラートワ、オタル・アベサゼ、俳優科でリュドミラ・グルチェンコ、ジナイダ・キリエンコが学んでいた。別の監督科クラスにはヴァシリー・シュクシン、アンドレイ・タルコフスキーのほか、タマズ・メリアヴァ、エルダル・シェンゲラヤ、メラブ・ココチャシヴィリ、ギオルギ・シェンゲラヤ、オタル・イオセリアニらジョージアの将来の有名な監督たちがいた。私の一つ下の学年には、監督科にミヘイル・コバヒゼ、俳優科にはソフィコ・チアウレリがいた。私たちを指導したのはソ連の名監督たち、セルゲイ・ゲラシモフ、ミハイル・ロンム、セルゲイ・ユトケヴィチだった。アレクサンドル・ドヴジェンコにも短いあいだ教わった。その頃ソ連では年間に数本しか映画が製作されなかったので、映画監督たちは教育に情熱を注いでいた。そのため非常に充実した大学生活となり、私たちは昼も夜も上演の課題に取り組んだ。役を演じたのは私たち自身や同じクラスの俳優科の学生だった。ゲラシモフの考えでは、戯曲よりも散文のほうがはるかに映画に近いという。そのため私たちのクラスでは、ほかのクラスとは異なり、戯曲ではなく小説の一場面を選んで演出した。二年生の最後にはトルストイの『ハジ・ムラート』とロルカの叙事詩「マリアナ・ピネーダ」の一場面を上演した。マリアナの役はジナイダ・キリエンコが演じた。教師たちはいつも私たちの希望を尊重し、私がロルカに熱中していることにも関心を払ってくれた。ゲラシモフは毎日私たちとともに夜を明かした。彼は俳優の指導の名人であり、自身も素晴らしい俳優だった。いつも最前列の席に坐り、まるで今にも獲物に飛びかかろうとする豹のように集中しながら真剣に舞台を見つめていた。それからやにわに立ち上がると、髪のない頭をさすって目を細め、落ち着いた足取りで舞台に向かう。私たちは息を殺してその姿を目で追った。それがゲラシモフが演技を始める合図だと分かっていたからだ。それは本当に見ものだった。彼の表情や仕草、身のこなし、声の抑揚は、演じるべき役をこの上なく正確かつ鮮やかに再現していた。そして実習の試験、すなわち発表上演を行なう緊張の日々がやってくる。前日は実際の芝居の上演のように照明を徹夜で調整した。それは一つの場面がにわかに形になる楽しい作業だった。朝には大学じゅうの教師が私たちの教室に集まった。ゲラシモフとマカロワも私たちに劣らず不安そうだった。緊張が最高潮に達する瞬間だ。私たちは上演の演出家であると同時に、照明も音響も担当した。『ハジ・ムラート』の上演の際、オタル・アベサゼが舞台の袖に立ち、懸命に吠えたり、キリギリスのように鳴いたり、あるいは風のようにヒューヒューと音を立てたりして雰囲気をつくりだしていたのが今も目に浮かぶ。

私たちのクラスの上演のレベルは概して高かった。それはもちろんゲラシモフの厳しい注文の結果だった。最初の上演の後、実習で優をもらったときの喜びは忘れられない。ゲラシモフは髪のない頭をさすりながら細い目に笑みを浮かべ、「これで君は本当に準博士の学生だ」と言った。学位論文の審査はすでに終わっていた。

スターリンの死去に続く数年間、独裁政治が弱まった影響は私たちの学生生活にも及んだ。プーシキン美術館に、それまでは複製でしか見たことがなかった印象派の絵が初めて展示されたのを見たときの驚きを憶えている。セザンヌ、ヴァン・ゴッホ、ルノワール、モネ、ゴーギャン……あまりに強い印象に息が詰まった。興味深いのは、すでに古典的名作となって久しい十九世紀の画家たちの作品を、私たち、鉄のカーテンの反対側で育った若者たちが刷新と自由の象徴と受け止めたことである。映画でも新しい動きが始まった。私たちにそれを示したのは、テンギズ・アブラゼとレゾ・チヘイゼのジョージア映画『マグダナのロバ』だった。全ソ映画大学の小ホールで特別に上演されたその作品は、素朴さと庶民に対する関心と率直さにおいて、ソ連の生活様式を美化し、称讃する公式の映画芸術とは根本的に異なっていた。私たちは映画に新たな展望が開かれつつあることをはっきりと感じ取り、期待でいっぱいとなった。

その頃、ラドの紹介で知り合った年上の友人アンドレイ・ブーロフは、私がこれまで出会ったなかでももっとも興味深い人物の一人だった。彼は偉大な建築家、革新者、理論家で、一九三〇年代の終わり、米国を訪問した後にソ連で建築の新しい流れを広めようと試みた。ところが、そのために、ソ連国内で知識人に対する「魔女狩り」が盛んになった一九四〇年代の終わり、彼はコスモポリタンと見なされて建築界を事実上追放された。しかし、彼はそれにくじけることなく、まったく新しい人生を歩みだしたのである。彼は専門を物理学に変え、それから三年間で奇跡を起こした。優れた博士論文を書き上げ、大きな研究所の所長に就任したのだ。美しく堂々とした風采で、洗練された顔立ちと鋭く、人をあざ笑うような眼差し。女であれ男であれ、彼の生来の魅力に触れた者をたちまちとりこにした。しかし、尊大で他人を見下すところがあり、友人に値すると見なしたのは、彼が「神が遣わした建築家」と呼んでいたラドだけだった。二人はたしかに似た点がたくさんあった。異なる民族の子ではあったが、二人とも美しく、貴族的で、極端なまでに自由に振る舞い、生と美をこよなく愛した。そして二人とも常に女性たちの注目の的だった。ラドがモスクワにいなければ、アンドレイはフルンゼンスカヤ河岸通りにあった私の家にしばしばやってきた。この多方面で有名な五十六歳の男性が、映画大学の一学生と何時間も話したがるのを私は意外に思ったものだ。彼はごたごたして収拾のつかない私生活のせいで、どうやらいつも孤独を感じていたようだった。その理由は彼が元の教え子タマラ・Mに夢中になっていたせいだ。彼女は本物のロシア美人だった。しかし、彼は家庭も、同僚であり人生の伴侶であったガーリャのことも手放せなかった。命令者の地位に慣れていた彼はすべてをなんとか丸く収めようとして、タマラに盲目的な服従を求めた。タマラは私の友人だったので、二人の波乱のドラマは私の目の前で繰り広げられた。アンドレイはこの美女の反抗心を抑えることができずに怒り狂った。自己中心主義者らしく、彼は二人の関係に起こることをすべて自分に都合の良いように解釈するのだった。たとえば彼は私にこう言ったことがある。「ラナ、分かるかい? 私は小説のヒーローだが、彼女はヒロインではない」

アンドレイはその後間もなく亡くなった。体制の不正義や己の衝動的な性格のゆえに身の上に絶えず起こる社会的および個人的な騒動に、心がもたなかったのだ。ロシアは彼の早すぎる死によって偉大な思想家、創造者を失った。

私を含めトビリシ出身のすべての学生にとって幸いなことに、モスクワにはその頃、まったく異なりつつも同じようにジョージア的な客好きの二つの家族——セルゴ・カフタラゼとギオルギ・ロルトキパニゼの一家が住んでいた。私たちはマイア・カフタラゼを訪ねたり、ナテラ・ロルトキパニゼを訪ねたりしては集まった。いつも腹を空かせた貧しい学生たちが何の前約束もなく押しかけると、どちらの家でもジョージア的な温もりと惜しげなく広げられた食卓で迎えられた。マイアの母親ソファ(ヴァチナゼ)おばさんは小柄で貴族的な洗練された女性で、一方、ナテラの母親レリャおばさんは忙しなく、皮肉屋で口が達者だった……。ナテラが身長が二メートルある恋人ヴィーチャ・サージンを初めて家に連れてきたとき、レリャおばさんは将来の婿を冷たい目でじろじろと眺めて、「あなたは大きすぎるわ！」と言い放った。今日ではナテラは有名な演劇評論家で、今もモスクワに住んでいるが、いつもジョージアを恋しく思っている。友人たちに会い、新しい演劇を見て、それについてロシアのメディアで書くためにトビリシにしばしばやってくる。一方、マイアは英語の専門家で、私たちの子供や孫たちはみな彼女に教わっている。

三年生のときだった。ある日、学長秘書が真っ赤な顔で息を切らして私たちの教室に駆け込んできた。彼女はまっすぐ私のほうへやってきて、顔を上げて立ち止まると、息を整え、意味ありげな間をおいてから、一音一音区切りながら大きな声で「ミコヤンの秘書からあなたに電話よ」と言った。その言葉の響きがあまりに奇妙で、私は困惑して声も出せぬまま、私に輪をかけて困惑している学長秘書の後をついていった。受話器を取ると、誰かがすこぶる慇懃な調子で、ミコヤンが私を彼の別荘に招待していると言う。そして、「車をどこへお送りしますか？」と早口で私に尋ねた。私も同じように早口で自分の住所を説明し、時間を約束した……。受話器を置いた私は、ヒステリックな笑いが止まらなくなった。まったく訳が分からなかった。私は全ソ映画大学の三年生のジョージア人学生で、これまで政府から迫害を受けるのに慣れていた。一方、ミコヤンはソ連政府の高官で共産党政治局員だ！　どうしてミコヤンが私を別荘に招待し、どうして私に車を寄越すのか？　ミコヤンは私にとって、政府のその他すべての高官と同じく非現実的な人物だった。彼らはどこか別の世界にいて、その世界のことを私は何も分からなかったし、興味もなかった。私はそんなことを考えながら家に帰った。一時間後にそこに車がやってくるはずだった。その頃、私は有名な脚本家の未亡人リューバ・ボルシンツォワのソコリニキ地区の家に間借りして住んでいた。家でも騒動になっていた。どうやら大学の前に家に電話があったようで、一家のみなが心配して私を待っていた。要人に会うための私の準備が始まった。私にはふさわしい服がなく、リューバの母親である貴族の出のクラヴディヤが小走りに部屋から部屋へと駆けずり回り、丈を合わせるためにさまざまな服を私のもとへ持ってきた。リューバやクラヴディヤの礼服に、世紀のはじめ頃の腰周りが細く裾にレース飾りのついたピンクの夜会用ドレス。彼女は五十年は長持の中にしまったままだったそのドレスをこの日のために惜しむことなく出してきたのだ！　いくら政府の高官に会うとはいえ、私がこのような服を着るかもしれないというクラヴディヤのこの無邪気な考えに、私は心の中で笑いが止まらなかったが、彼女を落胆させたくなかったので、おとなしく鏡の前に立って言いなりになっていた。自分が突然グラビア写真のモデルになったようで楽しくもあった。しかし、最後にはクラヴディヤをなんとか説得し、私は彼女の孫のいたって普通の黒いスカートと白いブラウスを身につけた。

　五時ちょうどに建物の前に巨大な黒い車が停まった。たしか政府のジル〔ソ連製のリムジン〕だった。車から運転手が出てきてドアを開け、私が車に乗るとドアを閉じた。車に乗っていたのは私だけだった。ジルはモスクワの通りを駆け抜けて郊外へ出た。あまりに場違いで不慣れな体験に、私はひどく居心地が悪かった。

　車はモスクワ郊外の美しい混合林を過ぎ、とある鉄製の門の前に停まった。門が音もなく開くと、そこはいくつかの建物が並ぶ大きな別荘だった。よく手入れが行き届き、大きな木々の影がさしていた。煉瓦造りのもっとも大きな建物のバルコニーに、私たちのほうを向いてミコヤンが立っていた。彼の微笑みと丁寧な出迎えがまさか私に向けられたものであるとは思わず、私は立ち止まって後ろを振り返ったが、そこには誰もいなかった。ミコヤンはまっすぐ私のほうへやってきて、まるで親子のように親しげに私を抱きしめた。そこでようやく、私にとっては赤の他人の、この国の権力を握る人物がなぜ私を招待したのかが判明したのだった。ミコヤンは良心の呵責、亡くなった友人に対する責任感、親しい人に対する同情や親切心といった人間的な感情を恐怖政治の時代にも失わなかった稀有な、もしかしたら唯一のソ連政府の高官だった。その日、驚いたことに、ミコヤンが私の父を若い頃の友人として記憶していたことを知った。彼は父の逮捕と処刑にひどく胸を痛め、助けたかったが何もできなかったという。彼は一九一八年に父と一緒にバクーの監獄に入っていたときの思い出を私に語った。レヴァンは怖いもの知らずで、監獄の窓から壁の向こうの衛兵に「おい、兵士！」と叫び、衛兵が彼らのほうへ銃を構えて飛んでくると、レヴァンは窓から隠れて笑い転げていたと。その晩、彼の一家全員と夕食をとるまで、ミコヤンは休むことなく話し続けた。私は、数十年間ずっと背負っていたその重荷を下ろすことが彼にとってどうしても必要だったのだと感じた。彼はこのまったく別世界から来た若い娘に、心から理解してほしがっていた。彼に非はなく、その不幸な時代には口をつぐむしかなく、ほかにどうしようもなかったのだと。レヴァンとベソ・ロミナゼが決して日本やアメリカのスパイでなかったことはよく分かっていたと。

それから私たちは檜の板の張られた食堂で食卓についた。上座にミコヤンが坐り、その周りにアシュヘン夫人、四人の息子、息子の妻や孫が坐った。たしかツィナンダリだったと思うが、ジョージアワインとジョージアのプハリ〔野菜料理の一種〕が供された。ジョージアのものとまったく同じようなチヒルトマ〔鶏肉のスープ〕も出された。ミコヤンが自らワインを注ぎ、私の皿にいろいろな料理を取り分けてくれた。私は、政府の高官の家ではなく、家父長的な普通のコーカサスの家庭にいる気がしていた。そこでは全員が畏まって家父長に敬意を払い、家父長は気さくに何も惜しむことなく客をもてなしていた。

それ以降、ミコヤン宅への私の訪問は一種の伝統となった。車がやってきて、たいていはズバロヴォの別荘か、ときには雀が丘《ヴォロビヨーヴィ・ゴールイ》の彼の家へ私を連れていった。別荘を訪ねたときには公園を数時間散歩するのが決まった儀式だった。冬には玄関にさまざまなサイズのフェルト製の長靴と暖かいコートが並べられていて、客はそこから自分にちょうどよいものを選ぶ。それから健康のために強制的な散歩が始まる。彼の家族はいろいろな口実をつくってそれを避けていたが、客の私は逃げられなかった……。私たちは雪の積もった美しい公園を散歩した。たいていは私とミコヤンの二人きりだったが、ときには誰かがそこに加わることもあった。冬のある日に、モスクワにやってきたザイラ・アルセニシヴィリ（作家・脚本家（一九三三―二〇一五）。多くのラナ・ゴゴベリゼ作品で脚本を共同執筆した）と一緒にミコヤンを訪ねたときもそうだった。私はこのまったくの別世界に友人を連れていくのがうれしかった。一方、普段から尋常ならぬ強い好奇心の持ち主だったザイラは（このたがの外れた好奇心こそがザイラの作家としての独特の才能の源泉であることを、私はのちに理解した）、興味津々で目を輝かせていた。私たちはズバロヴォの別荘へ行き、長靴とコートを身につけて、公園の歩道を歩きながら話した。ただし、話したと言っても、ほとんどミコヤンの独白だった。いつものように彼はその日も自身の過去や人生について話していたが、主なテーマはやはりスターリンだった。私は徐々に感じたのだが、ミコヤンはさまざまなエピソードを聞き手に向けて語っていたのではなかった。彼は話をしながら、彼自身のみならず一つの国と時代を規定した、彼にとって得体の知れない人物の性質を解き明かそうと試みていたのだった。後でザイラは言った。彼は若いときにスターリンに魅了され、今日までその魔法にかけられたままなのだろうと。ミコヤンはスターリンが好んで夜中に酒宴を開いたことや、突然、夜中の三時に政治局員全員に電話をかけて自宅に招いた話をした。部下たちがこの「酒宴」を恐れつつも、誰も拒否できないことを分かっていて、スターリンはほくそ笑んでいた。宴は明け方まで続き、スターリンが自ら全員にワインを注ぎ、飲み食いを強いた。他人に対して絶大な権力をふるう者たちもスターリンに対しては無力な従僕であり、彼らは翌日の朝九時に仕事に行くが、主人は好きなだけ寝ていられたのである。ミコヤンの語ったエピソードのなかで、こんな話が一つ記憶に残っている。スターリンは最初の妻の弟アリョーシャ・スヴァニゼのことを大変気に入っていたが、それにもかかわらず彼の逮捕を命じた。彼が外国のスパイであるとの報告を受けたとき、スターリンが自ら処刑を決めたが、すぐには執行されなかった。アリョーシャが罪を認めるのをスターリンが待っていたからだ。しかし、アリョーシャは折れず、身に覚えのない罪を認めなかった。銃殺を知ったスターリンが涙を流したことをミコヤンは興奮しながら語った。ミコヤンはその涙の秘密がどうしても理解できなかった。ミコヤンはそれを心の繊細な人間の愛情や後悔の表われ、あるいは、このような近しい人間に裏切られたことによる、復讐心にとらわれた独裁者の怒りの表われであったと考えた。

ミコヤンはとても気さくで親切な人物だった。私にとくに気をつかってくれたのは、それが過去に対する彼なりの償いであったと私は理解した。スターリンの死を経て、彼は過去の出来事に説明をつけ、申し開きをしようとしていた。また、彼にとって未知の世界から現われた一人の女性に対する関心もあった。官僚的なやりとりをまったく知らない私は、彼の周囲にいた人々よりもはるかに自由に自分の考えを述べていたので、それが彼の好奇心を掻き立てていたように思う。

この付き合いは物質的な結果も生んだ。ある日、ミコヤンの補佐官から電話があり、フルンゼンスカヤ河岸通りにあと数か月で完成する内閣の建物の隣に私の一間のアパートがあるので、それを見に来てくれという。これは私の父の名誉回復に伴い、父が所有していたモスクワのアパートの代わりに私に与えられるものであるとも説明された。私は最初にミコヤンの招待を受けたときと同じように唖然となった。その後、私はそのきれいなアパートを見に行き、二か月ほどでそこへ移り、全ソ映画大学を卒業するまで、モスクワへやってきたレイラ・ゴルデラゼとともにそこで暮らした。人生で初めて自分のアパートを得た私は、下宿のために母に相当な家賃を払わせる必要がなくなったので幸せだった。

ミコヤンの親切は、一九三〇年代に犠牲になった彼のその他の友人たちの家族にも及んだ。その一人がセルゴ・ロミナゼだった。彼の父親ベソは一九三五年に秘密警察《チェーカー》に召喚され、連れていかれる途中に車の中で自殺した。召喚が何を意味するか明白だったからだ。母親は人民の敵の家族としてすぐに流刑になった。厳密には夫は逮捕されておらず、公式に人民の敵と宣告されてもいなかったが、その時代にはそれは取るに足らぬことだった。セルゴ自身も十六歳でモスクワ大学の試験を受けていたときに逮捕された。逮捕の理由は彼が子供の頃に書いた、骸骨とジョージア語訛りで話す肖像画が会話する詩だった。詩の中で骸骨が「いつか我々は勝利できるのだろうか」と肖像画に尋ね、肖像画は「もちろん無理だ」と答える。

肖像画が誰で、骸骨が誰か
誰がもちろん無理だと言ったのか
それは世界じゅうが知っている

誰かが密告し、詩はKGBの手に渡った。おそらく専門家が詳しく検討し、ジョージア語訛りで話す肖像画が誰で、骸骨が誰なのか解明したのだろう。作者の父親が人民の敵と分かれば、彼の逮捕と流刑は決まったも同然だった。そうしてセルゴは人生の最良の十年間を流刑先で過ごすことになった。

私は小さい頃からセルゴを知っていた。父親どうしが親友だったので、私たちはトビリシやモスクワでしばしば顔を合わせた。彼は本物の神童で、私は子供の頃から次のような話を聞いていた。彼が一年生のときのことだ。教師が子供たちにプーシキンとは誰かと尋ねると、多くの子供は詩人だと知っていた。さらに、プーシキンについてほかに何か知っているかと尋ねると、セルゴだけが手を挙げたので、教師は彼を黒板のそばに立たせた。セルゴは話し始めた。プーシキンについて、その詩や生涯について、決闘での死について授業が終わるまで延々と話し続けた。七歳の子供にはまったく似つかわしくない話しぶりと語彙に、教師は何か異常があるのではないかと怖くなり、翌日セルゴの母親を学校に呼んだという。

そのようなセルゴが十六歳でシベリアへ送られたのである。人類の偉大なる指導者を揶揄する詩を書いたというそれだけの理由で！

最後の一年間、セルゴは流刑先で母親のニナおばさんと一緒だった。秘密警察はこのような例のない寛大な処遇を施したが、モスクワには帰らせなかった。ニナおばさんは夫の友人であったミコヤンに手紙を書いた。すると、たちまち運命が一変した。いかなる手続きの面倒もなく母子はモスクワに戻され、のちにアパートも与えられた。そして、私が何より意義深く思うのは、セルゴが文学大学を卒業してある程度自立するまで長年のあいだ、ミコヤンが毎月お金を送っていたことだ。

流刑から戻って数日後のセルゴとの再会は、私が若い頃のとくに印象的な記憶の一つである。彼は逮捕前とはすっかり変わっていた。濃い眉毛をずっとひそめたままで、そのせいでもともと長い鼻がいっそう長く見えた。彼は肩をすぼめて歩いた。とりわけ私が驚いたのは、年齢に似合わぬ哀しみが目に宿っていたことだった。他人との交流を望みつつも、それに苦労しているのが見てとれた。その暗い表情は苛酷な経験と常に危険にさらされていたことで身についたものだと思われた。本当の彼は無邪気でお人好しで、素朴で人間的な関係を求めていた。私たちは再び友人どうしになり、多くの時間を一緒に過ごしてひたすら語り合った。私たちはたいてい人生について話した。セルゴは次第に柔和になり、徐々によく大声で素直に笑うようになった。彼の笑い声は仔馬のいななきのようだった。のちに彼は、流刑先で書いたいくつもの詩を私に教えてくれた。そこには彼の偽らざる心情が表われており、その心は常に西へ向かう列車と西からやってくる列車に結びつけられていた。そして、一九三五年に別れの挨拶もなく何も言わずに去っていった父親にも。

私はこの暗緑の服を着た少女を奇妙に愛する
その目は疲れたシベリアの川の波のよう
しかし、どこか遠く、部隊がそこからやってくるところに

彼女の不可解な憂いの名が隠れている
羽飾りをつけて列車は西へ去っていく
いつか無言で手も振らず去っていった誰かのように……

その後セルゴはモスクワの文学大学を優等な成績で卒業して雑誌『文学の諸問題』の編集部に入り、現在もそこで働いている〔二〇〇七年に死去〕。彼は数々の興味深く鋭い論文を書き、最近も詩集を刊行した。これらすべてはロシアの文学世界の一部となった……。しかし、私は間違いなく知っている。十六歳の彼が飛び立とうとしていたとき、体制はこの青年に芽生えた自由の精神を許容できず、彼を地面に押しつけ、翼をもいだのだ。

ミコヤンがパキスタンへ赴いたとき、セルゴは戯れにこんな詩を書いた。

アナスタス、私をカラチへ連れていってくれ
祖国の土から休み、そこで暮らそう
その国はブルジョワのモハメド・アリが
運任せに支配する
マルクス主義は不在――まったくそれが問題なのだ

ミコヤンとは興味深く滑稽な思い出がもう一つある。一九六五年、私は撮影のティト・カラトジシヴィリ〔ミヘイルの息子〕と制作統括のミミノ・グヴェネタゼとともに小さなグループで映画『太陽が見える』の製作を始めつつあった。私たちは撮影場所を探すためにラドと一緒に海岸を走っていた。それは楽しくも大変な作業だった。私たちはだんだん壊れていくひどく古いウィリスの四輪駆動車で広い道路や細い道

や村々を走り、テントや村の民家で寝泊まりしながら、撮影にふさわしい風景を探し、撮るべき映像について際限なく議論した。夜にはゲームを考え出しては、私とティトが幅跳びやかけっこや詩の暗唱などあらゆることを競い合った。ようやく撮影場所をすべて選び終え、出張の費用も底をついた頃、頭から足の先までほこりだらけで腹を空かした私たちは、同じくほこりだらけで泥にまみれ、ブレーキもろくに効かなくなったウィリスでピチヴィンタ（ピッンダ）の近くにいた。不意に素敵な考えがひらめいた。そのとき、ピチヴィンタの政府の別荘でミコヤンが休養しているのを私は知っていた。その少し前に、ラドと一緒に来てくれと招待されていたので、二人の代わりに七人で押しかけてもいいだろうと私は考えた。すでにミコヤンの性格もいかに客好きかも十分によく知っていたので、問題はないはずだった。この考えに昂揚した私は、「今晩豪華な夕食が食べたい？」と男性たちに尋ねた。当然ながら、この提案に全員が盛り上がり、私たちは笑いながらその別荘へ向かった。別荘は森の中に隠すようにつくられており、高い石塀に囲まれていた。私たちが車を停めるやいなや、驚いた警備員たちが詰所から飛び出してきた。私たちの車のような代物はおそらく見たことがなかったはずだ。私はミコヤンに招かれていると説明した。警備員たちは苛立った様子で、訝しげに私をじろじろと眺め回した。私はどう見てもソ連最高会議幹部会の議長、今日風に言えば大統領の客には似ても似つかなかったからだ。彼らは「ちょっとお待ちください。電話します」とわざとらしい丁寧な調子で言った。しかし、数分後には状況は一変した。詰所から朗らかな笑顔の警備員が駆け寄ってきて、ミコヤンが私たち夫婦を待っていたと言う。私たち二人は彼らの車で別荘まで送られ、バルコニーでミコヤンに温かく迎えられた。しかし、スタニスラフスキー・システムで言うところの「超課題」を抱えていた私は落ち着かなかった。私はきまり悪く思いながらも、門のところに友人があと三人いると申し出た。するとミコヤンは「三人ではなく、五人だったとしたら？」と言って、いたずらっぽく笑った。私の嘘は最初からばれていたのだ。彼は私の肩を抱いて、「彼らはもうこちらへ向かっているから出迎えよう」と続けた。私は恥じ入りながら彼の後をついていった。しかし、ソ連でもっとも洒落た別荘の庭の、樹齢百歳の松の木の影がさし、金色の砂がまかれ、入念に手入れされた芝生の上を、まるでわざと泥を塗りたくったような壊れかけの車ががたがたと走ってくるのを見たときには、思わず噴き出しそうになった。横を見ると、ラドも必死に笑いをこらえていた。そのとき、ミコヤンの笑い声が聞こえたので、私も遠慮なく大声で笑うことにした。私たちはそうして立ったまま大笑いした。私とラドはいつだって、何か理由さえあればそうして笑っていたのだ。一方、ソ連最高会議幹部会の議長は、心の底から笑うことなど久しくなかったために、なおのこと愉快そうだった。車はまっすぐ私たちのほうへ向かってきた。私は途中で何度も修理したブレーキがとうとう壊れて止まらなくなったかと肝を冷やしたが、運転手ヴィリクがここで見事な芸当をやってのけた。急に方向転換させ、車をミコヤンの目と鼻の先で止めたのだ。

　その晩、私たちは本当に豪華な夕食にありついた。疲れ果てて腹を空かせた撮影隊は夢中で料理をほおばった。ミコヤンはいつものように快く私たちをもてなした。それから撮影隊のほかの面々はウィリスに乗ってガグラへ向かった。私とラドはミコヤンに懇願されて、そこに二日留まった。ミコヤンが別荘のいろいろな建物へ私たちを連れていき、さまざまな新しいものを見せたのを憶えている。とりわけ彼が誇らしげだったのは、三方をガラスの壁で囲まれた百メートルのプールだった。ミコヤンがボタンを押すと、壁が開き、プールは海と繋がった。二つめのボタンを押すと、今度は森のほうの壁が開いた。ミコヤンは私たちが感激するのを期待していた。私たちはたしかにそのすべてが気に入ったが、ソ連第二位の権力者が、国のあらゆる人々の暮らしとこれほどかけ離れたものに無邪気に喜んでいることに、私たちは気まずさを感じていた。しかし、本当に奇妙だったのはそこで夜に目にしたものだ。私たちの部屋へ行く途中に居間を通ると、テーブルの上に本が何冊か乗っていた。驚くべきことに、それらの本はすべていわゆる地下出版物《サミズダート》だった。私たちはそれらを手で書き写したものを隠れて読んでいたというのに、そこではきれいに刷られた本が人目をはばかることなくテーブルの上に並んでいた。こうして私たちはソ連の暮らしの逆説にまた一つ出くわした。私たちは最新の設備の整った大統領の別荘で、当時の人々がそれを読むことで監獄に送られたり、流刑になったりしていた本を堂々と読んだ。

ミコヤンについては私の人生でもう一つ重要なエピソードがある。一九六一年、映画人同盟でフランスへ視察旅行するグループが組織されることになった。ほかの人たちとともに私も旅行を申請し、モスクワからの回答を待った。許可されるかどうか分からず気を揉んだ末、私は出発の二日前に不許可の回答を受けた！　それはあまりに大きなショックだった。子供の頃から夢見ていたフランスへ行きたかっただけではなく、フランスにいる叔母たちに会いたかったからだ。それに、一度出国を拒否されたら今後ずっと国を出られなくなることは、ソ連では周知の事実だった。

子供の頃に何度も感じた無力感に押しつぶされそうになった私は、葛藤の末に困難な決断を下した。ミコヤンに電話をしたのだ。彼は「三十分後に秘書が折り返し電話する」と事務的に言った……。私は伯母の家で電話を待った。ちょうど三十分後、良い知らせを告げる秘書の電話が鳴り、「問題は解決しました」という！

翌日、私はグループのほかのメンバーとともにパリへ飛んだ。そこで私は、叶わぬ期待に苦しみ続けている叔母たちと会わなければならなかった。叔母たちと落ち合うため、私は夜遅くにホテルをこっそり抜け出した。ソ連の法律で禁じられたこの行為を熱心に手伝ってくれたのは、のちに有名な反体制派となる二人の作家ユーリー・ゲルマンとアレクサンドル・ガーリチだった。二人はＫＧＢの職員と見抜いた男性を彼らの部屋にうまく誘い込み、前もって打ち合わせたとおり、私が普段着でドアをノックするまでずっと一緒にウオッカを飲んでいた！　それから私たちはＫＧＢ職員を帰し、カプシーヌ通りに面した居心地のよいホテルのゲルマンの部屋で長いこと一緒に坐っていた。酔いが回って気が大きくなったガーリチはこんな歌を歌っていた。

友たちが去っていく、去っていく
どこへも行かぬ者も、大金持ちになる者も……

地下出版物――明かした夜、アンナ・アフマートワ

私を、川のように
苛酷な時代がねじ曲げた
アンナ・アフマートワ

地下出版物《サミズダート》……それは私や私の親しい人々の人生における一つの時代だ。全体主義的な権力が、うわべは変わったように見えても本質は変わらず、絶えず暴力を志向することを反映した現象である。その一方で、人々もやはり常に自由と自由な言葉を志向していたことをそれは映し出していた。選ばれた少数の書き手が不断の恐怖にさらされながら、弾圧と処刑を覚悟のうえで、社会への呼びかけや随想、その時代の偽りない歴史、小説、詩などを書いていた。別の人々がやはり常に弾圧に怯えつつその写しを五部、十部つくって広めた。さらにほかの人々が写しを五部、十部つくって同じように真実に飢えた人々のあいだに広めるためだ。KGBはそれを書く者たちも、それを所持し、広める者たちも逮捕した。ソルジェニーツィンの作品が置かれていた家を捜索し、シニャフスキーやダニエリを逮捕し、ジョレス・メドヴェージェフを精神科病院へ送り、サハロフをゴーリキー市に流刑にしたが、鎮まることを知

らぬ、誇り高い、自由を志向する精神が消えることはなかった。ロストロポーヴィチが自らの別荘にソルジェニーツィンをかくまい、その精神を具現化した原稿はますます広まっていった。私たちはそれを昼も夜も我を忘れ、夢中になってむさぼり読んだ。多くの人の手を経てすっかり擦り切れた黄ばんだ紙はたいてい一日や二日の約束で借りていたので、夜を徹して読んだものだ。一九三〇年代の恐怖政治についての正しい言葉の先駆けであるアンナ・アフマートワの「レクイエム」や、ソルジェニーツィン、シャラーモフ、グロスマンの小説、パステルナークの『ドクトル・ジヴァゴ』を読み、私たちは初めて自分たちの暮らしについて書かれた真実を直視した。それはある意味で既知のことではあったが、私たちはあらためて衝撃を受け、心を揺すぶられた。それは発見と幸福の時代だった。尊く清らかな精神に触れる、何ものにも代えがたい幸福である。

その頃、伯母の家で何度かアンナ・アフマートワに会ったことがある。最初に会ったとき、私は彼女の風貌にびっくりした。私は心の中でモディリアーニやアンネンコフが描いた肖像画の生き写しを想像していたようだ。マリーナ・ツヴェターエワの詩行が耳に響いていた。

細く、ロシア的でない体軀――
厚い諸書の上に
トルコ風のショール――
マントのごとく落つ

あなたは描かれる、一本の
黒い折れ線で
冷淡は――喜びの中、熱情は――

あなたの憂鬱の中
あなたの一生は――悪寒
それは如何に終わるのか
曇った――暗い――
若い悪魔の額

どうやら私は無意識にこのような一本の折れ線で描かれた女性に会うことを予期していたようだが、アフマートワの外見は一九六〇年代のはじめにはすっかり異なっていた。ふくよかに、肉づきがよくなり、顔の輪郭も鋭さを失っていた。それでも、私にはその新たな顔がある意味でより魅力的にも思われた。それは悲劇と苦難、不断の痛みが刻み込まれた顔の魅力だった。彼女は重い足取りでゆっくりと部屋の中へ入ってきた。表を一人では歩けなかったので、必ず誰かに付き添われていた。付き添いの者が帰り、その後、彼女が帰るときには私たちが送っていく約束になっていた。ドリコ伯母が彼女を一つきりの――たいていは彼女専用の――ソファに坐らせた……。アフマートワはしばらくソファの背にもたれ、深く呼吸しながらじっと坐っていた。生気に満ちた鋭い目がまるで別の生きもののように周りのすべてを観察した。気性の激しい伯母もアフマートワには格別に恭しく接した。アフマートワはしばしば黙りこんだ。彼女は他人の話を聞くことを好んだ。その日、彼女はヴァジャ・プシャヴェラについて話した。ドリコ伯母とルン伯父さんがヴァジャ・プシャヴェラについて書いた本を、アフマートワが少し前に読んでいたためだ。彼女は深い関心を抱いているようだった。パステルナークによる「蛇を食う者」の翻訳に感激していた。ドリコ伯母に乞われ、私はパステルナークが訳したニコロズ・バラタシヴィリの詩「空の色を」を朗読した。

私はアフマートワの目が輝きだしたのを見た。彼女はそれまでこの詩を読んだことがなかった。彼女の口にしたほぼ一言一句が記憶に残っている。「私は詩をたくさん翻訳してきたけれど、詩の翻訳が可能なのかどうかいつも疑っていました。パステルナークはその疑いが誤りであると私に教えてくれます。今、私が聞いたものは翻訳ではありません。本物の詩です。しかし、それは同時に、私にとって未知のジョージアの世界を身近に感じさせてくれます。そして、ジョージアとバラタシヴィリについて美しい思いを私の心に呼び起こします」

夜遅くにルン伯父さんと私が二人でアフマートワを送っていった。その頃彼女はたしかアールドフという友人の家で暮らしていると言っていた（二十世紀のもっとも偉大な詩人の一人が、ほとんど生涯にわたって知人の家に身を寄せていたのはまったく驚きである！）。道のりは遠くなかったので私たちは歩いた。横断歩道のところまで来ると、彼女は立ち止まってしばらく無言でたたずみ、往来する車をじっと眺めた。私たちは青信号を一度やりすごした。アフマートワは石畳に鎖で繋がれたように立ちつくしていた。それからもう一度青信号が灯ると、彼女は両脇にいた私とルン伯父さんの腕を取り、まるで深淵に降りていくかのように意を決した表情を浮かべ、しっかりとした素早い足取りで通りを横切った。安全なところまで来ると、彼女は息をつき、思いがけず恥ずかしそうに私たちに微笑んだ。私たちは夕暮れのアルバート地区の通りを快活に話しながら歩いた。しかし、それも信号機のある横断歩道という試練が再びやってくるまでだった。そこでまったく同じ場面が繰り返された。危機を乗り越えると、アフマートワはすぐに笑顔の話し手に戻った。彼女は日常の取り留めもないことを話していた。レニングラードへ早く戻らなければならないが、そこではモスクワよりも生活が整っていないと言う。あるいは、不思議なことに育った街よりもここのほうが多くの友人が残っていると。私は黙って歩いていた。隣にアンナ・アフマートワがいるという事実に眩暈を覚えながら、私は心の中で「レクイエム」の詩句を繰り返していた。ちょうど「レクイエム」が地下出版物として回し読みされていた頃だった。「レクイエム」をそらんじていたことをどうしてあのときアフマートワに言い出せなったのかと、私は今でもときどき悔やむ。子供の頃に私たちが味わった苦しみを別の次元に昇華させていた「レクイエム」が、私や私の友人たちにとってどれほど多くを意味していたかを私は彼女に伝えられなかった。

パステルナーク

私に向けられた夜の薄闇
幾千もの双眼鏡で……

ボリス・パステルナーク

一九五七年、イタリアでパステルナークの長篇小説『ドクトル・ジヴァゴ』がソ連政府の意に反して刊行された。翌一九五八年にノーベル委員会はパステルナークをノーベル文学賞の受賞者として発表した。イタリアでの『ドクトル・ジヴァゴ』の刊行が引き起こした政治的スキャンダルによって世界の文学界が初めてこの天才的な詩人を見出したのは、運命の皮肉に思われる。

スキャンダルはまさに大事件となった。当時のKGB長官セミチャスヌイはこう書いた。「パステルナークと豚を比べれば、パステルナークがしたことを豚がしないことが分かる。豚は自分が食べたり寝たりする場所を汚さない」

一九五八年十月二十七日、パステルナークは作家同盟の総会で同盟を除名され、ソ連からも追放されそうになった。新聞の紙面は詩人の裏切りと不義に対する「ソ連の一般大衆」の怒りに埋めつくされた。

ノーベル賞の歴史において前代未聞なことに、パステルナークは受賞の辞退を余儀なくされた。

ちょうどそのとき、私は卒業制作の映画『トビリシ一五〇〇年』を撮影するためにトビリシにいて、「どうなるのだろう？ まさか国外追放か？ それとも逮捕されるのだろうか？」と朝から晩まで毎日パステルナークについて考えていた。おそるおそる新聞を開くと、パステルナークに対する罵詈雑言の輪に加わる新しい名前が並んでいた。しかし、上からの大きな圧力にもかかわらず、ジョージアの作家たちやジョージアの社会が偉大な詩人の迫害に加わらなかったのを私はうれしく思う。パステルナークはジョージアで心から愛されていた。ジョージア作家同盟でのある夕べのことが思い出される。パステルナークが自ら訳したジョージアの詩人たちの詩を朗読し、会場は息を呑んで聞き入っていた。舞台に立った詩人は、誰かがいみじくも言ったように、アラブ人の男のようでもあり、同時にその男の馬のようでもあった。めっぽう大きな濃い色の瞳、明確な線の引かれた大きな口、並外れて細長く伸びた顔。彼は霊感にあふれつつも遠慮がちに舞台に立ち、独特の歌うような奇妙な調子で――自らの詩をこんなふうに読めるのは詩人だけだ――ニコロズ・バラタシヴィリの「空の色を」を読んでいた。それから最近の自分の詩をいくつか読んだ。私は幼い頃からパステルナークの詩に親しんでいて、とても好きだった。私のモスクワでの日常は彼の詩行と結びついていた。アレクセイ・トルストイ通りで不意にアカシアの強い香りを感じると、この香りと結びついたパステルナークのいずれかの詩がすぐに頭に浮かんだものだ……。そのとき私は作家同盟の建物の小ホールにいて、生きたパステルナークの声に、ジョージアにまつわる彼の詩に耳を傾けていた。その印象は圧倒的だった。

多くのロシアの詩人がジョージアを愛したが、パステルナークの愛着は別格だった。彼は私たちの土地を、「ベッドのように皺のよった大コーカサス山脈」を、「慎み深いコブレティの果てしない海岸」を具えた海を愛した。彼は真摯に、献身的に人々を愛し、他人の人生に深く関わり、困難なときには支援を惜しまなかった（詩人ティツィアン・タビゼの妻ニナと娘ニタ・タビゼとの生涯にわたる交流はその好例である）。彼はジョージア的な性質を、その感覚の豊かさとあらゆるものに命を吹き込む力を、夢想家の傾向と雄弁家の資質を、熱狂の才能を愛した。彼はトビリシを愛した。ベラ・アフマドゥーリナの言葉を借りれば、トビリシは「彼の愛であり彼の涙」だった。彼はジョージアの詩を愛した。パステルナークはこう書いている。「初めてジョージアの抒情詩に接した年月は、私の人生における特別な、明るく忘れがたい一ページである。この翻訳を生み出した衝動と刺激をめぐる思い出、そして、翻訳がつくりだされていた状況の委細は、一つに合わさって、かけがえのない世界となった」

ジョージアに対する彼のこの特別な愛着について、アンドレイ・シニャフスキーがすぐれて正確に記している。「パステルナークによるジョージアの抒情詩の翻訳は、一九三一年から一九三四年にかけてのジョージアへの旅、ジョージアの詩人たちとの長年にわたる交流、そしてその土地、人々、文化に対する感謝のこもった愛情に裏づけられる。彼自身の多くの詩もその愛情に満ちている。それらはパステルナークの人生と創作におけるジョージアの取り木とでも呼べよう」

作家同盟での夕べの後、私はモスクワの伯母の家で何度かパステルナークに会った。呼び鈴が鳴り、彼が入ってくるやいなや、共同住宅の廊下とドリコ伯母の部屋は、彼の際立った慇懃さと、すべての人々に対する気遣いで満たされた。すべての人々とはドリコ伯母の隣人たちのことだ。その一人は奇妙に腰の曲がった元修道女で、彼女は己の過去が知られるのをひどく恐れていたが、それでも生来の性質を捨てることはできず、毎晩彼女の部屋からは隣人たちの気を滅入らせるような単調な祈りの声が聞こえてきた。別の隣人は典型的なソ連の下級役人の夫婦だった。二人そろって気難しく不愛想で、建物の中の最良の二部屋で暮らしていた。洗濯婦のリーダもいた。彼女はしばしば洗濯物を家に持ち帰り、それを共用の浴室で隠れて洗おうとするので、気難しい夫婦をいつも激怒させていた。それでもリーダはこっそり洗濯物を持ち込んで、たいていは真夜中に急いで洗った。ドリコ伯母とルン伯父さんは住人たちのもめごとには関わらず、自分たちの部屋に閉じこもって本を読み、社会の関心事にのみ目を向けていた。しかし、パステルナークがやってくると……。彼が一人ひとりに、狷介な夫婦にまで投げかけるべきふさわしい言葉と微笑みを、いったいどこから見つけてきたのか私は分からない。それはあまりに非日常的なことで、一介のソ連市民でさえ立ち上がり、彼らの顔のこわばった筋肉が予期せぬ微笑みにほころぶのだった。ドリコ伯母は大詩人が住人たちと交わるのを快く思っていなかったので、パステルナークをすぐに部屋へ入れようとした。その部屋は、典型的なソ連の現実の中で、一種の精神のオアシスであった。

パステルナークが入ってくると、私は魔法にかけられたように彼から目が離せなかった。彼の詩と同じように彼自身もまた私を魅了した。彼はまるで、何かの理由で許しを乞うかのような調子で人に話しかけた。そして、あたかも世界じゅうの笑顔を集めて捧げるかのように人に微笑みかけた。彼は普段から常に感激していた。あるとき、私がホイットマンとタゴールの詩を訳したと伯母が彼に言った。彼の興奮に私は気恥ずかしくなった。彼に乞われて、私はタゴールの詩をジョージア語で暗唱した。「枕元のランプが消えたとき……」もちろん一言も分からなかったはずだが、パステルナークはそれを目をつむって聞いていた。長い沈黙の後、彼は言葉を詰まらせながら言った。「私はいつも思っていた。ジョージア語は詩のために生まれた言語だ……」目には涙が浮かんでいた。私はよく分かっていた。その瞬間、彼は友人たち――悲劇的な最期を遂げたティツィアン・タビゼとパオロ・イアシヴィリ〔ともに一九三七年に亡くなった〕、そして彼らの詩のことを考えていたのだ。

その頃の名残として、「エレネ・ゴゴベリゼへ」という献辞のあるパステルナーク自筆の「ハムレット」が今も私の手元にある。

そして、あの日のことは私の記憶に釘のように打ちつけられた。

一九六〇年六月二日付の「文学新聞」に、「ソ連文学基金事務局は基金の会員である作家パステルナークの死去を伝えている」という無味乾燥な訃報が掲載された。二十世紀のもっとも偉大な詩人の一人でノーベル文学賞の受賞者のパステルナークは、祖国では文学基金の一会員に過ぎなかった。これが、人間性を取り戻したスターリン後のソ連体制の「公正さ」だった。文学基金会員の埋葬がいつ、どこで行なわれるのかを誰も知ることのないよう、あらゆる手を尽くすべく国家機関が動いた。しかし、パステルナークを愛する人々は政府の密かな脅しにも、ソ連市民には馴染みの恐怖にも怖気づくことはなかった。人々は早朝からペレデルキノへ向かった。私たちは満員の電車に乗った。まるで陰謀を企む者どうしのように、私たちは互いの目つきや雰囲気でペレデルキノへ向かう者とそうでない者が区別できた。電車を降りてから、私たちは彼の長年の友であったハンノキの木立ちが悲しみにざわめく静寂の中を歩いた。パステルナークが予言したとおりだった。

そして君たちは抜け行く、痩せてみすぼらしく
裸で身を震わすハンノキの林を
押型つきの糖蜜菓子のように焦げた、
生姜のように赤い、墓場の林へと

パステルナークが晩年を過ごしたペレデルキノの家……。リヒテルの弾くショパンのメロディが林に響き、人々の胸を打つ。誰かがパステルナークの詩を読んでいる……。そして、生涯をパステルナークとともに送った誰もが、そう、灰色のショールを頭に巻いたあの老女も、目に涙をためたあの小さな少年も、「我々のロシアはいつまで、いつまでこんな……」と私の隣でぶつぶつとつぶやいていた黒衣の女性も一人残らず誰もが、無言でそこに立ちつくしながら、決して風化することのない生きた詩人の声を耳に聞いていた。

さらば、変容祭の瑠璃色と
秋の祭日の金色よ
女の最後の愛撫で
宿命の時の我が悲しみを和らげよ

さらば、広げた翼のはためきよ
不屈の飛翔の意志よ
言葉に示されたこの世の像よ
創造と奇跡の業よ

スターリンの死

汝の偶像をつくるなかれ……

申命記

そして、スターリンが死去したその日がやってきた……。

そのとき私はモスクワのドリコ伯母の家に滞在し、学位論文のためにレーニン図書館と外国語図書館に通っていた。一九五三年の春だった。スターリンの死の直前、まるで運命の力に導かれたかのように、母が初めてモスクワの私のところへやってきた。その朝、部屋に広げた四つの寝床を片づけて長椅子の中にしまい、ドリコ伯母、ルン伯父さん、母と私が紅茶を飲むためにテーブルについたときのことだった。ドリコ伯母が電話に呼び出され、廊下に出た。共同住宅には共用の電話が一つしかなかった。数分後に戻ってきた伯母の顔は青ざめ、ひきつっていた。伯母はまるで体に力をためるかのようにしばらく無言で扉に寄りかかっていたが、それからささやくような声で言った（これは伯母の世代の人々が三〇年代に身につけた習慣で、良いことであろうと悪いことであろうと、「重要人物」に関わることは小声で話した）。「スターリンが病気だとラジオが伝えたそうよ」私たちは呆然としてその場に凍りついた。「スターリンが病気……」という聞き慣れぬ言葉の組み合わせがどうにもよく呑みこめなかった。当然ながら、ソ連の日常の経験から、スターリンが病気だという発表が、単なる病気を伝えるものではありえないことはすぐに理解した。それは明らかにはるかに多くのことを、もしかしたら死さえも意味していた。これは想像もつかないことだった。好きか嫌いか、あるいは崇拝の対象であるのか恐怖の対象であるのかにかかわらず、スターリンはすべての人々の暮らしと切っても切り離せない存在だった。これまでもそうだったし、今後も変わらないはずだった。それが何を意味していたのか？　不死？　私たちはそれを考えたことがなかった。ソ連という帝国の首都の真ん中、アレクセイ・トルストイ通りの本に埋もれたドリコ伯母の部屋で、私たちはそうして坐っていた。私はその体制下の人々の存在を規定していた不気味な恐怖の感覚に、自分が支配されていくのを感じていた。恐怖はその衝撃や先行きの不確実さや、さらに悪いことが起こるのではないかという感じ慣れた予感から来るものだった。それに加え、危うい状況に置かれた母についての具体的な不安もあった。母はモスクワを訪問することを公的には許されていなかったのだ。不意に、ドリコ伯母の部屋が制服を着た男たちでいっぱいになり、母をどこかへ、今度こそ永遠に連れ去っていく光景がありありと目に浮かんだ。おそらく母も同じことを考えたのだろう。母は苦労してトビリシを出て、数日前にモスクワに着いたばかりだった。そのために心理的にも経済的にもあらゆる障害を乗り越えねばならなかった。母にとってはこれが流刑から帰って以来初めての旅行で、私たちは計画を練りに練って、一緒に劇場や展覧会を回り、母の旧友たち――カラトーゾフとはすでに訪問の日時も決まっていた――に会い、通りを散策するはずだった。それにもかかわらず、母はためらうことなくすぐに決断を下した。立ち上がり、部屋の中を行ったり来たりしてから、笑顔で私たちのほうを振り返った。その笑顔には哀しみも、自らの奇妙な運命に対する皮肉も交じっていた。「しょうがないわ。モスクワの扉はまた閉まっちゃったようね。すぐにトビリシに戻らなくちゃ」と母は微笑みながら言った。

三月の寒い、精彩のない灰色の日だった。ドリコ伯母とルン伯父さんと私は、クルスク駅のホームから母が乗りこんだばかりの列車を無言で見つめていた。母は窓のそばへやってきて、いつもの哀しげな温かい微笑みを浮かべて私を見た。このときは悲劇的なことは何もなく、ただ母がトビリシへ戻るだけだったのだが、私は再び胸が張り裂けそうになり、その場で大声で泣きだしてしまわないよう、どこか私を知る人が誰もいないところへ、誰も私に同情を示さないところへ、振り返りもせずに駆けていった。その日、通りを歩いていたのは、私と同じように顔をしかめ、動揺した、不安げな人々だった。

後で母が話してくれた。列車の客室で、母はロシア人の軍人二人とそのうちの一人の妻と同席になった。その四日間は母にとってまさに悪夢の日々だった。軍人の妻がときにスターリンの病気のことで泣きだしたかと思えば、またときには母の身の上について興味津々に際限なく質問を浴びせてきたりしたからだ。当然の理由から母は自らの過去を、「祖国の反逆者の家族」であることをひた隠しにした。許可なくモスクワを訪れたことが軍人に知られたら最後、再び流刑になるのは避けられないと信じていたからだ。それはまったくの思い込みというわけでもなかった。三月五日にスターリンの死が発表された。軍人の妻はヒステリックに泣きだし、母に抱きついた。母は固く巻きつけられたその腕を振りほどくわけにもいかず、模範的なソ連市民と体制から締め出されて久しい女性の二人は、そうして抱き合いながらひとしきり坐っていた。二人とも涙を流していた。しかし、二人の涙がまったく別の感情によるものであったことは誰も分からなかった。

スターリンの死が発表された翌日、レニングラードから思いがけず友人レイラ・ゴルデラゼがやってきた。彼女は心の底からおののいていた。一九三七年に両親を処刑された彼女は体制とその首領を常に懐疑的に見ていたのだが、不意に人々の哀悼の念とパニックに感染し、通常の列車の切符が手に入らなかったために暖房貨車に飛び乗り、途中で何度も列車を乗り換えてきたのだった。なんとかしてモスクワにたどり着き、私たちと一緒に喪に服そうと、その日は人でいっぱいの家畜用の車両に乗ることすらいとわず、その中で息を止めていたという。しかし、私たちの家で何の共感も得ることができなかったので、彼女はすっかりしょげかえってしまった。その後すぐに、彼女は己の奇妙な乱心を笑い飛ばした。

そして、あの恐ろしい葬儀の日が、集団ヒステリーと狂気と不幸の日がやってきた。興奮にかられ理性を失った人々が、死去した偶像に対する崇拝と絶望を表わし、その目の前で犠牲を捧げるぞっとするような儀式に参加すべく、棺のほうへ進んでいった。一方、彼らのその偶像は、彼への愛情のあまり狼狽した臣民たちにいまいちどの復讐を行なっていた。今はもう遺体となった彼の目の前で、地面に倒れ、踏みつけられ、押しつぶされた人々が死んでいった……。私たちは繰り広げられた儀式の悲劇的な結末に愕然となり、何もせず、口もきかず、ドリコ伯母の部屋に閉じこもっていた。

私のモスクワの友人たち、母の三人の「囚人仲間」

私のモスクワ時代のもう一つの悲しい思い出は、若く美しいハンガリー人女性サント・エヴァにまつわるものだ。その頃、私はアルバート地区に住むありふれたソ連の一家であったディメルスキー家で間借りしていた。ちょうど真珠が貝殻の中からいつも思いがけなく見つかるように、その没個性的な環境の中でディメルスキー家の若妻エヴァの輝くばかりの美しさは、まさに奇跡のようだった。一目会えば、まずはその容姿――美しい体つき、物腰の柔らかさ、類まれな女性的な魅力、いつも絶やさぬ笑顔――に見とれてしまう。その微笑みの奥深くには悲劇性が隠されていた。おまけにエヴァは私よりも七、八歳ほど年上だった。その年の差は、困難な運命を背負った年上の女性に惹かれる私の本能が働きだすには十分で、私はまず彼女に強い関心を覚え、しばらくの後には新たな友情に心を躍らせた。

私が家に帰ると玄関に入るなり、「グラムたちから電話よ!」という愛らしい外国語訛りのあるエヴァの低い声が聞こえてきたものだ。つまり、グラム・アサティアニとグラム・ミリアナシヴィリからの電話だ。三人めのグラムもいたはずだが誰だったか。ただし、エヴァにとっては「グラム」はジョージア人一般を指す名前であり、彼女は私の男友達をみなグラムと呼んだ。そして彼らも、つまり私を訪ねてきたグラムたちも、みな熱っぽい視線をこっそりとエヴァに向け、密かに心を寄せていたように思う。

一方、エヴァは夫ヴァロージャの家の俗っぽい雰囲気にどうしてもなじめず、常に外の空気を吸いたがっていた。そこで私たちはこのような無害な儀式を定着させた。夕方になると私たちは毎日パンを買いに出かけ、過去の息吹に満ちたアルバート地区の通りをひとしきり散歩した……。そんなときエヴァは自分の過去を語った。彼女の父親ヒダシ・アンタルは有名なハンガリーの詩人で、筋金入りの共産主義者だった。妻と別れた後、彼は八歳の娘を連れて、彼の夢の国であったソ連に移り住んだ。そこでは彼の理想がすでに実現しているはずだった。それまでエヴァはブダペストの母親の新たな家庭で、ハンガリーでもっとも偉大な詩人の一人とされるヨージェフ・アティッラとともに暮らしていた。ヨージェフはエヴァの母親サント・ユディットと同様に一時期共産党員だったが、すぐに党を離れた。共産主義が秘めていた傾向をすぐに見抜いたのだろう。エヴァは継父が（私の感じたところでは父親よりもずっと）好きで、散歩しながらよく彼の詩をまずハンガリー語で、それからロシア語に訳して聞かせてくれた。彼女の深く、どことなく聞き慣れない声で読み上げられた詩が今も耳に残っている。「叫んでいるのは私ではない……」「私には母も父もいない……」「私は美しさを集める物乞い……」はじめのうちは明かさなかったが、本当に仲良くなってから、彼女はヨージェフ・アティッラがどのように命を絶ったのか話してくれた。若くしてすでに世界的に名の知れた詩人は、列車の車輪の下に身を投げたのだった。そのときヨージェフはすでにエヴァの母親と別れており、エヴァには幼少の頃の思い出しかなかったが、彼女にとってヨージェフは変わらずもっとも親しい人物だった。それは人の琴線に触れるヨージェフの詩のせいだったのかもしれない。詩人の悲劇的な最期もエヴァの想いをいっそう強めていたことだろう。もしかしたら自らの最期の予感も。私たちはそうして話しながらモスクワ川の岸に沿って歩き、手すりに腰掛けたものだ……。エヴァは見知らぬ土地に植えられた苗木を思わせた。花を咲かせることのない苗。

一九五六年にソ連軍がハンガリーで虐殺を行なった際、エヴァは目に見えて元気を失った。それまでの彼女が歴史の風に揺れながらなんとか耐えていた葦だったとすれば、今や風はあまりに激しく、葦を根こそぎにしてしまった。彼女をソ連とモスクワに繋ぎ留めていた最後の糸は切れてしまった。エヴァの心は次第に夫から離れていった。彼女の夫は悪い人物でも軽薄でもなかったが、エヴァの精神の不安定さも悲劇へと絶えず引き寄せられる傾向も、まったく受け止めることができなかった。孤独になったエヴァはハンガリーに帰ることを決めた。しかし、遠くから愛していたその国は、もはや彼女の本当の祖国になることはなかった。再会した母親とも十分に打ち解けることはできなかった。しばらくのあいだ彼女から届いていた手紙は、便箋一枚ごとに歓喜と絶望とが入れ替わった。エヴァのことを思うと胸がしめつけられ、彼女の悲劇的な最期はありありと想像がついたので、ブダペストから彼女の自殺を告げる知らせが届いたときにはまったく驚かなかった。彼女は扉と窓を閉め切ってガスの栓を開けた……。共産主義への共鳴がまたもう一人もたらした、間接的な望まぬ犠牲者として彼女は一生を終えた。

一九六〇年代のはじめ、モスクワにまた一つ私の通う場所ができた。ベゴヴァヤ通り五番で、「あの世界」以来の母の三人の友人が暮らし始めたのだ。監獄と流刑を経験した三人の女性は、大変な苦労の末に役所の手続きという障害を乗り越え、一緒に三部屋のアパートを与えられた。そこには多くの苦難に耐えた不屈の精神が息づいていた。この女性たちには家庭もあり、子供も孫もいた。しかし、三人を結びつけていたのは伝統的な親族関係よりももっと強いものだった。それはソ連政府に対して一種の雪辱を果たすという固い決意だった。流血による復讐ではなく、反体制的な文書を広め、流刑から戻った者たちを支援することで、体制の根幹を揺るがそうという願いである。

この団結のリーダーは母の親友マルシャ・ソンツェワだった。彼女がたどった紆余曲折の生涯は、私たちの不幸な時代の波を映し出している。一九二〇年代に大学を卒業した後、彼女は社会学者となり、研修でパリへ送られた。そこで当時すでに名の知れていた画家シュハーエフと出会った。シュハーエフは彼女に夢中になり、妻もパリも捨ててモスクワまでマルシャを追いかけた。しかし、モスクワに戻ってきたマルシャはすでにジャンゴ・ゴゴベリゼと熱烈な恋愛関係にあった。ジャンゴは私の父の従兄で、のちの「水色の角杯」〔二十世紀初めのジョージア文学における象徴主義の詩人・作家のグループ〕の詩人であり、ジハイシ村から直接パリへ留学した。あるとき、腹を立てたドリコ伯母が「ジャンゴ、あんたはどこでしつけられたの？」と言うと、ジャンゴは即座に「ジハイシ村とパリだ！」と答えたそうだ。

マルシャはその行動力と独立心で現実に新しい時代の風を吹き込んだ。あるとき私の父が伝統的な貴族の女性であった祖母に、まさにこの新しいタイプの女性について話したことがあった。父がマルシャのエピソードを熱心に語ると、祖母はそれを最後まで聞いてから、「そんな女はここでは淫売と呼ぶんだよ」と言ったという。

その間にシュハーエフの妻がパリから彼を追ってやってきた。マルシャの裏切りにより悲劇の主人公となったシュハーエフは、妻と復縁せざるをえなかった。しかし、ソ連政府にとっては個人的なドラマなど何の意味もなく、彼らは憎むべき亡命者であり、彼らにふさわしい場所は当然ながら監獄だった。シュハーエフと妻は逮捕され、十年間の流刑を経て、第二次世界大戦後に自由になってからはトビリシで暮らした。シュハーエフは美術大学で教えていた。私はこの並ならぬ知性と謙虚さを具えた男性に、ルスダン・ミケラゼの家でしばしば会った。一方、ジャンゴは三十歳を過ぎたころに逮捕され、処刑された。マルシャは監獄と流刑先で二十二年を過ごし、死刑囚用の監房にも一年間入れられていた。私の母はヴォルクタで五年間マルシャと一緒だった。ヴォルクタへ送られたとき、そこには白い原野しかなく、二人は百人ほどの流刑囚とともに仮のバラックに押し込まれた。彼女たちの仕事は一年じゅう零下四十度の寒さの中で木を切ることだった。言い渡されていた八年が過ぎ、母は自由集落《コロニー》に移され、その二年後に自由の身になった。しかし、マルシャはあらためて刑を宣告された。彼女は当初は個人的な事柄で逮捕されており、「祖国の反逆者の家族」として改めて刑を受けたのだった。そうして彼女は囚人として二十二年を過ごした。

モスクワに着くと私はすぐに、マルシャとエカテリナ・ワシリエワとターニャが暮らすその奇妙な家へ駆けこんだものだ。そこでは人の生とは日常の些事によってではなく、精神が求めるものによってのみ決定されるのだと実感することができた。家には一日じゅうひっきりなしに人がやってきた。たいていは反体制的な文書を運んでくる女性たちだった。ターニャが脇目もふらずにタイプライターで新しい写しをつくり、また別の人々がやってきてはそれを広めるために運んでいった。私もその作業に加わっていた。新しく見出された小説や随想をドリコ伯母の家や、その後はトビリシへ運んだ。禁じられていたせいでいっそう魅惑的に思われた異なる思想の光を浴びようと、私がモスクワから帰ってくるのがどんなに待ち遠しかったかと、私の友人たちは今でも回想する。また、シベリアや北極圏、カザフスタンなどから知り合いや見知らぬ囚人が戻ってくるという噂が伝わると、すぐにモスクワでの生活の準備が始まった。お金を集め、住まいを整え、必要な品を手に入れ、親族たちと連絡を取った。虐げられた仲間の暮らしを少しでも楽にしてやろうと、倦むことを知らぬこの女性たちはあらゆる手を尽くした。

その家ではほかにも興味深いことがあった。そこで私はロイとジョレスのメドヴェージェフ兄弟や流刑から戻ったばかりのシャラーモフなど、著名な反体制派の人々と会った。シャラーモフは腰の曲がった小柄な男性で、監獄で長年を過ごした痕跡をはっきりと留めており、笑顔さえ忘れていた。彼はまるで周囲で何が起きているのかすら分からないかのように、何も言わずに坐ったまましきりに紅茶を飲んでいたが、それでもこの甲斐甲斐しい女性たちの世話を快く思っているようだった。

マルシャについての思い出の最後に、決して忘れられない彼女のこの言葉を記しておきたい。「どんな苦しみも、死刑囚用の監房で死を待つことさえも、ジャンゴがなかなか家に帰ってこず、ほかの女性のところにいるのではないかと考えていたときの恐ろしい嫉妬の感情に比べたら何でもない」と彼女は言った。そのとき私たちは彼女の静かな部屋で地下出版物に囲まれて坐っていて、マルシャは彼女の壮絶な過去について話していた。私は人間の内面の複雑さを思った。そして、男性と女性のもっとも強烈な感情は、やはり愛にまつわるものなのだと考えた。

シャルマン

友人たちを好きでいよう
彼らの美しさを思おう
彼らを失うような恐ろしいことがないよう……

ベラ・アフマドゥーリナ

友よ、君の声が私の心の中で歌う
静かな松林に響く海の歌のように

ラビンドラナート・タゴール

ラドは私の友人たちが大好きだった一方で、私がいつも友人たちと一緒にいるのが気に入らず、私の友人たちを「シャルマン」と名づけた。誰もその意味は分からなかったが、ラド自身の説明によれば、「仲間、一味」というような意味の泥棒たちの隠語だという。私たちが一緒にいるのを見れば、ラドはうれしそうに「シャルマン！」と言っては大笑いした。そして、しばしばこう繰り返した。「シャルマン、それは連帯。そこでは背の低いものたちが高くなり（これはもちろん私のことだ）、醜い者たちが美しく、愚かな者たちが賢く、悪人が善人になる。それに疑いを挟もうものなら、天の怒りが下されるだろう！」私たちもラドと一緒に笑い、いつの間にか私たち自身もその名前になじんで、自分たちをシャルマンと呼ぶようになった。

先日、一九八四年に私が「文学新聞」に書いた文章をたまたま見つけた。ここにはラドの思いついた言葉がよく表現されているように思われる。

再びこの問題に立ち戻る。興味深い人物とは何なのだろうか？ 私にとっての主要な基準は、感情の激しさと強さである。私は若い頃から友人たちを熱狂的に愛してきた。どういうわけかその多くは私よりも少なからず年上だった。今日、彼女たちはもう高齢で、強いられた別離、親しい人々との死別、子の不治の病、愛してはいない男性との暮らし、孤独といった運命の試練をいくつも乗り越えてきた。私は孤独という言葉を書いて、すぐに線を引いて訂正したくなった。というのも、彼女たちは決して孤独ではないからだ。それはまず何より日常のあらゆる出来事に対する並外れた関心ゆえである。この老境の女性たちがどれほど生を謳歌し、楽しみ、笑い、他人の成功を喜び（これは他人の不幸に同情することよりもはるかに難しい）、彼女たちの考えるところの非倫理的な行ないを私たちの誰かがすれば、どれほど強く胸を痛めることか。彼女たちの一人は物理学者で、二人めは言語学者、三人めは記者である。また、もっとも興味深く個性的な一人は、通常の意味では何者でもない。彼女は文学部を卒業せず、結婚もしなかったが、運命は代わりに大きな相愛の関係を与えた。彼女はまだ若い時分からすべてを脇に置いて兄の子を育てた。その子の両親が離婚し、兄が当然ながら働いていたからだ。今では兄の孫たちを楽しく、根気強く育てている。太って、彼女の美しい体は重くなったが、自ら見つけてきた店「ゴリアテ」でいつも同じ二十三ルーブルの服を買い、それをココ・シャネルの最高の服のように着ている。トビリシの中心部、エルバキゼ坂の古く薄暗い部屋で、人生の伴侶であるトーマス・マンを読みながら、ジョージアの最高の画家たちから贈られた絵に囲まれて暮らしている。私たちの街の社会と画壇の関心の中心にいて、愉快に、凛として、善意とユーモアにあふれ、主として自分自身に対して皮肉屋でもある……。

私はこれを読み返しながら考えていた。この私の言葉を読んだら、ラドはどれほど笑ったことだろう。そして、笑いながら心の奥ですべてに同意したはずだと。この女性たちをラドは私に劣らず愛していたのだ。この私のエッセイで中心を占めている年上の友人たち。ユーモアと皮肉のセンスに富んだリア・ムディヴァニと、シャルマンのほかのメンバーである未亡人やみなしごたちの庇護者、不屈の闘士リジコ・バグラティオニ。彼女は少し前にスヴェティツホヴェリ大聖堂の庭で先祖の隣に丁重に埋葬された。いつも優雅で、趣味が洗練され、その行動力で誰もを呆れさせつつも、全員の伯母のようなマナナ・バラタシヴィリ。シャルマンの女王とみなが認めるスサナ・トロシェリゼ。類まれな教養と知性、繊細さ、さまざまなことに対する好奇心を持ち合わせ、正義を求め、文化を伝え、八十歳になってもその若々しい活力が涸れることはない……。彼女はリーダーとしてのあらゆる資質を具えている。年月を経るごとにスサナは私の心の中にますます深く入り込み、失った人々、とりわけ私の母やルシコの場所を埋めてくれる……。

老いても若い娘のようにおかっぱにしていた正義と愛の奉仕者、青い瞳のルシコ・ガグアもこの世を去った。彼女は私の人生に決して消すことのできない足跡を残していった。言語学研究所で母と並んで巨大な机に向かっていた彼女に初めて会ったのは、私が十七歳のときだった。それはまさに一目惚れだった。十歳も年上の女性と友人となったことでこれほど大きな喜びを覚えたのは初めてだった。レニングラード通りにあったルシコの家が思い出される。若い頃の私はいつもそこへ引き寄せられた。建物の中の石の古い階段を上り、呼び鈴を押そうとするのだが、体が震えてなかなか押す勇気が出なかった。私たちの関係が対等なものになってからは、ルシコは彼女の家を訪ねるのに誰かがそれほど緊張していたとはどうしても信じられず、腹を抱えて笑ったものだ。

もっとも特筆すべき彼女の性質は、決して妥協することなく正義を追求することで、それを自然と自分の子供たちにも植えつけた。こんなエピソードを憶えている。ルシコと友人のケト・ダディアニが何かの原因でひどくけんかをし、ケトが扉をばたんと閉めて出ていってしまった。すぐにルシコの八歳の双子の息子ゴギとカハが心配そうに飛んできて、「母さん、母さんが正しかったの？ ケトが正しかったの？」と尋ねた。二人は母親が誠実に答えてくれると信じて疑わなかった。ルシコもすぐさま冷静になって息子たちにこう言った。「私もケトもどちらも百パーセント正しくはなかったけれど、少しだけケトのほうが正しかったと思うわ」

彼女の人生は本当に波乱万丈だった。しかし、病に倒れるまで、彼女は不運をものともせず、ほんのささやかなことでも喜びや幸せを表わした。運命は彼女に何度もつらい試練を与えた。失った大きな愛、不治の病に侵された子、愛していなかったがさまざまな事情から一生を共にした夫。そのことに彼女は最期の日まで子供のように驚いていた。別の運命もありえただろう……。しかし、運命の皮肉か、その夫は彼女に献身的に尽くした。ルシコが亡くなった後、自身も死の床にいた夫は差し出されたコンポートを見て首を横に振り、「これはルシコにやってくれ」と口ごもりながら言った……。

今日、ルシコの代わりに私の心にいるのは彼女の息子カハ・チタイアだ。カハはルシコのあらゆる性質を受け継いだので、彼は公正ですべての人に耳を傾ける稀有な政治家となった。この不信の時代にあって、同志たちのみならず対立相手たちからも厚い信頼を置かれている……。

そして、その他の同じ世代の友人たち……今では寝たきりのレイラ・ゴルデラゼとは、若い頃は濃密な交流があった。彼女がレニングラードに、私はモスクワにおり、毎日電話をかけてはちょっとした一言で際限なく笑い合ったものだ。それが尋常でなかったので、私たちは家主に頭がおかしいと思われていた。「大笑いするためにお金を払う人なんて初めて見た！」と私の家主も彼女の家主も言ったものだ……。そして、この世の美に常に驚嘆し、感激していたザイラ・アルセニシヴィリ。彼女は「私の親しい人」あるいは「私たちの親しい人」が口癖で、それをあまりに頻繁に言うので、どうやら私は最近聞かないその言葉が恋しくなったのだろう、少し前にこんな夢を見た。ザイラが野原の、あるいはもしかしたら世界の中心に立っていて、その周りを老若男女が行ったり来たりしている……。私が「あなたは誰？　どこから来たの？」と彼らに尋ねると、彼らはさまざまな声で「私は親しい人だ、親しい人だ、親しい人だ……」と答える。ザイラは恥ずかしそうに、その人ごみを苦労して掻き分ける……。

ガイオズは幼い頃から私の心の一部だ。ガイオズは天性の精神科医、すなわち心を病んで苦しむ人々の後見人で、人の内面の世界に精通している。今日のこの困難な現実の中でガイオズは友人たちの心を癒し、物質的にも助けている。私にとって喜ばしいのは、ガイオズに妻でも友人でもある精神科医のロザがいることだ。彼女も患者たち、とりわけ身寄りのない人々を献身的に世話している……。

独特のすぐれた頭脳の持ち主ゴギ・オチアウリは私の子供時代の最大の発見の一つだ。ゴギは私たちの国の不幸な時代に別の道を選び、そのために私たちは劇的に袂を分かった。しかし、私たちはずっと離れればなれではないはずだ。いかなる主義主張も、互いを求め合う人間の永遠不変の性質をしのぐことはない。それを見事に証明しているのがゴギの妻グリである。グリは私の子供時代と青年時代の親友で、別離の定めに抗い、人生の経験を積んであらゆる関係を維持している……。

ズラブ・ニジャラゼと美しい貞淑な妻ツィツィノ（私の『ひとつ空の下』で彼女は貴族の女マイアに仕えるダピノの役を演じた）。私たちはすでに学生の頃からズラブを最高の画家と認めていた。ムタツミンダ地区のふもと、ベシク通りの彼のアトリエは私たちみなを引き寄せる場所だった。彼はそこで朝から晩まで、静物であれ肖像であれ、ありとあらゆる絵を描いていた。私の肖像も何度か描こうとしたが結局一枚も完成しなかった。というのも、私がモデルとして椅子に坐るといつもすぐに何かしら新しい話題について侃々諤々の論争が始まり、その結果、ズラブは絵を描けなくなり、私もじっとしていられなくなったからだ。驚くべきことに、ズラブは老いても人生の難しい問題について議論する意欲を持ち続けている。彼は今日も、とりわけワインが入ると、五十年前と変わらぬ熱心さで自分の考えを主張する……。

そして、最後にナナ。ナナ・ハティスカツィ。癒えることのない私の痛み。ナナとはいつも一緒だったので、作家ノダル・ドゥンバゼは私たちをまとめて「ナナ・ラナ」あるいは「ラナ・ナナ」と呼んだものだ。ナナは落ち着きがなく奔放で、あらゆる感情や考えを徹底的に押し通した。しかし、同時に彼女は理性的で思慮深く、検討と分析を欠かさぬ性質でもあった。そして、決して他人の真似ではなく、自らの存在のもっとも深い部分に響き合うものとして深い信仰を持っていた。晩年のナナが私の友人たちの町、私の「ふるさと」の一つであるテラヴィにその激しい才能を落ち着かせる場所を得たことをうれしく思う。ナナの突然の死について、唯一の慰めは、彼女がその創造力を十分に発揮し、広く評価されてからこの世を去ったことだ。彼女が亡くなったのは、新しい作品の初演が成功裡に終わってから数日後のことだった。

この友人たちと出会っていなければ、すなわち「シャルマン」なしでは、私の人生はどうなっていたか分からない！

セルゴ・ツラゼ──パリから来たジョージア人

一九五〇年代の末、ジョージア人亡命者ヴァソ・ツラゼの息子であるセルゴ・ツラゼが、フランス人の妻マドレーヌと子供たちとともにパリからジョージアにやってきた。ソ連体制下のジョージアの文化界にとって、これは大きな出来事だった。私たちは彼を得たが、不幸なことに彼をふさわしく処遇できなかった。彼は美しく魅力的で、出自と志向においては真のジョージア人であり、教養と世界観においては真のヨーロッパ人だった。そして、さまざまな才能に恵まれたスケールの大きな人物だった。快活で柔和、朗らかでいつも笑顔を絶やさぬセルゴと、厳格で意志が強く、しょっちゅう顔をしかめていたマドレーヌ……。このような正反対の性質にもかかわらず、二人は稀に見る仲睦まじい夫婦だった。それはおそらく、二人の人生の信条がまったく同じだったからだろう。フランスの知識人の多くの例に漏れず、二人とも筋金入りの共産主義者だった。だからこそ、フランスの裕福な名家の娘であるマドレーヌが喜んで夫セルゴに従って、その祖国、ソ連体制下のジョージアへやってきたのだった……。セルゴの熱意が次第に色褪せていくのを私は見ていたが、その独特の輝くような笑顔が完全に失われることはなかった。しかし、その笑顔が何を隠していたのか、この思慮深い人物の胸の奥で何が起こっていたのかは誰にも分からない。その胸の鼓動は突然に止まってしまったのだ！

パリアシヴィリ通り三十三番Ａにあった彼らの家は、長年、フランス語を話すジョージア人たちが集まる場所だった。ギヴィ・メスヒシヴィリ、ラド、ブツァ・ジョルベナゼ、マナナ・バラタシヴィリ……。彼らはフランス文化を分かち合うために、そして、異なる考えを持った人たちと議論し、その議論を通じてともに真理に近づくためにそこに集った。私はそこでセルゴがジョージア人として見事に振る舞うのを何度も目にしている。とりわけ、フランス人演出家アンドレ・バルサックとその劇団員の前で、彼がタマダとして「上演した」まことに驚くべき夕べは忘れられない。セルゴは客たちにジョージア、その歴史、文化、ジョージア人の特異な性質を巧みに紹介した。

セルゴの多才さは驚異的だった。精神科医で精神療法医（私は彼から無痛分娩についての指導を受けて彼の能力を実感した）、そして「豹皮の騎士」の翻訳者！　一篇の詩の翻訳がどれほど大変なことか知る人であれば、ルスタヴェリの難解な言葉をフランス語の詩にするのに必要な、計り知れない努力を想像することができるだろう。精神科医セルゴはそれを見事に成し遂げ、すぐれた翻訳に贈られるラングロワ賞を受賞した。私はジョージアがこのきわめて視野の広い、スケールの大きな才人をしかるべく遇せなかったことをとても残念に思う。セルゴはジョージアのヨーロッパへの統合において欠かせない人物になるはずだった。

映画人生、検閲、禁止……、そして私の初期の作品

映画、それは絵画であり、同時に
音楽のように組み立てられる……
ジャン＝リュック・ゴダール

歓喜と絶望、勝利と敗北に彩られた、この上なく濃密で、予期せぬことの連続の映画人生は一九五七年に始まった。このきわめて興味深い、狂気じみた職業は、常に人にすべてを捧げるよう求めてやまない。

映画に関する私の最初の経験は、苦々しい挫折の記憶と結びついている。私は実習製作の映画の撮影のためにトビリシに戻った。短篇映画の脚本は個人的な経験に基づいた抒情的なエチュードで、海の穏やかな入り江と静かなリザヴァ村への私の愛着を投影したものだった。当時のソ連映画では稀だったこの私的な要素が、ゲラシモフや監督科の人々の驚きと好評を得た理由だったと思う。モスクワで映画の準備に取りかかり、夢中で脚本を書いた。私のすべての思い出を共有するラドが、いわゆるカット割りのスケッチを描いた。海の入り江、金色の砂浜、ボートに乗って果てしない海へ消えていく若い男女

……。頭の中ではすでに完成した映画――「映画はできた、あとは撮影するだけだ」というミハイル・ロンムの言葉が私の耳の奥で鳴っていた――を携えてトビリシに戻った私は、無邪気な熱意をみなぎらせて映画スタジオの所長G・Gを訪ねた。彼は皮肉な笑みを浮かべながら脚本を受け取り、ゲラシモフの講評を読んではばかることなく笑った。翌日に結果を聞きに行くと、彼はすでに見慣れた薄笑いとともに、「あなたはボートに男女を乗せて、沖へ行かせるだけでドラマになると言うんですか？」と言い放った。これは判決だった。もはや戦ってもまったく無駄だった。私は初めての試みが、あるいは初めての恋が侮辱されたように感じた。そのときの私はこのような挫折が、基本的にはモスクワからの指示により、その後に何度も繰り返されることをまだ知らなかった。

　この『短い夏』の代わりに、スタジオで私はいずれかの教会をテーマに撮影することを提案された。私はゲラティ修道院を選んだ。資料を調べていくうちに、過ぎ去った時代の秘密に包まれた雰囲気の中へと次第にのめり込んでいった。『カルトリ年代記』の新たなページをめくるたびに、古い世界が私の目の前でよみがえった。膨大な史料から、私は感動的で私的な要素を選びだそうと試みた。ダヴィト・アグマシェネベリ王〔ダヴィト四世（一〇七三―一一二五）〕と彼の「悔恨の詩」……それは発見だった。偉大な王、征服者にして国の統一者、国威の象徴、人々が感謝を込めて「アグマシェネベリ」（建設者）と名づけた王が、晩年に崇高な悔恨の念によって清められた詩人となったのだ！　ゲラティ修道院に向けられたその言葉は驚くべきものである。「修道院と我が墓、そして我が子らの納骨堂が完成せぬまま残った。その永劫の痛みは私とともにある」私はゲラティ修道院をテーマにした映画が、彼が建てた聖堂と彼の国に対するダヴィト・アグマシェネベリ王の愛の物語になるよう努めた。

　周知のように、ダヴィト四世は遺言どおり、人々が彼の胸の上を通るよう聖堂の入口に埋葬された。映画の中で私にとってもっとも重要なのは次の場面だ。大勢の人々がやってくる。人々はさまざまな時代の靴を履いている。人の流れが途切れることはない。人々はダヴィト王の墓を踏んでいく。いくつも世紀が過ぎるうち、石に刻まれた墓碑はすり減り、削れ、最後には消えてしまう……。『ゲラティ』の次にドキュメンタリー作品『トビリシ一五〇〇年』を製作した。ここでも私は個人的な、主観的な色合いのテーマを探しているうちに、ニコロズ・バラタシヴィリの詩の文句が頭に浮かんだ。「ムトクヴァリ川よ、お前はいったい何をつぶやいているのか、誰に何を語るのか。お前は多くの時代の証人だが言葉を持たない……」ムトクヴァリ川はトビリシの歴史の記録者であり、多くの時代の証人である……。私はトビリシについてムトクヴァリ川に語らせることに決めた……。

この二本で私は全ソ映画大学を優等な成績で卒業し、ようやくトビリシに帰った。それからアルチル・スラカウリとともに、彼の短篇小説「波は岸へ向かう」に基づいた脚本を夢中になって書き上げた。脚本は承認され、私は映画の撮影の準備に取りかかった。作品には私の道徳的および美的な主張が込められており、私は高揚していた。三人の主人公とその緊迫したやりとり、目には見えずとも心情をいっそう高ぶらせる背景としての戦争、またしても海、ボート、岸へ寄せる波……。そして、映画的な形式の模索――二つの夢、若い男女の二つの幻影、それらは奇妙に重なり合い、補完し合い、現実の対位法として提示される（その頃、『イワンの子供時代』〔『僕の村は戦場だった』〕はまだ製作されていなかった。タルコフスキーはこの作品の中で、ソ連映画で初めて夢あるいは幻を現実に対する勝利の手段とした）。映画の製作が開始され、俳優を選び、撮影にかかろうとしていたまさにそのときだった。トビリシにやってきたモスクワの文化省の役人が、脚本が非戦主義的で非愛国的――当然ながらソ連に対する愛国だ！――であるとして製作を禁止した。

志を同じくし、熱意にあふれていた製作グループは解散した。一年を投じた熱心な準備がすっかり水の泡になり、この作品にかけたあらゆる希望、発見、夢も消えてしまった。私は独りぼっちで家に閉じこもり、もう人生が終わったと思っていた。

しかし、しばらく経って、私の頭の片隅で思考が働きだした。「どうしよう？　私の製作ために割り当てられていた資金を無駄にしないためには何をしたらいいだろう？　新しい脚本を書くのは間に合わない」そのとき、私はふとレオ・キアチェリ〔作家（一八八四―一九六三）〕の短篇小説「貴族の女マイア」を思い出した。女性の強烈なイメージと激しい感情を描いたその短篇に私は以前から惹かれていた。子供の頃の経験も思い出された。コブレティの海岸で私は毎日若い女性を見かけた。いつも黒ずくめで、頭に黒いショールを巻いたその女性は、誰とも何とも交わることなく、独り海岸を歩きながら海を眺めていた……。その後、「貴族の女マイア」を読んだとき、私はすぐにあの女性が目に浮かんだ。彼女がほかでもない、海と死に会うために海岸に現われたマイアだったように思われてならなかった。子供の頃に目に焼きついたこの光景が、私にレオ・キアチェリの短篇の撮影を決断させた。同時に、「女性と時代」という一つのテーマのもとに複数の短篇を繋げて一本の作品にするアイデアも浮かんだ。そのテーマにふさわしいのがアルチル・スラカウリの短篇小説「鳩」だった。三本めの短篇「フレスコ画」は数日のうちにアルチルと私が書き上げた〔これらの三部作で構成されるのが『ひとつ空の下』〕。

　撮影の過程は今でもとても懐かしく思い出される。私たちはみな若く、作品をつくる熱意に満ちあふれていた。今振り返れば、なんと素晴らしいグループだったことか。撮影はレヴァン・パアタシヴィリ、美術コカ・イグナトフ、音楽レゾ・ラギゼ、俳優はリアナ・アサティアニ、オタル・メグヴィネトゥフツェシ、グランダ・ガブニア、テンギズ・アルチヴァゼ、ゼイナブ・ボツヴァゼ、キラ・アンドロニカシヴィリ……。

　アナクリアの美しい海岸。毎朝さまざまな、洗練された縁飾りのような文様が描かれる砂。私たちは魔法にかかったかのようにその驚くべき文様に見とれた。しかし、次の日にはそれはまったく形を変えてしまう。私たちは我を忘れて海と砂のこの謎めいた遊戯を追いかけた。夜が明けるとすぐに海岸に出て、レヴァンとコカと私は何時間もかけて砂に描かれた線の特別な配置を探した。ようやく私たちの美的な要求を満たす文様が見つかると、撮影隊を呼んだ。次は雲だ。やはり誰にも説明しがたい基準に照らし、雲が望ましい形になる瞬間を待って撮影を始めた。今思えば、撮影隊のみんなは私たちの気紛れになんと辛抱強く付き合ってくれたことだろう。それに加え、この初めての作品の撮影のために資金が潤沢にあったことも驚きだ。たとえば、発砲の後、困惑して怯えた人々が海岸をさまざまな方向へ逃げまどう難しい場面を撮影するために、特別に十メートルのクレーンを発注してつくらせた。クレーンは軸を中心に回転しながら下へ降りてくる。レヴァンと私がクレーンの先に坐り、カメラの実に不思議な動きを用いて私たちは何度か撮影を繰り返した。そのシーンでは慌てふためいた五百人ほどの人々が入り乱れ、カメラが一番下まで降りてくる頃には海岸にはすっかり誰もいなくなっていた。

山場は大勢の人々が集まり、テントや馬や荷車が並ぶ民衆の祭りの場面である。復讐心に燃えるマイアの激情が頂点に達するシーンは、夜の海岸で撮影しなければならなかった。興奮したマイアがひとしきり歩き回る場面を思い描いていたので、その撮影のために曲がりくねった長いレールと台車が必要だった。台車に取りつけられたカメラがマイアを追いかける。マイアは御者のアンバコを見つけだして、彼女を裏切った恋人を殺させるためテントへ送ろうと、歌い踊る人々や酒に酔った男たちを掻き分けて進む。しかし、撮影を進めていくと、夜の海岸でカメラを複雑に動かしながらこのような大規模なシーンを撮影することは不可能であることが判明した。そのときに頭に浮かんだのは、夜のシーンをすべて映画スタジオの「大パビリオン」と呼ばれる広々とした部屋で撮影してはどうかという無謀な考えだった。その大パビリオンにトラックで砂を運び込み（一台や二台どころではなかった！）、レヴァンが天井に見事な照明網をつくりあげ、そこを大勢の人や荷車、テント、馬でいっぱいにした……。そしてようやく撮影が始まった！　マイアの悲劇が、波が打ち寄せる果てしない海岸ではなく、炭素アーク灯で照らされたスタジオの閉ざされた空間で演じられるなど、誰が考えただろう？

カメラマンのレヴァン・パアタシヴィリはすでに当時から仕事に打ち込む職人だった。常に結果に満足することなく、妥協を許さない彼の完璧主義は、「亡くなって棺桶の中に横たわっているレヴァンが、不意に顔を出し、腹を立てて『これが板か？　これが棺桶か？』と叫ぶ」という小咄《アネクドート》まで生み出した。

あるシーンの撮影の際に、レヴァンが恋人ボンド役のオタル・メグヴィネトゥフツェシに「この指はもう少し右に、もう少し上に、もう少し左に……」、それから「髪をもう少し横に、少し後ろに、今度は少し前に……」と何度も何度も叫んだ。若い頃には気が短いことで知られたオタルもしばらくはレヴァンに気をつかって我慢していたが、最後には飛び上がり、「この野郎！」と叫びながら、激昂してメイク係に飛びかかった。メイク係は何が起こったのかさっぱり分からなかった。

美術を担当したコカ・イグナトフは当時まだ二十二、三歳の青年だったが、すでに本物の画家としてのあらゆる素質を十分に具えていた。先日、この映画のために彼が描いたスケッチを見返してみたが、描写の正確さと洗練されたタッチに将来の優れた壁画家の片鱗がすでにうかがえるように感じられた。

映画人生につきもののこのようなエピソードも思い出される。マイアが入水自殺するシーンを夏に撮影できず、いつの間にか十一月になってしまった。アナクリアは寒くなり、私たちは困った状況に陥った。マイアと女中のダピノが海に入り、マイアが溺れるシーンを急いで撮影しなければならなかった。さもないと撮影など想像もできない季節が来てしまう。その場面の撮影のために特別な桟橋を組んだ。海に深く伸びる桟橋の上にレールを敷いて台車を乗せ、そこからマイアの入水を撮影した。海の水はおそろしく冷たかった。マイア役のリアナとダピノ役のツィツィノ・ツィツィシヴィリは海岸で凍えており、せめて体の内側から温まって海に入ろうと、俳優としての覚悟からウオッカを飲んだ……。大変な苦労の末に必要なシーンを何度か撮影し、ようやく私たちは安堵した！　無理をおした撮影だったが、俳優たちは風邪ひとつ引かなかった。

リアナ・アサティアニの人を魔法にかけるような宿命的な美しさ！　私はその顔と内面に、当時の映画が映し出していたよりもはるかに多くの豊かさが秘められていると感じていた。美しさは宿命のようなものであり、それに近づく者を天に舞い上がらせもすれば、奈落に突き落としもする。私の理解では、そこがマイアの本質と深く通じ合っていた。

リアナはレオ・キアチェリ作品の主人公の暗い衝動を正確に表現したように思う。彼女は民衆の祭りの中心に、あるいは誰もいない海岸に現われ、その激しい感情、侮辱された愛、そして復讐心とその中に絡み合った絶望の痛ましさを漂わせる。彼女にとって唯一の救いは死だった。

オタル・メグヴィネトゥフツェシはその頃はまだ若かったが、すぐれて特別な容姿と俳優としての個性を具えた、すでに成熟した俳優だった。真摯で、己の中に沈潜し、狂暴なほど気が短かった。彼との仕事を通して私は真の芸術に触れる瞬間を何度も味わった。私たちが若かったときばかりではない。ずっと後になってからも、彼は『渦巻』の中で老教授の役を演じてくれた。

『貴族の女マイア』の次は『鳩』だった。トビリシのジャヴァヒシヴィリ通りに適当な家を見つけ、冬の数か月間、私たちはその家の屋根の上に住み着いた。少し前に海岸でそうしていたように、レヴァンとコカと私は今度は屋根の上からトビリシの素晴らしい風景を探し、望ましい明るさを待った。急に視点が変わったのが面白く、今や私たちは世界を上から見下ろしていた。それは珍しい経験で楽しかった。今振り返ると、その建物の住人たちは忍耐強くよく私たちのことを我慢してくれたものだと思う。我慢してくれたどころか、ひどく寒い日には屋根の上で凍えそうになっている私たちを家に招いて紅茶をふるまってくれたりもした。

最後の『フレスコ画』は当時建設中だったスポーツ宮殿を舞台に撮影した。スポーツ宮殿はラドが設計した初めての建築で、彼の誇りだった。主演はグランダ・ガブニアとテンギズ・アルチヴァゼ。そして、メラブ・ベルゼニシヴィリの描いたフレスコ画。

映画の撮影が終わり、私は作品を提出するためにモスクワへ行った。そして、その日からソ連の検閲との、ときにあからさまな、ときに密かな、終わりの見えない闘いが始まった。映画が承認されないまま一か月が経ち、とうとう文化大臣エカテリーナ・フルツェワが映画を見にやってきた。検閲官たちがこのまったく非政治的な映画の何を問題視したのか、何を受け入れられなかったのか、今となっては理解しがたい。はっきりしていたのは、検閲官たちの憤慨の主な対象が一番めの短篇であり、「貴族の女マイア」という言葉の組み合わせおよびこの貴族の女の「非ソ連的な」熱情が彼らの気に障ったということだった。とはいえ、『鳩』にも彼らが真にソ連的な愛国心を見出していたわけではない。丸一か月間、映画は次々に新しい委員会に諮られ、委員会は次第にレベルの高いものになっていった。役人たちは映画を見ても、誰ひとり自ら映画の運命を決めようとしなかった。映画は結局フルツェワのところまでたどり着き、そこで驚くべきことが起こった。文化大臣とともに、ソ連の著名な映画監督だった大臣顧問レフ・アルンシュタムが作品を見にやってきたのだ（のちに彼は私にとってとても親しい人物になった）。まるで官僚的な閉ざされた空間に突然新鮮な空気が入ってきたかのようだった。アルンシュタムは私と握手し、親切そうで悲しげな温かい眼差しで私の目を見て、隣に坐った。一か月間の緊張と先の見えない重苦しさはたちまち消えてしまった。私は被告席に坐っていたことも忘れ、モスクワへ来てから初めて自分が完全に自由になったように感じた。上映の後、作品に対する関心をうかがわせる好意的なやりとりがあり、そこにフルツェワも加わった（その後、大臣はアルンシュタムを大いに信頼していたと聞いた）。そして、すべてがひっくり返った。承認されるのか否かという問題はたちまち消え去り、映写用のポジフィルムが千部つくられた。雑誌『映画芸術』に「時代をめぐる三部作」と題した賞讃記事が掲載され、ソ連映画人同盟の大会では、当時の代表イワン・プィリエフが一年を総括する演説の中で映画界への私の登場をこう評した。「彼女の声は若いが、自信にあふれ、力強く、ロマンティックだ」

この一連の騒動の末、私はベルリンでの映画の上映に合わせて東ドイツへ派遣されることになった。これはまったく予想外だった！　外国を初めて訪問した私は、ひどく緊張しながら、作品に関心を抱いている様子のドイツの映画人たちとともに、あと数分で映画が始まるはずのホールに坐っていた。明かりが消え、突然……最初は何が起こったのか分からなかった。スクリーンに二本めの『鳩』の映像が映し出され、レゾ・ラギゼのメロディが途中から始まった。その音楽は三つの短篇を束ねているものだったので、映画の一部が切り取られた結果、機械的に音楽も歪められてしまった。目も当てられなかった。私は飛び上がって映写室に駆けこんだが、技師は私が何を望んでいるのか理解できなかった。ケースを見ると、フィルムはたしかにいきなり『鳩』から始まっていた！　この匿名の暴力的な行為がどのように実行されたのか、今でも分からない。はっきりしているのは、作品の承認を望まなかった役人が復讐を行なったということだ。生きた人間にするように映画を傷つけたうえで、上映に合わせて私を外国へ送ったのだ。私はホールには戻らず、外に出て、ベルリンの当時はまだ暗かった通りを歩いた。ホテルに着くと、困惑したドイツの映画人たちが心配そうに私を待っていたので、私は彼らと一緒にレストランへ行かざるをえなかった。彼らは奇妙に端折られた私の作品について何かしら良いことを言おうと一生懸命になっていた。

外国での私の作品の初上映はこうして悲しい結果に終わった。

その後、私は作品とともにモスクワ近郊ボルシェヴォの「映画人の家」で行なわれたセミナーに招待された。これは、イデオロギーの枠に嵌めこまれた映画の世界とはまったく対照的な、ソ連の映画界の素晴らしい伝統だった。正確に言えば、イデオロギーや検閲、禁止などが存在する一方で、それとは別に、若い映画監督たちの出会い、彼らの新しい作品、個々の作品や映画の方向性、映画言語などをめぐる際限ない議論、すなわち、イデオロギーによって定められた規範を打破するあらゆるものもまた存在していた。何より逆説的なのは、この集まりが国家によって催されていたことだ！　ボルシェヴォでは私の作品、とくに『貴族の女マイア』が大きな関心を呼び、群衆の場面やカメラの面白い動き、複雑な移動撮影に注目が集まった。『鳩』については、屋根の上から撮影された三百六十度の街のパノラマが興味を惹きつけた。背景にはショスタコーヴィチの音楽が流れ、その音楽とともに夜になり、また朝が来る。それはレヴァン・パアタシヴィリとともに編み出したもので、自分でも大いに気に入っていた……。しかし、この初めてのセミナーでもっとも印象深かったのは、映画監督としても一人の人間としてもきわめて異色の人物であるアンドレイ・タルコフスキーとの出会いだった。彼もそのセミナーに初めての作品『イワンの子供時代』とともに参加していた。すぐにソ連映画の時代を画する一本となった作品だ。彼はいつも物思いに耽り、神経質で落ち着きがなく、風変わりだった――真剣に話している途中でだしぬけにサンダルを宙に飛ばし、落ちてくるサンダルを巧みに足で受け止めたりした――が、若かった当時からすでに悲劇的な印象をたたえていた。私たちは知り合うなりすぐに友人になった。映画の上映でも食事の席でも一緒に坐り、何時間も一緒に散歩をしながら、映画について、私たちの今後の作品について、映画の無限の可能性について語り合った……。映画に情熱を燃やすアンドレイとの会話に私は夢中になった。私がセミナーで唯一の女性だったので、いつも一緒にいた私たちはみなから冷やかされたりもした。

最後にアンドレイに会ったのは一九八六年のパリでのことだ。私は彼が不治の病に侵されていることを知っていた。パリに着くなり彼に電話をして、サン・ジェルマン広場のカフェ「レ・ドゥ・マゴ」で会う約束をした。彼のことが心配で約束の時間より早く行くと、彼はもうそこで私を待っていた。隅のテーブルに坐ったアンドレイはまるで体が小さくなったかのように痩せており、青白い顔をしていた。

私はそれまでの経験から、彼の死期が近いのをすぐに見てとった。彼はいつもの丁重さで立ち上がり、私と抱き合い、笑顔を浮かべた。目が涙に濡れているように見えたのは見間違いだったか。私たちは長いあいだ話しこんだ。初めて出会ったボルシェヴォのことも回想した。彼が何度もトビリシにやってきて、トビリシの観客たちが彼の作品に大いに感激したことも。私は彼がジョージアでいかに深く愛されているかを話した。アンドレイはうれしそうに言った。「私もトビリシやジョージアがすごく好きだ。パステルナークの言葉が胸に響くのもおそらくそのせいだろう」と。

我々はジョージアにいた
渇望に優しさを、地獄に天国を掛け合わせ、
温室を氷の台座にもってきて、
そして我々はこの地を享受する……〔「波」(一九三二)〕

夕方になり、サン・ジェルマン広場に街灯が灯った。カフェの前で誰かがチャーリー・チャップリンに扮していた。アンドレイが立ち上がり、私たちは別れた。彼は笑顔で私に手を振ると、歩くのもつらそうな重い足取りで広場を横切り、大通りを上のほうへ行った。

チャップリンが私のそばへやってきて、シルクハットを私の前に差し出した。

私はサン・ジェルマン大通りを行くアンドレイを見つめながら、彼が死へ向かって歩いていくのを見ているような気がしていた。

一九六四年二月十七日に長女ケティが生まれた。まさにマリーナ・ツヴェターエワの言う「明々として、恐ろしい私の初子」だ。

最初の映画に続いて、私は次の作品の脚本に取りかかった。そして、再び挫折を味わうことになる。今度はタマズ・チラゼとともに彼の長篇小説『昼』をもとにした脚本を書いた。私はこの小説の非常に複雑な構成に惹かれた。二つの話が並行的に進んでいき、主人公のストーリーはバラバ〔新約聖書に登場する人物〕の暗い感情に満ちたエピソードと交わっていく。私は一九三七年以降の私の個人的な経験を脚本に織り込んだ。すなわち、私と同じように両親のいない子供時代を過ごした主人公が、我々の眼前で人生を取り戻すのである。個人的に大きな意味のあったこの脚本は承認され、映画は製作に入った。私はすでに俳優を選んでいた。しかし、突然、『波は岸へ向かう』のときとまったく同じように、モスクワの委員会が映画を禁止した！　映画が汎人類的な理想を説いていて、反ソ的だという理由で！　私は再び耐えがたい虚無感に襲われ、もうおしまいだと感じていた。しかし、そのときの私の心情を再びここで描写することはしない。悲劇の繰り返しは読者につくりもののように感じられてしまうだろう。絶望に陥りながらも、私はなんとかしてそこから抜け出る道を再び必死に探した。映画をつくらずにいることが考えられなかったからだ。そうして、私は『太陽が見える』を撮影した。それは私自身の作品ではなかった。つまり、それまでの人生で私の中に蓄積され、どうしても言いたかったことを表現した作品ではなかったが、その一方で、この映画は多くの幸せを私に与えてくれた。その一番はノダル・ドゥンバゼと親密になったことだ！　彼は本当に素晴らしい人物だった。親切で、観察眼が鋭く、心から謙虚で、素朴で、すぐれたユーモアの感覚にあふれていた。一緒にいると、いつも笑いが止まらず、しばしば腹を抱えて大笑いしたものだ。カメラマンは私の同志で友人のティト・カラトジシヴィリだった。張りつめたリズムの激しい音楽はフィリペ・グロンティが書いた。

配役を決める心躍る作業が始まった。当然ながら、もっとも難しかったのは盲目の主人公ハティアの役だった。きれいな、魅力的な女の子が何十人、何百人もやってきたが、ハティアに似た少女は一人もいなかった。頭の上に光が差し、内なる目で太陽を見る少女だ。そんなある日、アシスタントが一人の女の子を連れてきた。少女は部屋の中に黙って入ってきて、テーブルの前に立ち、私のほうを見た……。私はすぐさま、彼女の大きな青い目が太陽と、おそらく友人ソソイアのほかには何も見えないことをはっきりと理解した。それがレイラ・キピアニだった。彼女は私の想像していたノダル・ドゥンバゼ作品の主人公にあまりにそっくりだったので、私はハティア探しをすぐに打ち切り、カメラテストを行なうこともなく、俳優でもない少女にこの非常に難しい役を任せることにした。

一九六六年三月一日に次女ヌツァが生まれ、同じ日に母が激しい痛みを訴えて入院した。私は母の最期が近いことを感じていた。

母はひどく苦しんだ末に十月三十一日に亡くなった。母なしで二人の幼子を抱えた私の人生の新たな時代が始まった。

六〇―七〇年代――ジョージア芸術の発展期、映画祭、ジョージア訪問を許されなかったフランシス・フォード・コッポラ

一九六〇―七〇年代はジョージア文学・芸術の真の発展期だった。文学、演劇、映画、展覧会……。ミヘイル・トゥマニシヴィリが演出した『ミソサザイ』、ナナ・ハティスカツィとテンギズ・マガラシヴィリが演出した『嘘の知恵』、エルダル・シェンゲラヤが監督した『奇妙な展覧会』、オタル・イオセリアニが監督した『落葉』、そして、この発展期の記念碑的作品であるロベルト・ストゥルア演出の『コーカサスの白墨の輪』。

一九六六年にオタル・イオセリアニが『落葉』を製作した。今日ではジョージアのみならず、フランスおよびヨーロッパ全体の映画における創作家としてのオタル・イオセリアニの重要性は誰もが知るところだが、当時まだ若かった彼はこの作品で社会にきわめて大きな騒動と対立を引き起こした。ラマズ・ギオルゴビアニが演じるこのタイプの主人公、いわゆるアンチヒーローの存在を受け入れられない人々は多かった。また、映画の中でジョージアの現実が歪められていると考えた人々もいた。こうした反応はステレオタイプと闘うすべての革新的な作品の宿命であり、まったく意外ではなかった。私たち若い映画人は感激し、作品の運命を深く案じていた。ジョージア映画全体の未来が天秤にかけられてい

ることをよく分かっていたからだ。とくに憤慨していたのが当局で、したがってこの作品が上映禁止になる恐れがあることも私たちは承知していた。ある日、若い映画監督が何人か共産党中央委員会に呼び出された。私たちには初めての経験だった。会合の演出と台本は姿の見えぬ演出家によってあらかじめ決められ、指揮されていた。入口で不愛想な見知らぬ人々に出迎えられた私たちは、上映ホールに招き入れられ、静まり返ったなか、まるで被告人のように一列に並んで坐らされた。しばらくの後、原告の人々――第一書記ムジャヴァナゼに率いられた中央委員会のメンバー全員――が次々とホールに入ってきて、私たちの前の列に坐った。映画の上映が終わり、ホールに照明が灯されたが、中央委員会のメンバーたちは身動きもせず、私たちに背を向けたままじっと坐っていた。意図的につくりだされた緊張感は次第に高まる一方だった。とうとう、演出家の構想どおりにその緊張感が最高潮に達したとき、中央委員会のメンバーの一人が立ち上がり、そして二人目、三人目も……。可笑しかったのは、彼らは話をするときも私たちのほうを向こうとせず、同じ列に坐ったムジャヴァナゼに向かって話していたことだ。全員が判で押したように同じ言葉を用いて、同じように中央委員会の見解を述べていた。「ソヴィエト・ジョージアにはこの映画は受け入れられない」「これはジョージア人に対する侮辱である」「肯定的な要素は何もない」「登場人物が醜い」「ソ連の社会が故意に歪められている」などといった見解である。一言で言えば、ソ連政府が芸術作品を評価するときに用いるあらゆる常套句が述べられた。彼らの演説が終わった。原告たちは判決を言い渡し、立ち去ろうとしていた。そこで私は立ち上がった。興奮のあまり私は自分がどこにいるのかも忘れて挑戦的に言い放った。「私たちの意見に関心がないなら、なぜ私たちを呼んだのですか！」驚いた人々は私のほうを見たが、私の話をさえぎることはなかった。その日、自分が何を言ったのかは憶えていない。一つ確かなのは、ジョージア映画の根幹に関わる画期的な一本と思われた作品について、私が興奮に任せて率直な考えを述べたことだ。続いてほかの人たちも意見を表明した。当局者たちはこのような抵抗を予期していなかったため、少なからず面食らっていた。

彼らはいかなる判断も下せず、その日は思いがけず何の結論も出ないまま終わった。その後、作品は公開された。今となっては、当時何がこのような騒動を引き起こしたのかすら理解しがたい。数年後、オタルは真の傑作によってジョージア映画をいっそう豊かなものにした。それは繊細で深く、軽快で、まったく新しい映画言語で物語られる『歌うつぐみがおりました』だった。

ちょうどその頃、何人かの若い映画人――エルダル・シェンゲラヤ、ディマ・タカイシヴィリ、ティト・カラトジシヴィリと私――が、当時、映画スタジオの共産党委員だったグラム・エヌキゼに呼び出された。私たちは個人的に彼と良好な関係を持っていた。彼は、ソ連ではいわゆる「雪どけ」期が終わり、新しいジョージア映画の行く手に暗雲が立ち込めていると言う。そして、ジョージア映画の反ソ連的傾向についての決議が準備されており、ジョージア映画を救う唯一の道は私たちが共産党に入党することだと、私たちを説得しようとした。そうすれば彼も、私たちに好意的なほかの人々も、私たちの立場を擁護することができるようになるだろうと……。こうして私たちは難しいジレンマに直面した。グラムの率直な懸念は信用できたものの、一方で、このような妥協を行なうことは受け入れがたかった。私たちはしばらく考え、逡巡した末、同僚たちと話し合って入党を決断した。五月一日地区の地区委員会で私たちは審査を受けた。地区委員会の書記――たしかヴァルヴァラ・グリガラシヴィリだった――は審査抜きで私たちを入党させようとしたが、古株の党員ツィンツァゼ某氏がどうしても面接したいと言い張ったのだった。

その正当な要求を誰も拒否することができなかった。小柄で目の細いツィンツァゼ氏は私たちのなかから、おそらくもっとも堂々としたように見えたのだろう、最年長のディマを選んで、「党員は何を人生の指針にしなければいけないと思うかね?」と単刀直入に質問した。ディマは狼狽して私たちの顔を見たが、私たちが黙ったままだったので、前のめりになって「良心です!」と大声で答えた。すると、ツィンツァゼ氏は立腹して、「何が良心だ! マルクス・レーニン主義を聞いたことがないのか?!」と言った。こうして私たちは古株のボリシェヴィキの前で恥をかき、地区委員会を後にした。これで、もう誰も私たちに入党を持ちかけることはないだろうと密かに願っていたが、そうはならなかった。数日後、私たちは再び地区委員会に呼び出され、古株のボリシェヴィキに横槍を入れられぬよう慌ただしく党員票を配られた。私たちの決断によって本当にジョージア映画の何かが変わったのか、私は今日でも分からない。その一方で、ずっと悔やまれる行ないが私の人生に一つ残された。

『嘘の知恵』……情熱とユーモアに満ちた愉快で知的な演劇！　その形式に始まり、何もかもが予想外で新鮮だった。パントマイム、踊り、リズミカルな動きがいっぱいの目くるめく舞台！　観客が最初の衝撃を受けるのは、旅に出た王子の目の前に突然、奇矯なものが広がる場面である。コカ・イグナトフがつくった色とりどりの巨大なカーテンが上から下ろされる。それはまさに広大無辺の美しい世界を思わせる！　ノダル・マミサシヴィリの音楽のリズムに乗り、大臣たちがこの果てしない世界を王子に見せようと、踊りながら動きだす。それがあまりに思いがけず魅力的だったので、落ち着きのないラドは思わず「ブラヴォー」と叫びながら立ち上がった。するとほかの観客もみな一緒になって歓声を上げた。そうして客席の熱気が冷めぬまま劇は幕を閉じた。

『嘘の知恵』を上演したのは私の親友たち、ナナ・ハティスカツィとテンギズ・マガラシヴィリだった。テンギズが冷静で堅実、楽天的できわめて社交的であるのに対し、ナナは神経質で忙しなく、開けた場所と雨を恐れ、孤独を求める……。この正反対の二人は、あたかも互いを補い合うために生まれてきたかのように、稀に見る実に仲睦まじい夫婦だった。頭の切れる皮肉屋のユーラ・ザレツキは二人を「年金暮らしのロミオとジュリエット」と名づけた。ビチヴィンタの海岸でのことだ。ナナとテンギズはいつものように手を繋いで海に入ろうとしていた。ナナは海も怖ければ、石の上を歩くのにも難儀していた。彼女は両手でテンギズにしがみつき、テンギズももちろん片時も彼女を一人にはしなかった。まさにそのときユーラが言ったのだ。「年金暮らしのロミオとジュリエットだ！」
私たちはみんな腹を抱えて笑った。ラドは石の上で笑い転げた。テンギズは仕返ししようとユーラを追いかけた。ユーラは「ロミオとジュリエットが気に入らないのなら、年金生活者とだけ呼ぶよ！」と叫びながら逃げ回った。そのときの飾らない素朴な光景がなぜかしばしば目に浮かび、いつも私は胸をしめつけられる。ついこの前のことだ——海、ビチヴィンタ、「ジョージア映画人の家」。私たちはその家がずっと私たちのものであると思っていた。そして私たちがみんないつまでも一緒にいられると！

その頃、エルダル・シェンゲラヤが『奇妙な展覧会』を製作した。私たちの人生に関するユーモアに満ちたこの軽快で悲しい寓話は、実に稀なことに、ジョージアの人々が愛してやまない真に国民的な作品となった。この作品だけではない。『奇妙な展覧会』『奇人たち』『青い山』……これらの作品でエルダルとレゾ・ガブリアゼ〔映画監督、脚本家、演出家、作家（一九三六―二〇二一）〕はジョージア映画に温かい風刺という独創的な趣向を持ち込んだ。そして、彼らがスクリーンに住まわせた奇妙な人物たち、すなわち「奇人たち」は、私たちの世界をこれほど豊かにし、彼らの台詞はジョージアの人々の日常に根づいた。

その後、ギオルギ・シェンゲラヤが『ピロスマニ』を発表する。当時、「文学ジョージア」紙に掲載された私の論評の一節をここで引用したい。

映画の作者たちは、スクリーンにピロスマニをつくりだし、オルタチャラのふくよかな美女やふんぞり返った貴族、お人好しの漁師、悲しげな庭番、黒と黄色の誇り高いライオン、か弱い鹿、驚いた様子のキリンらがいる彼の世界をよみがえらせるというきわめて困難な課題に取り組んだ。そうしてピロスマニが立ち現われ、私は映画の作者たちを信じた。まさにこの男性があの素晴らしい絵を描いたのだ。この背の高いお人好しの男性は、スクリーンの中を重い足取りでぎこちなく歩きながら、自身の才能という重荷を運び、その断絶された冷たい社会に居場所のない悲劇性をまとう。すべてが計算され、（マリーナ・ツヴェターエワが言ったように）インスピレーションが魔法瓶にしまわれている社会と無辺の魂を持つ男性……。映画はピロスマニらしい目線で撮影されている。ロングショットが多用され、前景には何も置かれていない。あるのはただ深さと深さのいくつかの層、そしてその色合いだ。灰色の壁を背景に、赤いザクロの実を手に持ったピロスマニ。牛が何頭かやってくる。そのうちの一頭は白い牛だ。ピロスマニはそれを見て、手で触れ……そして去っていく。彼は後で絵に描くために、その光景を、その姿を持ち去る……。映画『ピロスマニ』はジョージア映画史において特別な場所を占めることになるだろう。

上映が始まったばかりの、観客や批評家の反応がまださまざまであった頃にこの言葉を書いたことを私はうれしく思う。

同じ時期にレゾ・チヘイゼが『兵士の父』を製作した。彼は主演のセルゴ・ザカリアゼとともに、兵士の父親のまさに国民的な像をつくりだした。我々が共有する目的に献身的なレゾは、過激なまでに強引で、スケールが大きく、権威主義的であると同時に感傷的で、新しいジョージア映画の礎の一人である。一般的な問題について私たちの意見はしばしば食い違い、とくに最近はそれが顕著になったが、数十年にわたって培われた友情が損なわれることはない。

六〇年代から七〇年代にかけてミヘイル・コバヒゼが短篇映画の傑作を何本か製作した。そこでは人間の美しい感情が、仕草や所作で表現されている。レゾ・エサゼは自身の性急な気性を映し出した『ひとめ惚れ』を、メラブ・ココチャシヴィリは激しい感情がこめられた『大いなる緑の谷』を発表した。ナナ・ムチェドリゼの『一番つばめ』は監督自身のように純粋で、皮肉が利きつつ情熱的だ。サシャ

（アレクサンドレ）・レフヴィアシヴィリは現代的な感性を映した、洗練され抑制された表現方法で際立った作品をつくった……。（レゾ・エサゼが心臓の難しい手術を受け、辛くも死を免れたと少し前に聞いた。それを知って、彼に対する思いがいっそう強くなった。私は近年とくに彼と親しくなり、彼がすぐに他人を信用するほど純朴で、落ち着くことを知らず、いつも何かのアイデアで頭がいっぱいの映画監督、画家、そして詩人であることを今になってようやく発見したのだ……。）

その頃、「映画の家」の所長はレオ・バクラゼだった。彼はすぐれて活発で精力的、積極的な人物だった。彼の尽きせぬ情熱のおかげで、「映画の家」はあふれ返らんばかりの活気に満ち、絶え間なく客がやってきて、新作の公開や検討会に人々が詰めかけた。その後、レオはモスクワに移り、非常に興味深いドキュメンタリー作品を何本も製作した。彼と（数学者ニコ・ムスヘリシヴィリの姪で、気品と美貌で知られる）ナテラ・トハゼの素敵な家を私はしょっちゅう訪れたものだ。

検閲やあらゆる禁止にもかかわらず、あるいはもしかしたらまさにそれゆえに、若いジョージア映画は息づいていた。ジョージア映画は独特の方法で、そのあらゆる可能性を用いて全体主義や独裁と対決していた。その時代にジョージア映画が存在していた事実そのものが奇妙だった。なぜなら、ジョージア映画はいかなる見地からもソ連の現実を反映せず、党や共産青年同盟《コムソモール》、階級闘争やプロレタリア独裁について何も語らなかったからだ。ジョージア映画は本質的に反体制的であった。当時、イデオロギー分野を担当していた共産党中央委員会書記で、我々の友人でもあったデヴィ・ストゥルアが、あるときエルダルと私に、映画中のどこかで共産党に言及するよう懇願したことがある。私たちは笑って、誇り高くそれを断った。

一九六〇年代のジョージア映画は、『エリソ』『サバ』〔ミヘイル・チアウレリの一九二九年の作品〕『失楽園』といった二〇年代の偉大なジョージア映画の伝統に基づいていた。さらに言えば、それはジョージア芸術全体の懐から生まれ出たものであり、それゆえにルネサンス的な生を肯定する精神が育まれたのだと思われる。

その当時の私の覚書や発言から映画に関する一部を引用する。

人間の眼は自身のノルタルジーや記憶、予感や想像のプリズムを介して現実を見る。一方、カメラのレンズは当然ながら撮影対象に無関心で何の先入観も持たないわけだが、映画を撮影する際、我々はそれを人間の眼に近づけようとする。すなわち、人間の眼の特徴である主観性をレンズに与えようとする。さまざまなアングルやレンズの交換の必要性はそこから生まれる。

芸術作品はそれ自体のルールによって生きる。我々の映画界にはびこる「規格に適合させる」傾向は作品を殺してしまう。それは内容の図式化を目的としたものだ。図式ではすべてが明快になるが、現実の世界においては何もかもが複雑である。善人もときには前もって予測がつかない意外な行動をとることがある。おかしな人々、つまり「奇人たち」の魅力、ノダル・ドゥンバゼやレゾ・ガブリアゼの作品の登場人物たちの魅力はそこに発するものである。

芸術家は現実世界の真のリズムを把握しようとする。新たな刺激がどこからやってくるのかを知るには観察しなければならない。私たちの目的は、人間の存在とそれに劣らず複雑な組織である人間の集合体、社会というもっとも複雑で繊細な対象を芸術的な方法で追究することだ……。

芸術的な分析によって芸術、とりわけ映画は、「私たちが生きるこの世界とはいかなるものか。不条理で混沌とした無意味な世界で、蒙昧な本能を持った絶望的な運命の存在たる人間が同じく無意味に動いているだけなのか？　あるいは、至高の存在の理性に従属する調和、美、規則性こそが世界であるのか？」という基本的な問いに答えねばならない。

懐疑や絶望に比べれば、信じることは常により単純である。しかし、「憂い顔の騎士」がいかに単純で無邪気であったかを我々は忘れてはならない。四世紀にわたって人類はドン・キホーテの無邪気さと人間や善意に対する彼の信念を、精神の最高の発露として――それを私は最高の知恵と呼びたい――尊敬してきた。今日、善意のような非常に古い単純な概念が、まったく新しい真に現代的な意味を獲得し、人格のもっとも高い道徳的基準となっている。ジョージア映画がその多様性によって、まさにこのルネサンス的な高い理想の普及に貢献すると私は信じている……。

一九六七年のことだ。ソヴィエトの恐ろしい独裁政治の一枚岩に、あたかもわずかなひびが入ったかのように見えた。しかし、共産主義の骨幹はまだ揺らいではいなかった。

イヴェリアホテルの開業式典が行なわれ、ラドと私は政府のパーティーに招かれた。そんなことは初めての経験だったので、私たちはあらゆることに驚いたり笑ったりした。巨大なテーブルに同じような濃いスーツと同じような特徴のないネクタイの役人たちが坐っていた。落ち着いた微笑に、自尊心がにじむようなある種の程よい表情まで同じだった。私にとってその集団は実に興味深かった。放浪生活のような撮影旅行から戻ったばかりの私には、すべてが見慣れぬ不思議なものに感じられた。

テーブルの向かい側に若い男性が坐っていた。彼はほかの人たちとはまったく違っていた。後ろになでつけた金髪、明るい水色あるいは灰色の瞳、とりわけ三十二本の歯を見せる笑顔が目についた。「不思議だ。こんなふうに屈託なく微笑むのはアメリカ人の俳優や大統領くらいなのに」と私は思った。パーティーは単調に、党の決まり文句とともに進んでいった。共産党への乾杯、中央委員会第一書記ヴァシル・ムジャヴァナゼへの乾杯……。退屈を紛らわすため、私たちはある遊びを考えた。金髪の男性が誰であるのかを当てるのだ。政府の人間のはずはなかったので、私たちはさまざまな分野の芸術家を想像していた……。すると隣に坐っていた黒いスーツの党職員が私たちの会話を耳にし、怯えたような声で「彼はエドゥアルド・シェヴァルドナゼですよ！」と私に耳打ちした。私は仰天した。誰もが恐れるあの内務大臣シェヴァルドナゼ！　この事実ににわかに愉快な気分になった私は、「あなたがあのシェヴァルドナゼですか？　あのシェヴァルドナゼ？」と言いながら、笑いが堪えられなかった。「私はいつも眉をしかめている気難しそうな色黒の男性を想像していましたよ！」周りに坐っていた人たちは少なからず取り乱したが、シェヴァルドナゼは心から笑っていた。それでほかの人たちも楽しくなり、もはや遠慮なくみんなで一緒にひとしきり笑った。今になってその時を思い出すと、笑いは泣くことと同じで人間のもっとも人間らしい特徴であり、笑いこそが緊張や対立に打ち克つことができるのだと思われる。

次の映画の構想が次第に固まりつつあった。ナナ・ハティスカツィとともに脚本を書いた作品のタイトルは、当初は『私たちが立つ大地』だったが、最後には『変容』になった。トビリシ、私たちの街の人通りの多い歩きなれた通りや私たちが暮らす家々、私たちの友人たちや親しい人々、私たち自身。個人と社会、社会に対する個人の責任。芸術家、自分自身と他者に対する彼の責任。さまざまな人々の運命の偶然あるいは必然の交錯、地下道を通る友人たちの集団の目の前で突然起こる殺人、社会的な無関心と良心の目覚め……そして最後はヴァルジア〔ジョージア南部の石窟遺跡〕。私は当時こう書いた。「断崖に組み込まれ、壮大な景観と溶け合った白い町、岩山から削り出された教会やタマル女王のフレスコ画――これは我々のルーツであり、今日我々に力を与える。ヴァルジアは調和である。分裂し、乱れ、高ぶった精神の現代人はその調和を求めてやまない。すなわち、猜疑心にとらわれた映画の主人公にとってヴァルジアはかくも必要だったのだ」

この主人公を演じたのはゲイダル・パラヴァンディシヴィリだった。私はほとんど迷わずに彼を選んだ。貴族的な風貌と素朴さ、そして眼差しにはっきりと表われた気高さを持ち合わせるゲイダルは、私が想像した演出家の人物像にぴったりだった。主な舞台であるソフィコのアパートは、ラドの美しいアトリエで撮影された。アトリエはラド自身の設計でつくられたもので、当時は非常に珍しかった大きな窓から街じゅうが見渡せた。そこが映画の雰囲気にぴったりで、ラドもそれを感じていたので、仕事をしたり一人になったりするための大事な場所を譲ってくれた。ただし、きっちり一か月間だけという条件で。しかし、映画には映画のルールがあり、それによって前もって予定した一か月はおのずと三か月とならざるをえず、きれいに整頓されていたラドのアトリエは、不断の混乱と騒ぎの巣窟と化した。しかし、驚くべきことに、自分の考えを通すことにかけては頑なことで有名なラドもそれを容認した。

　作品はすでに脚本の承認の段階から、そして、その後の撮影のあいだも、大きな抵抗に直面した。撮影した素材を見せるために私は二度モスクワに呼ばれた。ソ連の検閲においてもこれは稀なことだった。国家映画委員会《ゴスキノ》のバスカコフ副委員長は、撮影された素材について、「無関心な個人についてなら映画をつくることはできるが、無関心な社会については決して認められない！」と述べた。

　私はすでに撮影したシーンの台詞の変更を含め、さまざまな修正を求められた。これらはすべてひどく苦痛なことだった。あるとき、試写に招かれていたなかに著名なソ連の映画監督ユーリー・ライズマンがいた。彼は映像を見て、表立っては何か不明瞭なことを言った後、私を脇に連れ出してこう言った。「ほかに道がないことを理解しないといけない。私たちの映画づくりはこのような妥協の積み重ねだ。あなたのつくりたい映画はどうやってもつくらせてもらえないだろう。だから、あなたは修正を加えて製作を続けるか、あきらめるか、どちらかを選択しないといけない」私は製作を続けることを選択した。

　完成した作品をモスクワに持っていくと、国家映画委員会のロマノフ委員長は私に言った。「人間が宇宙を飛んだというのに、あなたの関心事は地下道、殺人事件、人間の感情だ！」しかし、幸いなことに、それとは異なる意見もあった。当時の映画スタジオの所長で、私も大学で教えを受けたミシャ・クヴェセラヴァは作品を積極的に擁護してくれた。あらゆる面ですぐれた人物であった彼は文学研究者として業績を残したのみならず、新しいジョージア映画の発展にも貢献した。セルゴ・ザカリアゼが芸術評議会で述べた言葉は忘れられない。「雪山で死んだ青年とあくせくと動き回るソフィコと主人公による探求のあいだにどのような関係があるのか、私は説明できません。しかし、私は知っています。関係は存在しているのです」その瞬間、私は本当に幸せだった。なぜなら、まさにそのために映画をつくったからだ。人と人とのあいだの目に見えない、あるいは目に見える関係、そして彼らの運命の偶然的な、あるいは必然的な交錯……。

修正を行なったにもかかわらず、映画は検閲を通らなかった。何度も検討が重ねられた末、全ソ連での上映に十九本のポジフィルムがつくられたが、それは事実上の上映禁止に等しかった。

何年のことだったか正確には思い出せないが、モスクワでの国際映画祭で、すでに世界的な映画監督であったフランシス・フォード・コッポラに出会った。エルダル・シェンゲラヤとコッポラと私の三人で夜中までレストランに坐って話しこんだ。コッポラはジョージア映画を一本見たことがあり、どの作品だったかは憶えていないが、とても気に入ったという。また、ジョージアを訪れたことがある知人たちから、ジョージアは楽しく魅力的な国だと聞いており、映画祭の後でジョージアに行くことを望んでいた。しかし、残念ながら、その望みは叶えられなかった。いずれかの共和国を訪れるビザを誰に与え、誰に与えないかについては、国家映画委員会、あるいはさらに上の機関に独自の考えがあったからだ。コッポラにはジョージア行きの許可が下りなかったのだが、そのとき私たちはそれをまだ知らず、客をどこへ連れていき、何を見せようかと能天気に計画を立てていた。エルダルはスヴァネティ地方を見せたがったが、私はヘヴスレティ地方へ連れていきたかった。その晩、まったく別の世界から来たアメリカ人の映画監督と私たちとのあいだに、映画人的友情とも呼ぶべき関係が結ばれた。私はそれまでも、それ以後も何度も確信しているのだが、さまざまな国の映画人たちは非常に容易に連帯する。職業自体が本質的に国際的だからだ。その後、ニューヨークでの映画祭で私はもう一度コッポラに会った。すでにペレストロイカの時期だった。彼がソ連国内で起こっているあらゆる事態に関心を持っていたのに私は驚いた。最後に彼は笑って言った。「あなたがたのペレストロイカは大して信じていないが、せめて私がジョージアに行けるようにならないものか」

パリ、一九六九年、覚書

パリ、それは常に
君とともにある祝祭……
アーネスト・ヘミングウェイ

一九六九年、私の人生にまったく予想もしないことが起こった。ケト叔母が私と娘たちをパリに招待してくれたのだ。そして、私は出国を許可された！

その頃の覚書を読むと、私はまさにソ連体制の申し子だ。メラブ・ママルダシヴィリ〔哲学者（一九三〇—一九九〇）〕の言うところの、時間や歴史から逸脱しつつも生まれながらに自由を求め、そのために他者の魅力的な存在様式を真似ることに熱中する人間である。真似をするのは、まずは、たとえば喫茶店で一人でコーヒーを飲むことのような外面的な姿だ。それはどこか不思議な陶酔をもたらすのだが、その理由は理解できない。なぜなら、やはりママルダシヴィリによれば、まさにそれこそが、これまで一度も経験したことのない、自由を生きるということだと知らないからだ。イデオロギーの桎梏《しっこく》に囚われたソ連市民が自由世界をどのように感じたかは現在においても興味深いことであるかもしれないので、私はその覚書の一部を読者と共有したい。私の幼い娘たちがその暮らしについて何を言ったかなど、多くは一見無意味な内容だが、全体的な像を描き出すためにはそのような細部も余計ではないだろう。
その頃の覚書から——

……コンティとサン・ミシェルの川岸、ノートル・ダムの優美さ、ベレー帽をかぶった古本商たち、文学から入ってきてすでに馴染んで久しいこれらすべてを私は運命からの贈りものとして受け止める。パリの息吹を感じるには、これらの大昔の本やその複製、あるいは本のように年月を重ね、本をこよなく愛する古本商たちの雰囲気に身を沈めるだけで十分だ。古い、古いパリ、錆びついた灰色のパリ……。

芸術橋《ポン・デ・ザール》の石畳にヒッピーの末裔たる五人の青年と一人の若い女性が坐っている。本物のヒッピーはもはやパリにいない。サン・ミシェルのそばの彼らの通りにも行ってみたが空っぽだ。どうやら人が増えすぎてどこかへ行ってしまったらしい。あちこちを放浪した末にネパールに落ち着いたという。彼らの継承者たちがここの石畳に坐っている。アスファルトの上にはクレヨンで何かの絵が描かれ、「メルシー」と書かれている。青年の一人がギターを弾いて歌い、女性がときどき立ち上がって踊る。別の青年が通行人に帽子を差し出すが、投げ銭をする者は誰もいない。それでも彼らは絶えず微笑んでいる。

ポン・ヌフではあらゆる種類の鳥や魚、亀、ウサギ、ネズミ、犬、猿などが売られ、多くの人で混雑している。その騒がしさはジョージアの市場を思わせる。

化粧を施した目元に、ミニスカートをはいて足を組み、下着のレースが見えているタクシー運転手の女性。私たちには何者であれ、少なくともタクシー運転手には見えない。ジョージア人がこんな運転手のタクシーに乗ったらどうなるだろうかと想像してみる。

サン・ミシェル大通りを十七歳くらいの双子の少女が二人で歩いてくる。とても背が高く、黒と白の同じ上着とスカートを身につけている。白いレッグウォーマーも同じだ。一人は黒いベレー帽を、もう一人は白いベレー帽をかぶっている。長いリードに繋いだ小さな犬をそれぞれが二匹ずつ連れている。白い犬と黒い犬を一匹ずつだ。面白いものを見慣れたフランス人たちも、このよく練られた配色の魅力的な作者たちを笑顔で眺める。

……秋の晴れた日だ。コートを脱いでワンピースで出歩くほど暖かい。エトワール広場から、シャンゼリゼ通りの七列に植えられたマロニエとシナノキが枝を張る並木道を通ってコンコルド広場へ歩く。この上なく美しい、昼も色とりどりに輝くシャンゼリゼ通りを抜けると、にわかに目の前にコンコルド、すなわち「調和」広場の不自然なほど壮麗で、それでいてまったく人間的な空間が広がる！　その後、世界のさまざまな街の美しい広場を訪れたが、今日でも私はコンコルド広場のハーモニーと空間の魔法のような感覚にまさる場所はどこにもないと思う。広場に足を踏み入れた瞬間からその感覚にとらわれる。まさに「調和」の広場！

娘たちを幼稚園へ連れていった。この外国人の子供がさも当然のように、それも無料で受け入れられたのは、パリの暮らしで驚いたことの一つだ。

ケティは幼稚園で楽しく過ごし、喜んでフランス語を学んでいる。ヌツァはまだなじめず、「フランスの幼稚園は嫌だ。ジョージアの幼稚園に行きたい」と駄々をこねる。しかし、「幼稚園へ行かないなら、スーツケースに入れてトビリシへ送るよ」と言うと、スーツケースに入って一人で旅をするのが怖くて仕方なく幼稚園へ行く。

壁に黒い文字で「年老いたモンマルトルの自由コミューン」と書かれた小さな広場。画家たちが絵を描き、その周りを大勢の人々が行き交う。ほとんどは外国人の旅行者だ。ケティとヌツァは広場で絵を描く画家たちを口をあんぐりと開けて見つめ、感激の声を上げる。とくに気に入ったのは、その場で注文を受けて、まるで写真と見まごうような類いまれな正確さで旅行者の女性たちを描く画家たちだ。娘たちは肖像画や静物画を眺め、実物に似ていなければ、「これは全然気に入らない！」と叫ぶ。ジョージア語だから助かった。

四時。サクレ・クール寺院の鐘が鳴る。婚礼が行なわれるのだ。参列する幼い少女たちが長い緑のビロードのドレスに白い手袋をつけ、髪をアップにし、花束を持っている。その姿がなんともかわいらしい。

私たちはサクレ・クール寺院へ向かう。広い白の階段と緑の芝生のテラス。たくさんの子供たちと数え切れぬほどの鳩。子供たちは階段や土の上を駆け回る。芝生には入れない。芝生は鳩の場所なのだ。総じてフランス人たちは静寂をとても大切にする。たとえば、何軒かの家が「広場」と呼ばれる庭を共有している。そこには草も木もない、四方を家に囲まれたただの四角形のアスファルトだ。驚いたことに、そんな「広場」にはいつも「子供が遊んではならない」と掲示されている。きれいな身なりの子供たちは静かに階段に坐るか壁に寄りかかってささやくような声で話す。これがジョージアだったらと考えると笑ってしまう。とはいえ、そんなフランスの子供たちも幼稚園や学校、あるいは児童用の広場では、ジョージアと同じように騒いだり互いに飛びかかったりする。

店は七時に閉まる。人々はマネキンを抱きかかえて店の中へ運ぶ。マネキンは微笑んでいる。居酒屋の店主たちはそれぞれの店の前の通りを念入りに掃く。大都市の雰囲気が急にすっかり消えてしまう。新聞は、ベトナム戦争に対する抗議のしるしに自殺したアメリカ人の美しい男女の若者が微笑む写真でいっぱいだ！

パリの美しさは毎日私に新鮮な驚きを与える。この灰色の、まるで内側から発する光に照らされているような家々、古さと現代性と秋の装いの取り合わせ。大通りはマロニエの並木道、木々には黄色くなった葉が半分ほど残っている……。細いダム通り。歩道の真ん中に犬が坐り、用を足そうとする。犬の前に立った中年の女性が、冷静に厳しい調子で犬に言う。「あんたはわざとやっているんでしょう！私への当てつけに！」可笑しいのは、その口調がまるで本当に子供をしつけているように聞こえることだ。恥じ入った犬は用を足すのをやめて主人に体を擦りつける。

夕方、ラドの親戚のイアソンが私たちをカフェ「ラ・クポール」に招待してくれた。そこで私は驚くべき変化を発見した。昼間のモンパルナスやラ・クポールは静けさとブルジョワ的な威厳に支配されているが、夜になるとそこは狂人やペテン師たちの世界と化すのだ。

ラ・クポールの前に人だかりができている。胸に色とりどりの刺青を入れた上半身裸の若者たちが、火のついたランプを回しながら恐ろしい声で叫んでいる。何かものすごい見ものだと謳うのだが、まずは投げ銭を集めるのだという。見物人たちは小銭をしぶしぶ石畳の上に投げ、若者たちが不満をこぼしながらそれを集める。早く見せてくれと金を投げているのは主にイアソンだ（ジョージア的な気前の良さ！）。そこに腰まで届く長い乱れ髪で女っぽい仕草の男性が本を手に現われ、誰にも理解できない言語で何かを叫ぶ。さて、ようやく何かが始まるのかと思いきや、その男性は場所を取り合うライバルだった。彼にはここに来る権利がないらしい。先に来ていた若者たちが怒鳴っても、男性はむきになって何かを叫んでいるので、若者の一人が走っていって蹴りつけた。男性は腰を揺らし、悲鳴を上げながら逃げていった。人々は笑った。ラドの従妹サロメは「あれはきっとあの男が夜に見せるもう一つの顔よ」と言う。おそらく彼は昼間はどこかの店の売り子で、ラ・クポールの世界は彼の夢なのだ。だから夜になると髪を解き、安っぽいまだらのズボンをはいて、奇妙な所作でほんの少しのあいだだけでもこの夢の空間へやってくる。

店の中にいるのは雑多な人々だ。じっと坐って、ほとんど話もせずつまらなそうに飲みものをゆっくりと飲みながら、どこか一点をずっと無言で見つめている。本当につまらないのか、あるいは、部外者の私にそう見えるだけなのか？　ここでトビリシ風の賑やかな酒宴が行なわれたらどうだろう？　フランス人にとっては先祖返りか訳の分からない奇妙な外国の風習に見えることだろう。彼らがワインをすするのが私には憂鬱の祭りに見えるように。

パゾリーニの新作『豚小屋』。

これほどぞっとするような作品は見たことがない。

二つのストーリーが並行して進む。ある若い男性は豚を愛している。もう一人の男性は食人者で、人を殺しては食らう。すべてのシーンがパゾリーニらしく見事に撮影されているが、私の考えでは、作品は本質的に反芸術的だ。

灰色の禿げた山々、一本の木すらどこにもない荒れ果てた谷、生きている火山。それを背景に蝶と若者が聖者あるいは受難者として登場する。男性は蝶を見つめる。その青白く美しい顔は苦難と快楽を同時に表現している。それから、彼はあたかも蝶が愛する女性であるかのように、蝶に襲いかかり、捕まえ、殺し、食らう。快楽と陶酔に浸っているのは明らかだ。その後、彼は人々を襲いだし、人を殺して首をはね、体を焼いて食らう……。そして再び、幸福に満ちた若者の表情。食人者の数は日に日に増えていき、最後には村じゅうが彼らに対して立ち上がる。彼らが人々を殺していた場所で、今度は彼らが杭に縛りつけられ、動物に食わせるべく放置される。主人公は受難者として死ぬ。私はパゾリーニの『マタイによる福音書』〔『奇跡の丘』〕を思い出す。食人者はキリストのように上へ上へと連れていかれる。彼はやはりキリストのように裸で、霊感に満ち、ずっと繰り返し続ける。「俺は父親を殺し、人間の肉を食い、喜びに震えている」と。

並行するもう一つのストーリーでは、虚脱状態に陥った若者が婚約者に「別の人が好きになった」と告げる。その後、「別の人」というのが豚であることが分かる。結末で若者は豚小屋へ向かう。パゾリーニは豚をありとあらゆるアングルから撮影する。豚を愛した人間の目から見た豚の鼻や体のさまざまな部位を。

さらにもう一つのストーリーが並行して展開する。豚を愛する青年の父親は裕福なドイツ人の事業家だ。彼のライバルは元ナチ党員で、その手で多くの人々を殺してきたが、その後、整形手術を受けて今は身を隠している。青年の父親も似たようなものだ。風貌はヒトラーを思わせ、髪もヒトラーのように額に垂らしている。どうやら真の食人者は社会で尊敬を受ける裕福な事業家たちだとパゾリーニは考えているようだ。

映画の最後で父親はライバルの男性とともに彼の古い屋敷にいる。多くの人々が入り乱れている。村の代表団がやってきて、ライバルの男性に伝える。「豚が青年をひとかけらも残さず食べてしまったようです」男性が「ひとかけらも残さず？　ボタンもか？」と尋ねると、「はい。全部食べてしまいました」と代表団が答える。男性は唇に手をやり、「では、シーッ」と誰にも言わないよう釘を刺す。

こうして映画は終わる。大いなる気迫と独創的な演出によってつくられた作品だ。それは私の中に驚き以外の何も催さない。いったいどうしてパゾリーニのような豊かな才能のある作家・映画監督が、この単純かつショッキングな芸術的手法を用いて、ナチスが紛れもない食人者たちであるというやはり単純な考えを示そうとしたのか？　彼の『マタイによる福音書』が目に浮かぶ。それは映像的にはこの作品に似ているが、一方で、芸術的な手法の適切さと洗練の度合いにおいてまったく対極に位置する。

ケティとヌツァと私はモンパルナスを歩く。若い男女が熱いキスを交わしている。ケティは立ち止まってじっとその姿を見つめ、それから興奮した様子で私に尋ねる。「母さん、あの二人はお互いがそんなに好きなの？」私はどう答えていいか分からず、「ええ、たぶんね」と言う。

ケティが落胆した様子で言う。「母さん、ここの子供たちは、友達が一人いればほかの友達は要らないの。私たちが来たときにはみんなもう友達がいたから……」（これを読み返して私は思わず笑う。どうやら友人を求めるのはジョージア人の生まれながらの性質のようだ。フランスの幼稚園に通った最初の日から最後に至るまで、五歳のケティと三歳のヌツァの喜びと悲しみは友人をつくることにまつわるものだった。）

昨日はある映画の本編とは別に、ベルギーでのヒッピーたちの祭りを見た。音楽による熱狂的な恍惚状態にある数千人もの若い男女。彼らは踊り、跳びはね、歌い、叫ぶ……。そして暗くなれば疲れ果てて地面に横になる。互いにぴったりと体を押しつけ合って、抱き合っている。自分の服を体に掛けている者もいれば、ただ寝転んだだけの者もいる。カメラは次第に上へ上っていき、最後には、互いにくっつき合った人々の体に覆われた巨大な草原が現われる。私はあたかも抗議と自由と混沌の融合を見たかのような、奇妙な印象を受けた。我々の極端なまでの束縛と、彼らのやはり極端なまでの自由――この二つの世界はいかに対立するのか。解決の道はどこにあるのか？　いずれにせよ、それは我々の服従や画一性の中にはないはずだ。（なんと驚くべきことだろう！　服従と放埒が紙一重だと当時誰が想像しただろう！）

ケティが尋ねる。「パリはどうしてこんなに汚い国なの？」

ラドの姪のニナ・メスヒシヴィリがやってきた。ギヴィのように緑色の目をした彼女は魅力的で教養を具え、フランス語を話す。私が深く親しみを感じる女性だ。彼女と一緒に歩くとパリはさらに楽しい。太陽の見えない落ち着いた天気の日。ニナとともにコンコルド広場からルーヴル美術館のほうへ歩く。ルーヴルの灰色の壁に三方を囲まれた美しいテュイルリー庭園を抜けると、目の前に驚くべき光景が広がった。三十体ほどあろうか、たくさんのアリスティド・マイヨールの彫刻が緑の芝生の上に調和的に並んでいる。八年前、旅行者としてフランスを訪れたとき、彼の〈イル・ド・フランス〉やその他のいくつかの作品を現代美術館で見た。その後、アンドレ・マルローの決定により、マイヨールのほぼすべての彫刻がルーヴルの前の屋外に集められた。八年前も私はそれらの彫刻をとても気に入ったが、それが今や！ これらの重く固い像たちはあたかも命を吹き込まれ、息づいているかのようだ。何がもっとも作用しているのかを私は理解する。パリの中心、ルーヴルのそばの屋外に置かれた女性の裸体。その規模、自然な大きさと数。彫刻の数は多く、固く、強く、完全に生きており、この世を我々と共有する者たちだ！ マイヨールの彫刻を美術館からルーヴルの外へ運んだマルローの天才的な判断。このような文化大臣のいる国は幸せだ！

マルローのもう一つの発案は、シャガールによって描かれたオペラ座の天井だ！ これはもう一つのパリの見もので、これを見て唖然となった当時のフランスの大統領ポンピドゥーは「これまでオペラ座に天井はあったのか？」と口にしたという。

今日は大きな出来事があった。ヌツァに友人ができた！ まずはケティが教えてくれた。ヌツァが一日じゅうある女の子と一緒だったと。それからヌツァが「知り合っただけで、まだ一緒には遊んでいない」と言った。ヌツァを迎えに行くと、ケティとヌツァが二人してその友人を紹介してくれた。エルヴェという名の、金髪が肩にかかった四歳の美しい男の子だった（何より可笑しいのは、最近になって分かったのだが、ヌツァが今日までエルヴェを女の子だと思っていたことだ！ どうやら彼の長い巻き毛が女の子だと思わせたようだ）。

モンマルトルの小さな劇場。正確に言えば、劇場ではなくプロレスリングの闘技場だ。ここでジャン

＝ルイ・バローが評判を呼んだ彼の劇『ラブレー』を上演した。一九六八年五月の出来事の後、このすぐれた芸術家には劇場がないらしい。当時、彼は政府に反対する学生たちを公然と支持し、彼らをオデオン劇場に入れた。そのために彼は劇場を追放された。しばらくの間、彼には劇場がなかったが、その後、闘技場を手に入れ、そこで『ラブレー』を上演したのだった。『ラブレー』は一九六八年の批評家賞を受賞した（私たちの国ではありふれたこのような話が、自由世界でも起きうることに私は驚愕した！ 政府に対する芸術の無防備さについて私はあらためて考えさせられた）。

まったく風変わりな劇場だ。舞台は円形で、三方で細長い長方形が客席の中に伸びている。俳優たちは客席から舞台に上がり下りし、観客の隣に坐る。すべてがありえないほど間近で行なわれる。映画で言うところのクロースアップだ。思慮深く情熱的で、詩的で狂乱した、繊細なショー。劇団は素晴らしく、まるで軽業師のように肉体をコントロールし、台詞はすべての音がはっきりと聞こえる。バローにはまったく感嘆するしかない！ まず第一に、彼は言うまでもなくラブレーを題材に、思慮深く、大胆で、すぐれて現代的な戯曲を書いた。さらに、それをこのように軽快で、洗練された、驚くべき芝居に仕立てた。そして、彼自身！ ああ、なんという才能だろう！ 微笑んでいても悲しみの仮面が外れない彼の顔から、奇跡を起こす彼の腕から、芝居の間じゅう独特の動きを見せる彼の体から目を離すことができなかった。

セットはまったく存在しない。その代わり、非常に色鮮やかで豪華な衣装が目を奪う。それでいて、すべてがグロテスクで過剰だ。ピクロコール王とその軍隊、パニュルジュ、鳥たち、小さなガルガンチュワ！ ガルガンチュワの誕生は滑稽で印象的な場面だ。ガルガメルは上へと上っていき、同時に照らされて巨大で透明になり、その中を動く赤子が見える。ふさわしいナレーションも挿入される。それから叫び声。舞台は突然明るくなり、ガルガメルの腹から赤子の巨大な頭——仮面が取り出される！ 観客は腹を抱えて笑う。

海上での嵐。バローとその他の俳優たちはロープでつくったボートに坐っており、巧みなパントマイムでさも嵐が起こっているかのように錯覚させる。

そして、結末。これほど優雅で美しく心に響くフィナーレは見たことがない。叫びだしたくなるようなリズムだ。舞台は俳優たちでいっぱいで、全員がとても激しくリズミカルに動いている。それと同時に、数多くの照明が毎秒のように点滅する。これらすべてが一緒になって生み出す効果はとても言葉で言い表わせない。

パゾリーニの映画で食人者を演じていた俳優が客席に坐っていた。うら若い青年で、巻き毛の髪が肩にかかり、顔はとても美しいが病的だ。そう見えたのは映画の影響かもしれない。映画の中で人を食べる前にそうしていたように、しばしば唇を動かすのだが、それが本当にぞっとさせる。しかし、ほかの人々もその青年を恐ろしげに見ていたことに気がつき、私は彼が気の毒になった。そして、芸術家にとって越えてはならない境界はどこにあるのだろうかと考えた。

ジャコメッティの展覧会。

抽象的なものから写実的なものまで、作品は驚くほど多様だ。平面的な彫刻が多い。〈雨の中をやってくる男〉〈晴れた天気にやってくる男〉〈女が広場を横切る〉などといったタイトルに惹かれる。部屋から部屋へと歩いているうちに、次第に強く何かが私に作用するのだが、最初はそれが何であるのかよく分からない。ここではすべてがマイヨールの対極だ。人間は肉をほとんどそがれ、骨とおそらく魂(?)しか残っていない。古典的な彫刻の不動性ではなく、石化された動きだ。〈広場〉では動きのあるいくつもの小さな像あるいは骸骨が集まって驚くべきリズムが生み出される。〈森〉では大小の女性の像が木々を連想させる。

アレクシ・ブロックの家に招かれた。アレクシは文学者で、画家の妻はコラージュをつくる。四階建ての邸宅はソ連市民の私を驚かせ、感激させる。一階は居間と広間とテラスで中庭もある。二階は台所と食堂と客間、三階はいくつかの寝室と書斎、四階は巨大なアトリエだ。私にはまったく馴染みのない本物のパリ式のもてなしで、夜会服を着て、客の席には名字が書かれ、時事的な問題について話をした。客の一人はアラン・ロブ＝グリエとともにフランスのヌーヴォー・ロマンを始めたナタリー・サロートだった（彼女の二冊『不信の時代』と『黄金の果実』はすでに読んでいた）。白髪交じりの短い髪をしたとても美しい年配の女性で、直線的なイブニングドレスを着て、光沢のある、ヒールのない高級な靴を履いていた。高齢のルイ・ギユーもいた。彼は白髪の小柄な男性作家で、先ごろ国民文学大賞を受けたとのことだ。一九三六年にアンドレ・ジッドとともにジョージアを訪問したことがあったので、「ジョージアのような国はほかにない」と言って、私と会ったのを大いに喜んでくれた。彼はパオロ・イアシヴィリとティツィアン・タビゼについてとても懐かしげに話した。ツィナンダリやトビリシの通りなど、訪れたあらゆる場所やあらゆることを彼が詳しく記憶していることに驚かされた。食卓で隣に坐っていた彼とパゾリーニや食人について話した。彼は「もちろん食べてみたいものです。どんな味がするか興味深いですから」と真剣な調子で言った。また、「悪魔の存在を信じますか？」と、まるで悪魔のような笑みを浮かべて全員に尋ね、「私は信じています。世界がこれほど混乱しているのは悪魔がそう望んでいるせいです」と述べた。私の向かいには、最近シェイクスピアの素晴らしい翻訳を発表した四十歳くらいの詩人イヴ・ボヌフォワが坐っていた。彼は背が低く、長髪で、理知的な顔つきをしていた。聞けば、彼は以前ジョージアでのルスタヴェリにまつわる催しに招かれたが、抗議の意を込めて断ったそうだ。「専制的な国から招待を受けて訪問するわけにはいかない。体制に同意することになってしまう」と言う。「あなたが訪問するのかどうかは政府にとっては些細なことだが、知識人層にとっては大きな意味がある」と私が述べると、彼は「私は他人のためではなく、私自身のために決めたんです」と言って私に同意しなかった。

さらに、著名なロシア人作家レオニード・アンドレーエフの息子とその妻もいた。誠実そうな人たちで、良い印象を受けた。陽気で美しい妻は、丈の長い黒いドレスに赤い羽織をまとい、首元で軽く結わった長い髪をしていた。まだ若いのかと思いきや、子供が三人いるとのことだった。夕食中に少なくとも二十回は椅子を倒したが、その快活な笑い声は全員に好感を与えていた。

私たちはコーヒーを飲むために下の階の居間へ移った。何人かは毛の長い白い絨毯に坐った。

イスラエルの話になり、それから話題は子育てに移った。ナタリー・サロートは少し前に訪れたイスラエルが大変気に入ったそうだ。アラブ人に対するイスラエルの立場を擁護する論評を書いたが、新聞は掲載してくれないという。論評は今は「ル・モンド」紙に預けられているが、サロートはやはり掲載されないだろうと確信している（検閲は専制的な国にしか存在しないものと思っていた私にとって、これは大きな驚きだった）。彼女は、イスラエルの子供たちは「子供の家」で育ち、親は毎日四時から八時まで家へ連れ帰るのだと嬉々として話した。これほど屈託なく自由で幸せな子供たちをほかの国で見たことがないと言う。そして、毎日子供たちと四時間も過ごすのは私には長すぎて無理だと述べた（彼女には三人の娘と孫たちがいる）。女主人も同意見で、そこでは子供たちは何のコンプレックスも持たず、エディプス・コンプレックスも存在しないと言う。アンドレーエフと彼の妻はそれに強く反論し、普通の人間的な感情を表わした。「私はただ子供たちを愛しているから、そんなふうに育ってほしくない」というアンドレーエフの言葉には親しみ深いものを感じた。女主人は「あなたがたは本当に変わっていますね」と言い、サロートもまるで驚くべき事例を見るかのような眼差しだった（しかしながら、彼女自身はすこぶる気さくで心優しく柔和な印象を与える）。

そして、パリを訪れるあらゆる訪問者と同じように、もっとも強いパリの印象の一つはやはりルーヴルだ！

最初の衝撃はミロのヴィーナス！　その悠然さ、調和性、おおらかさをまとって今日の世界に足を踏み込んでいる。不思議だが、それを眺めていると胸に迫るものがあるのは、現代性とのコントラストのせいだろう。あの時代のミロのヴィーナスと今日のジャコメッティ！　しかし、今日の世界にはマイヨールもいる。彼は紛れもないギリシア人の末裔だ。とはいえ、彼にしても、今日の神経質で不条理な狂乱の時代の表現者だとはもはや言えない。

エジプト！　ルーブルの白い壁を背景に、黒あるいは灰色の大理石から削り出された、静止した動き。険しい表情……。それらの顔には絶望が刻印されているように思われる……そして孤独も。太古の昔から発せられた黒い体と顔の無言の叫び。それらの像はまるで、現実の生きている人々を写し取っているようだ。そして、ここで互いに入り交じりながらしげしげと、あるいはつまらなそうにそれらの彫刻を眺めている人々――この女性のような男性たちと男性のような女性たち、上品で滑稽な人々――は影に過ぎない。

第十二王朝の王、セソストリス三世。その思慮深さ、泰然さ、避けがたい死の予感。今日、私はエジプトの美術がより現代に近いように感じる。それはより絶望的で、より救いがたく、何の答えも知らず、それゆえに私たちはこれほどよく理解できる。

十六世紀のイタリア。モナ・リザはさておき、私がより惹かれるのはヴェネツィア派だ。とりわけティツィアーノの〈男性の肖像〉と〈手袋を持つ男〉、そしてティントレットが描いた一枚の男性の肖像。ベラスケスやエル・グレコらのスペインで描かれた作品がなくなっているのにはショックを受けた。パヴィヨン・ド・フロールに移され、一か月後に見られるようだが、間に合うだろうか？

ヒッピーたちはここでも、広場の階段のあいだに奇妙に腰を落ち着ける場所を見つけたようだ。互いに寄りかかって坐り、あるいは寝そべり、煙草を吹かしている。彼らの何も語らない表情と光の消えたような眼差しが目につく。

ケティがもっとも大きな印象を受けたのは磔刑の絵だった。彼女はキリストをひどく気の毒がった。ヌツァはルーヴルの磨き上げられた床の上で転げ回ったり滑ったりできないのが不満だった。

アルマ広場のそばのシャンゼリゼ劇場。ジャン・アヌイの『親愛なるアントワーヌ』。大成功で、切符は一か月前には売り切れている。劇場は中くらいの大きさで、すこぶる居心地がよくて家庭的な雰囲気だ。セットは伝統に基づいた上質な趣味で調えられている。衣装も素敵だ。そのうちの四着はケト叔母が縫ったもので、叔母は前もってそれがどれか説明してくれた。それを見ていると家庭的な感覚がますます強くなる。

芝居はこの上なく清浄で、洗練され、素朴で人間的だ。喜劇だが非常に悲しい。主旨は実存主義的、あるいは言ってしまえば現代に特徴的なものだ。人が独り生き、独り死んでいく。彼の一生にはたとえば妻、愛人、友人、あるいは（人生の最後に）心の底から愛する女性などが登場するが、彼にはそれらの人々が理解できず、それらの人々について何も知らない。そして最後には、完全な孤独、猟銃、「偶然的な」発砲……彼はもう存在しない。

ストーリーラインが興味深い。死後、アントワーヌの遺言により彼の人生に関わった全員がドイツの辺鄙な場所に集まる。互いに憎み合う、あるいは理解し合えない、一緒にいることを望まない彼らは、雪に閉ざされたアントワーヌの家から出られない。録音されたアントワーヌの声が聞こえる。一生を孤独に送った男の声だ。彼は全員に赦しを乞う。そして、あたかも現実の出来事のように、五十回目の誕生日にさりげなく現われる。農家の娘との感情的な場面。彼はその娘を心から愛していたが、彼女は子供や家など現実的な物事のせいで彼を捨てた。アントワーヌは必死に涙をこらえる。彼はこの世ですべてを叶えたが、それでも何も手に入れられなかった。

第二幕。アントワーヌは戯曲を上演する。役者は同じ人々だ。第一幕で起こったことが繰り返される。人々はそれぞれの役を演じるが、ぎこちない。やはり悲しく不可解な結末を迎える。誰も何も知らない。自分自身のことすら分からない。

アヌイはこの芝居をとある若い演出家とともに上演した。演出や俳優の演技は素朴で上品だ。芝居の後、私たちはレストラン「アルゼ」へ行った。以前は「パリの胃袋」があった場所だ。「パリの胃袋」は今では郊外に移された。それはパリの大災難になったという。数百万匹のネズミが街を襲ったのだ。興味深いことに、カミュが『ペスト』を書いたのは、ネズミが押し寄せるずっと前のことだった。

マルセル・マルソーについての長いテレビ番組を見た。ああなんと美しいのだろう！　聡明で悲しげな彼の目、そして彼の手！　その手と体で鳥や花や木々をつくりだす！　木が育ち、葉をざわめかせる！　テレビの画面で見たそのクロースアップは驚異的だった。

現実のマルソーはその仮面とはまったく違う。自ら述べていたように、彼の根っこはピエロのイメージにある。曰く、パントマイムは人と周りのモノの同一化である。

マルソーを見ながら私は考えた。言葉が意味を失い、人々が互いを理解し合えない今日、ジェスチャーは言葉よりも雄弁になり、繊細さや混乱や驚きや疲れを言葉よりも正確かつ強烈に表現する。そこには微笑みも苦悩も、そして我々の世界を特徴づけるあらゆる痛みもある。

タルコフスキーの『アンドレイ・ルブリョフ』がパリで上映された！　私は大いに興奮している。これは私たちが共有する現実なのだ。ソ連の検閲はあらゆる手段を用いたが、作品の道を閉ざすことはできなかった。これは偉大な勝利だ！　この喜びは私たちに、そして何よりアンドレイに向けられている。アンドレイはこの作品の撮影に、そして作品がソ連の国境を越えられるよう政府との戦いに半生を費やした。

これは本物の、いわば民衆の偉業だ。作品はもっとも権威ある五つの映画館で同時に公開され、そのいずれの映画館でも、見たことのないような長い列ができている。真の芸術に対する関心を証明するその列に私は嬉々として加わり、フランスの観客と一緒に作品を見る喜びを味わった。しかし、「喜び」というのは正確な言葉ではない。これは深く、詩的で、かつ悲劇的な作品だ。慣れない環境で見るとさらに激しく感情を掻き立てられ、私はいっそう作品が気に入った。

夜、サン・ジェルマンのカフェ「ボナパルト」。そこはラ・クポールよりも良い、飾り気のない身なりの若者たちが集まる場所だ。彼らは談笑もする。私たちの隣に男女が坐っている。女性は白い丈短の毛皮を着ており、ひどい暑さにもかかわらずそれを脱ごうとしない。絶えず口づけを交わしては、ただ笑い、語り合いながら坐っている。窓の外は広告で色とりどりに彩られた雨上がりのサン・ジェルマン。

地下鉄に乗るのが好きだ。ラ・モット＝ピケ駅を過ぎると車両は地上に出て、ビル・アケム、パッシー、トロカデロの駅を通る。閑静で威厳のある貴族的なパッシー、十六区。合衆国広場、小さな一画。ここにある個人の邸宅でシャガールの〈聖書〉が展示されている。入場もカタログも無料だ（何もかも有料であるのに慣れているので驚く）。優れたセンスで並べられた展示。静かに音楽が流れ、芸術を鑑賞するためのあらゆる環境が整えられている。そして、そのシャガール！　これまでこのような感情を掻き立てられたことはない。その柔らかさ、清らかさ、無邪気さ、どこか特別な繊細さにすっかり魅了される。白黒の銅版画に色のついた薄い斑。たとえば、天使の緑色の翼。翼の全体ではなく一部に、あたかも偶然についたような色。あるいは、驚いた表情の女性がはいている緑色のスカート。ラケルの墓の上に見える青い空と、墓にかかった赤い斑。あるいはサラを偲んで泣くアブラハムの緑の顔、体の上の黄色い斑。驚くべき調和だ。色は線描性を乱しつつ、銅版画の印象をさらに強めている。

この小さな展示はグラン・パレでのシャガールの大規模な展示に先立つ前奏曲のようなものだ。そこでは彼の水彩画やスケッチ、彫刻、ステンドグラス、陶器を見ることができる。当地の研究者たちはこの展示がさまざまな展示物を含むことを指して、（明らかな皮肉を込めて）「シャガールはなんとしてもピカソに後れをとりたくないのだ！」と言う。パリに住み着いてからシャガールが本当にピカソの真似をしたのかどうか、私は知らない。一つ、私にとって明らかなことは、パリに移る前、故郷ヴィテプスクでつくりだしたものが本当のシャガールだということだ。その奇妙な世界——ロシア的なユダヤ人の村、大きな瞳のロバと山羊、驚くべき雄鶏と純朴なラビの唯一無二の世界は、まったく特別な感傷と共感を催させる。

また一つ驚くべきものを見た。アメリカの「パンと人形劇団」のパリ公演だ。演出はドイツ人の人形師ペーター・シューマン。ヴァグラムの巨大なホールの真ん中に一段高い舞台が設けられ、そこですべてが演じられる。若者ばかりの観客はホールに収まりきらず、階段や出口にも坐り、椅子の上に立ちもする。観客は舞台の上の人々にそっくりだ。俳優たちは長髪で、一様に白いが汚くずたぼろのズボンとシャツを身にまとい、首の後ろに仮面をつけている。彼らは床に坐り、音を奏でている。楽器を演奏する者もいれば、鍋や鉄の切れ端を叩く者もいる。リズムや音量が次第に高まっていく。それはかなり長い時間続けられる。その他の人々は舞台の上を自由に歩き回り、何かを組み立てながら話している。このショーには形式がないのだと思わされるが、すぐにその混沌は見せかけに過ぎないと分かる。舞台の上に、大きな頭と手をした三メートル半ほどの巨大な人形が何体も現われる。見事につくられた人形だ。そのような人形で聖書のストーリーが演じられる。美しいアダムとエヴァ、彼らの愛情。そして突然

――襲撃。エヴァもアダムも楽園から追放される。炎と剣によって正義が広まる。人を裁き、殺す者の形は見る者をぞっとさせる。それが誰かは分からない。人の形をした暴力か。人類の歴史はなべて暴力的な歴史であると作者らは言う。登場人物たちを演じるのはパントマイムをする俳優や巨大なマネキン、そして小さな人形だ。新しい人物が登場するたびに太鼓の大きな音と女性の奇妙な掛け声が響く。登場人物たちは徐々に大きくなり、最後には巨大な人形たちが舞台を支配する。

これは舞台と客席との真の融合だ。あらゆる約束事は意図的に破られる。同時に、舞台の上は約束事の祭典だ。聖書はヴェトナムと結びつく。ベツレヘムの住民たち――灰色の悲劇的な人物たちが見える。魚の形をした飛行機が彼らに襲いかかり、彼らを呑みこんでしまう。

最後の晩餐の驚くべきシーン。中央に巨大なキリストが坐り、やはり三メートルほどの使徒たちが客席からひどくゆっくりとキリストの周りに集まって坐る。召使が使徒全員にパンと水を手渡す。彼らの顔は仮面で、一様に悲劇的だ。彼らはパンを食べ、水を飲む……。そして突然、再び暴力、飛行機の音。それに続く破壊、虐殺。

現実性は完全に失われている。巨大な群衆とわずかな人々が一つになり、あらゆるものが通常の舞台のリアリズムに抗う。

始まりと同じように劇は終わる。舞台に若い男女が坐っており、音を鳴らしている。

新聞各紙には長い劇評が掲載される。

「ペーター・シューマンは演劇的なリアリズムを捕まえ、それを隅に閉じこめ、こう言った。『リアリズムのほかに、この世界ではいくつもの別の力も働いている。現実ははるかに深遠で、はるかに神秘的で、はるかに不可思議だ……。こうしてリアリズム的な視野は砕け散る』」

今日は水曜日、ケトの「ジュール・フィクス」、つまり定例の集まりの日だ。この日にはボカの夫バグラト、私の従弟グラムとジミ、グラムの妻フランソワーズ、そしてヴィクトル・ホメリキ、ゲラシメと彼の妻が必ずやってくる。ケトはジョージア料理をつくるのがとても上手だ。しばしばハチャプリ〔チーズ入りのパン〕を焼き、ハルチョ〔牛肉の入ったスープ〕やサツィヴィ〔鶏あるいは七面鳥の肉とクルミのソースでつくる料理〕、ロビオ〔煮豆料理〕をつくる。宴卓ではジョージアへの乾杯が行なわれ、ジョージアの歌が歌われ、すっかりジョージア的な雰囲気だ。唯一の違いは、ここではジョージアへの乾杯を行なう者たちが目に涙をためていることだ。バグラトは活発で口が達者で、目をいたずらっぽく輝かせている。彼はジョージアの歴史に詳しい。グリア地方のジョージア語を話すが、フランス語なまりだ。つまり、フランス語の影響で最後の音節に強勢を置く。とても可笑しな響きだ。バグラトだけではなく、ここでは全員がこの奇妙なフランス語なまりのグリア方言を話す。サインギロ地方出身の私の叔母さえ夫や義兄弟の影響でグリア方言が出る。

ヴィクトルはケトとヴァニチカの親友だ。背が高く、美しい。大型の古いダッジでいつでもどこへでも連れていってくれ、あらゆる気遣いを忘れない。三人の美しい娘がおり、ケトはその娘たちを深く愛している。

宴は次第に昂揚し、同時に悲哀を帯びる。それは全員が共有する悲哀だ。私は乞われてヴァジャ・プシャヴェラやガラクティオン・タビゼ、ラド・アサティアニ〔詩人（一九一七―一九四三）、とくに祖国の歴史や故郷への愛をうたった作風で知られる〕、アナ・カランダゼらの詩を暗唱する……。いつも陽気なバグラトが涙を隠しもせず泣いている。

ムフタール通り。まるでトビリシの道のような狭い上り坂で、古い家々が立ち並び、閑静で、どこかとても親密な雰囲気のある通りだ。私はそこからデカルト通りへ入る。ヴェルレーヌはこの通りにあるひっそりとした小さな白い家で亡くなった。タマズ・チヘンケリが面白そうに語るある話がふと思い出される。私たちがいつも一緒に過ごしていた若い頃、私は詩を暗唱するのが好きで、ヴェルレーヌの「秋」はとくによく口ずさんだ詩の一つだった。それから幾年も経たある日、タマズの友人ミシコ・ナネイシヴィリのもとにあるフランス語の専門家がやってきた。ミシコがまさにこのヴェルレーヌの

「秋」を読んで、誰の詩かと尋ねたところ、その専門家は答えられなかった。一方、タマズはフランス語をまったく知らないのだが、若い頃に何度も聞いた響きが頭の中によみがえって、「それはヴェルレーヌの『秋』だ」とこともなげに言い当てた。これにはミシコも客も仰天した。

夕方にはグラムとともに再びカルチエ・ラタンをぶらつく。通りは真夜中まで若者たちでいっぱいで、そのほとんどは学生のようだ。私たちの前を三人の青年が歩いている。三人とも襟と袖口に白い毛のついた同じ白い革の上着を着て、肩にかかる長い髪をしている。通りの両側には、紫煙の立ち込めた薄暗いレストランが並ぶ。どこも人が入りきれないほどいっぱいだ。私たちはまず「シェ・ジョルジェット」で食事をする。辛うじて席を見つけ、若い男女たちのあいだで押しつぶされそうになりながら坐る。楽しいひととき、声高な談笑。それはまさに私の国を思い出させ、すっかり寛いだ気分になる。カップルたちはみんなで一緒に笑い合ったり、そうかと思えば口づけしたりしている。外に出ると、小さな劇場やキャバレーの前で男性が通行人を大声で呼び込んでいる。私たちはまず小さな劇場に入って『星の王子様』——王子様は人形で、ロープを伝って空から降りてくる——を見た後、芸術キャバレーに入る。さまざまな色に塗られた石の壁の廊下を抜けると、中は壁も床も石造りで、観客はクッションに坐っている。三十人ほどでいっぱいだ。『閉ざされた地平線』という名の劇。舞台の上には、それぞれギターを持って、意気込んだ真剣な表情をした若い男性二人と女性一人。観客もみな身動き一つせず、息をひそめて舞台の上を見つめている。詩、歌、語りの興味深い組み合わせ。エリュアール、パブロ・ネルーダ、アポリネールらの詩人たち……。世界のあらゆる場所で、同じ闘いが繰り広げられ、地平線は閉ざされているというメッセージ。私たちはその地平線を開き、人々を解放せねばならない。ヴェトナムやグァテマラ、パリの若者の蜂起——五月革命が入り交じり、役者たちはそれを心を込め、目に涙を浮かべて語る。舞台と客席は完全に一つになっている。理想を追い求める若者たち、これはパリの別の顔だ。

何かの糸でアメリカの劇団と繫がっているように思われる。

ヴィクトル・ホメリキがニナと私をレストランへ招待してくれた。ニナに電話してそれを伝えると、彼女は電話の向こうで困惑したようだった。ジョージアを発つ前に行なわれた「面接」で、「ヴィクトル・ホメリキに会うな」と警告されたらしい！（長年ジョージア当局はこの活動的な真の愛国者ヴィクトルを最大の敵と見なしていた。）ニナはしばしためらったが、それでも会うことを決めた。そのときに私は初めて私たちの家の近く、十五区のコンヴァンシオン通りにあるレストラン「金の羊毛皮」を訪れた。パリで唯一のジョージア料理店として、私の叔父たちを含む多くのジョージア人移民が集う場所だ。店は小さく、落ち着いていて家庭的な雰囲気を漂わせる。主人はそろってきわめて特異な人物であるタタルハンとアポロンのアンティゼ兄弟だ。タタルハンは家族とともに同じ建物の二階に住んでおり、家族は全員レストランで働いている。料理をつくるのは基本的にタタルハンの仕事で、兄弟が自ら給仕する。アポロンは、彼の話では、南仏のコート・ダジュールにも住まいがあり、常に車を飛ばしてパリとコート・ダジュールを往復している（長年の後、私は九十二歳のアポロンがやはり彼のように年老いたシトロエンの運転席に坐り、コート・ダジュールへ颯爽と出発するのを見て驚いた！）。「金の羊毛皮」に入ると、たちまちジョージアにいるような気分になる。あらゆるインテリアが無邪気なまでにジョージアだ。壁に掛けられ、棚に並べられた陶器や角杯《カンツィ》と、人をうっとりとさせるスパイスの香り。ロビオ、サツィヴィ、ムチャディ〔トウモロコシのパン〕、チーズに焼きスルグニ〔チーズの一種〕といった伝統的なジョージア料理。ジョージア料理はフランス人の口によく合うと私はこれまで何度も思ってきたが、「金の羊毛皮」が人気の店であることはその証左だ。店はいつも満員で、入るためには二週間前か、ときには一か月も前に予約しなければならない。ただし、それは夜の話で、昼は外部の客に扉を閉め、内輪の人たちだけを迎え入れる。内輪の人とは、すなわちフランスに住むジョージア人や、アメリカやヨーロッパのほかの国々、そしてもちろんジョージアからやってくるジョージア人である。彼らには特別な料理がふるまわれ、価格も半額だ。バグラト、ヴァニチカ、ヴィクトル、タラス・ツラゼといった顔ぶれは毎日のようにここへやってきて、バックギャモンをしたり、ジョージア料理を食べたりしては、ジョージアワイン（タタルハンはあるワイン工場と提携していて、ボトルにはレストラン特製の金の羊毛皮が描かれたラベルが貼られている）を飲み、そしてもちろん語り合う。ここは祖国から隔絶されたこれらの人々が祖国にいるような気分を味わうことができる、唯一の場所だと言ってもいいだろう。ジョージアは彼らの会話のもっとも重要なテーマだが、全員が一様に抱く郷愁や祖国愛にもかかわらず、意見が合うことは決してない。というのも、彼らはジョージアにいたときに別々の党の党員だったからだ。立憲民主党《カデット》の党員だった者もいれば、社会民主党や社会革命党の党員だった者もいる。そして彼らは今も、まるでジョージアの命運が、大昔に過去のものとなった党や彼ら一人ひとりに懸かっているかのように議論をするのだ。もう永遠に絶交するのではないかと思われるほど議論、いや口論は熱を帯びる。冷静沈着なタタルハンが人々を宥めようとしても無駄だ。舌戦と騒ぎは最高潮に達する。グリア地方の出身者らしく短気なバグラトは顔を紅潮させ、扉を乱暴に閉めてレストランを飛び出していく……。私とニナはバグラトがもう二度と戻ってこないのではないかと思うのだが、私たちの不安を共有する者は誰もいない。実際に、しばらくすると扉が開き、顔に笑みを浮かべたバグラトが落ち着いた様子で店に入ってきて、私にいたずらっぽくウインクする。すると、立憲民主党員も社会革命党員もメンシェヴィキも無党派もみなほろ酔いで目に涙を浮かべて不運な祖国に乾杯し、互いに祖国への帰還を祈り合う！　今日まで、そのうちの誰一人としてジョージアへ帰った者はいない。それをタタルハンはこう説明する。「レーニンの像が一つでもある限り、俺はジョージアへ帰らない！」と。

寝る前にヌツァが泣いていた。「私たちが母さんを怒らせるから、母さんの髪が白くなって、年をとって、死んでしまう」と言う。私は胸がしめつけられる。「そうしたら私たちはどうしたらいいの？ここには父さんがいないから、誰がトビリシに連れて帰ってくれるの？」と。問題はそれだけではない。継母は嫌だ（童話の影響だ！）と言いながら、「父さんは悪い継母なんか連れてこないはず」と自らをなだめすかせる。

現代美術館。抽象化の傾向が年を追って強まっているのを観察するのは興味深い。初期のマティスや初期のブラック、マルケ、ドラン、ヴラマンク……。彼らはまだ印象派やシスレーに非常に近く、現実の素描に留まっている。その後、色と形の抽象化が徐々に進む。その点でもっとも明らかなのはマティスの進化だ。前世紀末の印象派的な風景画、写実的な視点から描かれた室内画、ふさわしい色。〈赤い室内〉〈模様のある背景の装飾的人体〉といった作品のような、本物のマティスが生み出されるのはその後だ。固有の色で線画的。〈黒地の上の読書する女〉。ピロスマニと同じ黒。黒だけでほかには何もない。

ヌツァが幼稚園で友達のエルヴェに「マ・シェリ」（私の大切な人）と呼ばれた。ヌツァは私に言う。「あの子は『マ・シェリ』と言ってからすぐにどこかへ行っちゃうの」「どこへ？」と尋ねると、ヌツァは「私がいないところへ」と答える。

アテネ劇場。イヨネスコの芝居『瀕死の王』。批評家たちは現代のもっとも素晴らしい芝居の一つ、二十世紀の傑作と評価する。それは正しい。テーマは迫りくる死、そのさまざまな段階だ。死期が近づき、はじめのうち王はそれを信じない。その後、王は憤慨し、恐怖に怯え、自分の中に閉じこもる……。最後には王の心に平静が訪れる。劇中にはユーモアも優しさもふんだんにある。これは詩人によって書かれた戯曲だ。イヨネスコは何かを説明しようとするのではなく、現象をただ描写する。まさにそこにこの作品の力がある。彼のほかの多くの作品と同様、演出はイヨネスコ自身によるものだ。巧みなエピソード群。下女が自らの悲惨な人生を王に語り聞かせる。毎朝、暗がりの中で起き、いかに寒いか、どんなに疲れるか、どれほど背中が痛むか……。「なんと素晴らしいことか！」と王はうれしそうに言う。「人生には良いことなど一つもありません」と言う女に王は反論する。「それは正しくない。人生が良くないものであるはずがない」「私の部屋には窓がありません」と女が言うと、王は答える。「おお、お前は光が欲しいのか！　では、扉を開けて外に出れば、光が見える！　開けた場所が見える！　幸せなことだ！」

劇は象徴に満ちている。王は力を失い、太陽も雲ももはや王に従わない。王国は崩壊し、王宮は空っぽになる。王の命令に従う者はもう誰もいない。劇の最後に王の第一夫人である魔法使いが現われ、王をこの世界に繋ぎ止めていた糸を断ち切る。「手のひらを広げなさい。何を握っているの？　これはあなたの世界のすべてよ。この山々も、この谷も、この空間もあなたにはもはや要らない。手放しなさい……。もうあなたは軽くなった。体を起こしなさい」

死は平静だ。

美しいエピソード。空っぽの広間で下女が手押し車で王を散歩させている。ほとんど身動きもしない憐れな王は、あたかも感激した民衆が彼を迎えているかのように、時折手を上げる。人々、つまり観客にすべてを説明する下男は美しい。冒頭で彼は王の登場を告げる。「国王陛下がいらっしゃいます！」王が一方の袖から現われ、もう一方の袖へ駆けこむ。そのさまはまったく王らしくなく、まるでこっそりと忍びこむかのようで、最初から皮肉な雰囲気をつくりだす。

死についての二つの視点。王を愛する夫人は言う。「あなたがいる間はそれは存在しない。それがやってきたらあなたはもはやいない」第一夫人は言う。「それは生まれたときから常にあなたと一緒に存在する。それは少しずつ羽を広げ、大きくなり、最後にはそれだけが残る」
　劇の結末。死を前にした人間は孤独だ。彼を愛する夫人も、下女も、下男も、医師も、誰もが彼から離れていく。残ったのは運命の相手である、彼が憎む第一夫人だけだ。最後にはセットも消え、黒い幕と王座だけが残る。死ぬ間際に王はその王座に上がる。

　毎朝、私はケティとヌツァを幼稚園へ連れていく。家に戻るころにはヴァニチカもすでに仕事に出かけており、私とケトは台所で二人でコーヒーを飲むのが毎朝のしきたりのようになっている。台所は二人が辛うじて収まるほど狭いのだが、すこぶる居心地がいいのはその狭さゆえかもしれない。私たちはゆっくりコーヒーを飲みながら話す。ケトは感情を表に出すのを好まず、自分自身についても話したがらない。彼女の雄弁な大きな目には常に悲しみが宿っている。祖国から無理やり引き離されたその深い悲しみは、笑っていても消えることはない。私たちはあらゆるテーマについて語る。トビリシについて、ジョージアについて。不意にケトが言う。「本当に幸せだったと思えた日は、私の人生で一度もなかった」私はその言葉に啞然となる。ケトが正直な人間で、感情をめったに表に出さないことを知っているからこそなおさらだ。ケトは私の反応を見てにっこりとする。私たちは日常の些事について話そうとする。その後、私はいつものように散歩に出るが、今日はパリの美しさを感じられず、あてもなく通りを歩きながらケトについて、時代の悲劇を映したケトの人生について考える。十代でボリシェヴィキとの闘争に加わり、十九歳で二歳下の妹とともに国外へ追放されてパリに住み着いた。典型的な移民生活だったが、ケトはそれでも化学を専攻して大学を卒業することができた。しかし、戦争が始まった。専門を生かして仕事に就くにはフランス国籍を取得せねばならなかったが、もう一人の叔母やほかの亡命ジョージア人たちと同じくフランス国籍を取得しなかった。祖国に対する裏切りと考えたからだ。その決断は彼らの一生の重荷となった。こうして彼らは永遠に祖国を失った無国籍者となったのだ（私はこのときに初めてこの恐ろしい「無国籍者」という言葉を聞いた!)。叔母は愛にも恵まれなかった。人の好い真面目な男性と結婚したが、子供を得ることはなかった。結婚した主な理由は、子供のいない人生が考えられなかったからだというのに。のちに夫のほうに問題があったことが分かった。またもや運命の嘲笑! その後、夫たちが小さな工場とトラックでヨーグルトづくりを始め、ケトとボカもその仕事に加わった(今日ヨーロッパの人々にとって欠かせない食べものとなったヨーグルトは、ジョージア人移民がフランスに定着させたものだそうだ)。彼らは一生懸命に働いた。ケトにとって妹の子供たちが人生でもっとも大切な存在になった。それから、縫製の仕事を始めたケトは、この分野で十分に成功し、映画や演劇のための衣装をしばしば縫った。しかし、彼女をいつも生かしていた原動力はジョージアへの想いだった。

一九五八年まで私たちはケトとボカの消息について何も知らなかった。文通は三〇年代に禁じられて以降途絶えていた。そこに突然、モスクワで行なわれる青年国際大会にフランスのバスケットボールチームの一員として、私の従弟であるボカの息子がやってくると私たちに教えた人がいた。それはまったく寝耳に水の話で、私は考えるまでもなくすぐにモスクワへ飛んだ。フランスのバスケットボールチームはモスクワのルジニキ・スタジアムで試合をしていた。コートの端に十人ほどが坐っており、そのうちの一人、灰色の目をして口髭を生やした青年がどうやらジョージア人に違いなかった。私は手紙を書き、彼に渡すよう守衛に頼んだ。コートに並んだ選手たちの手から手へと手紙が渡っていくのを私は遠くから見ていた。手紙はとうとう私が従弟とにらんだ青年に手渡された。彼は手紙を読むと立ち上がり、あたりを見回して、私のほうへ向かってきた。手紙にはスタジアムのどこに私が立っているのか書いてあった。そうして私は母の甥グラムと会った。それまでグラムの存在についてはおぼろげに想像していただけだった。グラムはすぐにパリの母親に電話し、私は初めて叔母たちと話をした。いや、話をしたというよりは、叔母たちが絶望して泣きじゃくっただけだった。叔母たちは長いあいだ自分の家族のことを何も聞いておらず、私がすべてを、すなわち死と逮捕について電話で教えたのだ。叔母たちの質問、私の返事、号泣、それはあまりに痛ましかった。

私はルクルブ通りを歩き、コンヴァンシオン通りを通ってヴォジラール通りに出た。そしてパリでもっとも長いこの通りを歩いて十五区を縦断した。ケト叔母が「労働者地区」と呼んでいた地区だ。私の同胞であるジョージア人移民たちはみなこの労働者地区で祖国を思いながらパリの日常を送っていた。あらゆる人間的な長所と短所を具えたこの普通の人々は、グリア地方の出身者の影響で奇妙なグリアなまりのフランス語を話していた。運命のいたずらで暮らすことになったこの美しい街は、彼らにとっていつまでも外国だった。彼ら自身が無国籍者であることを己に課したからだ。

おそらく、心の底から率直に打ち明けたならば、彼らはみな人生で本当に幸せだった日など一日たりともなかったと言っただろう。ずっと後に私の娘ヌツァがジョージア人移民をめぐるドキュメンタリー映画を撮影した際、そんな「無国籍者」の一人レヴァン・パガヴァはこう言った。「ジョージアで暮らしたのは十七年だけで、ここではもう六十八年暮らしている。ジョージアで私は虐げられ、苦しめられ、追放されたが、ここでは普通の暮らしができた。しかし、それでも祖国のことを思わなかった日はない。今も思い続けている」と。映画の中でそう話す感じの良いおしゃべりな太った男性は声がかすれ、言葉に詰まる。

再び映画人生、中央委員会第一書記との面会も

一九七〇年一月、私たちはパリでの滞在を終えてトビリシに戻った……。私は再び仕事に没頭した。六〇年代の前半、ジョージア映画の歴史において大きな出来事があった。ジョージア映画人同盟が設立され、トビリシの中心部に立つショタ・ルスタヴェリの銅像のちょうど向かい側に「映画の家」が新設された。そこはすぐに私たちみなが集い、新作の公開や映画についての議論が行なわれる場となった。この大仕事に尽力し、映画人同盟の初代議長となったシコ・ドリゼはいつもにこやかで親切な大柄の美男子で、若い頃は母の友人かつ同僚だった。そのせいだったのかもしれないが、彼は私にとてもよくしてくれ、私の映画が公開されるたびに電話や電報で連絡をくれた。

一方、私たちの家では滑稽なことが起こっていた。四歳の娘ヌツァが詩を「つくり」、ケティがそれを紙に書いて「形を整えた」。このような詩だ。

母さんが私たちに留守番をさせるとき
ケティが私の世話をし、私に服を着せ、食べさせる
それから母さんがやってきて

私たちを二人とも寝かせる

ヌツァのこのような一連の詩をラドは「僕たちの日々の記録」と名づけた。

幼稚園でヌツァの先生だったエルネル先生が笑って言ったものだ。「子供たちに将来何になりたいかと尋ねたら、ヌツァは『私はもう詩人になりました』と答えたんですよ。それをさも悲しそうに言うんです。なってしまったものは仕方ないとでも言わんばかりに」すでに「詩人」となったヌツァはしばらく詩をつくり続け、五歳のときに傑作を残した。

太陽よ、お前は沈め。私が昇ろう
スミレよ、お前は萎れろ。私が花開こう
バラよ、お前は摘まれろ。私が植わろう
小鳥よ、お前は飛ぶな。私が飛び立とう
虹よ、お前は消えろ。私が光ろう

子供の頭にどこからこんなイメージが浮かぶのだろうと私は今でも驚く。そして、子供の内面の世界が母親にとっていかに計り知れないものかと考える。

ラドは二人の娘と一緒に多くの時間を過ごし、毎朝、娘たちを山へ連れていった。ケティがまだ小さかったときには、サドルバッグのように肩に乗せてウゾの山へ登った。娘たちが少し大きくなって自分の足で歩くのに慣れると、三人で山に登り、そこから斜面伝いに駆け下りては、手で握っているうちにすっかり萎れてしまった野の花々をいつも私に届けてくれた。ラドはなんとかして子供たちの独立心を育てようと、大きな自由を与えていた。しかし、彼は何事も極端にやり過ぎる性質だった。あるとき、下りてくる際に五歳のケティを「自由に」先に行かせ、見失ってしまった。必死になってヴェラ地区の墓地の付近や家までの道々を捜すも見つからず、最後には血相を変えて家に駆けこんできたのだが、そのときケティはすでに家にいて、一人で迷わず帰ってこれたことを誇らしげに喜んでいた！　私が撮影に出かけたときは、ラドが一人で娘たちを海やバクリアニへ連れていっては、まだほんの幼い子供にスキーや水上スキーを教えた。それはまさに見ものだった。コフタ山の上から白髪交じりだが若々しい男性がスキーで颯爽と滑り降りてくる後ろを、小さな少女が二人、仔馬のように追いかけてくるのだ。あるときなど、どこかの男性が憤慨して「この子たちは孤児か?!」と叫んだのを憶えている。二十五メートルのジャンプ台の斜面でのことだ。その男性は私たちの姿が見えていなかったようで、三歳のヌツァがリフトにつかまって懸命に上まで上り、それからケティと一緒に下りてくるのをしばらくじっと見守っていたのだった。ラドが根気よく教えたおかげで、ケティとヌツァはその後何年もスラロームやスピードスキーの大会に出場して、同じ年代の子供たちには敵う者がいなかった。ある大会で、最初の滑りがうまくいかなかったケティが大声で泣きだしたことがあった。するとラドはケティを落ち着かせて一緒にコースのそばを上までついていき、どのポールをどうやって通らなければならないか一生懸命やって見せた。その結果、ケティは二度目の滑りで最高のタイムを出した。その日、過去にたくさんの大会を経験してきたいい歳の父親と、十二歳の娘のどちらがより幸せだったか分からない！

ひょっとしたらラドは子供たちと一緒に過ごす時間が残りわずかである運命を感じていたのかもしれない。幼い娘たちに示した特別な愛情はそのせいもあったのではなかったか。敏感な人間が感じ取る予感は、私たちの内面世界で起こる説明のつかない数多くの現象の一つだ。

一九七一年、「文学ジョージア」紙の二月二十六日号に私の評論「ジョージア映画のいくつかの傾向」

が掲載された。その主旨は今日も私にとって身近な問題であるので、ここにその一部を紹介したい。

……最後に、我々の目的を明確に認識したい。問題の一面は、少数民族とその芸術である。我々の主張は何であり、何を求めているのか？　我々は少数民族であるからという理由で創作活動において自らに制限を課さねばならないのだろうか？　この問題に答えを与えようとする際、二つの態度が立ち現われる。一つは、自分自身との公正な対話であり、もう一つは「他人が我々について何を言うだろうか？」という疑問、そしてそれに起因する美化や粉飾の願望である。一方に、イリア・チャフチャヴァゼの「我々のような幸福な民族がどこかにあろうか？」という、偉大な作家の心痛と皮肉が込められた言葉があり、他方には、「もう一つのジョージアはどこにあろうか、世界のどこに？」という文句がある……。

我々には根絶すべく闘わねばならない民族的な性質がある。闘いはまず芸術という手段によって行なわれる。いくつもの性質のなかから私はとくに自己満足と、社会の利益を犠牲に個人的な幸福を過度に追求することを挙げたい。

我々の民族は私自身である。もし私が自身の中に他人に好かれそうなことばかりではなく、私自身をはじめ誰もが気に入らないようなことも見出すなら、これは私の潜在的な強さと健全さのしるしである。ここで問題がもう一つ現われる。それは我々の鑑賞者の問題である。ジョージア人の鑑賞者は何を好み、何を喜ぶのか？　お世辞は、とりわけそれが巧みに言われたならば、誰でも気持ちがよいものだ。人々も同じである。人々も巧みに言われたお世辞を好む。とくに我々ジョージア人は赤ん坊の頃から乾杯の文句が血肉となっているからなおさらだ。お世辞が常に嘘であるわけではない。それは真実の一面に過ぎない。現代のジョージア人男性はどうだろうか？　真摯で勇敢、正直で献身的だろうか？　もちろんそうだ。しかし、それと同時に彼は自己に満足して利己的な考えに陥り、個人的な幸福を過度に追求していないだろうか？　私はこれも間違いなくそうだと思う。我々の目的はこのような人間を多様性の中で映画に描き出すことだ。もっとも巧みで機知に富みながらも内容の空虚な讃辞より、そこには我々の民族に対するより大きな愛が込められていると確信する。

「少数民族のコンプレックスから解き放たれねばならない」――これが我々の内面的なスローガンであるべきだ。我々は数の上では小さな民族であるが、我々の可能性、精神、芸術においてはそうではないのだから。私は深くそう信じている。


この評論は大きな騒動を引き起こした。「文学ジョージア」紙の編集者レヴァズ・マルギアニは中央委員会に呼び出され、テーブルを叩かれながらクビにすると脅された。

いま、回想録にこの評論を引用したのは、すでに一九七〇年代の時点で、私の中で祖国に対する考えが成熟していたと思うからである。その後、その考えはさらに尖鋭化し、独立を果たした後に最終的にまとまった。


タマズ・メリアヴァが亡くなった。私が失った最初の友人だった。タマズは生を喜び、自身の存在の毎分毎秒を味わい深く堪能していた！　彼は真の快楽主義者で、没落時のローマのパトリキを思わせた。私は彼がトガに身を包んであぐらをかき、自ら入念に選んだたくさんの料理が並ぶテーブルについた姿を何度も想像した。

しかしながら、タマズとの思い出の多くは詩に関わるものだ。私たちは同時に同じ詩人たちに熱中してきた。ガラクティオン・タビゼに始まり、アナ・カランダゼ、ホイットマン、パステルナーク、ツヴェターエワ。モスクワではしょっちゅう私のところへやってきた。目の上で手をかざしながら戸口から叫ぶ姿が目に浮かぶ。

襟巻きをし、手をかざしつつ
小窓から子供らに叫ぶ
おうい、みんな、
外は今、何千年紀か？〔パステルナーク「この詩について」（一九一七）〕

彼は真のロマンティストだった。この功利主義的な世紀にあって、繊細さや感傷や飾らない優しさを恥じることがなかった。感嘆符を恥ずかしがらなかった。一方で、彼は本物の知性の人でもあり、センチメンタリズムやロマンティシズムがこのテンポの速い、精密な科学の時代にはそぐわないことも理性的に知っていた。私が思うに、映画人の粗雑で慌ただしく無慈悲な世界は、彼が魂を落ち着けられる場所ではなかった（実際に彼は魂を落ち着けられなかった）。この世界に対する彼の繊細な態度は彼の覚書や手紙の中にもっともよく表われている。

彼は心の赴くままに生きた。草が伸び、雨が降るように……。

再び私の映画人生が活発な時を迎えようとしていた。ザイラ・アルセニシヴィリとともに若者の問題に取り組み始め、その試みは映画『アーモンドの花が咲くとき』に結実した。

当時の覚書から引用する。

活気と人々のやりとりにあふれたトビリシの通りを私は常に関心を持って観察する。するといつも、通りがその奥に何か、目に見えぬ、正体の知れない秘密の何かを隠しているように思われてならない。若かった頃、私たちにとってルスタヴェリ通りは世界そのものだった。そこを歩き、散歩し、互いに出会い、別れた。そこを愛しも憎みもしたものだ……。ルスタヴェリ通りは常に若者たちの通りだった。今日もそこをすらりと美しく、さりげなく優雅で飾らない若い男女が闊歩している。しかし、それはロングショットから読み取れる彼らの外面にすぎない。彼らはあたかも群衆に紛れているが、自分の内側に閉じこもっている。クロースアップで彼らの近くに寄って、彼らの話に耳を傾け、彼らの顔を注意深く観察しよう……。すると、彼らの皮肉がもっとも目につくだろう。彼らは上の世代の者や仲間たちに対して、そして自分自身に対しても皮肉屋なのだ。しかし、それは彼らの根本的な性質なのだろうか。それとも声高な言葉や率直な感情に対する恐れを隠すただの仮面に過ぎないのだろうか。彼らは訥々とぞんざいに話し、文を完結させず、定型的な表現の明瞭さを意に介さない。しかし、その目は深い考えをたたえている。彼らが何を考え、何を望み、私たちの国を明日どこへ導いていくのか？　もはやクロースアップも十分ではない。彼らの性質をよく知り、その内面を観察せねばならない。彼らどうし、および彼らと周囲との深い関係を明らかにしよう……。

若い男女を選ぶのはとても楽しい作業だった。素晴らしいグループができあがったと思う。ゴガ・ピピア、ティナ・ヴァルダナシヴィリ、エカ・マガラシヴィリ、そして、グループの中心は十六歳のズラブ・キプシゼだ。ズラブは私にとって大きな発見だった。美しく、精力的で神経質だ。彼はすでに一人前の俳優で、若い世代の本質を正確に表現した。

しかしながら、映画でもっとも深い印象を残したのはセシリア・タカイシヴィリだった。何本かの作品でこの稀有な俳優とともに仕事ができたことを私は幸せに思う。私が若かった頃は単にそれを喜んだだけだったが、今になって考えると、セシリアが私の映画で主人公の次やその次どころか、『太陽が見える』の農婦や『変容』の病的な老女などのような端役まで演じてくれたことに驚く。そして、『アーモンドの花が咲くとき』ではレクソの祖母を演じてくれた！

冷笑的で控えめなセシリア。あらゆる迷信を信じ、怯えるセシリア。いつも自身に不満なセシリア。撮影現場にいつも一番先に現われる、洗練されたプロフェッショナルのセシリア。セシリア、彼女の愉快な悪態。「下品な」言葉を熱心に使っては、自らどれほど笑っていたことだろう！　子供のように無邪気なセシリア。彼女は頭のてっぺんから足の先まで俳優だった。難しい顔をして考えこみながら坐っている姿。そこに孫のレクソの棺を運んできた男たちの足音が聞こえたとき、いかに体じゅうを震わせたか。失神するのではないかと私が怖くなったほどだ。偉大なセシリア。

レクソの通夜の前、セシリア・タカイシヴィリとドド・アバシゼの二人のシーンは、最高クラスの演技の一例だと思う。

映画はまず撮影の途中で大きな障害にぶつかった。撮影が始まって一か月が過ぎた頃、いくつもの不可解な要求が突きつけられて撮影が止まった。要求の一つはスポーツの種目の変更だった！　今となっては理解しがたいが、その時代の権力を持った人間はこんなことさえできたのだ。実際、とあるそのような人物――ちなみに、すこぶる興味深く、優秀な男性だった――が、登場人物の一人であるニコに自分の姿を見出し（彼に言わせれば、彼の息子もスキー選手であることがさらに共通していた）、製作を阻止しようと、中央委員会の文化部門を味方につけた。そこに当然ながらモスクワの国家映画委員会も加わり、映画の撮影は中断させられ、最終的にお蔵入りになることもありえる状況だった。まだ撮影も終わっていない映画について論評が書かれ、反ソ的だとの烙印が押された。妥協は避けがたく、私は苦痛を伴う決断を強いられた。こうして、私にとって子供の頃からなじみ深いスポーツであるスキーを、自転車に変更せざるをえなくなった！　スポーツの種目を変えたことによって、どうやら映画はそれほど反ソ的でなくなったようで、その証拠に撮影が再び許可された。これが不可解なソ連の検閲である。

その後も撮影と承認の手続きの途中で何度も問題が生じた。当時の検閲がどういうものであったか読者が想像できるよう、雑誌『芸術』に掲載された社説記事から何か所か引用したい。

主な批判はこのようなものだ。「学校の生徒たちが海岸でエロティックな踊りを踊ったり、森の中を恋人どうしのように散歩したり、痩せようと宇宙食やマッサージを試したりしている」（記事の著者の考えでは、こんなことはソ連の生徒たちに似つかわしくないのだ！）

「このような教師（ディマ・タカノシヴィリの役を指している）は社会の批判を免れない」

「遠い過去の帝政時代にはびこった問題を、社会主義の現代にこのように盲目的に持ち込むことが果たして許されるだろうか？」（著者はいわゆる「父と子」の問題について述べている！）

そして最後には、「映画の作者たちはなぜ社会主義の秩序を君主制と同一視するのか？」

今日、このような非難は馬鹿げた滑稽なものに響く。しかし、そのとき映画が辛くも救われたのは、一九七二年以降にジョージアの政治環境が目に見えて変わったからにほかならない。

最終的に映画『アーモンドの花が咲くとき』はアルマトイの全ソ映画祭に招待され、私は最優秀監督賞を受賞するという結果に終わった。

一九七二年、エドゥアルド・シェヴァルドナゼがジョージア共産党中央委員会第一書記に任命された。エルダル・シェンゲラヤと私は彼を訪ねることに決めた。その頃、私たちは二人とも社会活動に非常に力を入れていた。さまざまな政治的あるいは社会的な問題について、私たちの意見がいつも一致していたことも述べておこう。エルダルは毎日のように私の家に来ており、娘たちの面倒を見ていたドゥダ——剽軽《ひょうきん》で遠慮のないギリシア人の娘だった——が彼を「青い目のおじさん」と名づけると、それから私たちの家族みんながエルダルをそう呼ぶようになった。私とエルダルは、国や映画の発展のために必要だと思われたさまざまな計画を構想していた。それがほぼ毎晩のように繰り返されたので、ラドは家に帰ってくるなり玄関から「青い目のおじさん、君はまたここにいるのか？」と尋ねたものだ。

そんなある日、私たちは中央委員会の新しい第一書記を訪ねることにした。私たちは期待と疑いの両方を抱いていた。何かが変わるかもしれないという期待と、この独裁体制はどうにもならないのではないかという疑いである。映画のみならずこの国について聞きたいことは数多くあった。あらゆる問題を国の指導者と話したいと考えたのは初めてだった。おそらく彼が私たちと同じ世代だったからだろう。

彼はすぐに私たちと面会してくれた。

私たちは二時間ほど話し込んだ。そもそも、重要な問題について国の最高指導者と話すこと自体が、ソ連にしっかりと根づいた支配構造からは考えられない新しいことだった。面会は異例の形式で進められた。私とエルダルが代わる代わる話し、シェヴァルドナゼは私たちの話に耳を傾けながら、何かを書き留めていた（その後、大勢との会談や少人数での懇談の席でシェヴァルドナゼが他人の意見を書き留める姿を幾度となく見ているが、もしそのメモを保管していたならば、それに基づいて私たちの時代の一風変わった歴史記録にまとめることができるだろうと私は何度も考えた）。私たちは話し続けた。そのとき、シェヴァルドナゼの他人の話を聞く能力に私は初めて感心した。高官たちがたいてい他人の意見を聞くことを毛嫌いし、自分の考えを述べるのを好むことを考えると、これはいっそう驚くべきことだった。

私たちは気になっていたことをすべて話そうとした。もっとも重要と思われた社会の問題を国の最高指導者に直接届けたかった。私たちの「演説」の主旨はこうだった。我々の国では憶えている限り昔から社会と政府のあいだに非常に深い亀裂があるが、今日、その亀裂を埋めることができるかもしれないというわずかな希望が芽生えた。そのためには真実を述べ、社会の問題について率直に語ることが不可欠だ。しかし、私たちは、第一書記の周りに再びご機嫌取りや日和見主義者たちが集まり、その輪の中に囚われてしまうのではないかという疑いが拭えない。そうなれば国家の指導者は前任者たちと同じように真空状態に置かれ、結局、国にとって破滅的な状況になってしまう。

私たちが話すのをシェヴァルドナゼは聞いていた。最後に、話そうとしていたことをすべて、あるいはそれ以上を話し尽くしたと感じたので、私たちは「私たちは独り言を言うために来たのではありません。あなたの意見をうかがうことが重要なのです」と彼に言った。するとシェヴァルドナゼは笑って言った。「まずあなたがたの話を聞かなければ答えることができないでしょう?」

それから彼は本当に答えてくれた、メモに沿って、私たちが話した問題を一つも残すことはなかった。もっとも記憶に残ったのはこの言葉だ。「私に何か特別な性質があるとしたら、ご機嫌取りや日和見主義者を憎むことです。私が自分の行動をコントロールできるこれから四年間、そのような人々がのさばることはないと約束できます」

私たちはその望みを抱いて別れた。

ラドには最初の妻とのあいだに立派な二人の息子ゴギとラドがいた。二人とも美しく、教養を具え、聡明だった。二人とも稀に見るほど勤勉で、それぞれの専門分野で抜きんでていた。ずっと前に著名な心臓外科医のブラコスフキーが、ラドは数年のうちにこの国でもっとも優秀な人物の一人になるだろうと言ったのを憶えている。今日それは本当になった。ラドが命を救ったたくさんの子供たちが、ラドが特別な医者であることの証である。

ラドが人生で経験したもっとも大きな喜びの一つは息子のゴギから与えられたものだ。一九七四年九月、私とラドは照明の落ちたルスタヴェリ劇場の客席に坐って、初演の幕が開くのをどきどきしながら待っていた。初演の前にはいつも気を揉むものだが、上演に親しい人が関わっていればなおさらである。その瞬間、私たちがジョージア文化におけるもっとも偉大な出来事の一つを前にしていたと、誰が想像しただろう。間もなく私たちの目の前でロベルト・ストゥルア演出の『コーカサスの白墨の輪』が生まれようとしていた。この愉快で機知に富み、見る者の目を奪う心温まる演劇。馬鹿ふざけと真剣なドラマのこのような融合は、上質な芸術によってのみ可能なことだ。この劇を演出家とともにつくりあげたのが、美術を担当したゴギ・アレクシ＝メスヒシヴィリと、音楽のギア・カンチェリだった。その後、この創作家のトリオは素晴らしい演劇を何度も生み出したが、『コーカサスの白墨の輪』はジョージアの演劇史に残る特別な出来事だった。この劇が今日も生きていて、冷めることのない喜びを観客に与え続けていることがそれを証明している。初演の日、コラージュの手法でしつらえられた美しいセット、ギア・カンチェリの音楽のきわめて激しいリズムで踊る俳優たちと、同じリズムで動く舞台、予想のつかない演出、絵のような驚くべき衣装をまとった俳優たちの名演を観客は唖然となって見つめていた。舞台から発せられる情熱、音楽、装飾、照明、俳優たちの演技と演出がすべて調和して、舞台と客席の実に稀有な一体性をつくりあげた。そのときラドと一緒に感じた、美がもたらす幸福と祝祭が昇華された感覚は、今日まで消えることがない。

一九七四年、思いがけない奇妙なことが起こった。表向きは選出されたのだが、実際にはソ連の慣習どおりに、私はジョージア最高会議の議員に指名された。当時は年に二回会期があり、演説者は前もって十分すぎるほど了解をとった文章を読み上げるだけだったので、議場はいつも退屈な雰囲気に包まれていた。それで、私と（同じく議員に「選出された」）詩人ジャンスグ・チャルクヴィアニは互いにふざけた詩を送り合っては退屈を紛らわせていた。あるときジャンスグに送った、「会議にはせる思い」という詩がこれだ。

私は紅い椅子に坐っている
穏やかな話し声が聞こえる
国の大きな成功は

私を眠りに誘う
我々の力を
何に使おうか
人民の暮らしぶりは
常にこうして上向くばかり

するとジャンスグはすぐに返歌を送ってきた（イラクリ・アバシゼは当時の最高会議の議長で、会議を仕切っていた）。

イラクリの声で弦が震えた
人民の代表者らの顔を我々は愛でる
ああ、君はあまりに美しく
会議に置いておくには勿体ない

私の次の映画は『楽園での大騒ぎ』だった。その撮影は終わりのない尋常ならぬ楽しさとお祭りとして記憶に残っている。

チャップリンは言う。「悲劇はクロースアップで撮った人生であり、喜劇はロングショットで撮った人生だ」と。そのとき私はこのチャップリンの言葉を知らなかったが、この『楽園での大騒ぎ』は基本的にロングショットで撮影した。

撮影は私の大好きなテラヴィの町で行なわれ、町なかの通りや広場が撮影現場になった。私はナディクヴァリ公園のそばのザイラの家に子供たちと一緒に滞在していた。ラドと「シャルマン」の面々がしょっちゅうやってきた。
テラヴィと、ジョージアの煉瓦で建てられたその居心地の良い平屋の家にはあまりにたくさんの思い出があって、私はときどき考える。前世で自分はテラヴィに暮らしていたのではないか。私はその家に生まれ、ザイラのタタノ伯母が私の伯母だったのではないかと。

その家の広くて天井の高い部屋にグランドピアノと美しい古い家具が置いてあり、そこに毎晩全員が集まって練習をした。全員が一緒に踊り、跳びはね、歌い、台詞を繰り返し、大笑いしたものだ。このお祭りの仕掛け人でまとめ役は映画の主人公ナディア・ハラゼだった。私はこれまでに何度となく気がついていたのだが、活発な陽気さは病気のように伝染する。それがテラヴィではっきりと確かめられた。私たちよりもずっと年上の女性であるナディアの魅力的な快活さがその場の全員に伝染したのだ。私たちのグループは特別なメンバーから成っていた。音楽の世界から映画の世界にやってきたザイラ・アルセニシヴィリ、仕事熱心なことにかけては誰にもひけをとらない振付師のユーラ・ザレツキ、作曲家ノダル・ガブニア。十一歳のニノ・アナニアシヴィリは、カメラテストですでに数百人の少女たちのなかでまるで宝石のように輝いていた。心優しく気さくで、働き者の優れたカメラマン、ロメル・アフヴレディアニ。才能に恵まれた美しい少年ゲガ・コバヒゼ。それに加えて、ソフィコ・チアウレリ、ゴギ・ゲゲチコリ、カヒ・カフサゼ、マリア・バウエル、ズラブ・キカレイシヴィリ、グランダ・ガブニア、画家から俳優に転身したディマ・タカイシヴィリらのスターたち。ディマはおしゃべりの輪に進んで加わった。

厳しい振付師のユーラ・ザレツキは朝早くに練習、すなわち俳優たちの容赦ない特訓を始める。私もそこにしばしば加わって、難しい踊りを身につけようと練習に熱中した。私はまったくその素養がなかったが、そんなことはまったくどうでもよかった。大事なことは、俳優も撮影隊も全員が同じ熱心さでジョージアの伝統に則ったミュージカルをつくろうとしていたことだ。この静かで落ち着いた雰囲気のテラヴィの町に朝から晩までノダル・ガブニアのメロディーが響き、どこからともなくやってきた奇妙に昂揚した人々が音楽のリズムに乗って踊りながらあちらこちらを駆け回っていた！

しかし、この世には終わりのないものはない。この素敵なアヴァンチュールも終わり、映画は問題なく承認された。この作品によって私は全ソ映画代表団の一員に選ばれ、イタリアへ赴いた。

イタリア、一九七四年、覚書
(フェリーニ、アントニオーニ、ザヴァッティーニと)

生きた過去は人間の存在を構成する一要素である。時間は、刹那的で儚く、永遠性の観点から見れば取るに足らないものをすべて消し去り、呑みこんでしまう。残っていくのは、時間の経過とともに普遍的になり、いつの時代にも新しい意義を獲得する象徴的なものだけだ。中世のイタリアでは家に二つの扉があった。一つは大きな扉で、一日に幾度となく開けられ、その扉から家族が働きに出たり、人を訪ねていったり、散歩に出かけたりし、客もその扉から入ってきた。その扉は「生の扉」と呼ばれていた。二つめの扉はもっと小さく、横側の壁に取りつけられ、知らない者にはほとんど目につかない。そこは家族の誰かが死んだときにだけ開けられた。死者がもう二度と自分の家に戻ってこないようにするためだ。この扉は「死の扉」と呼ばれていた。私はこの古い伝統を聞いて、私の国とその現在を思った。ジョージアにも「生の扉」と「死の扉」の二つの扉があるのが不意にはっきりと目に浮かんだ。専制的な圧力にもかかわらず、国は活発で充実した社会生活を送ろうと努めている——「生の扉」は広く開けられている。しかし、二つめの「死の扉」もある。滅多に開けられないその扉からジョージア人たちは古びたものをすべて永遠の墓地へ葬るために運び出す。

私は有名な映画批評家フェルナルド・ディ・ジャンマッテオとともにローマの街を歩く。

ローマには五百の寺院がある。だからローマ人たちは言う。ローマは街ではなく寺院だと。歴史と伝説が絡み合う。一つひとつの石に伝説があるような感覚になる。私たちは古いローマの狭い通りを歩き、ディ・ジャンマッテオが人々の記憶に残る古い話を語ってくれる。

ナヴォーナ広場、聖アニェーゼ教会、その伝説。身分の高い若者が美しいアニェーゼに想いを寄せていたが、アニェーゼは彼の愛を受け入れなかった。若者はアニェーゼを牢に閉じこめて力づくで従わせようとしたが、牢の入口で神が若者を殺してしまった。アニェーゼは若者を憐れんで泣き、よみがえらせた。その場所に建てられたのが聖アニェーゼ教会である。マルキ・ド・サドは伝説をこう解釈したという。若者はアニェーゼを手籠めにし、興奮のあまり気を失った。無理やり結ばれて快感を覚えたアニェーゼは若者の目を覚まさせた。

再びナヴォーナ広場、ベルニーニの噴水と教会。教会はあまりに軽く、伝承によれば、すぐに倒れてしまうだろうと誰もが恐れていた。それで、噴水に彫られた彫像の一つが教会のほうへ腕を伸ばしているのは、教会が倒れないよう支えているのだという。それに対し、教会の左側には胸の上に手を乗せた像が立っており、腕を伸ばした男性に「心配するな」と言っているのだそうだ……。

サンタ・マリア・マッジョーレ大聖堂が興味深いのは、天井じゅうにコロンブスが南米から運んできた金が貼りつけられていることだ。その金はスペイン王がローマ法王に贈ったものだそうで、そのために教会は今日もローマ法王とスペイン国王が共同管轄している。

フェリーニが映画『カサノヴァ』の撮影に私たちを招待してくれた。ローマではフェリーニについてまったく異なる二つの意見を聞いた。若い映画人や映画批評家たちの多くは彼を懐疑的に見ている。「フェリーニという神話はもう終わった」と、ある批評家は私に言った。他方で彼は天才の栄光に包まれている。記者たちが彼の一挙手一投足を追いかけ、ファンたちはまるで魔法使いのように彼を崇める。

フェリーニ自身はファンも懐疑主義者たちのことも意に介さない。彼は生気やユーモア、活力にあふれている。少し前に撮影済みのフィルム千メートル──難しい群衆のシーンだ──を盗まれ、返してほしければ大金を払えと要求された。フェリーニは要求を笑い飛ばして支払いを拒否し、さらに新しい要素も加えながら難しいシーンを嬉々として撮り直した。泥棒たちの試みは結局無駄骨だった。

私たちは興奮しながら撮影現場を訪問した。フェリーニは望ましい客を迎える気のいい主人のように、笑顔で丁重に私たちを迎えた。彼は自ら私たちの椅子を並べた（実際、私たちはソ連国家映画委員会の委員長エルマシ、映画監督ボンダルチュク、コンチャロフスキー、俳優レオーノフ、スコプツェワ、コレネワという錚々たる顔ぶれだった）。現場にはフェリーニの映画ならではの雰囲気が漂っている。巨大な群衆、壮大なセット、想像を絶する絵画的な衣装。私たちはみな職業的な羨望を感じた。ソ連では主役のためにさえこのような衣装をつくるのは難しいのに、ここでは端役の俳優までそれぞれ異なる、最高の布地から見事に縫われた衣装を身につけている。セットでもっとも目を惹くのは二十から二十五くらいはある巨大なシャンデリアだ。その一つひとつにやはり巨大な蠟燭が五十本ほど立っている。撮影の前にまずシャンデリアを下に下ろし、蠟燭に火をつける。それからシャンデリアがもとの位置に戻される。現場に十八世紀の素敵な服に身を包んだ群衆が現われる。上の中二階には人間と同じように服を着せたマネキンが人々に交じって立っている。それがシーンに独特の雰囲気を与えており、まるで人間とマネキンが同じであるかのような感覚が生まれる。つまりフェリーニは映画言語を用いて、人間は見えない力に操られる人形だと無言のうちに私たちに語っているのだ。撮影が始まる。フェリーニが声高に数える。ウーノ、ドゥーエ、トレ、クアットロ！　ウーノ、ドゥーエ、トレ、クワットロ！　この掛け声で群衆が左へ右へと向きを変える。それから全員が振り返り、誰かに挨拶する。フェリーニがイタリア語で指示を出すと、群衆はカメラに背を向け、その場を後にする。中二階から人々が彼らに似たマネキンを運び去る。そして誰もいなくなったところに、カサノヴァがやってくる。突然フェリーニならではの奇妙なシーンが始まる。炎の揺らめく蠟燭が並んだシャンデリアが下ろされる。その場は煌々と輝く世にも美しい森を思わせる。この輝くシャンデリアの森の中をカサノヴァが進んでいく……。それはまさにフェリーニ的な驚くべき光景だった！　カサノヴァはさらにしばらくこの輝く光の中を歩き回った後、その場を立ち去る。そこでシーンが終わる。

撮影は二台のカメラで行なわれた。一台は移動カメラで、クレーンで徐々に上へと上っていく。もう一台は固定されている。フェリーニは一つのシーンを別々のアングルから四回撮影する。

私たちはその前のシーンも、その後のシーンも見ていないので、作品全体について何か言うことはできない。しかし、私たちが見たのは、この驚くべき芸術家の才能と空想と情熱のまた新たな発露にほかならなかった。

それから私たちはフェリーニの家で夕食をふるまわれた。まったく普通の主婦のように料理を運んできたのは彼の妻で俳優のジュリエッタ・マシーナだった。フェリーニは盛んに飲み食いしては大いに笑い、ひっきりなしに私たちに食べものや飲みものを勧めた。私はまるでジョージアの宴会《スプラ》に来たような気がした。ただし、乾杯の言葉と歌のない宴会に。

フェリーニとは正反対であるのがアントニオーニだ！　彼は自らのアトリエでの夕食に私たちを招待してくれた。ローマの中心部、建物の最上階にある彼のアトリエは息を吞むほど素敵な場所だ。ガラスの壁に囲まれた広々とした部屋は四方がぐるりとベランダになっており、ベランダには菜園がつくられている。アトリエはこの永遠の街を上から見下ろす。その美しさの中心にいるアントニオーニは、すらりと背の高い貴族的な容姿で、神経質で、顔と腕をよく動かし、服装の趣味は洗練されている。しかし、まったく社交性に欠け、自分の内に閉じこもった孤独な男性だ。私たちのために彼が開いたその食事会のときさえ、彼はほぼずっと黙ったままで、他人の話を聞きながら時折微笑むだけだ。その反面、我々に対してすこぶる親切で、聞けば、新鮮な上質の肉を買うためにローマから二百キロ離れた場所までアシスタントと一緒に出かけていったという！　ローマでは私たちにふさわしい肉が手に入らないとは可笑しい。アントニオーニは本当にそうなのだと微笑みながら言う。こうしてわざわざ手に入れた肉で彼が自ら田舎料理をつくってくれた。リーキと玉葱、そして何かしら特別な香草で風味をつけた、ジョージアのハシュラマに似た料理だった。アントニオーニの隣には、彼とは対照的なパートナーである脚本家トニーノ・グエッラが坐っている。アントニオーニのほとんどの作品やフェリーニの『アマルコルド』『カサノヴァ』の脚本は彼が書いたものだ。『アマルコルド』がフェリーニのではなく、彼の至って主観的な個人的回想であるのは興味深い。グエッラは凡庸な顔と生き生きとした目の小柄な年配の男性で、絶えず体を動かし、話し続ける。私たちの想像するイタリア人そのものだ。プルオーバーにしわくちゃの短いコートを着て、首にはとても長い赤いスカーフを巻いている。しかし、話を聞いた後はすっかり見方が変わってしまった。彼は強制収容所で二年を過ごし、四度死にかけたと言う。少し前に「また君のいつもの誇張か！　そんな手法はもう古びて面白くない」と言い捨ててフェリーニとの契約を解消したという話も印象的だ。それによってグエッラは大金を失った。

西側の暮らしの話は私にとってまったく理解不能なこともある。アントニオーニは気に入った何人もの現代の画家の作品を生涯にわたって蒐集してきた。すでに豊かなコレクションがあるが、常に銀行に預けたままだと言うのだ！「ときどきは家に持ってくるのですか？」という誰かの質問に対して、アントニオーニは「いいえ」と素っ気なく答えた。私は幼稚な人生観のせいでこんな疑問を抱いた。失うことを恐れてずっとどこかにしまってある芸術作品が、人にいかなる喜びを与えるのだろう？　アントニオーニはなぜそんなコレクションが要るのだろう？　このような執着は何を意味しているのだろう？

再びローマの街を歩き回る。若者たちに人気の古い広場カンポ・ディ・フィオーリ。少し前、惨殺されたパゾリーニの葬列が、数千人のイタリア人に見送られてここから出発した。

ネオレアリスタの著名な脚本家ウーゴ・ピッロは、「脚本はもう書きたくない。無意味な仕事だ！本だけを書くことに決めた」と私に話す。カプリ島に別荘を持つ彼に「毎年そこへ行くのですか？」と尋ねると、「まったく行かない」と言うので、「ではどうしてその別荘を持っているのですか？」と再び尋ねると、「私が馬鹿だからだ」と。

「アントニオーニがサルディーニャ島に別荘を買った。一番近い村から二十キロ離れている。モニカ・ヴィッティは人っ子一人いない孤独に耐えられず、逃げ出した」とも話す。

人々は文明から逃げ、互いから逃げ、自分自身からも……。

ソ連映画週間の催しで『楽園での大騒ぎ』が上映されている。上映の後に私は数えきれないほどの質問を受け、議論を交わす。俳優たちの演技にとくに注目が集まる。彼ら曰く、これは西欧の人々にとってはなじみのない音楽と演出によるまったく異色のミュージカルであり、だからこそ興味深いのだそうだ。ほとんど何も知られていないジョージアやジョージア映画についての質問も多い。ジョージアの過去や長い歴史を持つ文化、我々の映画について私が話すと、彼らは興味津々な様子で聞いてくれる。このような対話がときには真夜中の一時や二時まで続き、主催者が懸命に介入してやっと終わることもある。

ローマ以外の都市でも我々の映画の上映が行なわれている。

新しい町を訪れるたびに、アレクサンドル・ブロークの言葉が耳に響く。

虚ろなものすべて、儚いものすべて

おまえは歴史の中に葬った
赤子のようにおまえは眠る、ラヴェンナよ
まどろむ永遠の腕に抱かれて

そして、永遠の腕の中で眠るもう一人の赤子、アッシジ！　山の斜面にはりついた白い町が遠くからも見える。まるでネガフィルムのように、町は徐々に姿を現わし、最後に現実の像を結ぶ。ここでは古代――ミネルヴァ神殿――が中世と融合している。町の中心には二千年前のエトルリア人の墓地がある。それらすべてがまるで昨日つくられたばかりであるかのように保存されている。

私たちは聖フランチェスコ教会で昼食をとった。僧侶たちはまず門のところで私たちを出迎え、それから大きな広間で私たちを歓待してくれた。聞けば、その広間に一般の女性が入ることはないという。そこに入ることができるのは大統領の妻たちだけだ。大統領の妻たちは聖人と見なされるのだろう。教会じゅうがジョットとチマブーエのフレスコ画でいっぱいだ！

私たちは夜にペルージャに到着した。夜には何も見えなかったが、朝になるとホテルの窓からたくさんの瓦葺きの教会や寺院とともにこの上なく美しい古い街並みが見えた。町にはエトルリア人の時代、中世、そしてルネサンス期とさまざまな時代の石壁やアーチが残っている。イタリアで驚くのは、たまたま入った寺院に思いがけずピントゥリキオとラファエッリ、あるいはジョットの絵が一緒に並んでいることだ。ペルージャで訪れた十世紀のローマ寺院ではそうだった。実に素晴らしい見ものだ！　そのそばにはペルジーノのフレスコ画が残る法廷がある。昼には学生たちのデモに遭遇した。上空を鳩が飛び交う古い十二世紀の石壁を背に、学生たちは赤い旗を掲げて「カチューシャ」を歌っていた。

ペルージャは学生の町だ。十万人の住民のうち二万人が学生だという。そのため、夕方に行なわれた私の映画の上映の際、ホールは若者たちでいっぱいだった。映画が終わっても誰も帰ろうとせず、私は質問に次ぐ質問を浴びせられた。滑稽なことに、政治とはまったくかけ離れたこのミュージカルに、多くの若者たちが政治的な観点から関心を抱いていた。彼らは、共産主義的な「同志」のように、私を「君」と呼んだ！「私が知りたいのは、君が、君自身が、君の国の統治に参加することがどれほど可能かということだ」と、太いジーンズをはいた長髪の痩せた青年が質問し、狂信的な目で私を見つめた。別の青年は不満を述べた。いや、不満と言うより、体制順応主義《コンフォーミズム》と消費主義の社会的なルーツについて映画の中で掘り下げられていないと私にけんか腰で抗議した。このような反応はすべて奇妙であったが、同時に愉快でもあった。いつの間にか真夜中になり、私は学生たちと一緒に会場を後にした。あの若い男女らの姿が今でも目に浮かぶ。みんな同じような色褪せたジーンズをはき、帽子はかぶらず色とりどりの長いスカーフを巻き、深い真剣さが表われた、啓示に満ちた表情をしていた。

私たちはローマに戻った。

それからチェーザレ・ザヴァッティーニの家を訪ねた。ネオレアリズモのこの生きる大家は七十六才か七十七歳だ。「お元気ですか？」と尋ねると、自分の頭を指さして、「ここは大丈夫だが、ほかは何もかもダメだ。三度目の手術を受けなくてはいけない」と言うので、「何の手術ですか？」と再び尋ねると、笑って、「気紛れだから、いろいろな器官の手術を受けているんだ」と言う。病気にもかかわらず、ザヴァッティーニは希望や計画や闘う意欲に満ちあふれていた。彼はフランス語で話すが、時折無意識にイタリア語になる。現代のイタリア映画について、「何か新しい動きはありますか？」と尋ねると、「新しい動きは常にあるが、私が思うに、それは本当に新しいものではない。才能あるすぐれた映画人もいて、彼らはときに良い作品をつくるが、良い作品をいくつかつくったところで何の意味もない。作品ではあっても映画ではない。今の監督たちは他人が線を引いた輪の中で仕事をしている。彼らには理念がない。何のために闘っているのか分からない」と話す。私が「ネオレアリズモは？」と尋ねると、彼は「ネオレアリスタたちは一つの闘いに勝っただけで戦争には負けた」と答えた。

彼の家は、有名な画家たちの作品の素晴らしいコレクションを展示した一風変わった美術館のようだった。展示が風変わりなのは、すべての絵が金メッキの施された縦横二十センチメートルほどの古い額に入れられていたことだ。「このサイズの絵をどこで見つけたのですか？」と尋ねると、「もっと大きな絵を買う金はないから見つかるんだ」と言って、いたずらっぽく笑う。

私たちはローマから車で、中世のアーチの街ボローニャへ赴いた。そこではイタリアとソ連の映画人たちによるシンポジウムが行なわれた。その後、私はさまざまな思い出を抱えてボローニャからトビリシに戻った。

タゴールの故郷で、サタジット・レイとの面会

瞬間のざわめきが
永遠のかすかな声をあざ笑う……
ラビンドラナート・タゴール

一九七七年、インド映画監督協会の招きで私とトルクメン人監督ホジャクリ・ナルリエフがインドのいくつかの町を訪問した。私は『太陽が見える』と『楽園での大騒ぎ』の二本を、ナルリエフは非常に興味深い彼の映画『息子の嫁』を携えていた。

インド、タゴールの故郷！ 私がインドへの旅にひどく興奮していたのはおそらくそのためだった。私たちはまずデリーの国際映画祭に参加した。そこで私たちの映画がコンペ外で上映された。その後、デリーからチェンナイへ飛び、そこから車で南部のもっとも美しい州の一つ、ケララ州へ向かった。映画監督協会の手配で、民族衣装を着たインド人の案内役が何人か同行していたのだが、彼らはお互いを常に「ジェントルマン」と呼んだ。「ジェントルマンが言いました」「ジェントルマンが来ました」などと言うのを聞くと、私たちはすこぶる愉快な気分になったものだ。途中で目にしたベンガル湾、ココヤ

シ林、バンガロー、人々……貧しくも笑顔の人々……。ここでは、私たちの星が人間で埋め尽くされているかのように思われてくる。私たちはインド洋に出た。ある場所で、ひどく珍しいことに人の姿がまったく見えなかったので、すぐに私は昔からの夢を実行に移すことにした。開けた海で泳ぐのだ。案内役たちは何も言わず、ただ微笑んでいただけだった。私は車の中で着替えて海へ走っていき、かなり沖まで泳いで仰向けに浮かんだ。穏やかな波に身を任せ、海の――そして世界の――広大無辺さをかつてないほどはっきりと感じた……。私はすっかり落ち着いた気分で岸へ戻ろうと体の向きを変えた。すると、不意におかしなことに気がついた。景色ががらりと変わっているのだ。最初は何が起きたのか分からなかったが、岸へ近づくにつれ、ついさっきは人っ子一人いなかった海岸に人だかりができているのが見えてきた。人々は海沿いの丘の上に立って、私のほうを眺めていた。一人きりだった私は少なからず困惑した。案内役たちは丘の向こうの車の中で私を待っていた。再び沖へ戻るわけにもいかず、私は岸へ向かって泳がざるをえなかった。それからようやく気がついたのだが、海岸にいたのは小さな少年たちだった。彼らは私から目を離さず、その場を動こうともしなかった。私は急いで岸に上がり、一目散に車のほうへ走った。少年たちは振り返り、やはりその場を動くことなく私を目で追った。私は息を切らして車の中へ駆けこみ、いたずらっぽく微笑む案内役たちに迎えられた。それから彼らがようやく教えてくれたのだが、インドのそのあたりでは女性が一人で海に入るなど――それも水着で――まったくありえないことだという。そのせいで、この奇妙な事態を一目見ようと付近の少年たちが集まってきたのだった。「前もってあなたに何も言わなかったのは、子供たちが誰かを困らせたりするようなことは決してしないと分かっていたからです」と、「ジェントルマンたち」ははにかんだ笑顔で説明した。

途中でもう一つ事件があった。夕方に私たちは道沿いのみすぼらしい食堂で食事をとり、旅を続けた。それから五十キロほど進んだ頃だったろうか、私とナルリエフのパスポートと現金が入ったかばんがないことに気がついた。当時、外国でパスポートを失くすことが何を意味していたか知る人でなければ、私たちがどれほど慌てふためいたか想像がつかないだろう。私たちは大急ぎで道を戻り、絶望的な気持ちで食堂に飛び込んだ。食堂の店主は私たちの姿を見るとたちまち満面の笑顔になり、テーブルの下にしまってあった私たちのかばんを取り出した。驚いたことに、どうやら私たちはかばんを食堂の中ではなく、外で写真を撮った際に道路脇に忘れてしまっていたらしい。それを使用人の一人がたまたま見つけて店主に届けた。かばんは開けられもせず、その貧しい店主には相当な大金だったはずの現金にはまったく手がつけられていなかった。私たちは国から土産物として持っていったものをすべてこの二人に渡した。すると彼らはいつまでも私たちに礼を言い続けていた。

ハイデラバードでは、私たちの泊まった五つ星ホテルの真向かいの屋根もない場所に大家族が暮らしていた。全裸や半裸の子供たちが地面の上を這い回るなか、女性たちが火を焚いて何かを茹でていた。ぼろ切れを布団にして眠っている者もいる……。映画監督協会は金銀で飾り立てられたあるプロデューサーの別荘で私たちのために歓迎会を開いてくれ、特別なインドの踊りや歌が披露された……。

映画スタジオにはセットが用意されていた。巨大なホールに大理石の階段、まったく同じ豪奢な部屋がいくつも続いており、それぞれの部屋で別々の映画がつくられている。そばには寺院のセットがある。中央の像がときにはヴィシュヌに、ときにはシヴァに取り換えられ、それに応じて寺院の様相も変わる。このようなセットで年間約四百本つくられる映画にインドの人々（のみならず外国の人々も）が大いに熱狂する。私たちはそんな映画の上映にも一度立ち会った。俳優たちが髪を掻きむしり、目を回して叫び声を上げると客席じゅうが俳優たちと一緒にむせび泣く。その一方で、インドにはまったく異なる素朴で深みのある本格派の映画も存在する。私たちを招待した協会の監督たちはまさにそのような映画をつくっている。そうしたインド映画のもっとも重要な人物が世界的に有名な映画監督であるサタジット・レイで、私たちは彼に会う機会を得た。背が高く、痩せた行者のような風貌で、東洋的な美しさをたたえた男性だ。考えに耽りながらも、顔には笑みを浮かべている。私たちの映画の上映の後、インド映画監督協会のメンバーたちとの会合が設けられ、私はいにしえからのインドとジョージアとの繋がりについて語った。九世紀にインドの伝承をジョージア語に翻訳した『バラフヴァル（バルラーム）の知恵』が書かれたことや、「豹皮の騎士」の主人公がインド人であり、その主人公が愛する女性がインドの王女であることなどを話した……。それらの話は驚きと関心を惹き起こした。もちろんタゴールにも触れ、私の翻訳した「庭師」と「迷い鳥たち」が入ったジョージア語のタゴール作品集を協会に寄贈した。インドの人たちは大いに満足し、いつもの微笑みがもはや彼らの顔から消えることはなかった。サタジット・レイは、「どうしてタゴールを？　いったいどこから？　これはまことに驚くべきことだ。ジョージア人の女性映画監督がなぜかタゴールを訳すとは！」と言っていたずらっぽく笑った。

インドの精神性がもっとも息づいているのは過去の遺跡だ。国のきわめて豊かな歴史を物語る宮殿や寺院など遺跡は至るところにある。私たちが最初に見た遺跡はタージ・マハルだった。私たちのガイド曰く、「石の中に具現した愛」である。それから七世紀に建てられた海辺の寺院マハーバリプラム。岩山を削って描かれた驚くべき絵と一枚岩の彫刻……。私たちはその他にも数多くの遺跡を見学した。

しかし、過ぎ去った日々の栄光のほかに、今日のインドには私たちを魅了するものがもう一つある。それはインドの人々ならではの笑顔に表われた特別な飾らなさと気さくさだ。ときにはまったく予想もしない場所でその笑顔に遭遇することもある。ごみだらけの場所で赤子に乳を吸わせながら坐る母親の姿が忘れられない。その周りを四、五人の子供が這いずり、駆け回っていて、彼女は子供たちをおとなしくさせようと叫んでいた。そのとき、彼女は予期せず外国人の私たちの姿を見つけた。そして私たちを見上げて、まるで何の悩みもないかのように親しげに私たちに微笑んだ！　子供たちも立ち止まり、私たちを笑顔で見つめた。また、私の記憶にはこんな光景も焼きついている。少女たちが海から出て駆け上がってくる。相当に大勢だ。どうやら学生のようだ。インドの習慣どおり、服を着たまま海水浴をし、体にぴったりと沿った赤や黄色、紫、緑の濡れたサリーを着て海岸を駆けてくる。もちろん、顔には魅力的な微笑みを浮かべている。まるでこの少女たちについて書かれたかのようなタゴールの詩の一節が頭に浮かぶ。「君の微笑みは野の花……」

しかし、インドではあからさまな悲劇と絶望も目にした。ハイデラバードで、人のごった返した大通りを五十人ほどの男性の集団が歩いてくる。全員がドウティを身にまとっている（ドウティは男性用の民族衣装で、長くて白い布だが、使い古されて灰色になっていることが多い）。集団を先導する男性が前のほうへ差し出した腕には、かつては白かったはずの汚れたぼろ切れが乗っている。そのぼろ切れにくるまれているのは子供の死体だ。それは貧者たちの葬列だった！

この旅で私にはインドの三つの姿が心に残った。精神性が刻まれた過去の遺跡、貧しさ、そして笑顔である。そのすべてはないまぜになり、この国に東洋的な魅力と謎めいた香りを与えている。それはまた、飾らない気さくな人々に対する消えることのない同情を呼び起こしもする。

セルゲイ・パラジャーノフ、ムタツミンダ地区の彼の驚くべき家を我々はいかに失ったか

何年だったか正確には憶えていないが、一九八〇年代初めにセルゲイ・パラジャーノフが逮捕された。私たちみながセルジカと呼んでいた彼は、すでに傑作『火の馬』や『ざくろの色』を発表していた。それらの映画はいかなる政治的なメッセージも含んでいなかったが、美を追求する自由な精神が放つ輝きが全体主義体制の存在を明確に否定していた。体制側の者たちはそれをよく理解していたので、映画の作者にあれやこれやとありふれた罪を着せてたびたび監獄に閉じこめた。私を含め、彼と親しかった映画監督たちはひどく心配していた。ジョージアで逮捕されたとき、彼はもう若くもなければ健康も損なっていたからだ。そのため、ある日、建築家のブツァ・ジョルベナゼを介して「助けてくれ。これ以上ここにいるのは耐えられない」という監獄からのセルジカの伝言を聞いたとき、私はすぐにシェヴァルドナゼに会いに行くことにした。彼はいつものようにその日のうちに私を迎えてくれた。落ち着いた面会にはならなかった。私はあらゆる論理と感情を盾にして、この偉大な芸術家を無実の罪で監獄に留めておいてはいけないと説得にかかった。眉をひそめて話を聞いていたシェヴァルドナゼは最後に言った。パラジャーノフは彼の関与外で、モスクワのKGBの直接の指示により逮捕されたという。シェヴァルドナゼ自身もこのような映画監督が拘置されているべきではないと考えており、釈放されるよう手を尽

くすという言葉に、私は希望を抱いて中央委員会の建物を後にした。外ではブツァが私を待っていた……。その面会から一か月も経たないうちに、セルジカは解放された。彼の体はぼろぼろだったが、落ち着きがなく、気性が激しく、自己矛盾を抱えているのは相変わらずだった。彼は人生を新たに始めるために監獄から出てきたのだった。明るい情熱と暗い情熱に満ちた、すべてを美が支配する人生！　彼は撮影現場であれ、監獄であれ、日常の暮らしの中であれ、あらゆる場所で美をつくりだした。ムタツミンダ地区の彼の家は、小さな家々がくっつき合って並んだどことなく見苦しい地区にあって、美の奇妙なオアシスだった。周りのすべての家々と同じように不格好な小さな暗い部屋。しかし、そこには彼の才能が刻み込まれていた。内側から照らされた驚くべきコラージュや人形、衣装のスケッチ、自画像、数々の奇妙な浮き彫りで飾られた水色のベランダ……。すべてが過剰で、まだらで色とりどりで、いわゆる「良い趣味」ではなく、度を越えた空想の産物、独特の東洋的バロックだった。彼は宝石や美しい物を熱狂的に愛し、それらを売り買いすることを好んだ。自由な人間のあけすけさで、彼は「映画は私の趣味だが、私の生きる意味はこれだ」と言っては、テーブルの上に広げたダイヤモンドやエメラルドを私に見せたものだ。しかしながら、彼が何より好きだったのは人に贈りものをすることだった！　今でも私の家にあるもっとも美しい物はセルジカからもらったペルシアのスカーフや卓布、人形や敷物だ。映画が彼にとって何であったのかは分からないが、人に贈りものをすることは間違いなく彼の趣味だった。彼の姉が亡くなったとき、私たちは通夜に行った。セルジカは棺のそばに悄然と立っていて、私たちのお悔やみの言葉を悲しげに聞いていた。しかし、私が帰ろうとすると、突然隣の部屋へ走っていき、何枚ものを敷物を抱えて私を追いかけてきた。「今日はこれを君にあげなければいけないと思っていたんだ」と。

パラジャーノフの映画には彼にしかない不思議なリズムがある。静止したカメラ、動かない映像、映画の本質と対立するような不動性。しかし、まさにそのリズムと不動性によってほかの何にも似ていない美しさがつくりだされる。彼の美意識は唯一無二で、それゆえにこれほど世界的に評価されたのだろう。

この世界的に認められた芸術家は私たちの街の住民だった。その出自、性向、精神においてまさにトビリシの人間だった。彼の両親はムタツミンダ地区に住んでいて、彼自身もここで生まれ、ここに葬られることを望んでいた。冷笑的で懐疑的な性格にもかかわらず、彼は生まれ育った街を心から愛していた。映画にならなかった彼のもっとも私的な脚本『告解』は、それまで口にしなかった愛情を宣言したものである。だからこそ、過激な愛国主義によってジョージアが彼の家を失ってしまったのは残念でならない。私たちは壁に絵が描かれた水色のベランダの家を失ってしまった。その家は世界的に有名な博物館になっていたかもしれないのに。彼のコラージュや彼の映画も失ってしまった。そして何より、私たちの芸術における鬼才、パラジャーノフその人を失ってしまった。この損失は決して埋め合わせることができない！

『インタビュアー』、サンレモ映画祭、ラドの死

演出が視線だとすれば、
編集は鼓動である。

ジャン＝リュック・ゴダール

波乱と痛みと苦労と喜びに満ちた、私の人生のまた新たな一時代が始まった。映画『インタビュアー』〔原題『個人的な問題に関するいくつかのインタビュー』〕の製作だ。その過程はラドの病と死と劇的に重なった。

我が家の日当たりのよい大きなガラス張りの部屋にエルロム・アフヴレティアニ〔作家・脚本家（一九三三―二〇一二）〕、ザイラ・アルセニシヴィリと私の三人が坐っている。私たちはしばしば我を忘れて言い争う。一見おとなしく敬虔なエルロムは、仕事になるとキリスト教徒のもっとも大事な性質である寛容さを失い、殺気立ってけんか腰になる！　私とザイラも負けていない。傍から見れば、この三人はけんかの他は何もしていないように見えるかもしれない。ときどきラドが部屋の中を覗き、私たちのものすごい形相を見て腹を抱えて笑う。

脚本が肉付けされて次第に形になっていく。一人の人間の人生、他者の人生との交錯……これが私の

主要な構想だった。主人公の過去、女性たちのインタビュー、具体的なエピソードという三つの別々の層が絡まり合うことに関心があった。このアイデアはずっと以前から持っていたのだが、この映画でそれをやっと実現できた。個人的なドラマ、痛ましい過去の重荷を抱えた一人の女性と、運命に見放されて絶望している女性たち、そして、人生に満足している女性たち。大きく言えば「女性と時代」あるいは「女性と時間」だ。

過去というテーマは私にとって何よりも重要だった。母親が十年の流刑から戻ってくる——これは私の個人的な悲劇であるとともに国じゅうの心の痛みでもあった。このエピソードは私の経験のもっとも私的な部分、もっともドラマティックな思い出に基づいている。同時に、それはソ連映画においてそれまでタブーとなっていたテーマだった。まさにそのためにまず脚本が、そしてその後は映画が大きな障害にぶつかることになった。

主人公ソフィコの母親を誰に演じてもらおうかと私は昼も夜も考えていた。目に浮かんでいたのは当然ながら私の母で、映画の中の人物を私が実際に接した人物に近づけてくれるような何かを、どの俳優にも見出すことができなかった。ただ一人、どこかしら母を思わせた女性がケトゥシア・オラヘラシヴィリだった。それは彼女も若い時期をずっと監獄や流刑先で——一時期は私の母と一緒に——過ごしたせいかもしれない。しかし、俳優の仕事とはまったく縁のないケトゥシアが出演に応じてくれるだろうか？　演技をしてくれるだろうか？　母に近づけるのか、あるいは母をあきらめることになるのか、それが彼女の返事次第で決まるかのような不安を抱えて、私はケトゥシアを訪ねた。すると驚いたことに、ケトゥシアは迷いもなくカメラテストに応じてくれた！「やってみましょう」と。そして「もし私にできるのなら、ヌツァのためにやらないわけにはいかない」とさも当然のように言った。

当時の覚書から。

今日はスクリーンにケトゥシア・オラヘラシヴィリを映してみたが、すぐに私が思い描いていた像にぴったり一致するという稀有な感覚があった。彼女のあらゆる仕草や眼差しに、彼女の過去、若い頃に夢や希望を断ち切られたことによる現在の痛み、運命の不可避性、そしてこれまで彼女の身に起こったあらゆる悲劇が感じられるのに驚く。一言で言えば、彼女は辛苦や激情に満ちた来歴を身にまとっている。偉大な指揮者エヴゲニ・ミケラゼ〔一九三七年に粛清された〕の妻であること、二十三歳で断ち切られた輝かしい人生、子供との悲劇的な不和、運命との非力な格闘……。

ケトゥシアが主人公ソフィコの母親を演じることにもはや何の疑いもない。まるで母が再びここに、隣にいるようで私は幸せだ。私にとって映画の核心的なシーンは流刑からの母親の帰還であるので、これはとりわけ重要なことだ。その場面で私は、映画言語を通して私の非常に個人的な経験を伝えたい。そのときの私の説明のつけがたい、喜びのない期待、無感情にまで至った虚脱感を。

主人公には最初からソフィコ・チアウレリを想定していた。彼女は私の想像していた主人公そのもので、その予感は撮影のあいだに確信に変わった。ソフィコとの仕事は集中的で充実し、撮影のプロセスをまたとない時間にする素晴らしいサプライズに満ちていた。こんなエピソードが記憶に残っている。ソフィコは通りで恋敵の後をつけるシーンを演じるのにひどく苦労していた。自分ならこんなふうには行動しない、このような行動は人格を貶めるもので、彼女の中にあるものとまったく反しているなどとソフィコは言う。一方、私は主人公が最終的にカタルシスを得るためにはこの侮辱的な過程を経る必要があると深く確信していた。このシーンの必要性をソフィコに理解してもらうには時間がかかり、彼女は結局納得しないまま演じた。彼女が私の考えの正しさをようやく認めたのは、撮影した映像を一緒に見たときだった。私は本物の俳優が秘めている大いなる可能性にあらためて思い至った。この場面の最後に主人公が見せる痛ましくも皮肉げな微笑みは、撮影のその瞬間にソフィコが直感したものであり、主人公に得がたい色合いを与えた。

ソフィコの夫を演じる俳優を選ぶのにも苦労した。夫は人間的な魅力を持ち合わせた人物でなければならない。その魅力ゆえに彼とソフィコとの関係は複雑で多面的なものになるのだ。最終的にアルチルの役に選んだのはギア・バドリゼだった。ギアはさまざまな分野の教養を具えた本物の読書家で、周囲のすべてに対して皮肉屋で嘲笑的だった。彼の話しぶりにもっとも特徴的なのは薄笑いで、私が想像していたアルチルの姿にぴったりだった。私の選択が正しかったことを示すこんなエピソードもあった。パリでの女性映画祭で、ある男性が壇上で私にこう言った。「私はあなたに感謝したい。この世で起きるすべてについて私が唯一の悪者であるかのように感じない映画は、この映画祭であなたの作品だけだった」と。

ジャンリ・ロラシヴィリとの仕事も大いに心地よいものだった。ジャンリは非常に興味深い独特な俳優だ。彼は常に予測のつかない奇妙な展開や印象的な仕草を模索する……。彼は撮影の途中で不意にこのような演出を考えた。ソフィコがアトリエを立ち去った後、壁にもたれた彼は突然激しく壁紙をむしり取り、顔を覆う……。思うに、この仕草はきわめて個性的な絶望の表現だった。

そうして映画の製作に没頭している途中で、思いがけずラドが手術を受けなければならないことが判明した！　その日から、ラドの苦しみは私の存在の一部となり、撮影や編集の作業に常につきまとうことになった。私の記憶の中ではラドと『インタビュアー』のさまざまなシーンが分かちがたく結びついている。

モスクワで、手術の前にラドは私に言った。「君はいつも僕の友人だっただろう？　だからお願いだ。僕の病気をはっきり教えてくれ。そうすればどう行動すべきか決められる。どうせ助からないなら手術を受けずに山へ行き、誰にも決して見つけられないように姿を消そう。君たちもそのほうが楽だろう」

私がどんなに困り果てたかおそらく想像がつくだろう。心の奥ではラドの気持ちはよく理解できた。母の最期の日々が思い出されたからなおさらだ。しかし、彼の子供たち抜きに決断することはできず、私はゴギに相談した。彼も困惑し、その言葉が単なる思いつきでないことを私と同じように感じ取った。ラドはそのような状況にあっても決して自分を失わないのだ。それから私たち二人はもう一人の息子ラドを待った。彼は私たちの話を聞き、ためらうことなく言った。「それは無理だ。助かる可能性が一パーセントでもあれば、それを試さないといけない」私たちは医師としてのラドのその考えに黙って従った。

私たちはトビリシに戻った。病魔に侵されたラドはそれでもプロジェクトをいくつも抱え、未来の建築物のスケッチを描いたりしていた。私は映画の編集を続けた。ある日、ラドは「もし運命が一つでもチャンスを僕に残してくれたなら、それを享受する」と言った。しかし、そのチャンスはもう残されていなかった。

映画を製作するさまざまな過程の中で、私がいつももっとも興味深く思ってきたのは編集《モンタージュ》の作業だ。『インタビュアー』では、編集が私にとって映画をつくりあげる最重要の手段になった。映画はまさに編集の机の上で生まれたと言えよう。最初はまず脚本のとおりに素材を並べ、映画の冒頭にすべてのインタビューのエピソードを集めたが、どうも大事な何かが足りない気がした。インタビューに答える女性たちの運命がソフィコの運命と繋がっているという感覚がなかった。その問題の解決は編集によってのみ可能だと私は本能的に悟った。私の机の上には、写真家がソフィコの勤める新聞社にやってきて、彼女の関心を惹こうとするシーンのフィルムが広げられている。ソフィコはどこか一点を見つめていて、写真家の言葉は耳に入らない。ソフィコのこわばった顔を眺めていると、不意に重い扉がきしむ音と「私を放っておいて！」という絶望した女性の声がはっきり聞こえてくる。そこで私は気がついた。扉がきしむ音とその声を聞いているのは私ではなく、ソフィコなのだ。私はすぐにベルタ・ハパヴァのエピソードを映画の冒頭から切り取り、扉が開いて女性が叫ぶショットをソフィコのシーンに繋げてみる。それは発見だった！　新たな編集によってできあがったのはこのような場面だ。ソフィコがぼうっとして坐っている。イラクリが彼女に何かを話しかけるが、ソフィコは耳を貸さない。ソフィコは扉のきしむ音を聞いている。その扉はまったく別の場所で別の時間に彼女の目の前で開いたものだ。彼女は扉の向こうで怒り狂う女性を見ている。女性は「私を放っておいて！　私に構わないで！」と叫んでいる。私が望んでいたのは間違いなくこれだった。一人の人生が別の人生と有機的に結びついた。一人の絶望がもう一人のドラマを強調する……。その場面の続きはこうだ。女性はソフィコの目の前で扉をばたんと閉める。新聞社に坐っているソフィコはかつらを外してゆっくりと立ち上がり、部屋から出ていく。

こうして図らずも発見した新たな手法を用いて私は映画全体を編集した。それによって無意味な導入部は消え、映画は新しい形を得た。他人である女性たちの運命がときには対照的に、ときには同じ感情を強調するものとして、ソフィコの人生の流れにおのずと結びつき、それが主人公の像にさらなる彩りを添えた。このような編集方法によって感情が理性に勝利し、主題の向こう側に情熱が立ち現われ、空間を時間に従属させることができたように思う。

また、この手法によって、私にとって重要な考えを実現できたように感じられる。ソフィコは単にこの女性たちのインタビューを行なうだけではなく、毎回、彼女たちに自分を重ね合わせるのだ。彼女は養老院へ行くことを望む老女になり、誰にも会いたくないという絶望した女性になり、またあるときは工場の労働者や図書館の管理人になる……。彼女はこの終わらない独白を独りきりで続けているのかもしれない。そうして、「私はあの追われた奴隷だ」とホイットマンが書いたように、自分を他者に同化させる。

映画の音楽はギア・カンチェリが担当してくれた。彼の交響曲は最近ヨーロッパやアメリカで確かな評価を得ている。ギアはすぐれて面白い人物だ。彼ほど率直で、判断や行動が明確で、ユーモアにあふれた人はなかなかいない。彼は私の四本の映画に音楽をつけてくれた。彼との仕事はいつも相互理解の喜びをもたらしてくれる。ギアは作曲家にしては珍しいほど映画の編集を深く理解しており、私はそのことにこの『インタビュアー』を製作するなかで気がついた。彼の反応は非常に興味深く、しばしば新たな決断を行なうべく私の背中を押してくれた。また、ときには映像を彼の音楽に合わせて編集することもあった。

ラドは苦しみ、痛みを克服しようとあらゆる手段を試みた。亡くなる十日ほど前、彼は驚くべきことをした。当然ながらベッドから離れることは許されていなかったが、最後の力を振り絞って山へ出かけたのだ。亀湖《クストバ》の上のほうまで登り、好きな場所を歩き回った後、絵に描いたような美しい枝を持って心底幸せそうに戻ってきた。一緒に私も幸せを感じた。その行動は彼にとって病気に打ち克ったことを意味していたからだ。

亡くなる数日前、ラドは私に言った。「僕が君の邪魔をせず、みんなが言っているように、君がこれまでで最高の映画をつくったのがうれしい」と。

ラドは非キリスト教徒として生き、親しい人々への愛情と感謝にあふれたキリスト教徒としてこの世を去った。

映画は完成した。しかし、モスクワではなかなか承認が得られなかった。「映画の家」ではこんな意見が聞かれた。「この過去の話やインタビューは余計だ。映画に何も加えていない。二人の愛と別れの話だけ残せばはるかに興味深いものになるだろう」と。私にとってはそれはあまりに受け入れ難く、そうするくらいなら承認されないほうがましだった。失望した私はあらゆる修正を拒んだ。作品を非常に気に入ってくれたゲラシモフが積極的に擁護してくれたが、映画の運命の決定にもっとも大きな役割を果たしたのはやはりエドゥアルド・シェヴァルドナゼの直接の介入だった。彼は作品について何の疑念も持たず（私たちの慣例で、新作を見るために彼はいつも直接スタジオへやってきた）、「映画の家」の代表フィリップ・エルマシに電話で意見を伝えた。するとたちまち映画は何も削除することなく承認された。

その後、まったく予想もしなかった電話を受けた。ベルリン国際映画祭でもっとも興味深く知的なイベントであるフォーラム部門を創設したウルリッヒとエリカのグレゴール夫妻が、私を映画祭に招待するという！　私はもちろんその知らせに感激したのだが、「映画の家」が原則どおりに「監督は撮影で忙しいので行けないが映画は送る」と返事をしていたことを後で知った。そうして私の作品はベルリン映画祭に参加することになった。ところが、作品はソ連の現実にまままある、お決まりの運命をたどることになる。これは一九七九年のことで、その年、ソ連代表団が米国の作品『ディア・ハンター』に対して激しく抗議し、上映を中止するよう要求した。しかし、その要求が通らなかったため、ソ連代表団はやはりお決まりの対抗措置を取った。ソ連側全員が映画祭への参加を取りやめ、ソ連映画は一切上映されないことになったのだ。

こうして始まった『インタビュアー』の映画祭めぐりだったが、幸いなことにその後は幸運が待っていた。一か月後、『インタビュアー』はサンレモ映画祭に招待され、今度はどういうわけか私にも渡航の許可が下りた！

私は初めて国際映画祭に参加した。

サンレモはアドリア海の沿岸、山の斜面にはりついたファッショナブルな保養地だ。到着して、まず大いに困ったことに、アリタリア航空のストライキのせいで『インタビュアー』のフィルムの行方が分からなくなってしまった。モスクワから三月一日に発送されたが、三月十八日になってもまだ到着しない。イタリアのあちこちの空港で捜すも見つからない。映画祭の代表者ニーノ・ズッケーリ――ひどく小柄で、イタリア人のなかでもとりわけ情熱的な男性だ――は絶望して手を振りながら言う。「映画祭の関係者がローマ空港で、ストライキのせいで外国から届いた荷物が放置されている場所をくまなく捜し回りましたが、フィルムは見つかりませんでした」深刻な事態だが、ユーモアが少しは気休めになる。私は公式には映画祭の参加者であるが、同時に、映画が見つからなければ参加者ではない……。

しかし、ついにフィルムは見つかり、満員のホールで上映が行なわれた。照明が消えてスクリーンが明るくなり、作品の冒頭の映像が映し出されると、私はひどく孤独を感じた。そこには私の親しい人も、同じ国の人も、知り合いすら一人もいなかった。まるで何かの力によって大海の中に放り出され、海岸がどちらの方向にあるのかも分からないような感覚だった。しかし、映画が始まり、観客が静まり返ると、私は観客とスクリーンが見えない糸で繋がれたのを第六感で感じ取り、私を応援してくれる人が誰ひとりいない外国に来ていることもすっかり忘れてしまった。私はこの見知らぬ人々に交じって坐り、まるで初めて見るかのように映画を見た。それから拍手やお祝いの言葉があり、記者会見では非常に興味深い質問をいくつも投げかけられた……。新聞には批評記事が載った。とくに胸に響いた記事の一節を引用したい。「作品の中で歴史の激しい風が吹く。過去はまるで雲のように我々の頭上に浮かんでいる。その雲の下で我々は暮らし、人を愛し、さまざまなことをする。雨は降らないかもしれないが、雲はいつもそこに、我々の頭上にある」

そのとき私は初めて映画祭の楽しみを味わった。新しく知り合った映画監督たちと映画について際限なく話し、一緒に海岸を散歩してはさまざまな作品を見た。

映画祭が終わった。その日は授賞式が行なわれることになっていた。朝、私は電話で起こされた。それはひどく奇妙なことだった。飛び起きて受話器を取ると、ニーノ・ズッケーリの声が聞こえた。彼は極度に興奮した様子でフランス語とイタリア語を交えながら早口に何かをまくしたてていた。私はしばらく何も分からなかった。そのうちに「グランプリ、グランプリ……」と彼が言うのが聞こえたが、その真意を理解するまでにはさらに時間がかかった。私よりもずっと興奮したズッケーリはようやく少し落ち着いて言った。映画祭のグランプリが私に与えられるのだという。それと同時に、誰にもそれを言わないよう念を押された。夕方に授賞式が行なわれるまで、これは厳重な秘密なのだ。私は口外しないことを約束し、呆然となってホテルのレストランへ向かった。そこでは映画祭の参加者たちが朝食をとっていた。私が静かにテーブルにつくと、隣のテーブルからポーランド人の監督たちがうれしそうに私に手を振っているのが見えた。明らかに何かを私に祝っている様子だったが、私はまだズッケーリとの約束を破るまいと素知らぬふりをしていた。しかし、それはもはや滑稽になりつつあった。というのも、さらにフランス人たちも――最初は遠くから、その後に一人が立ち上がって私のそばへやってきて――お祝いしてくれたからだ。しまいにはレストランじゅうが私に乾杯をし、作品の受賞を祝ってくれた！私は笑いながら、イタリア映画にならってこのエピソードを「イタリア式の秘密」とでも名づけたらいいと考えていた。

その後、私は『インタビュアー』とともにパリやスイスのロカルノ映画祭、日本などへ招かれた。ニューヨークの現代美術館からも招待が届いたが、アメリカとの外交関係の緊張（ちょうどソ連軍がアフガニスタンに侵攻したときだった）を理由に渡航の許可が下りなかった。ここでもいつものメカニズムが働いた。「映画の家」から映画祭に対し、私が新作の撮影で忙しいので行けないと伝えられたのだ。それでも映画は上映され、当時のソ連映画に対してはきわめて異例のことに、「ニューヨーク・タイムズ」紙に作品を賞讃する記事が掲載された。その後、『インタビュアー』はアシガバートの全ソ映画祭でグランプリを獲得した。挙句には、信じがたいことに、ソ連の国家賞を与えられた！少し前にこの映画を禁止しようとしていた人々が熱心に私にお祝いを述べたのが今も記憶に残っている。

ジョージアは言語を守った

お前は不死から流れ出た
美しさもお前によって述べられた
我が光よ、お前に栄光あれ
ジョージアのことばよ
ジョージアのことばよ!

ギオルギ・レオニゼ

一九七八年という年は、初めての国民的な動乱の年として我が国の歴史に刻まれた。ジョージアの社会——学生や知識人たち——が自らのアイデンティティのもっとも重要な象徴の一つであるジョージア語を守ったのだ! 私はこの事件に係わったことを今も幸せに思う。共産党地区委員が全員出席し、古い映画スタジオの集会所で開かれた映画人同盟の総会で、私とザイラ・アルセニシヴィリはジョージア語の公用語としての地位を擁護する演説を行ない、地区委員会の書記らを大いに動揺させた。そのときはまだ誰も、ジョージアの政府が人々の側に立っていたことを知らなかった。

速記録から私の演説の一節を引用する。

私は今日が、ホールに坐っている人々も、議長団席に坐っている人々も、私たち全員が考えを共有している特別な日であると思います。しかし、同じことを考えているのに、残念ながら、私たちは同じことを述べていません。実際に考えていることを舞台裏で親しい人とのあいだで述べつつ、それとは違うこと、しばしば正反対のことを公式な場で壇上から述べるというのは、私たちの社会においてすでにありふれた現象です。しかし、我が国の歴史において特別な日である今日、このような振る舞いは背信です。今日、言葉を濁し、自分の態度をごまかすことは、我々が共有する崇高な目標に対する裏切りです。

自分の国がどこへ向かっているのか、自分がどこに立っているのか、自分にとって何が大切であるのか、自分がもっとも懸念することは何か、それについてよく考え、選択を行なわねばならない決定的な瞬間が国の歴史の中にはあります。それについて考えるために、私たちの一生がいかに短いものであるか、そして私たちが絶えず死と向き合っていることを、おそらくもっと頻繁に思い起こさねばならないでしょう。そうすれば分かるはずです。根本において我々が正しくなければ、我々の社会や民族に対して正しくなければ、個人的な幸せも地位も私たちが撮る映画もまったく無意味であるということが。

ですから今日ここで、私は同僚たちの前で、一生をともに過ごしてきた人々の前で、こうして包み隠さず直接に、この問題に対する私の立場を表明したいと思います。自分の国においてジョージア人は自分の言語で話し、書き、生活しなければなりません。すなわち、ジョージアの公用語はジョージア語でなければなりません。議論の余地はありません。これは人々の意思であり、何ものもそれを邪魔することはできません。（拍手）

人間の本質をもっともよく表わす、生まれながらの感情があります。それは母親や生命に対する愛であり、己の土地と言語に対する愛です。

露に濡れた草の上を裸足で歩いたことがなければ、故郷とは何であるのか……。己の土地に、己の野原に生えたその露に濡れた草がなぜ特別に愛おしいのでしょう。人はそれを己の母親を愛するように愛します。それは自分の母親なのです。このことがすべてなのです。己の故郷もその露に濡れた草と同じです。それと同じく、最初に話す言葉、親しい人の死を悼む言葉、子が生まれた喜びを表わす言葉、それが己の言葉、母なる言葉なのです。(拍手)

私はこの拍手をとてもうれしく思います。分かっています。この拍手は私に対するものではありません。拍手が表わしているのは、我々全員が同じように懸念している、このきわめて重要な問題に対する一致した態度です。近年、我々全員が意見を同じくする問題の範囲はずいぶん狭くなりました。だからこそ、私たちの意見が一致しているのは本当に大きな幸せです！

演説の最後に、私はあらゆる場を、とりわけ最高会議を、我々の正当さを主張するために利用すると述べた。この言葉は地区委員会の書記たちを大いに刺激した。

そして、四月十四日がやってきた。ルスタヴェリ大通りは学生たちに埋め尽くされた。政府庁舎では最高会議の会合が行なわれていた。期待、不安、緊張がないまぜになっていた。口を切ったのはシェヴァルドナゼだった。緊張は最高潮に達した。誰かがシェヴァルドナゼのそばへ行って何かを耳打ちした。シェヴァルドナゼは一旦演壇を降りたが、その後、再び壇上に戻った彼はまったく別人のようだった。そして、待ち望んでいた言葉が聞かれた。ジョージアの公用語はジョージア語であると！　議場は大騒ぎになった。私たち全員の幸せは計り知れなかった。

こうしてジョージアの人々は最初の民族的な勝利を勝ち得たのだった。

新しく得た友人たち

私のモスクワの友人たちにリーリャとシーマのルンギン夫妻がいる。シーマは『断末魔の苦しみ』（監督エレム・クリモフ（一九八一））をはじめとする反響を呼んだ数々の映画の脚本を書いた。一方、リーリャは文学者でフランス語、ドイツ語、スウェーデン語に通暁し、『屋根の上のカールソン』や『長くつ下のピッピ』など多くの西欧文学の名作を翻訳した。シーマはもの静かで沈着、遠慮がちでいつも控えめだったが、妻のリーリャは活発で行動的、情熱にあふれ、一か所に留まることを知らなかった。そのような違いにもかかわらず、あるいはもしかしたらその違いのおかげで、二人は稀に見る睦まじい夫婦だった。そして、二人を前に動かす力がリーリャだった。好奇心でいっぱいの彼女は、すべてを彼女に任せっきりのシーマを片時も休ませることなく、ソ連の各地へ連れていったり、渡航の道が開けた後にはヨーロッパのさまざまな国を一緒に旅した。私と友人になる前にも二人はすでにジョージアを何度か訪れていたが、知り合った後に、私たちは一緒にジョージアのすべての地方を回った。『昼は夜より長い』の製作を始めたときには、二人は私が俳優を選ぶのを手伝うためだけにトビリシにやってきた。私はモスクワでルンギン夫妻を訪ねるのがとても好きだった。宮廷風の古い家具でしつらえられ、素晴らしい蔵書のそろったカリーニン通りの彼らの家は、私の大好きな場所だった。そこは客をもてなす精神にあふれた心のオアシスだった。リーリャは料理に長けており、新しい料理を考え出したり、何もないところから絶品の料理をつくりだす達人だった。彼らの家がモスクワっ子や遠来の客でいつもいっぱいだった理由の一つは、リーリャの料理だったかもしれない。私たちは居心地のいい台所に坐って、芸術、文学、人生などあらゆるテーマについてしばしば真夜中まで話し込んだものだ。ルンギン夫妻には子供が二人いた。詩人の心を持った美しい下の息子ジェーニャはいつもせかせかと忙しなく、そのせいで暮らしもなかなか落ち着かなかった。上の息子パーシャはすでに四十歳くらいで、シーマは彼の人生をひどく気に病んでいた。あるときシーマは、「パーシャの友人たちはみなそれぞれの道を見つけたのに、あれほど教養も才能もあるパーシャは凡庸な監督たちに脚本を書く脚本家どまりだ」と私に言った。しかし、その言葉を聞いてから一か月もしないうちに、パーシャのヨーロッパでの目覚ましい成功が始まった。彼がフランスのプロデューサー、マリン・カルミッツの支援で製作した『タクシー・ブルース』がすぐに幅広い評価を得たのだ。今日ではパーシャはヨーロッパで指折りの映画監督の一人である。パリの自宅に暮らしつつ、毎年のようにロシアで映画を製作している。リーリャとシーマはもちろん息子の成功を喜んでいるが、その一方で、息子の映画に対する彼らの批評的な見方は決して弱まっていないどころか、むしろパーシャが著名な監督になってからますます強まった！　シーマはパーシャが父親の熱心な批評を彼ならではの皮肉で受け流すのが気に入らない。「脚本をもう私にも、リーリャにも読ませてくれない」とシーマは何度も私にこぼすのだった。その憤りの中にある昔ながらの純朴さや真実を希求してやまない情熱は、抱えきれないほどの人生経験を重ねてきた二人の老人が持つ大きな魅力であった。

一九八〇年か八一年だったか、有名な反体制活動家レフ・コペレフが妻とともにトビリシにやってきた。彼にはジョージアにブバ・カラシヴィリと、ノダルとズラブのカカバゼ兄弟という親友がいた。後で知ったのだが、そのときコペレフ夫妻はソ連を去ることをすでに決めており、友人たちに別れを告げにトビリシを訪れたのだった。もはや憶えていない誰かから電話があり、コペレフが私に会いたがっているという。もちろん私は彼に会い、そこで大いに胸を震わせる話を聞いた。当時ゴーリキー〔ニジニ・ノヴゴロド〕で流刑を受けていたアンドレイ・サハロフがコペレフに『インタビュアー』を必ず見なさい。ソ連じゅうに広く根づいた恐怖という身の毛もよだつような現象を正確かつ現実的に反映した初めての映画だ」と語ったという。アンドレイ・サハロフのこの言葉は私にとってどんな賞よりも尊いものだった。
レフ・コペレフは大柄で恰幅が良く、太い声で話し、豪快に笑う気さくな男性だった。当局に追い回され、あらゆる迫害を受けている反体制活動家にはまったく見えなかった。彼はカヘティ地方を訪れることを強く望んでいたので、ザイラが喜んで彼女のテラヴィの家に招待した。もちろん私たちはみんなで一緒に出発した。その旅は互いを知り合い、共通の関心を見出す充実した日々になった。昼は遺跡をめぐり、夜はライサ夫人が彼女の書き留めたものを私たちに読み聞かせてくれた。あるときザイラの親戚が、家の前にひどく怪しい車が停まっていて、おそらくあなたがたの会話をずっと聞いていると教えてくれたが、私たちにどうすることができただろう？　会話を止められるはずもなかったので、その代わり、せめてもの気休めに、私たちは道からできるだけ遠い部屋に移って話を続けた。まるで、そうすればKGBの監視の目が届かなくなるかのように。

　その後間もなくして、コペレフ夫妻は祖国を永遠に離れ、外国へ移ることを余儀なくされたと聞いた。

　それから何年か後のことだ。オーバーハウゼン映画祭に審査員として招かれた私は、ケルンで暮らしていたコペレフ夫妻に会いに行くべく、電話をかけた。私の声を聞いて、さらに私が会いに行くと言ったとき、この恐れを知らぬ不屈の男性がどんなに声を弾ませたかを思い出すと、私は今なおきまり悪さにいたたまれなくなる。それまで彼の祖国から彼を訪ねた者は一人としていなかったようだ。その晩、私はニニコ・ツラゼの家にいた。外務省に勤めていた彼女のドイツ人の夫は、私がコペレフに会おうとしていることを知ると、「ドイツで彼が常に監視下に置かれている人物であることを、あなたはおそらく知らないのですね。あなたが会いに行けば、その日のうちにモスクワのKGBにその事実が報告されるでしょう……」と言って真剣に心配した。その忠告によって私は道徳的なジレンマに直面することになった。コペレフに電話し、「審査委員会の会合が開かれることになり、行けなくなった」と言うべきか。当然、彼は私の行動の理由をすぐに察するだろう。あるいは、まっとうで自由な人間として、恥ずべき理性によってではなく、信念と感情が教えるとおりに行動するべきか。そのとき自分が後者の道を選んだことを私は幸せに思う。コペレフは常に監視されていることを知っていたので、私を駅には出迎えなかった。彼らの家に近づくと、自転車のそばにしゃがんでいる男性の姿が目に入った。そのうつむいた見知らぬ男性をじっと眺めたときの重苦しい猜疑心を、私は今でも不快な感覚とともに思い出す。その代わり、コペレフ夫妻の居心地のよい家で数時間彼らと濃密な時間を過ごしたことで、警戒心を克服することができた私は大きな喜びを感じた。それは無理やりに引き離された祖国からの初めての客を迎えたコペレフ夫妻も同じだった。

あるときパリで『インタビュアー』が上映された際、上映後にスピーチを行なった世界的に有名な哲学者・歴史家のジャン＝ピエール・ヴェルナンと知り合った。彼は古代ギリシアの哲学および神話の研究者であるとともにミッテラン大統領の文化分野の顧問で、レジスタンス運動の重要な一員だった。この独特の思想家はフランスで「学者兼おとぎ話の語り手」と呼ばれていた。彼はシーマとリーリャのルンギン夫妻の友人だったので、私たちはすぐに互いに関心を持ち、親しくなった。その後、ルンギン夫妻とヴェルナン夫妻がトビリシにやってきて、私たちはトビリシやカヘティ地方、スヴァネティ地方で忘れがたい二週間を一緒に過ごした。テラヴィではザイラの家に泊まり、そこからカヘティ地方じゅうを回った。ギリシアの神々や古代ギリシア世界に深く通じているジペ（ジャンのことをみなこう呼んでいた）――彼が古代ギリシアの人々の暮らしの細部について話すと、まるで彼自身も古代世界に暮らし、ギリシアの神々も彼の親しい知り合いだったかのように思われてくる――は、現代のジョージアの農村の暮らしや習慣が、彼の知る古代世界と関連づけられる証拠を次々に発見して感激していた。その関連性の発見は私にとっても非常に興味深いものであり、のちに、私は何度も考えた。このギリシアとのキリスト教以前の時代の関係によって、私たちの遺伝子にはヨーロッパが我が故郷として刻まれており、まさにそのおかげで、独立以後にジョージアがこれほど容易にヨーロッパの懐に戻ることができたのではないかと。

一九八〇年代にはジョージアの田舎を外国人が訪れることはまだ珍しかったので、ヴェルナン夫妻はどこへ行っても大いに人々の注目を集め、もてなし好きのジョージア人たちも最大限に客を歓迎した。私たちはどこでも家へ招かれ、食事を並べられた。グレミを訪れた際には、城壁の内側で宴会を開いていた農民たちがすぐに親しげな様子で私たちを熱心に招き、私たちは本物のジョージアの宴会に加わった。ブドウの枝で焼かれた肉の串焼き、自家製のカヘティ地方のワイン、洗練された三部合唱。もう二度と会うことはないであろう見知らぬ人々をこれほど気前よくもてなすこの不思議な人々を、ジペは鋭い観察眼で眺めていた。そして数時間後にはジョージアの宴会の作法を体得し、最後には完璧なジョージア式の返礼の乾杯を述べ、さらにこう言った。暮らしやその他の細かい点がギリシアを思わせるとしても、このような気安さと客のもてなしは世界のどこでも見たことがなく、これはジョージア独特の現象として研究しなければならないと。

カヘティ地方に続いて私たちはスヴァネティ地方へ行った。そこで私は、万年雪をかぶった大コーカサス山脈の山々の懐に立つ、白く輝く、親しみやすい大きさの塔が、感受性の豊かな外国人をどれほど唖然とさせたかを目のあたりにした。人間的な次元の摩天楼！　この言葉はある晩、ウシュグリで月明かりにぼんやりと照らされた塔を眺めていたときに浮かんだものだ。塔はまるで天と繋がっているかのように見えた。そのとき私がこの塔は人間的な次元を持っていると言ったのをジペは大いに気に入り、「そのとおりだ。これも摩天楼だ。アメリカのものとは違う、まったく人間的な摩天楼だ！」と熱っぽく語った。

メスティアではいわゆる「ホテル」に宿泊した。食堂はいつも人でいっぱいだった。一人の年老いた女性が客の世話をしていた。料理を運ぶのも、食器を洗うのも、掃除も彼女の仕事だったが、一生懸命働いても、テーブルの上に大量に残った食器を片づけるのは間に合わなかった。ジペはすぐさま状況を見てとり、私たちが朝食を終えるやいなや立ち上がって私たちの皿を集めて調理場へ持っていった。それが食堂へ行くたびに繰り返された。老女は最初は恥じ入った様子だったが、やがてこの奇妙な外国人を見るたびに感謝の気持ちとともに顔を明るくするようになった。

その頃の私たちの暮らしぶりを思い出させるこんなエピソードもある。突然、店という店からトイレットペーパーがなくなってしまったことがあった。普通のちり紙もない。当然ながら困りもしたが、私たち客と主人たちはその状況を楽しみもした。本当に愉快だったのは、ある日、俳優のグランダ・ガブニアとオタル・メグヴィネトゥフツェシが私たちのところへ遊びにきたときだ。グランダは彼女のいつものいたずら心でジャン＝ピエール・ヴェルナンに何かの立派な賞品のようにトイレットペーパーの大きなロールを手渡した！　それからというもの、ジペは「プレゼントをもらってそのときほど喜んだことはない」と話すのだった。

スヴァネティ地方でジペはスヴァネティ風の帽子を買った。そして、ごく最近それが擦り切れてしまうまで、ずっと肌身離さなかった。ギリシア神話を研究するフランス人哲学者とスヴァネティの帽子というのはなんとも素敵な取り合わせだ。

読者にはこのことも興味深いだろう。彼はメラブ・ママルダシヴィリを現代の偉大な哲学者だと見なし、「ジョージアのソクラテス」と名づけた。

テンギズ・アブラゼの『懺悔』

ジョージア映画における一九八〇年代という時代は、一つの興味深い現象で特徴づけられる。テンギズ・アブラゼがモスクワの同意を得ずにソ連体制を根本からひっくり返すような映画『懺悔』を製作したことだ。それが可能になったのはエドゥアルド・シェヴァルドナゼの積極的な関与と支援があったおかげだった。この映画の製作に関してはすでに多くが書かれてきたので、私はここで一つのエピソードを読者に紹介するに留めたい。大変な苦労と困難の末にテンギズが映画を完成させ、「秘密の」上映会が初めて行なわれた。新しい映画スタジオの薄暗い部屋に、私たちは何か陰謀でも企むかのように集まった。「陰謀」の参加者はテンギズ・アブラゼ、レヴァズ・チヘイゼ、ニコ・チャフチャヴァゼ〔哲学者（一九二三―一九九七）〕、エルダル・シェンゲラヤ、私、そしてエドゥアルド・シェヴァルドナゼだった。私たちは目にしたものにおののき、呆然となって長いあいだ無言のまま坐っていた。テンギズの不安で青ざめた顔が今も目に浮かぶ。何か大変なことが起こったことを全員が理解した。最初に口を開くべきは当然ながらシェヴァルドナゼだった。彼は共産党中央委員会の第一書記で、映画の事実上の共同製作者だった。重苦しい沈黙が続いた。それが耐えがたくなった頃、シェヴァルドナゼがやにわに立ち上がり、テンギズのところへ行って何も言わずに手を差し出した。テンギズはきまり悪そうに微笑んで、まるで握手から逃げるかのように後ずさりした。シェヴァルドナゼはテンギズの両肩をつかんだ。それは抱擁であり、お祝いのしるしだった。二人はそうしてしばらくじっと立っていた。

私たちはほっと息をついた。シェヴァルドナゼが去った後は大騒ぎになった。何を話したのかは憶えていないが、興奮と喜びにかられて全員が一斉に話していたのがはっきりと記憶に残っている。その頃、ジョージアの映画人のあいだには真の一体感があった。最近は残念ながらその一体感がすっかり消えてしまったが、当時はその美しい精神のおかげで、私たちが一緒にジョージア映画をつくっているという感覚があった。テンギズの映画は私たちみんなの勝利であり、その映画の運命を誰もが案じた。私はニコ・チャフチャヴァゼとともにスタジオを出た。二人とも興奮冷めやらず、作品やその未来について話した。ニコはなぜか非常に楽天的に考えていたが、私は懐疑的だった。ニコが「じゃあ賭けよう」と言いだしたので、私は「この映画がスクリーンで上映されたら、私たちが暮らしているのは違う国だということになる」と言った。私たちは賭けに負けたら何でも相手の言うことを聞くと約束した。数年後、ペレストロイカの時期にシェヴァルドナゼがゴルバチョフに掛け合い、映画は公開された。ニコは大喜びですぐに私に電話をかけてきて、賭けに勝ったから言うことを聞けと言う。私は「この映画が上映されたら、それは私たちが違う国で暮らしているということだ」という自分の言葉を引いて断固として抵抗した。この言い合いは何年も続いた。ニコは私に会うたびに賭けに勝ったと言ったが、私は「私の言葉も実現して、この国は本当に変わったのだから、賭けに負けていない」と言い返したものだ。

『昼は夜より長い』、一九八一年、覚書

一九八一年、『昼は夜より長い』の製作という、私の人生における新しい叙事詩が始まった。この脚本の承認を得る手続きは波乱の経過をたどった。モスクワの「映画の家」で行なわれた審査にジョージア映画委員会の委員長カコ・ドヴァリシヴィリと私が呼ばれた。カコは私たちの同志で友人だった。それが悪い予兆であることはすでに分かっていた。二時間以上続いた審査の主な議論はこうだった。「あなたがたの脚本に従えば、何もかも無意味だということになってしまう。革命も、集団化も、ひいてはより良い暮らしを得るためのあらゆる闘いも。その結果、村は捨てられ、人々は常に孤独になった……」私は必死に反論し、カコも味方してくれたが、私たちの努力は無駄だった。最後に、国家映画委員会の副委員長パヴリョーノクが「この脚本の撮影が『映画の家』の支援を受けることはありえない」との裁定を下した。

私の人生の新たなドラマはこうして幕を開けた。ザイラ・アルセニシヴィリと私が二年をかけて懸命に取り組んだ努力が再び水の泡になり、この映画にかけたあらゆる期待がまたもや実現することなく終わろうとしていた！　異例のことに、検閲官たちは修正を要求するのではなく、反ソ的だとして脚本を完全に却下した。私は消沈してトビリシに戻った。その後、映画人同盟の総会でシェヴァルドナゼに会った際、彼は私に状況を詳しく尋ね、脚本を見せてくれと言った。「まさか脚本を読んでくれるんです

か？」と私は尋ね返した。するとシェヴァルドナゼは言った。「私は意見を言うために読むわけではありません。読まなくたって、あなたが撮りたいのなら撮るべきでしょう。彼らに掛け合うために読んでおく必要がありますから」（これは中央委員会書記による政治的な検閲の否定を意味しており、ソ連ではまったく考えられないことだった！）

もちろん私は脚本を渡した。それから十日ほどが過ぎた。私は気の抜けたような状態で意味もなく映画スタジオに通ってはいたものの、何をする気にもなれなかった。

その日、私は早めにスタジオを出た。帰り際にザイラ・アルセニシヴィリの家へ行くと秘書に言い残し、なぜか電話番号を伝えた。ザイラの家に着くなり電話が鳴った。「あなたに電話だ」とタタノが言う。シェヴァルドナゼの秘書ツィサナからの電話だった。「エドゥアルド氏があなたと話があるそうです」と。（国の最高指導者が映画監督と話すためにその友人の家に電話を掛けるなど、当時のその体制においては相当に異例のことだった。ほかの時代のほかの体制でも同じかもしれないが。）シェヴァルドナゼは脚本について話した。私が再び驚いて「本当に読んでくれたんですか？」と尋ねると、彼は「読んではいけませんでしたか？」と言って笑った。その会話の中でとくに記憶に残っているのは、「彼ら（つまりロシア人）は、私たちにとって山村が一つ消えることが問題だというのが分からないんです」と私が言うと、シェヴァルドナゼが「それも分からないし、ほかの多くのことも分からないから、彼らのもとではすべてうまくいっていないんですよ！」と答えたことだ。これが一九八〇年頃のやりとりであったことは興味深く思われる。

シェヴァルドナゼは「おそらく問題はないでしょう。ただし、話をしやすいようにあなたも何か少し修正してください」と最後に言った。舞台裏で何がどうなったのかは知らないが、その後たしかに映画の製作の許可が下りた。しばらくしてキエフでの映画人同盟の会議で会ったパヴリョーノクは「屈託のない」笑顔で私に「脚本が承認されましたね！　あの脚本はたいしたものだ！」と言って、親指を立てた。私は映画の製作が中止になるのを恐れて何も言い返せなかった。微笑みながら、私は彼個人および人々を抑えつけるこの体制について考えていたことすべてを無言のうちに彼に伝えたつもりで自分自身を慰めていた。一方、彼は何の戸惑いも見せず、疑いや後悔を知らぬ人間のように朗らかに私を食事のテーブルへと誘った。

とうとう撮影が始まった。その当時の覚書の一部を読者に紹介したい——

『昼は夜より長い』にはザイラの子供時代と青年時代の記憶が投影されている。主人公エヴァはザイラの祖母の友人で、ザイラはその悲劇的な人生を目撃していた。ザイラは見たもの、経験したものをすべて類まれな鮮明さで記憶に留める能力がある。

私は脚本について思いをめぐらす。

さまざまな民族の多様な人々が同じことを考える。科学技術に支配され、激しく移り変わり、狂ったように疾走するこの時代に、いかに魂を救えるのか。その問いに対し、キルギス人のチンギス・アイトマートフも、シベリアの作家ワレンチン・ラスプーチンも、アルメニアのフラント・マテヴォシャンも、そして彼らとともにザイラと私も、ルーツへの回帰に、すなわち民族が守り続け、数千年の年月に耐えた道徳的な原則の復活に救済を見出だす。脚本を書き上げた後にラスプーチン、さらにアイトマートフの『一世紀より長い一日』を読んだとき、私は考えが似通っていることに驚いた。理念の類似性は、物語の舞台となる場所——人里離れた山の小村と、世界から隔離された鉄道駅——の類似性をもたらし、また、人々の記憶や民族の道徳的な理想を糧とする老いについての同じ訴えにも繫がっている。

私たちの脚本の主人公エヴァの一生には悲劇性がつきまとう。この悲劇は若い頃、愛する男を誰かに殺されたときに始まる。彼女はほかでもないその誰かの妻となり、長い年月の後で、一生をともに過ごしたのが彼女が愛していた男を殺した人間だったと知る。

しかし、悲劇とは何なのだろう？　それは経験した苦難の結果であるのか、もはや決して取り戻せない過去を理由とする現在の否定であるのか、あるいはもしかしたらそれは未来、すなわち死を常に待ち続けることとなのか。それとも運命、個人と社会の状況の宿命的ないし偶然の交錯、あるいは法則性や必然性なのか。ただし、悲劇的たりうるのは境遇や運命にさえ立ち向かうことができる高潔な精神の持ち主だけである。ギリシア悲劇の主人公らはそのような人物であった。我々の懐疑的な時代は、ヘルマン・ヘッセ（あるいはトーマス・マン）の「理性が勝利するところで悲劇は死ぬ」という言葉を悲劇の感覚に対置する。

文学は常に神話を志向してきた。神話は神秘的なものを求める人間の生まれながらの衝動に発しており、それには生物学的な理由がある。悪魔の存在を信じることとは、人が外界に対して常に感じる恐怖を克服するのを助ける。詩人ミハイル・スヴェトロフやそれ以前にヴォルテールが述べたように、人は必要なものがなくともやっていけるが、一見余計に見えるものがなくては生きられないのだ。文学はときに必要な（本質的な）ものよりもむしろこの余計な何か（神話）を求める。

皮肉について。今のところ脚本に皮肉性は感じられないが、私にとってそれは非常に重要な要素だ。脚本が皮肉性を獲得するのは、もう一つ別の視点が立ち現われるときである。この段階ではストーリーの単純な提示には関心がない。もう一つ別の立場が必要だ。前もってすべてを知る神あるいは作者の立場である。その神あるいは作者は、何より生の時と死の時、愛情の時と憎しみの時、種まきの時と収穫の時があることを知っている……。この役回りを果たすのは、愛と死の場面を演じ、俗謡を歌う旅芸人たちだ。マナナ・メナブデとティナ・メナブデの性質はまさにこの役割にふさわしいと思う。私は彼女たちにある種のジョージアのアルレッキーノやピエロを見る。マナナには狂暴さや神経質さがある……。そして聡明さも欠かせない。

色と色でないものについて考える。

今後、必ず白黒の映画をつくらなくてはならない。

白は永遠の色だ。白い空間を見ると、まるで自分が存在していないかのような感覚に襲われる。

自然の色ではない黒。黒い草や黒い花は想像もつかない。まさにそのために黒はかりそめのものだ。

私は黒の悲劇性に惹かれる。

白、すなわち色でないもの。

白と黒はまるで光と闇のように衝突し、互いに補い合う。

ほかのあらゆる色は白と黒に対して仮借ないほどに攻撃的である。


一番の問題は、誰がエヴァを演じるかということだ。候補はリカ・カヴジャラゼとダレジャン・ハルシラゼの二人。まったく違うタイプの二人は正反対の解釈を引き起こす。リカの豊穣な美しさは時代の象徴であり、一つの現象と化した。その美しさは見る者を呑みこむ深淵であり、復讐としての美しさである。アナトール・フランスの次の言葉が思い起こされる。「私は敢えて言おう。美しさ以上に真実であるものはこの世に存在しない。美しさは何にも増して神々しいものへと我々を近づける」

しかしながら、私たちの脚本の主人公はこのような人物だろうか？　リカは幸せや喜びを運命づけられているように見える。逆に、ダレジャンは痛みや苦しみの宿命を背負っているようだ。より興味深いのは？　より豊かであるのは？　私が撮影したいのは常に探求し続ける人物だ。その良心が決して安らぐことはなく、彼女は存在の意味をなんとしても理解しなければならない。彼女は苦しみ、彼女の中で我々の狂乱の時代の神経が騒ぎ立つのだ。このような人物によりふさわしいのはダレジャンだろう。最終的にそのすべては年老いたエヴァの中に、すなわち演じるタマラ・スヒルトラゼの中に現われることになる。彼女の中には多くの要素が共存していなければならない。熱狂と繊細さ、心優しさと強靱さ、ユーモアと厳格さ、そして何より、賢さと他人に対する思いやりである。

時間よりも貴重なものは何もない。時間は永遠性からの贈りものだ。

年老いたエヴァは永遠性の感覚を体現している。彼女は家の前に立っている柳の木の一部である。彼女は河原の石と、木の根と一体化している。彼女の中にミンディア〔ジョージアの伝説・神話の登場人物。蛇の肉を食べて、動植物の言葉が分かるようになった〕のテーマ、すなわち自然との神秘的な融合が感じられなければならない。眼差しの深さ、率直な仕草、内面の落ち着きはそこに発するものである。対照的に、彼女の継娘であるダレジャンは瞬間性、一過性に囚われている。彼女は生き急ぐ。ただ生きるだけではなく、手当たり次第に何もかもを引きちぎる。それと同時に継娘ダレジャンが孤独であることにも焦点が当たらねばならない。グランダ・ガブニアならこの難しい役を演じこなすことができるだろう。

ヘリコプターでトビリシからダルトロ村にやってきて一週間が経った。到着からずっと私は、ここでまさに奇跡を味わっている。下のほうには霧に沈んだ村が見える。まるで中世からひょっこり私たちの前に現われたような、青い山肌にはりついた灰色の古風な美しい村。そして、ここに到着するなり遭遇したすべて！　あらゆる環境が一変した。文明と快適さによって身についた習慣は消え去り、原始的な人間の素質が表に現われてくる。これまでの暮らしを構成していたすべてを私はたちまち忘れてしまった。内装の整った、電灯に照らされた快適な私のアパート、水道の湯、テレビ、外にはアスファルトで舗装された道、私の青いモスクヴィチ〔ソ連製の自動車〕……。今やもう疑いの余地はない。真の暮らしはまさにここにあるのだ。日の出とともに起きて村の端まで駆け下り、浴室で顔を洗う代わりに氷のように冷たい山の急流に身をさらす。撮影隊のメンバーや通りかかる羊飼いたち、そして一日じゅう私たちについて回るナガジ犬たちから身を隠そうとしても無駄だ。私たちが川に潜ると、丘の上に坐った犬たちは注意深く私たちを目で追う。それから私たちは深い谷に突き出た崖を伝って、あるいは這いずって撮影現場へと向かう。男性たちは荒れ狂う川の渦に網を投げ、夕方には焚火で一緒に鱒を焼く。自由な時間には山々を歩き回ってキノコを集め、粘土製の平鍋で焼く。夜には星の散りばめられた空を眺める。ここではトビリシよりも空がずっと近い。子供のときのように大熊座や小熊座や天の川を探し、見つけては喜びに胸を躍らせる。朝になれば再び水の湧き出る泉や谷に残った去年の雪を眺める。「私たちの」滝のそばにそのような根雪が横たわっている。ここには電気はなく、したがってテレビもなければトイレもない。外界とは唯一ヘリコプターで繋がっているだけだ。これほど隔絶されているにもかかわらず、あるいはまさにそのおかげで、私はここで呼吸するようにはこれまで一度も呼吸したことがなかったと感じる。それはおそらく、私がもともとアスファルトの子ではなく、この山々と谷の子だからだ！　自然と一つになった感覚はエヴァの夫、スピリドン役のグラム・ピルツフラヴァのおかげでいっそう強く感じられる。グラムはまるで山の滝のように潑溂としている。彼は山や崖を歩くというよりは飛び回るようで、彼が岩山を馬で駆け、急流に釣り糸を垂らして魚を釣り、火を起こし、熾火で魚を焼くさまを見ていると、まるで彼が海面より低いポティ〔ジョージア西部、黒海沿岸の都市〕の生まれではなく、この天を衝く山々のふところで生まれ、アスファルトで舗装された道を歩いたこともなければ、自動車の運転席にも一度も坐ったことがないかのように思われる。

　ここ、トゥシェティ地方の山の中では、風景は人間の心の状態のこだまであるという考えがおのずと頭に浮かぶ。

　私たちは休むことなく一心に撮影を続ける。このような困難な撮影では、私たちのカメラマンであるヌグザル・エルコマイシヴィリの気丈さがとりわけ目立つ。彼と一緒ならどんな問題も乗り越えられる。私たちはひたすら撮影する。結果がどうなるかについてはまったく考えない。結果は大して意味のないことに思われる。しかし私は知っている。初めての上映の前に明かりが消え、暗闇と孤独の中に沈潜した私の心臓が緊張と恐怖で止まりそうになる、恐ろしくも素晴らしい瞬間がやがてやってくるのを……。しかしそれはまだ先の話だ。今は撮影の喜びと楽しみに浸っている。エヴァが走る場面、スピリドンが自殺の前に馬で駆ける場面、それに風景はすでに撮影した。トゥシェティ地方の山の中ではこの風景を映像に収めなければならない。雄大な山々とその斜面にはりついた小さな村々、干し草の小さな山と小さな馬乗りたち……それがトゥシェティの山である。画家テンギズ・ミルザシヴィリはその縮尺を正確に捉えたが、私も映像の中で常にそのバランスを追求する。

朝にヘリコプターがやってきた。私たちはすぐに荷物をまとめ、ある場面を撮影するためにアラザニ川の源流のほうへ向かう。そこで予期せず操縦士が、これからほかの場所へ向かわなければならず、夕方に必ずまたここへ戻ってくるという。私たちはそれを了承するほかなかった。しかし、寝袋も暖かい服もなしに露天で夜を明かすことになったらどうしようという心配が一日じゅう頭を離れなかった。アラザニ川の源流はダルトロ村よりもずっと標高が高く、夜はひどく冷え込むはずだ。しかし、今はそれを考えている場合ではない。ここにいるうちにすべて撮影しきらねばならない。それが不安の種だ。まことに驚くべき自然！　ダルトロ村とは異なり、谷は広々として、限りなく遠くまで山々が連なるのが見える。これほどに峻厳かつ柔和で、同時に冷淡でもあり親しみ深くもある山々は、ほかのどこでも見たことがないように思われる。どこか奇妙な、さまざまな色のビロードのヴェールをまとった山々、あちこちの斜面に散らばる羊の群れ、馬、羊飼いたち……。まるで私たちのためにわざわざ用意されたかのような風景だ！　私たちは夢中で息もつかず撮影する。私たちの熱意が伝染したようで、羊飼いたちも撮影に加わってくれた。本物の助手のように手伝ってくれた羊飼いもいた。フェルトのマントや袋を運んだり、撮影現場に羊を連れてきたり、あるいは、まるで俳優のように進んで演技を行なったりしてくれた。私たちはいくつかの場面を連続して撮影した。大きな羊の群れが通り過ぎるシーンは、羊や馬、犬、羊飼いたちをまとめるのに苦労した。エヴァと幼いダレジャンの乗馬のシーンでは、二年前にここを訪れたときに知り合った羊飼いを後ろに立たせた。そのとき私の従弟グラムの妻であるフランス人のフランソワーズが、彼をポール・ニューマンと名づけたのだった。著名なアメリカ人俳優に本当に瓜二つのこのトゥシェティの羊飼いは、この二年のあいだにかなり衰えたようだったが、それでも生まれながらの彼の気高い雰囲気は変わらず目を惹いた。彼らが通り過ぎる場面は長焦点レンズで撮影し、面白い映像になった。ポール・ニューマンはフレーム内に現われたり消えたりする。手前では馬に乗ったエヴァと幼いダレジャンのあいだで人生に関する非常に重要な会話が交わされる。ここ、アラザニ川の源流のあたりでは、風景はさらに魅力的で、スケールは圧倒的である。しかし、興味深いのは、この壮大な自然の中で人間が卑小になるのではなく、風景と溶け合うことだ。摩天楼の立ち並ぶ風景、総じて街の風景の中での人間の小さな姿とはまったく異なる。これはおそらく、人間が街と一体化することは不可能だが、土や草、山や谷との一体化は自然で理にかなったことだからだろう。

その後、私たちは羊飼いたちに昼食に招かれた。彼らはその場で羊を屠り、素晴らしい串焼きでもてなしてくれた。撮影隊と俳優たち、そしてトゥシェティの羊飼いたちが一緒に坐り、この土地の話や街の話などあらゆることを語り合った。ポール・ニューマンはフランソワーズと私の娘たちのことを回想した。それまで私は彼が私のことを憶えていたとは知らなかった。フランス人女性を思い出した彼の目が、にわかにいたずらっぽく光った。私たちはパチパチと脂のはぜる串焼きを食べながら、わずかに夕闇がさした青い山々を眺めていた。何も言わなくても互いにすべて理解し合えた。アスファルトの住人である私たちにとって、それは真の昂揚と浄化の瞬間だった。

それから私たちは待った。日が暮れつつあった。私たちは急にもう一つのショットを撮影することに決め、実際に撮影した。私たちの目の前で様変わりした山々の長いパノラマ。谷に降りた霧に光が反射して、山の斜面は濃い紫色になった。最後にカメラはこの空気を、生へと戻っていく瞬間に感じる匂いを吸い込むエヴァをとらえる。その最後の場面を撮影していたときにちょうどフィルムもなくなった……。しかし、何より子供たちがいたせいで不安は高まる一方だった。やがて、耳になじんだヘリコプターの音が聞こえてきた！　後で聞けば、私の不安はまったく正しかった。ヘリコプターに何らかの不具合が見つかったために、私たちはもう少しで山の中に取り残されるところだったのだ。操縦士は無理を承知で、別の仕事でカズベギにいた同僚に連絡を取り、私たちの絶体絶命の状況を説明し、その見知らぬ操縦士がほかの仕事をすべて脇に置いて、ただちに私たちを救うべく駆けつけるよう説得してくれていたのだ。日が落ちれば山中を飛ぶことは不可能だったので、一刻を争う状況だった。これほどの喜びがあるだろうか！　帰りは谷に沿ってとても低く飛んだので、まるで腕を伸ばせば山々や、山の斜面に散らばった村や羊の群れに手が届くような気がした……。

私たちはダルトロ村に戻った。なじみの家、装飾のついた木のベッド、ふかふかの寝袋、水で満たされた樽、灯油のランプと蠟燭。私たちはヒルトンホテルの最高級の部屋にいる気分だった！

再び私たちは風景を撮る。それから、スピリドンの自殺という難しいシーン。グラムが馬で川に入らなければならない。川の流れは急で、人も馬も簡単に押し流されてしまう。こめかみに当てた銃を撃ったスピリドンは川の中に落ち、死体となって流される。私はスタントマンを連れていくつもりだったが、グラムは憤慨した。彼はどんなスタントマンよりも上手にその場面を演じられると言い張る。実際に彼は乗馬も泳ぎも巧みにこなすのだが、それでも急流が彼の体を岩にぶつけないかとの恐れが拭いきれない。撮影が始まり、グラムが馬を駆る。馬が抵抗するが、彼はなんとか馬に乗ったまま川に飛び込む。引き金が引かれ、彼の体は激しい流れの中に落ち、流されていく……。すべてが予定どおりだったが、何かが違う気がする。二度、三度と同じシーンを撮影する……。どうしても確信が持てない。それから私はようやく気がついた。必要なのはこういうショットだ――川の中にぽつんと残った馬が岸に上がってくる。カメラは川を広く写す。もはや人の姿はない。そこで子供の映像に切り替わる。子供が走りながら父親を呼ぶ。おそらくそのように編集することになるだろう。

毎晩、私たちは間に合わせにつくった小屋の中で火の周りに坐る。そこが私たちの「レストラン」だ。壁にテレビが描かれており、私たちはときどきそれを眺める。ここ、トゥシェティ地方の山の中では男女が完全に平等だ。交替で料理をつくり、食器を洗う。とはいえ水を運ぶのは男性の仕事だ。私たちは楽しく暮らしている。これほど気分が軽くなったのは久しぶりだ。山の空気のおかげもあるだろう。明日にはヘリコプターがやってくるはずだ。もしやってこなかったらまずいことになる。食糧もフィルムもほぼ尽きた。それにもう九月で、取り残されたらいつ帰れるか分からない。

明日、私たちはヘリコプターでテラヴィへと移る。

昨日は一日じゅう雨が降っていた。私たちは火のそばに坐って、いろいろな遊びを考え出した。最後には子供の頃を思い出してくじ引きに夢中になり、負けた私とグラム(エヴァの前夫ギオルギを演じるグラム・パラヴァンディシヴィリ)がキイチゴを採りに出かけることになった。私たちは朝のうちに出発し、二時間山を登り続けた。案内してくれた七十五歳の女性は、まるでトップモデルのような身のこなしで山の斜面を颯爽と歩いていた。途中の道でもたくさんのキイチゴを見たが、丘の上の森、そして突然現われた草原……。それは紛れもなくキイチゴのプランテーションだった! そこのキイチゴは実が大きく、濃い紅色で、とてもおいしかった。一緒についてきたグラム・ピルツハラヴァは奇妙な形の木を見つけ、それを私に「贈ってくれた」。私はその木の上でハンモックに寝るように横になりながら、素晴らしい景色に酔いしれた。ずっと下にはアラザニ川が見える。その上方、細い山川の岸に私たちのダルトロ村がある。村の近くの山の上には塔の残る廃村クヴァヴロがある。反対側にはまた別の村ダノがある。ダノ村には遠くから眺めれば雄牛の頭に見える砦がある。これらすべては私たちを穏やかな気持ちにさせるとともに、人生のはかなさについて考えさせる。それと同時に人間の偉大さにも思い至らせる。グラムは私の気分を感じ取り、さらに気前よく、今度は村々や砦や山々ごと谷じゅうを私に「贈ってくれる」。私もこの素敵なプレゼントを喜んで受け取る！

すると突然、三時に太陽が顔を出した！　私たちは岩山の危険な斜面を必死で駆け下りた。もはや道を捜す余裕もなかった。とにかく撮影しなければならない！

そうして私たちは間に合った！　最後のシーンを撮影し、残っていたフィルムを使い切った。もはや待つこと以外私たちに残された仕事はなかった。

今日は朝から雲のない穏やかな良い天気だ。私は急に独りになって、谷の向こうに見える山の上のクヴァヴロ村へ登りたくなった。私は朝早くに出かける。なぜ誰にもついてきてほしくないのか、分かってくれる人はいないが、私はこの谷や川や空や山々に独りで向かい合い、私にとってこれほど愛すべき村となったダルトロ村を上から眺めたいのだ。歩きながら、私はバイロンがいみじくも「我々がもっとも独りではない孤独」と表現した孤独を味わう。

細い道をたどって歩くうちに、山歩きに熱中した若い頃を思い出す。ある場所で道が別の谷へと左に折れているように思われた。その後、一時間ほど歩いてから、いや、岩山を這いずってから私は道を間違ったことに気がついた。いったん後戻りし、意地になって再び先へと進む。そうしてようやく山の上に登り、クヴァヴロ村に着いた！　そこはダルトロよりもさらに古風な村だった。横を見れば切り立った岩山と雪をかぶった峰々、下を見下ろせば深淵のような深い谷、その谷底にダルトロ村がある。私はそうして山の上に立ち、すべてを深く、とても深く吸い込もうとした。それができる限り長いあいだ私の中に残り、街や映画づくりの騒々しさにかき消されてしまわないように。それは心が浄化され、安らぐ得がたい瞬間であり、私は思わず「時よ止まっておくれ、そなたはあまりに美しい！」と呼びかけたくなる。もう一つ驚くべきことが起こったのはそのときだった。耳になじんだ川と滝の音に、別の機械的な音がかすかに交じった。私はすぐにヘリコプターがやってきたことに気がついた。

私は一目散に山を駆け下りた。

私たちは帰る。私は、自分なりの方法で別のアングルからダルトロ村に、トゥシェティの山々に、私たちを受け入れてくれた人々に、羊飼いたちに別れを告げることができて幸せだ……。この思い出をずっと記憶に留めておきたい。

私たちは次の撮影旅行に向けて、毎日俳優たちと準備を行なっている。俳優のなかには何か得体の知れない秘密が隠されている。私はこのきわめて古い、人間にとってこの上なく自然な職業が好きだ。その職業は人に、あらゆる生命力を傾注し、身を捧げることを要求する……。悲しい目のピエロ、陽気な悲劇役者を私は愛する。俳優でない私たちがたった一つの人生を生きるのにこれほど苦労しているというのに、さまざまな人々の人生を生きる彼らの能力は常に私を驚かせ、感激させる。真に俳優的な類まれな仕草を目にすると、あるいは、真に俳優的な類まれな抑揚を耳にすると、私は格別の喜びを感じる。ただし、それはまさに神から与えられた才能であり、本物の役者と呼べる人は多くない。

ここで、一見無邪気にも思われる私の情熱を鎮めるために、いつも鼓舞してやらなければならない俳優たちをゴダールが「気紛れな子供」と呼ぶことを思い出す。さらに、彼によれば、俳優たちは子供であると同時に怪物でもある！

次の撮影場所はマングリシのそばだ。十月のあいだ、休むことなく毎日撮影する。タマラ・スヒルトラゼの配役はまったく正しかったとつくづく思う。カメラテストのときにはメイクを間違っていたようだ。老けさせようとして彼女の女性的な魅力を消してしまった。睫毛に白粉をかけたためだろう、目まで消えてしまった。のちに私は、とりわけダルトロ村で私よりも皺のない顔で山道を颯爽と歩く八十歳のムゼカラに出会ってからは、少なくとも私たちのメイクで無理に老けさせるのは、不自然な印象を与えるだけだと理解した。

新しいシーンの撮影では常に演出の方法を模索する。ときに、アイデアはその場面の意味からおのずと立ち現われるように思いがけず生まれる。そんなときには私も、俳優たちも、軽やかで自然な陶酔を感じるものだ。森の中でのエヴァと革命家アルチルのシーンでもそうなった。リハーサルの際、脚本どおりに——坐っているエヴァのもとにアルチルがやってきて、隣に坐る——カメラを固定して撮影するのではなく、走るように素早く動きながら撮影するというアイデアが生まれた。スピリドンから、彼の家から、この耐えがたい暮らしから脱け出そうとするかのようにエヴァが走る。アルチルも同じく懸命に彼女を追いかける。彼女の絶望を察し、身を挺してでも彼女を救いたいからだ。このような決断のときには言葉はもはや無意味である。主人公たちの精神状態は演出によって表現される。その後、さらに激しい場面でもう一度同じことが起こった。新しい時代の男たちが、鳥のように歌うおとなしい堂役を殺した。エヴァは走るが、今度はアルチルから逃げる。彼の弁解を聞きたくないのだ。それでもアルチルは追いかけ、エヴァに追いつく。ここでもすべてはこの意志的な走りによって表現される。このシーンは十日後に撮影した。風景はすっかり変わって、冷たく色を失ってより線描的になっており、あらゆるものに冬の気配が感じられた。

感覚の鋭さは人によって異なる。ある人にとっては梅の木は単に実をもぐことのできる果樹に過ぎないが、別のある人にとっては美しい木でもある。さらに別の誰かはその葉が紫色に輝くのに驚くかもしれない。またある人にとっては梅の木はさまざまな連想を掻き立て、そこに詩的なイメージが生まれる。

スモモの花の香りは変わらない
誰かの袖が触れる
あの春と同じように……〔A・グルスキナが露訳した源通具の和歌「梅の花誰が袖ふれし匂ひぞと春や昔の月に問はばや」〕

誰かの袖が不意に触れた。これこそが才能とも呼べる感覚の鋭さだ。才能ある者とはすなわち感覚の鋭い者である。

続けてエヴァとダレジャンのシーンを撮影する。二人の会話は生涯のあらゆる不幸と嵐の結果として受け取られねばならない。ダレジャンの孤独がにじみ出ることも重要である。彼女が経験してきた多くの苦しみを今埋め合わせるのは息子のギオルギだけだ。彼女はギオルギを街へ連れていかねばならない。さもなくば終わりの見えないエヴァとの争いに、そして人生に負けてしまう。私にとっては二人が会話をしながら何をするのかが決定的な意味を持っており、すでに脚本の段階で私はそれについて考えていた。二人はまず羊毛をほぐし、バターをつくり、パン生地を平らにし、最後に食卓についてヒンカリを食べる。会話はずっと続けられる。

かなり長い時間をかけてリハーサルを行なう。私は劇場の俳優たちとの仕事が好きだ。彼らはあらゆる場面や会話の意味を解釈することに慣れており、私と同じように、一つひとつの言葉や仕草について明示的あるいは暗示的な動機を知ろうとし、あらゆる疑問に対する答えを探す（それに対して映画俳優は撮影現場での即興性を好む）。さまざまな意義をはらんだ決定がなされる。たとえば、「私は怖かった」というダレジャン役のグランダの台詞。最初、彼女はエヴァとの闘争の宣言としてこの言葉を述べる。しかし、不意に後悔や悲しみの含みが生まれ、グランダの目に涙が浮かんで、シーンは新たな奥行を見せる。それを見ている私は、彼女がそのとき自分の痛ましい子供時代を思い出していることを理解する。父親に対する愛情と、愛情が重荷となった母親との不断の行き違い。このすべてが一つの短い言葉「いいえ、私は怖かった」という台詞に、そしてさらに目と表情に表現されている。

スピリドンが老人と少年と争う場面を撮影した。素晴らしい場所を見つけた。手前側は線画的な低い木に囲まれた半円状の草原で、奥に深い峡谷があり、背景には灰色の山々が見える。風景に求められるままに私たちは離れた場所から撮影する。老人と少年、鉢がたくさん積まれた荷車、そして彼らを止めるべく馬で駆けてきたスピリドン。初日はまったくうまくいかなかった。スピリドンが馬から飛び降りて、棒で鉢を叩き割ると、馬がおびえて森に逃げてしまった。まだ早い時間だったので、私たちは火のそばに坐って馬を待った。しかし、馬は大地に呑みこまれてしまったのか、夕方まで待っていても戻ってこなかった。飼い主を除く全員が心配したが、馬は夜に無事に馬小屋に戻った。翌日には別の問題が起こった。グラムが荷車を追いかけると、雄牛たちが怯えて突進したため、グラムは雄牛と荷車のあいだに挟まれてしまった。全員が目をつむった……。そのとき、グラムの素早い身のこなしがなかったらどうなっていたか分からない。そう、これも映画だ！

旅芸人たちを撮影する。彼らは第三者、記録者、あるいは仮面劇《ペリカオバ》の俳優として、異色の華やかな抑揚を映画に加えるので、私にとって非常に重要だ。目の暗い仮面のような独特な顔つきで、仕草も独特なマナナ・メナブデは興味深い。強烈で感情的な彼女の歌いかたも好きだ。思いがけずマナナは民俗詩や民俗的なモチーフに基づいた歌を映画のために書き下ろしてくれた。「悲しみの家が立っている」と「母よ、昨夜夢を見た」がとりわけ胸を打つ（のちにこの歌あるいは慟哭に感激する外国人の観客を何度も目にした)。

ベッドシーン。これはエヴァとスピリドンの唯一の愛のシーンである。あらゆる試練に耐え、憎しみから嫌悪、否定への道のりを歩いたエヴァが、最後の別れの前にスピリドンを一人の男性として受け止め、彼の愛撫を我慢して受け入れるのではなく、長年の後に初めて、秘めていた激しい気性を露わにして愛に身を委ねるのは運命の皮肉である。俳優たちはベッドシーンの演技に困っているが、私たちにとっても撮影は容易ではない。私たちの生まれもった、あるいは後天的に身についたピューリタニズムがそれに抵抗する。可笑しなことに、全員が居心地の悪さを感じていた。撮影が始まり、芸術とは何の関係もない感情を各自がなんとか克服しようと努力した。そして、苦労の末に情熱的な場面が撮影されたのだった。ははは!

一晩じゅう雪が降っていた。朝になって外に出ると、あたりは一面雪をかぶったトウヒの木立ちと真っ白い空間で、私は急に懐かしい(いつかなじみだった!)感覚に襲われた。足の下できしみ、うめき声を上げる真新しい雪。バクリアニ、若かった日々、ラド、スキーといった過去が押し寄せてきて、私も生々しい胸の痛みとともに、すべてがすでに過ぎ去ったことを思い知る。本当に「日々は巡った」〔アレクサンドル・ブロークの一九〇九年の詩より〕のか?

雪はまだ降り続いている。優しく、柔らかな雪……。どこからか太陽の光が差す。そのすべてに過去が詰まっている。心の奥底で私は感じる。私の中に生きている過去はもしかしたら現在であり、現在とは自分の中に凝縮された過去、そして、今この瞬間に生まれたばかりの何か、状況と人の運命の新たな邂逅、予期せぬ交錯にほかならないのではないか……。まさにそのために、私たちはあらゆる経験の後でも再び活気に満ち、濃密で、嵐のような暮らしを送ることができるのではないか……。しかし、それでもやはり……。

すべてがあった、あった、あった
日々は巡った……

編集室！

私は幸せな気分でフィルムとコーヒーの特別な匂いを同時に吸い込む（私の作品を編集してくれるソパとジュリアはコーヒーなしでは生きられず、絶えずコーヒーを沸かしており、その香りは編集室につきものの匂いとなった）。素材を支配しているという得も言われぬ感覚が私は好きだ。撮影の際には何ひとつ思いどおりにならない。俳優も、脚本自体も、機材も、天候も決して思い描いていたとおりにはならず、すべてが抗おうとする。当初の構想に少しでも近づくべく、それらすべてを克服しなければならない。その代わり、ここ編集室では私は支配者であり、手中の素材はおとなしく私に服従する。ここでは自分の構想を存分に追求することができる。自分でリズムや間《ポーズ》をつくり、ときにはもう失われてしまったと思われた表現の糸が目の前に不意に現われることもある。とりわけ重要なのは、時間も思いのままにすることができることだ！　時間も私の手中にあり、それをわざと長引かせたり、あるいは逆に短くしたりすることができる。過去と現在の時間の境界を消すこともできる。それはこの映画にとって不可欠だ。エヴァは常に自らの過去と繋がっており、今日のエヴァと昔の若かったエヴァは同時に存在している。そのような一体化を実現することは編集《モンタージュ》によってのみ可能だ。

私はパリへ赴き、ジョージア文化週間の催しに出席する。集中的な撮影の途中でこのような幕間が挟まれるのはあまりないことで、喜ばしい。

再び、愛すべき魅力的なクリスマス前のパリ！　街じゅうのなじみの人々と家々、すでに知る街の匂い、明るく輝くゴンドラにつけられた色とりどりにまたたく玉や熱気球（コンコルド広場からマドレーヌ寺院へ向かうロワイヤル通りで）。

何よりうれしいのは、四か月会っていなかった娘ヌツァが空港で出迎えてくれたことだ。彼女は雰囲気がすっかり変わっている。ミニスカートに、わざと下に下げたレッグウォーマー、短く切った髪、そしてパリっ子のような話しかたで、はじめは誰だか分からなかった。二人で一緒にあちこちのレセプションに顔を出し、通りを歩き、夜はたくさんの色に照らされたシャンゼリゼや人の混み合うモンパルナスを散策するのはやはり素敵なものだ。それに、私のモスクワの友人たちであるルンギン夫妻も一緒だ。彼らは若々しく疲れを知らず、あらゆる新しいものを見聞きしようと意気込んでいる。私たちは四人で歩き回り、奇妙に毛を刈られた犬やパリ風の奇抜で瀟洒な装い、あるいは宙づりのライトアップされたゴンドラなどを見かけるたびに一斉に感嘆する。

最初の数日間はレセプションや記者会見、インタビューが果てしなく続き、最後にジョージア映画に関するセミナーが開催された。発言者たちはみなジョージア映画を絶讃する。ジョージア映画は世界の文化の大きな宝であるなどとの言葉が聞かれる。私の作品『インタビュアー』も称讃を受ける。これはすべて非常に心地のよいものだが……現実的な感覚を失ってはならない！　何よりその助けになるのはユーモアだ。

アントニオーニの新作『ある女の存在証明』を見た。表現形式、カメラの動き、人物と背景の調和という点において洗練されている。しかし、彼の映画にいつも感じられた深みがない。すべてがわざとらしく不自然である。霧の一場面は素晴らしい！　私がずっと思い描いていた霧のかかった墓地での撮影が、思いがけずアントニオーニの作品で実現されていた。これは残念なことかもしれないが、私はそれでも自分が考えていたように撮ろう。それ以外の演出は考えられない。霧のたちこめた場所に声が聞こえ、墓を掘る二人の人影が浮かび上がる。やはり霧の中に俳優たちの顔が現われる。その顔は霧の中でいっそう仮面のように見える。彼らは流された血に関する歌を歌っている。マツィアはうろうろとエヴァを捜し回っている。彼は霧の中に現われたり消えたりする。エヴァのシルエットが一瞬どこかに現われる。スピリドンは墓のそばに立って泣いている……。

ヴィム・ヴェンダースの『ことの次第』はいかに映画を撮るかについての、このような映画にはつきものの皮肉のない新たな変奏だ（トリュフォーの『アメリカの夜』を思い起こさせる）。すべては素朴で日常的で、結局は悲劇的である。長回しの最後が素晴らしい。キャンピングカーが街の通りを移動し、常に動き変化する風景をバックに二人の友人――破産したプロデューサーと彼のせいで仕事を失った映画監督――が、人生の意味をめぐってドラマティックな会話を続ける。そして、最後のショット。二人はこの動き回る家を出て、別れの挨拶をし、抱き合う。いろいろあったが二人は友人のままだ。そこに突然、銃声が響く。撃ったのはプロデューサーのボディガードのようだ。その理由は誰にも分からないが、発砲はまったく当然のなりゆきだった。発砲は映画とそこに映し出された人生のあらゆる論理の帰結である。プロデューサーは倒れる。監督はカメラをつかんで必死に撮影する。それが死ぬ間際の映像になると知っているからだ。彼は倒れる友人を、道を、道を行く人々を撮る。銃弾は彼にも当たっていたが、くずおれつつも撮影を続ける。彼は最後にはアスファルトに横になり、瀕死の状態で撮影する。

私の覚書はここで終わる。パリから帰った後、私は何も書くことができないほど仕事に没頭した。

映画祭――ベルリン、カンヌ、東京、リオ・デ・ジャネイロ

映画『昼は夜より長い』は大きな問題もなく承認され、それと同時に私はベルリン国際映画祭に審査員として招かれた。それ以前もそれ以後もサンレモやマンハイム、オーバーハウゼンの映画祭で何度か国際審査員団のメンバーになり、審査員長も務めたが、ベルリン国際映画祭はやはり特別だ。国籍も年齢も経験も気性も異なる人々の集団である審査員団は、十日から二週間ほど朝から真夜中まで一緒に過ごす。一緒に映画を見て、一緒に昼食と夕食をとり、議論し、討論し、お互いを深く知り合う。その間にいくつかのグループに分かれたり、一つにまとまったり、結びついたりする。ときには、このまったく異なる人々が互いにとても親しくなり、しばらくの間まるで家族のようになる。私たちもそんなグループになり、夜もよく一緒に集まって話した。審査員長のリヴ・ウルマンは、イングリッド・ベルイマンの元パートナーにして、彼の多くの作品に出演する特別な俳優だ。審査員にはペルーの著名な作家マリオ・バルガス＝リョサ（彼の『緑の家』は私たちの仲間うちで好まれていた）や、有名なアメリカ人映画監督ジュールズ・ダッシン、彼を訪ねてきた妻で、素晴らしい俳優にしてギリシアの文化大臣であるメリナ・メルクーリがいた。彼らと話すうちに分かったのは、この何の不安もなさそうな人々も、私に劣らず心の傷を抱えているということだった。ジュールズ・ダッシンは少し前に息子――フランスの人気歌手ジョー・ダッサン――を亡くしていた。リヴ・ウルマンはベルイマンのパートナーとしてひどく多

難な人生を送り、今も苦労の跡を留めている。そして、大きな輝く目をした浅黒い肌の美しい男性であるバルガス＝リョサは、祖国のことで深く心を痛めていた（数年後、一九九〇年に彼がペルーの大統領選挙に立候補し、一回目の投票で勝利したとの記事を興味深く読んだ）。彼はあらゆる国の専制政治を撲滅することを信念としており、最終的な審査の際、その信念から、ソ連映画に賞を与えることに断固として反対した。彼の考えでは、授賞はソ連の全体主義体制を奨励することになるという！　問題の作品はピョトル・トドロフスキーの『戦場のロマンス』だった。私は必死で反論し、その考えがいかに道理に合わないことであるのか、バルガス＝リョサとほかの審査員を説得しようとした。ソ連国内では誠実な芸術家たちが常に体制からの圧力を受けているというのに、その体制について彼らに責任を求めるなんて！　議論は白熱したが、最後には主張が通って私は安堵した。そして、女優賞はモニカ・ヴィッティとインナ・チュリコワが分け合うことになった。金熊賞は私が大好きなアメリカ人監督ジョン・カサヴェテスの『ラヴ・ストリームス』に与えられた。受賞の際、彼は遠慮がちに微笑んでいたが、主人公を演じた魅力的な彼の妻ジーナ・ローランズが彼のもとに駆け寄って嬉しそうに抱きついたときには満面の笑顔を見せた。その晩、私たちのグループにモニカ・ヴィッティとジーナ・ローランズの二人も加わった。授賞式が済むと、すべての禁則が解かれ、審査員は映画祭の参加者と自由に話すことができるようになる。こうして授賞者と受賞者が一緒になったのだ！　それぞれまったく異なるタイプの三人のスターが並んでいるのは印象深い光景だった。素っ気なく控えめで、いつも周りから孤立しているようなノルウェー人のリヴ・ウルマン。陽気で騒がしくよく笑うイタリア人のモニカ・ヴィッティ。彼女はアントニオーニの作品で知られるようになった孤独な女性の像とはまったく対照的だ。そして、魅惑的で柔和で、受賞に顔をほころばせているアメリカ人のジーナ・ローランズ！

たくさんの思い出を抱えて帰宅したその日に、再びまったく思いがけない電話があった。映画人生は良きにつけ悪しきにつけこのような予期せぬ出来事の連続だ。電話の主はカンヌ映画祭のディレクター、ジル・ジャコブで、映画祭の事務局が『昼は夜より長い』を公式のコンペティション作品に選出したという！　そのとき私はジル・ジャコブからのこのような電話が異例のことであったとは知らなかった。後で聞いたところでは、彼が私の家に直接電話をかけてきたのは、ソ連のゴスキノを通せば、私が病気だとか、あるいは忙しくてカンヌへ行けないとかいう手紙を受け取ることになりかねないと考えたからだった。

そのとき私は病気でもなく、カンヌへ行く時間もあったので、外国へ一度も出たことのなかったグラム・ピルツフラヴァとともに私はまずニースへ降り立った。そこで私たちは映画祭の公式車両である黒いメルセデスに出迎えられ、カンヌの瀟洒なカールトン・ホテルへ連れていかれた！　私の部屋は一面ピンク色で、グラムの部屋は水色だった。驚嘆しつつも、皮肉屋のグラムはこう言っていた。「この水色に輝く部屋の中を歩き、ベッドに寝そべったり、水色のカーテンを閉じたり、奇妙なほど磨き上げられた水色の浴槽に入ったりしては、大声で父と話をする（もちろんメグレル語だ）。『ああ、父さん、息子がどんなところにいるか分かる？　父さんには、お前は役立たずだと言われていたのに！』」カールトン・ホテルにはレストランとバーがいくつかあり、そこで私たちは自由に飲食することができた。その代わり、ほかの場所ではコップ一杯の水すら飲むことができなかった。小遣いとしてそれぞれ受け取った五十フランのほかは一銭も持っていなかったからだ。

カンヌ映画祭の公式コンペティションへの参加はあらゆる種類の感情を引き起こす一大事だが、やりなんといっても不安が大きい。その不安は最初の瞬間から頭を離れず、映画の上映の直前に最高潮に達する。五月十七日、上映の日がやってきた。私たちは会場に入る有名な階段を上る支度をしていたが、直前になって、入場には蝶ネクタイをつけなければならないことが判明した。グラムはもちろん蝶ネクタイなど持っていなかった。彼は蝶ネクタイどころか、借りもののスーツとネクタイを持ってカンヌへやってきたのだ。ひと騒動になった。ソ連大使館の職員たちが慌てて方々に飛び出していった。私たちは建物のそばの木陰に立って、階段を上る時間が迫るなか、どきどきしながら蝶ネクタイを待っていた。そしてとうとう、もう少しで時間切れというところで、大使館の職員が息を切らして蝶ネクタイを手にやってきた！　茂みに隠れていたグラムは男性たちに囲まれて、得意げな笑みを浮かべながら、彼の周りで起こった騒ぎを面白がっていた。やっとのことでグラムの首元に蝶ネクタイ――かなり不釣り合いな色ではあったが――がつけられた。私たちは隠れていた場所から出て付添人を安心させてから、観客が取り巻くなか、世界的に有名な階段を笑顔で胸を張って上り始めた……。この階段を上るのは、長年にわたって繰り返されている一つの儀式である。それについてこれまで多くが書かれているとおり、映画人にとっては深い感激を催す瞬間であり、誰しも冷静でいられるわけがない。私たちは司会者たちとともにゆっくりと階段を上った。周りの人々が私たちに拍手する。カンヌ映画祭の長い歴史の中で、会場に入るのに必要な品をぎりぎりの瞬間に手に入れた参加者はおそらく私たちだけだろう……。私たちは階段を上り、製作者に割り当てられた特別席に坐った。観客の拍手がずっと鳴りやまなかったのも、二時間続いた記者会見で多くの称讃が聞かれたのも大きな喜びだった。ある有名なアメリカ人プロデューサーがグラムに五年間の契約を提示したが、グラムはすでにジョージアで五年間の契約（！）があるから無理だと誇らしげに断った。アメリカ人プロデューサーが私たちに名刺を差し出しながら、「まさにあなたのような俳優が必要だったんですよ。もし何か予定が変わったら連絡をください」と言うので、私たちは当然ながら「グラムはあなた以外の誰とも契約しません」と約束した。そのハンサムな男性が立ち去ってから、私たちは腹がよじれるほど大笑いした！

こうして私たちのカンヌでの騒動は終わった。賞はもらえなかったが、映画祭が終わった後に審査員の一人、カメラマンのヴァジム・ユーソフが私にこう言った。「作品は最後まで監督賞と女優賞を争っていたが、作品に利害関係のある擁護者がいなかったので外れてしまった」と。私は悲しくなったが、ノダル・ドゥンバゼが以前にカンヌ映画祭に向かうある映画監督に言った「お前の皮の中に収まっていたほうがいい」（ジョージア語で「カンヌ」と「皮」が同音異義語になることを踏まえた言葉遊び）という見事な助言を思い出して、私自身を心から笑い飛ばした。おそらく私たちがあれほど気を揉んだのを運命がねぎらってくれたのだろう、『昼は夜より長い』はジョージアの国家賞を受賞した。

一九七七年、レゾ・チヘイゼやその他の映画監督たちの多大な努力のおかげで、トビリシ演劇大学に映画学部が開設された。これはジョージアの映画の歴史において実に大きな出来事だった。それ以来、若者たちは映画を学びにモスクワへ行かなくてもすむようになった。彼らにジョージアの学校の門が開いたのだ。この映画学部はテムル・バブルアニ、ナナ・ジョルジャゼ、ゴデルジ・チョヘリ、ディト・ツィンツァゼ、ダト・ジャネリゼ、ナナ・ジャネリゼ、ザザ・ウルシャゼ、バサ・ポツヒシヴィリ、メラブ・タヴァゼら、今日すでにさまざまな分野で活躍する著名な映画監督たちを生み出した。

監督科の最初の学生を選考したときのどたばた騒ぎを憶えている。そのときに私はオマル・グヴァサリアと親しくなった。彼は最初は私の助手だったが、二年目には一緒に指導することになった。オマルは私の人生でもっとも惜しまれる人物の一人だ。早くから老成し、落ち着いて、いつも優しく公正だった彼は、まだ若くして交通事故で亡くなった。

私の最初のクラスの学生のなかではゴデルジ・チョヘリが抜きんでていた。彼はグダマカリの谷からそのまま演劇大学へやってきた。小柄で痩せた青年は、映画の製作についてぼんやりとしたイメージしか持っておらず、映画監督と映画批評家の区別すらついていなかった。そのため、彼ははじめ監督科ではなく映画学科を受験したのだが、その一年後にやっと自分の目指す道は映画について考えを述べることではなく、映画をつくることだと気がついたのだった。

そうして彼は私のクラスの学生の一人となった。やってくるやいなや、彼の観察眼、静かに独りでいることを好む性向、そして何より、物語をつむぐ能力が私の注意を惹きつけた。私が課した課題として彼が初めて書いたヘヴスレティ地方のアナトリ村とその村人たちの話を今もよく憶えている。その学生作品には、独特の繊細さを持ったこの内気な山の若者の中に、本物の作家の素質が秘められていると私に思わせる言葉の力がすでにあった。それから間もなく私の予想は現実になり、ゴデルジは短篇小説を書き始めた！

当時の覚書に私はこう書いた。「ゴデルジ・チョヘリはすでに一つの現象として存在している。彼はグダマカリの谷から、悲しみを集める司祭ジュグナ、アバイドゥ・アバイダ・ドゥルハニ、グダマカリの女たちと彼女たちの憂い、桃色の男アンブロスクナやその他大勢の人々を引き連れてやってきた。彼の中にはさまざまなテーマやエピソードが詰まっており、多くのことを本能的に知っている。彼の短篇小説や脚本には滑稽さと悲哀、グロテスクと悲劇、道化と日常が共存している。彼の描いたジュグナは村々を回って悲しみを集め、それを皮袋に放り込んでは、『悲しみ、一三四七番』『悲しみ、一三四八番』などと番号を書きつける。そうして、悲しみでいっぱいの皮袋を背負って、村から村へと家々を回る驚くべき男の姿が本のページに立ち現われる……」

彼が三年生のときに製作した『土地の女神』はオーバーハウゼン国際短編映画祭のコンペティションに招待された。学生の作品が大きな国際映画祭に招待されたこと自体がすでに快挙だったが、しかし、それから起こったことは想像を超えていた……。審査員団の一員だった私は、グダマカリの谷で撮影されたこの映画が、ドイツ人の観客や審査員を一斉に感激させたのを目の当たりにした。作品の主人公を演じたのは八十歳の地元の女性で、映画を見た誰もがこの「土地の女神」に対する同情で胸がいっぱいになり、この死にかけの女性が牛のそばで話すのを笑いの交じった涙とともに聞いた。最終的に、三年生のジョージア人学生の作品は映画祭のグランプリを獲得した。これはジョージア映画全体の勝利だった。

一九八五年、日本の朝日新聞社から東京での国際シンポジウム「女は世界をどう変えるか」に招かれた。シンポジウムで私の映画『インタビュアー』が上映され、この作品に基づいて私が女性を取り巻く状況について講演をすることになった。とりわけうれしかったのは家族と一緒に招待されたことだった。私は娘ケティと一緒に東京へ行き、帝国ホテルに滞在した。十四階だったか十五階だったかの部屋からは東京の街並みが手に取るように見渡せた。これは私にとって二度目の日本訪問で、一九八一年の最初の訪日の際に私はすでに東京と京都の美しさに魅せられていた。日本の都市を飾る重要な要素である、さまざまな色に輝く美しい文字が街を彩っていた。そしてもう一つ、日本人はお茶会や生け花といった儀式を保存するなどして、日常の決まりごとや習慣をなんと心細かに大切にしていることだろう。そのときすでに私は美こそが日本人の世界観や暮らしを特徴づける性質であると考えた。日本では、子供も含め、家族がみんなで公園で一輪の花の周りに坐って、凡人の目では気がつかないほどゆっくりと花びらが広がっていくさまを何時間も見つめていられる。美しいものを際限なく眺めていることができるのだ。一九八一年に行なわれたソ連映画週間のときには、黒澤明監督がソ連代表団に会いにやってきてくれた。日本および世界の映画におけるこの高名な巨匠は、痩せて背が高く、一見穏やかで慎み深い人物で、全員の話を興味深げに聞きながら、ときおり丁重に遠慮がちに会話に加わった。美に関する彼の言葉がとりわけ私の記憶に残った。「この世界には映画的な美と呼べるような神秘があり、それは映画によってのみ表現することができる。映画は動きに基づいているからだ。私はこの世界および映画の本質は美にあると思う」と黒澤監督は述べた。私はそのときときわめて現代的な摩天楼のベランダに立って、さまざまな色の文字で飾り立てられた都市を眺めていた。そして、今日の均一化された世界において、日本人はこのような独特の民族的な美をどのように維持しているのだろうかと考えていた（今日、トビリシも色とりどりのさまざまな広告で――その多くは英語のものだ――飾り立てられている。ジョージアでも広告にジョージア文字をたくさん用いることにすればいいのは間違いないだろう。ジョージア文字は私たちのものであるし、それに、日本の文字にも劣らず魅力的なので、街の独特の景観をつくりだすはずだ)。

シンポジウムにはそれぞれ別々の国から八名が家族とともに招待されていた。可笑しいのは、日本人を除きほかの全員が恋人とともにやってきたのに、模範的なソ連市民の私だけが子供を連れてきたことだ。参加者のなかでもっとも著名な人物はアメリカの作家ジョン・アーヴィングだった。文学研究者たちは道化芝居とリアリズムのあいだを行き来するような彼のベストセラーにちなんで彼を「エンターテイナーのモラリスト」とか「道化の哲学者」などと呼んでいた。アーヴィングは空港から直接ヘリコプターで私たちのホテルの屋上へ連れてこられた。これは彼に対する主催者の特別の配慮の表われだった。後でアーヴィングは、色とりどりに輝く都市をこれほど近くから、それも上から眺めていると、自分がどこか非現実的な別世界にいる気がしたと語った。

初日に私の映画が上映された。二千人収容のホールは満員で、観客の多くは女性だった。上映後に私は観客から多くの手紙を受け取った。当然ながらすべて女性からの手紙で、ほぼどの手紙も「この映画では私の人生が語られています!」と始まっていた。私は大いに感動した。日本の女性にとっても仕事と家庭の両立は切実な問題であり、まさにそれゆえに日本の最大の新聞社がこのテーマで国際シンポジウムを開催したのだ。

シンポジウムは興味深く、さまざまな議論があった。私はジョージアにおける女性の歴史的な役割や「雌であれ雄であれ獅子の仔は獅子」というルスタヴェリの思想、死刑を廃止したタマル女王の命令などについて話した。アーヴィングがすぐに壇上で「十二世紀のことだとおっしゃいましたか? それとも私の聞き違いですか?」と私に尋ねた。私がそのとおりだと答えると、彼は「私の次の旅行先は十二世紀のジョージアにします。あなたの発言が本当に正しいのか確かめに行かないと」と言った。一緒に連れていってくれるよう私がお願いすると、彼は聴衆の前で必ずそうすると約束した。冗談の好きな日本人たちはこのやりとりに大いに喜んで拍手していた。

東京滞在中に一つ滑稽なことが起こった。私の担当者であったひどく遠慮深い日本人がある日の夕方に私たちの部屋にやってきて、うつむいたまま、まるで何か不幸な知らせでも伝えるかのように小声で「明後日に講演料をお渡しします」と私に言った。それも五千ドルというとてつもない金額だという。彼がいなくなってから、私は「彼は英語が苦手だから、本当は五百ドルなのに間違ったんでしょう」とケティに言った。講演料をもらえるとは知らなかったので、それはとてもうれしいことだった。しかし、それでも疑問が残ったため、彼が朝にやってきたときに私は念のために今度はフランス語で「昨日はよく分からなかったけれど、講演料はいくらなの?」と尋ねた。彼は英語とフランス語ができたが、どちらも少し流暢さに欠けていた。再びはにかみ笑いを浮かべた彼は、今度はフランス語で「五千ドルです」と答えた! 私はそれでも信じられず、「どうやら彼は何語でも五百と五千を間違えるみたいね」とケティに言った。しかし、結局のところ私の疑いはまったく根拠のないもので、彼は五百と五千をしっかり区別していたのだ。その晩、彼はやはり遠慮がちに部屋にやってきて、おずおずと頭を下げると私に封筒を渡した。封筒の中には五千ドルが入っていた! 私は取り乱してしまったが、日本人のこの説明のつけがたい気前のよさはそれで終わらなかった。シンポジウムが終わった後に各参加者は結局五千ドルどころか七千ドルを受け取ったのだ。裕福なアメリカ人たち――ジョン・アーヴィングとハーヴァード大学の著名な社会学の教授――さえ私に劣らず仰天していた! その後、参加者の一人が私たちにこう説明してくれた。朝日新聞社は非常に羽振りのいい新聞社で、年末に予算がたくさん余ってしまったので、それを消化するためにこれほどの尋常ならぬ講演料を出したのだと。いずれにせよ、この大金を受け取った私は、ほかの参加者たちとは異なり、大きな悩みごとを抱えてしまった。ほかの参加者たちはその講演料を自分の銀行口座に入れるだけで済んだが、私にはもちろん銀行口座などあるはずもないし、この大金を抱えてモスクワに戻るなどもってのほかだった。そのため、私は物価の高さにかけては世界的に知られた日本で、残りの二日間のうちにもらったお金を残さず使い切らなくてはならなくなった！

私は再び、ザイラ・アルセニシヴィリとともに脚本を書いている。私たちが一緒に脚本を書くのはもう何作目だろう。もはやザイラ抜きで映画に取り組むことは想像もできない。ただし、共同作業は順風満帆というわけでもない。私たちはしょっちゅう口論し、けんかもする。だが、本質的な部分ではいつも考えが一致する。それで、まだ映画が一作終わる前からもう次の脚本の構想を二人で練り始める。私がいつも感嘆するのは、ザイラの記憶に刻まれた光景——彼女が見聞きしたことや体験したこと——の限りない多彩さと正確さだ。他人から聞いた話さえ、彼女はまるでそのすべてを自ら目撃したかのように鮮やかに表現する。言うまでもなく、これは本物の作家が持つ性質だ。そしてもう一つ、私を常に感激させるのはザイラの文章だ。久しく忘れ去られた言葉やカヘティ地方の方言がふんだんに散りばめられた、味わい深く豊穣なザイラの文体は、ほかのいかなる作家とも異なる。早くから私は、脚本ではザイラの作家としての才能が十分に発揮されないと感じていた。彼女は常に仕事に没頭していた。「何をしているの？」という平凡な質問に対する彼女の答えはいつも「タイプライターを打っているの」だった。トビリシにいようとテラヴィにいようと、いつも書き物机に向かうザイラは、きわめて細かな文字で埋められた大小のおびただしい紙片に囚われていた。その暗号が解読可能であるとはどうにも思えなかったし、事実、ザイラ自身もしばしばメモが判読できずに苦労していた。思考や回想がさまざまな方向へ枝分かれしてジグザグを描くに任せており、まさにそのせいで彼女はピリオドを打つのが苦手だった。私はしばしば思ったものだ。私たちの存在のさらなる深みに達しつつある彼女の膨大な仕事が、完成を見ることは決してないだろうと。ところが、幸運なことに、その瞬間はやってきた。ザイラはその無数の紙片をどうにかこうにかまとめ上げ、すべてのエピソードに始まりと終わりを見出し、それらを古ぼけたレミントンのタイプライターに叩きこみ、ピリオドをまず一つ、それからもう一つ打った。そうしてジョージア人の読者は二つの作品『レクイエム』と『ああ、この世よ』を手にすることになった。

一方、新しい脚本は、私たちとしては異例の早さで完成し、一九八六年、すでにペレストロイカの時期に、私はこの脚本に基づいて『渦巻』（日本初公開時のタイトルは『転回』）を製作した。脚本も作品も何の問題もなくスムーズに承認されたのは人生で初めてで、私はこの国で本当に何かが変わったことを身をもって実感した。

私たちはみな波乱万丈の人生の渦中にある。目に見える糸で、あるいは目に見えぬ糸でみな互いに結びついている。人生は我々一人ひとりの運命の偶然の、あるいは予期せぬ交錯に満ちている……。私たちの関心の主たる対象は、まさにその人々のあいだの密かな繋がりだった。それに、感情、感情の強さ。実に奇特な人物で、すぐれた心理学者だったダレジャン・ラミシヴィリがあるとき興味深い心理学の実験の話を私に語ってくれた。被験者は「あなたが大好きだ」「あなたが大嫌いだ」「私は怖い」「私はうれしい」といった言葉をふさわしい感情を込めて言う。その後、音声が消され、別の被験者は顔の表情だけからどんな感情が語られているかを推測する。この実験から明らかになったのは、言葉が聞こえない場合、人は愛情と憎しみのような相反する感情を区別できないということだった。人はそれらをまったく同じように、同じ表情で話すのである。つまり、重要なのは感情の強さであり、人間の存在を規定するこの二つの感情はこの点において完全に同じなのだ！　私はこれほどはっきり立証されたことに大いに惹かれ、映画中にその実験を取り入れることにした。ザイラと私の考えでは、それが作品の感情面の柱となるはずだった。東京での上映後に行なわれた記者会見で、ある記者がそれについて質問をしてくれたときはとてもうれしく思った。

少し前に心地よく旅した日本へ再びこの映画で招かれたという事実は、なにか素晴らしい出来事の予兆に思われた。東京国際映画祭はその年、第二回目を迎えていた。ヨーロッパやアメリカに後れをとるまいと、日本の人々は東京国際映画祭をカンヌやヴェネチア、ベルリンの映画祭と肩を並べるものにするべく努め、その目標はたしかに達成された。東京国際映画祭はあっという間にAクラスの映画祭となると同時に、美を追求してやまぬ日本人の心があらゆるものに感じられるために、ほかのどの映画祭とも異なる独特の映画祭となった。その美的感覚はとりわけ映画祭の会場の建物に感じられた。ホールも舞台も花をつけた桜の木や枝で見事に飾りつけられていた。

『渦巻』の代表者として、主演の一人であるレイラ・アバシゼと私が映画祭に出席した。審査員長は私たちが若い頃に崇拝した俳優グレゴリー・ペックだった。イタリアとは異なり、東京では審査員団が本当に厳重に秘密を守り、最後の瞬間まで誰も審査の結果を知らなかった。そうしてとうとう授賞式が華々しく行なわれる夜になった。私とレイラは人でいっぱいの巨大なホールに坐り、まるで関係のない見物客のように式典の様子を眺めていた。すると、突然グレゴリー・ペックの言葉が聞こえてくる。

「最優秀監督賞は『渦巻』のラナ・ゴゴベリゼさんです!」これはまったく予期せぬことだった。私の経験から言って、私たちの耳にどこからも何のうわさも届かないまま授賞式を迎えることはありえなかった! 私はどきどきしながら舞台に上り、有名なアメリカ人俳優シドニー・ポラックから賞を受け取った。しかし、その晩のサプライズはこれで終わらなかった。最後の挨拶でグレゴリー・ペックは、「賞の数が少ないために、審査員全員を感激させた二人の素晴らしい俳優に賞をあげられなかったことをとても心苦しく思う」と述べ、それがレイラ・アバシゼとリア・エリアヴァだと言ったのだ! こんなことはどんな映画祭でも聞いたことがない。グレゴリー・ペックはレイラとリアの演技があまりに気に入ったので、公にそれを述べておくべきだと考えたのだろう。いつもの帽子と虎柄で着飾ったレイラは驚きつつも満面の笑みを浮かべて立ち上がり、感謝を示すべく人々にお辞儀をした。人々は長いあいだ彼女に拍手をしていた。それからレイラは壇上のグレゴリー・ペックのほうを向いて魅力的な投げキッスを送った。グレゴリー・ペックも壇上からお辞儀をした。

私たちが若い頃に夢見た国の一つがブラジル、とりわけその大都市リオ・デ・ジャネイロだった。オスタプ・ベンデル（イリフ＝ペトロフの小説の主人公）は「これはお前たちにとってリオ・デ・ジャネイロではない！」と言って、美しく自由な国々に対するソ連の人々の熱い思いを表現した。人々の想像では、そこにはいつも幸福で愉快な暮らしがあった。そしてある日、私たちの子供時代の夢の街に私は国際映画祭の審査員の一人として招待された。今日、リオについては誰もが何もかも知っている。コルコバードの丘の上に腕を広げて立ち、足元のロドリゴ・デ・フレイタス湖を見下ろすあの巨大なキリストの像、果てしなく続く名高い金色の砂浜、ブラジルの人々の鎮まることを知らぬ情熱の力と尋常ならぬエネルギーによって息づき、昼夜をおかず弾け続けるカーニバル……。リオ・デ・ジャネイロは、私たちが鉄のカーテンの向こうで美しく安らかな暮らしを夢見ていたときに私が想像したとおりだった。ここではブラジル滞在中のエピソードを一つだけ思い起こしたい。

審査員長は著名なドイツ人俳優クラウス・マリア・ブランダウアーで、審査はいつものことながら興味深くも大変だった。コンペティション外で私の『渦巻』が上映され、やはりブラジルでも、まったく馴染みのない観客たちの反応に私はいたく感動した。上映後、私は映画祭の代表者から、一人の映画ファンとして頭の禿げた中年男性を紹介された。彼は『渦巻』に深い関心を抱いた様子で私に話した。ニネリ・チャンクヴェタゼの演じた人物がもっとも印象深かったようで、彼女の子供（ニノ・ツェツフラゼ）が風車を手に病院の廊下を走って遊んでいる最中に母の死を知る場面をとくに挙げた。彼が作品について非常に専門的に話すので、私は映画批評家と話しているものと思って疑わなかった。ところが、翌日、この映画ファンの男性が実は著名な整形外科医で、ブラジルで指折りの資産家だと知って驚愕した！　彼は映画への愛ゆえに、週末に審査員全員を彼の所有する島に招待した。まったく信じがたい旅だった。朝、そのホストは空港で私たちを待っていた。飛行機はもちろん彼の自家用機だ。私たちは低空飛行しながら、世界でも最大の流量を誇るアマゾン川を横切った。そして、アマゾン川が海に注ぎ、河口で巨大な波をつくりだすのを目にした。彼が言うには、波はしばしば十二メートルにも達するという。それから私たちはサバンナや熱帯雨林を横切り、とうとう海の真ん中に浮かぶ、ブラジルの基準からすると小さな島に降り立った。そこは我らが整形外科医が所有する島だった！　つる植物や奇妙な植物が絡まり合う熱帯雨林の外には、緑の草原が広がっている。緑の草原はやがてどこまでも続く金色の砂浜へと変わり、砂浜はやはりいつの間にか海になる。私たちがその島で過ごした二日間、海は静まり返っていて、私は海に向けた「お前は子供たちのもとへやってきた客だ」というパステルナークの一節を思い出した。そこで私は思う存分に海で泳いだ！

リオ・デ・ジャネイロから私はさまざまな思い出をたくさん抱えて帰ったが、もっとも印象深かったのはあの外科医の大金持ち氏のことだった。そのすぐ後、私はあるフランスの雑誌でこんな記事を読んだ。「第二次世界大戦の戦犯であるファシストを捜している。その男は大金を奪って逃げ延び、整形手術を受けた後、自らも整形外科医となってさらに富を増やした。その富豪は現在ブラジルにいる疑いがある」という。その記事は私にとって大きな衝撃だった！　顔を変えたその富豪は現在ブラジルに浮かび、表情に乏しいあのような顔は整形手術の結果でしかありえないという恐ろしい疑念が頭をもたげた。それから何年も経ったが、その後、私はブラジルへ逃げたという戦犯について、何の知らせも目にしていない。そのため、あの夢のような島の思い出が黒く彩られるべきなのか、白く彩られるべきなのか、私は今も分からない。

一九八三年に初孫のラドが生まれた。ここで私は一九八七年のまったく私的なメモを一つ読者に紹介したい。その春、私は四歳の孫ラドと犬とともにテラヴィで二週間過ごした。トビリシに戻り、車から降りると、ラドは不意に泣きだした。犬のチェリはうれしそうに飛び回っていた。夕方に私は「チェリは家に帰ってきてあんなに喜んだのに、あなたはそうじゃなかったのね」とラドに言った。するとラドは少し考えてから、「僕もうれしかったよ。イリア・チャフチャヴァゼの詩のように、涙が出るほどうれしかったよ」と答えた。私はその日幸せな気分だった。ラドは自らの生の感情を文学に関係づけて表現したのだ。自分の感情の世界の複雑さをイリアを通じて理解したと言ってもいいだろう。私が詩に、詩の謎めいた性質に初めて近づいたのも、その「庭で独りぼっちの葡萄があまりの喜びに泣いている」という詩を通してだった。私はまだ言葉の意味も分からない頃にその詩を認識した。母の低い声と魔法のような響きがどこか別の世界へと私を連れていった。「森が葉をつけた。ほら、ツバメも鳴いている……」なぜ葡萄は独りぼっちだったのか？　なぜ喜びのあまり泣いていたのか？　このような疑問が生まれたのは後になってからだ。そして、さらに後になって、私は心の奥深くに入り込むこのような素朴な言葉を理解した。「愛しい祖国よ、お前はいつ花を咲かせるのか？」その言葉は今日も古びていない。おそらくすべてのジョージア人の人生に、イリアが殺されたことを知った特別な日が——頭で理解したのではなく、ツィツァムリ村のそばで放たれた銃弾を胸に受け、それぞれに事実を受け止め、その意味を考えた特別な日があることだろう（一九〇七年のチャフチャヴァゼの暗殺をめぐっては今日まで諸説ある）。私たちは折にふれ警鐘として思い起こさねばならないと思う。山の向こうの人々でもダンテス（プーシキンと決闘したフランス人士官）たちでもなく、決闘でもなければ皇帝の秘密警察《オフランカ》の直接の指示でもなく、私たちが自らイリアを殺したのだと。私たち自身をより厳しい目でありのままに評価するにはこの事実ひとつで十分だ。そして、もう一つ思うのは、イリアがいなければ、過去や自己に陶酔するグリゴル・オルベリアニ（十九世紀のロマン主義詩人）的な傾向がジョージアの芸術において今日まで支配的であっただろうということだ。イリアは民族の知的生活の中に力強く、きわめて鋭い批判精神を持ち込んだ。それは今日もジョージアの文学や演劇、映画に活力を与えている。

　一九八八年の夏にモスクワで国際映画祭が行なわれ、その期間中に「女性映画人の日」が設けられた。その日は実に興味深く昂揚した一日となった。世界各国から三百人ほどの女性映画人が集まり、盛んなおしゃべりや議論に叫び声まで響いた末、非公式の会合において明らかになったのは、アメリカでも、フランスでも、ジョージアでも、ロシアでも女性映画人たちは同じ職業上の問題を抱えており、一様に団結を望んでいるということだった。こうして女性の国際協会を設立する構想が自然に生まれ、第一回大会をトビリシで行なうこともその場で決められた。そして、同年秋にトビリシで女性映画人の初めての国際会議が催され、世界各国から百五十人の女性が集まった。これほど刺激的で、愉快で、感情的で、率直な会議が、公式の会議の歴史に記録されたことはかつてなかったはずだ。女性たちはきわめて真剣で、責任感にあふれつつ、同時に楽しもうという姿勢も持ち合わせていた。組織の名称や定款をめぐる数多の議論を経て、ようやく定款が採択され、私たちの組織はＫＩＷＩと呼ばれることになった。ＫＩＷＩとは、「国際女性映画人協会」（Kino Women International）の略称だ。定款が承認され、組織が発足したという事実を女性たちがどれほどの拍手と喜びとともに歓迎したかは、映像に記録されている。それから選挙が行なわれ、この上なく名誉なことに、さまざまな国の女性たちの全会一致で私が初代の会長に選ばれた。やはりいかなる異論もなく副会長に就いたのは、すぐれたフランスの俳優デルフィーヌ・セリッグで、それは組織にとって大いに名誉なことだった。会議の後で私たちは客をカヘティ地方で歓待した。そこではジョージア人の客のもてなしという特別で、しばしば奇妙な現象が遺憾なく実現された。それはまだ国際組織が雨後の筍のように次々とつくられる前のことで、「会長《プレジデント》」という言葉もあまり聞き慣れない頃だった。そのため、共産党地区委員会の書記たちも、一般の人々も、どこへ行っても心から、ときには度を越した感激とともに私たちを迎えてくれた。当局と人々のこの気前のよさに、欧米の友人たちは驚愕していた。アメリカ人のメンバーたちは毎日の経費を真剣に計算し、夕方になると、これまでですでに百万ドルが費やされたと報告するのだった……。

ＫＩＷＩの次の大会はフランスのクレテイユ国際女性映画祭の枠内で開かれた。その後はモントリオール、ロサンゼルスでも行なわれた。どこでも、どの国でも、協会は大きな関心を集めると同時に、どこでも同じような確執があった。私たちの国の代表者はよりによってなぜこの人で、別の人ではないのかと。「別の人」が指しているのはもちろんその発言の当人だ。私は組織の存在を脅かしかねないそのような確執を鎮めるための努力を惜しまず（自分の性質が外交に向いていることをそのときに初めて発見したのかもしれない）、興奮した女性たちをどうにかこうにか落ち着かせたものだ。

その年、私は『インタビュアー』『昼は夜より長い』『渦巻』の三本の映画を携え、独特の観点を持つ優れた映画批評家マイヤ・トゥロフスカヤとともにアメリカを回った。まずニューヨークで映画の上映と観客との対話が行なわれた後、私たちはサンフランシスコへ飛び、ＫＩＷＩの理事会のメンバーであるバーバラ・パーカーの車でカリフォルニアのいくつかの町を回った。車のトランクは映画でいっぱいだったので、ほかの荷物はほとんど車の上に積まれていた。そのせいで車が停まるたびにひどく面倒なことになった。荷物が次々と地面に落ちるのを見て私たちは笑い転げた。そうしてどこかしらの大学のキャンパスで映画を上映し、大いに興奮を覚えながら真剣に観客との対話に参加した。それから再びなんとか車に乗り込み、次のキャンパスへと車を飛ばした。この車のことを、ＫＩＷＩのメンバーであったスージー・レイノルズは、ロサンゼルスの彼女の立派な家を訪れた際に、「狂人たちの車」と呼んでいた。

このアメリカの旅で私たちはあちこちの町の大学を訪れた。そのため、映画の観客のほとんどは学生だった。あらゆる国の学生と同じように、彼らもまた興味と好奇心が旺盛だった。どこでも親密な雰囲気で、映画の上映の後は質問がいつまでも途切れず、議論や意見の交換はしばしば真夜中まで続いた。そのとき私は、広く信じられていた考えとは異なり、アメリカにも私たちの映画の観客がいて、そのような観客はまさに大学の学生たちのあいだで見つかるのだと考えた。

ＫＩＷＩの最大の成果は、一九九一年にフィレンツェで行なわれたジョージア人女性監督映画祭だったと思う。それは実に稀有な催しだった！　これほどのジョージア人女性——十五人の監督に加え、脚本家、批評家、画家、歌手たち——が外国に集まったのだ！　それぞれの映画を携えて列車でフィレンツェへやってきた彼女たちを、私は主催者として現地で出迎えた。フィレンツェ駅で三分ばかりしか停車しない列車から、イタリア人にさえ耳障りなほどにうるさく外国語で喚き立てながら女性たちが必死で飛び降りてきたときの大騒ぎを思い出すと、私は今でも噴き出してしまう。彼女たちが列車から運び降ろした、映画を収めた無数の鉄製の箱、さらにはかばんやスーツケースで、数分後には駅のプラットホームが埋め尽くされてしまった。それを見た私は、懸命に家に駆けこもうとする建物じゅうの子供たちに、祖母がよく「ほら、アフガン人たちが攻めてきたよ！」と声を掛けていたのをふと思い出した。

映画祭は成功裡に終わった。ホールは常に満席だった。新聞には、まずはこのような小さな共和国に映画監督の女性がこれほどいるということ、そして何より、映画のレベルの高さについて驚嘆や感激の言葉が書かれた。さらに、ナナ・ムチェドリゼ（『一番ツバメ』）とナナ・ハティスカツィ（『アルセナ』）の二人の監督には観客から賞金が渡された。また、画家たち——ニノ・ゴルデラゼとケティとヌツァのアレクシ＝メスヒシヴィリ姉妹——の展覧会が素晴らしいギャラリーで催され、たくさんの作品が売れた。映画祭の枠内で開かれたコンサートでは、歌手のマイア・ジャブア、エカ・カヒアニ、ソピコ・チヨホネリゼが観客の大きな支持と拍手を受けた。

ある興味深い言葉が思い起こされる。私たちに会うためにわざわざフィレンツェにやってきた米紙「ウォール・ストリート・ジャーナル」の欧州局編集長フレデリック・ケンペが、年配のジョージア人女性たちについて興奮と感激をこめて話したことが今も耳を離れない。「このような心惹かれる顔はいずれの国でも見たことがありません。際限ない悲しみとユーモアが同時に読み取れる目、生きてきた長い人生を語る皺、そして、ほとんど女性には似つかわしくないような低い声。それらは深みと悲劇性を感じさせます……」アメリカ人記者がこう評したのは、若くないジョージアの女性映画人たち、ナナ・

ハティスカツィ、ナナ・ムチェドリゼ、ザイラ・アルセニシヴィリ、レイラ・ゴルデラゼ、コラ・ツェレテリの集合的な肖像である。私はそれをお世辞ではなく、鋭い洞察による事実の確認として受け取った。

フィレンツェの映画祭はジョージア文化のささやかな祝祭であったと言えるだろう。今日でも私はあの素晴らしい日々を誇らしく思い出し、国際女性映画人協会を通してジョージアの女性映画人たちを喜ばせることができたのをうれしく思う。

一九九二年以降、ジョージアの政治状況が極度に悪化したために、女性映画人の問題は私にとって二の次になり、私は事実上ＫＩＷＩの活動から離れてしまった。ＫＩＷＩは今日も形式的に存在しているが、新しい会長は選出されておらず、その活動についても何も聞いていない。

『ペチョラ川のワルツ』——過去との決別

私の〔本書執筆の時点で〕最後の作品『ペチョラ川のワルツ』は、私の子供時代の経験と母の書いた短篇に基づいて脚本を書き、撮影した。引き離された母と子。母親は地の果てへ送られ、独り残された子は秘密警察員《チェキスト》が住み着いた家に戻る。この個人的なエピソードは、私にとって、あの時代の本質を表わすものだった。母の短篇で私がもっとも印象的に感じたのは、雪と氷の世界を行く女性たちのあてもない彷徨だった。私は自分の映画の中でこの不条理な行進を描きたかった。「人民の敵の家族」という唯一の罪を背負った女たちがどこかへ連れていかれる。彼女たちが誰にも必要とされない世界へ、列車や船で、あるいは徒歩でどこまでも連れていかれる。彼女たちの彷徨には際限がなく、川の中で船が凍りついたときにやっと終わる……。そのころトビリシでは、子供と秘密警察員のあいだでやはり不条理な交流が進行している。脚本に取り組んでいる最中ずっと、子供の頃に出会ったあの秘密警察員の姿が目の前に見えていた。そして、彼の最期はなぜかこんなふうに想像された。彼は任務を忠実に遂行し、あらゆる手段を用いて子供を取り込もうとするが、彼自身にも予期せぬことに、彼の石のような心の中に同情に似た何かが徐々に芽生え、それが彼が最期を迎えるきっかけとなる。

この映画はどうしても製作しないわけにはいかなかった。過去の重荷を肩から下ろすために撮らなくてはならない作品だった。作品が完成したとき、私は体からあらゆるものが抜けて空っぽになった気分だった。とりわけ、心の奥深くに隠れていて時折表面に浮かび上がってくる記憶が、隠れていようと表に現われようと、常に私を縛りつけていたのだ。私にとってもっとも個人的なこの作品を、検閲を受けることなく製作できて、私はようやく内面的な自由を感じた。そのことに比べたらほかのあらゆる出来事は色褪せた。作品がきらびやかなヴェネチア国際映画祭で二つの賞（イタリア批評家賞、ラ・ナヴィチェッラ賞）を獲得し、ベルリン国際映画祭でエキュメニカル審査員賞を受賞したことも、この作品でサンフランシスコとエルサレムの映画祭に参加したこともこの上なく喜ばしかったが、私にとってもっとも重要で、私の存在そのものに関わる過去とのこのある種の決別に比べたら、それらはすべて二の次に過ぎなかった。作品がパリで公開された日に、フランスの雑誌や新聞に掲載された記事の一節を読者に紹介したい。これを見ると、外国の批評家たちが、まさに私が着想したとおりに映画を理解してくれたように思われるからだ。

　映画を象徴するのは、追放された女性たちが、ロシア北部の凍てついた果てしない平原を重い足取りで歩く白黒の映像だ。作品は二つのテーマの絶え間ない絡み合いである。伝統的な脚本の型に嵌まらないさまざまなシーンのモザイクは、生き延びる望みが断たれた状況で、人間が生存をかけて闘い続けることを語る……。永遠に歩き続ける罰を科された女性たちの胸をえぐるような姿が印象に残る映画だ。また、見る者を惹きつけるために妥協することなく、緩やかなテンポを保った厳格な映画でもある。しかしながら、当事者の子である映画監督が試みた忘却に対する闘いにはおのずと大きな力が宿る。（雑誌『テレラマ』）

　ラナ・ゴゴベリゼのこの作品は、何よりまず、狼たちに取り囲まれながらたった一人で踊り続ける幼い主人公の少女の驚くべき軽やかさによって注目を惹く。この華奢で美しいシルエットと愛らしい顔が、闇に包まれた暗い現実に光を差しかけている。（新聞「ル・カナル・アンシェネ」）

監督はさまざまな感情を偽らない。歴史に必ず書き加えられるであろうこの恐るべき記録は、それによっていっそう見る者の心を揺さぶる。（新聞「ル・パリジャン」）

これは自伝的な映画である。映画監督は、消し去られようとする家族からただ一人生き延びた幼い少女アナとして、もう一人の自身をつくりあげた。幼いニノ・スルグラゼはこの役を見事に演じている。ラナ・ゴゴベリゼは大粛清期のトビリシの日常と雪の中を女性たちがあてもなくさまよう幻想のようなシーンを結びつける。同時に彼女は目を見開き、明るいロシアとソヴィエト体制のおそろしさのあいだに横たわる差異を直視する。モンタージュを駆使した彼女の美的探求は、ジガ・ヴェルトフやセルゲイ・エイゼンシュテインのカオスの解釈に非常に近い。社会主義的なシーン（メーデーの行進や飛ぶように走る機関車）が見事に作品に挟みこまれているのもそれゆえである。この作品は虐げられ、また同時に、責任を負わされた子供時代から生まれ出た遺産である。（雑誌『リベラシオン』）

つい最近、主人公の少女を演じたニノ・スルグラゼがスカラ座で行なわれたシーズン開幕の公演でカルメン役を演じたと聞いて、私は大いに喜び、誇らしい気持ちでいっぱいになった。

一九八九年四月九日

この暗い夜に誰かがジョージアを歩いている
この暗い夜に誰かが呻いている……
ガラクティオン・タビゼ

そして、とうとう、私たち一人ひとりと民族全体の歴史の分水嶺となる事件の日がやってきた。私にとっては、この運命の日から新たな世紀が始まったようなものだ。以後、私はあらゆる出来事を思い出すときに、四月九日の前であったのか、後であったのかと考えることになる。

一九八九年四月九日。その夜の出来事はまだ思い出にもなっていない。いくつかの光景が、何より激しい感情が心の奥のどこかに焼きついている。興奮、喜び、衝動、絶望、誇りといったあらゆる感情がないまぜになり、さらに、一体感がすべてを包み込んでいた。そのような一体感はそれまで感じたことがなかったし、不幸なことに、それ以後も感じたことがない。そのとき、私たち全員がこのなじみのない陶酔感に浸っていた。数千キロも離れた同胞すら同じ感覚を味わっていた。伯父のバグラトがパリから電話をかけてきて、感極まった声で私に言った言葉がその証左だ。「今晩、ばらばらの政治信条を持った人々が全員ここ『金の羊毛皮』に集まっている。君たちみんなも集まっていることを私たちは幸せに思う。今日、ジョージア人は一つになった」と。私は今でも思う。この一体性が維持されていたならば、歴史においてすべてが正当化されていただろう。たとえ犠牲を伴ったとしても。

四月九日の事件は、それに先立つ数日や数か月の帰結ではなかった。その礎になったのは、何世紀にもわたって人々の中に蓄積した自由と独立に対する渇望であり、民族の記憶に刻まれた「我々は我々自身に帰属せねばならない」というイリア・チャフチャヴァゼの言葉だった。この自由を求める抑えがたい衝動が噴き出すのを止められぬほど、暴力に基づく体制は弱体化していた。それゆえに、八〇年代に昂揚した民族運動は、何万人もの人々をかくも容易に動員することができた。しかし、人々のその平和的な運動の中に、凶暴性や過激性の片鱗がすでに見え隠れしており、国にいかなる肯定的な結果ももたらすことのない個人や集団の気配がちらついていた。政府庁舎の前に広げられたテントと階段の上に散らばったマットレスは、その過激性の具体的な表出だったように思われる。しかし、その時点においてそれらは決定的なことではなかった。何より重要であったのは大衆、民族運動のリーダーたち、知識人らの一体感だった。

四月九日の事件はその晩に始まったわけではない。前年の十一月以来、状況は深刻になる一方だった。ジョージアからのアブハジアの分離に関する要求を決めたリフニの集会〔一九八九年三月十八日にアブハジア、リフニで行なわれた集会〕が、きわめて困難な事態を招いた。のちに開かれた四月九日の事件の調査委員会での発言によれば、ジョージア共産党第一書記ジュンベル・パティアシヴィリは当時のアブハジア政府首班アドレイバから、書類に望まぬ署名せざるをえなくなったが、要求を公表しないと約束されていたという。しかし、その約束は守られず、三月二十四日には要求がすでに公表された。それに対する集会がトビリシの勝利公園で行なわれ、その後、政府庁舎のそばで続けられた。四月四日に再び集会が始まったが、アブハジア問題はすでに二の次だった。四月七日には共産党中央委員会で知識人らとの会合が催された。私はその会合に出席しなかった。何であれ政府との共同行動に加わりたくなかったからだ。自分の居場所は広場だと私は分かっていた。後で聞いたところでは、運動の指導者たちの責任を問うという決定に対して拍手が起こった際、ジャンスグ・チャルクヴィアニが椅子から飛び上がり、「みんな、何のつもりだ？　拍手だと？」と叫んだという。今日、その発言の大胆さを正当に評価することは難しいだろう。

　四月八日の昼間にトビリシの通りを戦車の車列が通った。それが警告であることを誰もが理解した。緊張は次第に高まっていった。私は娘たちと一緒にルスタヴェリ通りにいた。それまでの数日間は暗くなると家に戻っていたのだが、その日の夕方に何かしら特別なことが起こるかもしれないという直感が働いて、私は広場に残った。自分の一生において重要な、その唯一の正しい選択を私にさせた己の心の声に、今も感謝している。夜になった。私とヌツァは広場の真ん中に立っていた（ケティは幼い子供を家に残していたので帰宅せざるをえなかった）。広場は大勢の兵士を乗せたバスに取り囲まれていた。私たちは人々のあいだに入り交じったり、美術家会館に立ち寄ったりしていた。美術家会館からは広場が手に取るように見えた。戦車やＢＴＲ〔装甲兵員輸送車〕がレーニン広場に入ってくるのも目撃した。それはぞっとするような光景だった。危険が迫っていることを誰もが感じ取っていた。しかし、危険がより現実的になるにつれ、強まっていったのは恐怖ではなく、むしろ更なる連帯と純粋な決意だった。もちろん、それは無意識に起こったことであり、だからこそ嘘偽りない本物だった。その夜、広場に集まっていた人々は決して雑然とした群衆ではなく、崇高な目的のもとに一つになった人々だった。雨が降りだした……。どこからともなくビニールシートが現われた。私はその光景を上から見下ろしていた。すぐに雨がやんだ。まるで、空気を澄ませ、より透明にするためだけに降ったような雨だった。老若男女が蠟燭を手に立っていた。蠟燭の光のゆらめきに下から照らされたビニールシートは、どこか幻想的な雰囲気を醸し出していた。私たちは下に下りた。あたりを期待と不安に満ちた静寂が支配していた。人々の顔にも何かしら偉大な気高い感情が表われていた。遠くから歌が聞こえていた。盲人たちが歌っていたのだと後で知った。総主教が人々に語りかけた……。それは胸の奥から噴き出した言葉で、そこには絶望が刻み込まれていた。人々はその言葉を聞き入れなかった。

戦車が動きだし、私たちのほうへ向かってきたとき、最初は誰もその場を動こうとしなかったが、戦車が集まった人々のあいだに入ってくると混乱が始まった。何か奇妙な物音がほかのあらゆる音をかき消した。私たちのすぐそばにいた兵士たちが一心に警棒で盾を叩いていた。それはあらかじめ考えられた心理的な圧迫の手段だったようだ。にわかに私たちは完全に包囲されているような感覚に襲われた。それが間違いではなかったことは後で知った。クヴァンタリアニとグヴェンツァゼに率いられた警察が回廊をつくり、そこからハンガーストライキを行なっていた人々を含む参加者を逃がしていたことも後で知った。それがなければはるかに多くの犠牲者が出ていたことだろう。人々はみな脱出しようとしたが、兵士たちは無情にも警棒を振り下ろし続けた。私たちの近くで誰かが倒れた。すべてはぞっとするような光景だった。誰もがどこかへ避難しようと試みていた。今でも私とヌツァの姿が目に浮かぶ。私たちが逃げる後をスコップを持った兵士が追いかけてきた。私たちはカシュエティ教会のそばまでやってきて、ほかにどうしようもなく、覚悟を決めてかなり高い石垣の上から教会の庭へ飛び降りた。兵士は石垣のところで止まったので、私たちはどうやら助かったようだった。兵士は教会に対しておのずと遠慮したのか、そう命令されていたのかは分からない。教会の庭はすでに人々でいっぱいで、人の数は増える一方だった。負傷して運ばれてきた人たちもいた。パニックはますます大きくなっていった。しかし、自らそのサン・バルテルミの夜に立ち会ったにもかかわらず、その時点ですでに殺された人々の遺体が広場に転がっていたとは想像もできなかった。その多くは若い女性や年配の女性たちだった。

私たちはカシュエティ教会の庭から長いこと出られなかった。石垣の周りに透明な盾を構えた、人間に似たどこか奇妙な存在が立っていたからだ。いったい何の力が彼らに非人間的な命令を実行させたのだろうかと、私は今でも驚くばかりだ。夜が明けつつあった。最後には警官たちの計らいで石垣の扉が開けられた。私たちは通りに出て再び走ったが、誰も追いかけてはこなかった。ルスタヴェリ通りへ向かう道は封鎖されていたので、どうにかこうにか川べりに出て、友人のルシコ・ガグアの家に避難した。さらに、しばらく経ってからルシコの息子カハ・チタイアが絶望した様子で駆けこんできた。そのときになって、私たちはいかなる不幸な事件が起こったのかを知ったのだった。

四月十日、午前十時、私たちはすでにソ連外相になっていたシェヴァルドナゼとの面会のためジョージア共産党中央委員会に呼び出された。シェヴァルドナゼが中央委員会書記だったときに関係のあった文学者や芸術家が集められた。私たちはみな一様に打ちのめされて無言で広間に坐っていた。互いの目を見ることすらできなかった。その後、シェヴァルドナゼが入ってきて、私たちに挨拶した。無言の時間が続いた。ようやくシェヴァルドナゼは事件に対する考えを述べてくれと私たちに言った。誰も声を上げようとしなかったので、私が口を切った。事件に立ち会った者として、私は目撃したことをすべて話した。それは多くの人々にとって、とりわけシェヴァルドナゼにとって予想外のことだった。私は目撃者として言うべきことを伝え、人々が互いに押しつぶされて亡くなったという政府の公式発表に対する憤りを表明しようとした。シェヴァルドナゼははじめは私たちのほうに顔を向けて坐っていたが、私が話しているうちに次第に横を向き、しまいにはすっかり壁と向かい合っていた。私はそれを彼のおのきの表われと受け止めた。

四月十一日、シェヴァルドナゼとラズモフスキーの二人の政治局員との会合が映画スタジオにて行なわれた。映画スタジオへ向かう途中で私はゴギ・オチアウリの家へ寄った。彼も会合に招待されていた。そのとき、ストレスによるものとしか思えないまったくの不注意で、私は止まっていた路面電車に車を衝突させてしまった。ゴギはフロントガラスに頭をぶつけ、フロントガラスが割れた。頭や顔にガラスの破片が刺さっていたが、彼は帰ろうなどとはつゆも考えなかったので、私は血まみれの顔のゴギを会合へ連れていった。全員がそれをあの悲劇的な日々の象徴と受け取った。

映画スタジオは緊張に包まれていた。当時はこの事件に関わった民族運動の指導者たち、知識人、そして社会全体のあいだに、まだ完全な一体感があった。政治局員との会合に向けて誰もが一丸となって準備した。真実を述べ、それによって、公式に発表されていた真っ赤な嘘に抵抗するという目的も共有していた。その嘘は国民全体を、何より殺された人々の尊厳を愚弄するものだった。緊張はこれ以上ないほどに高まっていた。この瞬間に国の未来が懸かっていることを誰もがひしひしと感じていた。会合での参加者の発言はそれぞれ熱がこもり、率直で説得力があった。政治活動家イラクリ・シェンゲラヤの考え抜かれた正しい言葉が記憶に残っている。その次は私の番だった。私はひどく心配していた。当局の代表者たちに私たちの正しさを納得させるような何かを、どうしても言わねばならなかった。後に退く道はなかった。それで、私はもう一度、立ち会った者としてあらゆる論を尽くし、あの平和的なデモとソ連当局の説明のつかない残虐性について述べた。人々が互いに踏みつけ合ったのでもなければ、デモの参加者が酒や麻薬に酩酊していたという事実もなく、そのような主張は極端な冷笑主義の表われであると話した。そして最後に、私は直接シェヴァルドナゼに訴えた。「あなたは犠牲者の遺族を訪問するのが難しいと言う。それは当然だ。あなたはこの不条理な悪事をはたらいた体制全体の代表者なのだから。あなただけではない。バリケードの反対側に立っていた私も、起こったことすべてについて自分に責任があると考えている。何より私は党員であり、また、ジョージアにソヴィエト体制を打ち立てた人々の一人が私の父だったのだから。今日、私はここにいるすべての人々の前で、離党を宣言する。この数日間で最終的に明らかになったように、党は本質的に何も変わっていない」と言って、私は演台に党員証を置いた（それからすぐに批評家アカキ・バクラゼも離党した。私たち二人がさきがけとなり、やがて離党はありふれた出来事となった）。その後、映画スタジオでのその私の演説はさまざまな噂話で塗り固められた。私はそんなことは言っていない、それも言っていない、それも……と絶えず繰り返し説明しなければならなくなった。私にとって受け入れがたい過激な言葉をどうして私が言ったことにされたのか、最初のうちは驚いたが、やがて理解した。当時、私たちはまだ全体主義の時代にいたのだ。政治局員に対して公の場で明らかに批判的な態度をとることは、騒ぎや噂話の種にならざるをえなかった。

会合が終わった。すでに戸口に立っていた。戸口に立っていた私は誰かに手で止められた。振り向くと、私の前にシェヴァルドナゼが立っていた。彼は何も言わず、ただうやうやしく私の手を取った。その握手は私の演説が無駄ではなかったことを意味していた。そして、シェヴァルドナゼが私の言葉を彼個人に対する攻撃とは受け取らなかったことも。

数日後、私たち映画人の発案によって、モスクワの「映画の家」で記者会見が行なわれた。モスクワの知識人との大いに刺激的かつ情熱的で率直な対話になった。まずロビーで事件を記録した映像を流し、その後に私たち——エルダル・シェンゲラヤ、私、レゾ・タブカシヴィリ、メラブ・ココチャシヴィリの四人が話をした。私たちは唖然となった聴衆を壇上から眺めていた。最前列にエリダル・リャザーノフが坐っており、その大きな、一見荒々しい顔に大粒の涙が流れていた。「これは我が民族の真の偉大さの瞬間だった。それを私は誇りに思う！」と私は述べた。

最近になって、苦い思いが私の頭を離れない。その後、私たちは数多くの嵐に見舞われたが、自分がこのような言葉を発する権利があると考えることは二度となかった。当時は不幸の感覚と誇りとがないまぜになり、それが政府と闘うための尽きせぬ力の源となっていた。記者会見が終わると、エルダル・シェンゲラヤと私のもとに、私たちに劣らず興奮した様子のセルゴ・ロミナゼがやってきた。「我々の国をあなたがたのような人たちが守ってくれることを誇りに思う」という彼の率直な感情のこもった言葉を私は今でも忘れない。

モスクワでの記者会見の後にオーバーハウゼン国際映画祭があり、私は審査員長として招待されていた。最初、私は辞退の意を伝えた。映画祭へ行くような気分にはどうしてもなれなかったからだ。しかしその後、私たちの問題を国外に知らせるためにこの場を利用できるという考えが不意に浮かんだので、私は参加を決め、ビデオテープを持っていくことにした。検査されることは分かっていたので、テープをどこに入れたらいいか迷ったが、結局ハンドバッグに入れた。空港では荷物の検査を問題なく通過した。監視というソ連体制の重要な機能はすでに失われていた、あるいは、すでに弱まっていたのだ。

オーバーハウゼンに到着してすぐ、私は審査員長の立場を利用し、四月九日の事件に関する国際記者会見を行なった。四月二十五日のことだった。関心はとても高く、会場は映画祭に参加するすべての国の記者でいっぱいになった。私は映像を見せて話をした……。その時点ですでに、私は何をどのように話すべきか十分な経験を積んでいた。外国人たちもみな大きな衝撃を受けた。平和的なデモを解散させるためになぜこのような野蛮な手段が必要だったのか、そこでも誰もが疑問に思った。翌日には、ジョージアで起こった悲劇的な事件に関する記事が世界の多くの新聞に掲載された。それは私たちの闘いにおいてきわめて重要なことだった。それによって政府による犯罪行為のもみ消しや歪曲を妨げることができたからだ。

トビリシに戻ると、呆然としていた社会の雰囲気は弔い一色に変わったように思われた。その弔いの心情にまさにぴったりだったのがあの歌だった……。帰国して初めて空港で耳にし、それから家でも、映画スタジオでも聞いた……。私がトビリシにいなかったその数日間に、モリス・ポツヒシヴィリとジェマル・セピアシヴィリが作詞作曲した歌「互いにチューリップを贈り合おう」が幅広い人気を得ていた。ナニ・ブレグヴァゼ、スリコ・コロシナゼ、メラブ・セピアシヴィリ、タムリコ・チョホネリゼ、ゴギ・ドリゼ、「四人のギア」といったさまざまな世代やスタイルの歌手たちに子供たちも加わって歌っていたのを思い出すと、今でも当時と同じ感動を覚える。彼らが一緒に歌ったその歌は、民族全体の一体性の象徴と受け止められた。「互いにチューリップを贈り合おう、互いの涙をぬぐい合おう……」

その頃、この上なく重苦しく痛ましいプロセスが始まった。四月九日の事件をめぐる、タマズ・シャヴグリゼが指揮する調査委員会の仕事だ。私たちはその当時、あるいは近い過去に権力の座についていた人々を呼び出し、数多くの質問を投げかけた。それぞれの性格に応じて、まっすぐ率直に答える者もいれば、事実を隠蔽しようとする者もいた。私たちは互いにぶつかり合いながら、直接の責任が誰にあり、人々を襲撃する命令を誰が下したのかを突き止めようとした。明らかにしたかったのは、殺人が前もって計画されていたのか否かという点だった〔この「四月九日の悲劇」では、少なくとも市民二十人が犠牲となり、数百人が負傷したとされる〕。その質問には全員が否定的に回答した。

質問、回答、興奮、混乱、後悔……。私たちは一心に働いた。タマズ・シャヴグリゼは真実を解明するためにまさに身を捧げた。数か月間にわたる作業の末に報告書がまとめられた。私たちは主要な目的を達成することができたと思う。政府による冷笑に満ちた最初の報告は最終的に否定され、あの行為の目的はデモを解散させることではなく、殺戮によって人々を罰することだったと明確に結論づけられた。すなわち、あの行動は懲罰的な作戦であったと見なされねばならない。あれほどの異常な残虐さは何に起因するものだったのかという問いに対し、私たちの出した答えはこうだ。その理由はジョージア人の自立を求める闘いだったからにほかならない。全体主義的な思考においては、個人に対する何より重い犯罪よりも、反ソ連的スローガンのほうが容認しがたいものであったのだ。

それからさらにソ連人民代議員大会の慌ただしい日々があり、法学者のジョニ・ヘツリアニと私がジョージアの代議員の演説の準備を手伝うことになった。大会の期間中、私たちはずっとジョージアの代議員たちの宿泊するパリアシヴィリ通りのホテルに缶詰めになって、ひたすら演説の原稿を書き続けた。

大会の進行に応じて演説の内容を絶えず修正しなければならなかったからだ。私たちは毎日夕方に議員たちと会ってさらに修正を加えた。そうしてとうとう最終版ができあがった。タマズ・ガムクレリゼが読み上げることに決まった。その日、多くの人々が私たちを支持し、ソ連の民主主義勢力は私たちの側に立った。代議員たちは議場を退出して憤慨を表わした。シェヴァルドナゼも抗議のしるしに議長団を離脱した。

今日、あの一連の事件を経てはっきりと言える。一九八九年四月の日々が明確に示したのは、体制が根本的には変わっておらず、弱まったとはいえ、やはりプロレタリアートの、いや、もはやプロレタリアートではなく共産党の特権階級による独裁だったということだ。常に恐怖政治《テロリズム》を主な統治手段とする独裁体制である。いかなるペレストロイカもその体制を救えないということも明らかになった。なぜなら、それは生まれながらにして暴力をはらんでいたからだ。その惰性の力は個々の為政者の考えよりも強力だった。私は信じている。人々の殺戮を望んでいたジョージア人の高官は一人もいなかったはずだ。しかし、彼らはその盲目的な力に抗うことができなかった。

四月九日の事件はジョージアにいかなる結果をもたらしたのか？　確たる答えを出すにはまだ十分な時間が経っていない。時間と歴史が公正な判決を下すことだろう。しかし、私はこの事件に直接関わった一人として、自分自身に常に問いかけ続けている。あのとき、総主教の話の後で人々が解散し、犠牲者を出すことなく四月九日が終わっていたら、ジョージアの運命はどうなっていただろうか？　この問いを含め、当時のほかの問いに対しても、私には今でも明確な回答はない。ただ一つたしかに言えるのは、体制が最後のあがきにこの残虐な襲撃を行なわなかったら、武器を持たない人々に戦車やスコップや毒ガスを用いることがなかったなら、ジョージアの現代史は別の道をたどっていたということだ。なぜなら、まさにその残虐な行為がジョージアで過激主義を花開かせたからだ。それは最終的に国民を分裂に至らしめた。

死の道も薔薇色の道にほかならない……

ガラクティオン・タビゼ

ちょうど一年後の一九九〇年四月、私はモスクワ腫瘍科病院に入院中で、手術を待っていた。死はすぐそばにあった。それは親しげに私の隣に坐り、私の目を見つめていた。娘たちが緊張し、動揺しているのが私には分かった。私にそれを悟られまいと必死に努めていたことも。私自身も何の不安もなさそうな顔をして平静を装っていた。病院で書いたこの詩が表わしているそのときの私の心情を読者と共有したい。

大きな街のありふれた通りに
ツバメの翼に乗ってやってきた春
私に向けられた子供たちの眼差し
恐れのまじった彼女らのつくり笑顔
戸口に立つ赤毛の守衛の小言
女の笑い声、外のほこりと喧騒
子供たちの目

それらすべては命だ
私の（小さな、あるいは大きな）命
ここには、機械の白い閃光
忍び歩き
白い、真っ白な物たち
白い微笑みと白い道具
その道具は測る
一つの命に残された時間を
機械が不意に音を立て
再び沈黙する。大きな沈黙
これは存在と非存在の間の境界で
私はその境界にいる

私はその境界をまたいだ。そしてすぐに、自分が現実の試練の前に立ち、死と向かい合っていることをすっかり忘れてしまった。以来、過ぎていく毎日に対する深い感謝の念と、死に対するいっそうなじみ深く親しい感覚が消えない。そして、「この世は死にゆくものであるからこそ美しい」という思いが、重苦しいときに私を助けてくれる。ヴァジャ・プシャヴェラが言ったように。

死よ、お前に神の救いあれ
お前のおかげで生は美しい……

独立の夜明け、メラブ・ママルダシヴィリ、またもや敵探し

世界の放浪が闇の中ではじまった
家から家へとさすらう――星々
川は流れ始める――逆向きに！
マリーナ・ツヴェターエワ

私たちの国ではこうして四月九日の事件によりいわゆる「ペレストロイカ」が終わり、革命的な嵐と激動の時代が始まった。それは私たちの運命のみならず、世界の現代史を書き換えた。私はその嵐に巻きこまれるどころか、あらゆる出来事や人物に対してきわめて明確な考えを持ちながら、その嵐の中に自ら飛び込んで当事者となった。しかし、今日の視点から見て、私にはそれらの出来事や人物たちを客観的に評価する自信がない。二十世紀の最後の十年間はまだあまりに近く、正確で疑問の余地のない判断ができるような歴史的な視座はまだ固まっていない。そのため、今は近い過去の政治的な分析は未来に先送りにしたい。もし私に余裕ができれば、時間が真実の解明を手助けしてくれるはずだ。しかし、それでも明らかになるのは真実のほんの一部だろう。

ここでは評価を下すことを避けつつ、当時の私の印象と気分を顧みることに留める。

四月九日の後、私たちの国（大きなソ連と小さなジョージア）の状況は世界の注目の的となった。「悪の帝国」たるソ連の解体、ジョージアでの最初の民主的選挙、共産党の敗北と「円卓会議」による政権の掌握、表裏一体の幸せと絶望。すなわち、十二世紀以来、（一九一八年から一九二一年までを除けば）初めて実質的に独立したことがもたらす幸せと、人々が選んだ新しい政府の統治スタイルと過激主義の社会への浸透がもたらす絶望だ。

その混乱期においてもっとも幅広く民主的な活動を行なっていたのは「人民戦線」だった。初期にその執行部にいたのはすぐれた歴史家ラリ・ジャヴァヒシヴィリ、哲学者メラブ・ママルダシヴィリ、哲学者ニコ・チャフチャヴァゼ、エルダル・シェンゲラヤ、レゾ・チヘイゼ、ロマン・ゴツィリゼといった人々と議長のノダル・ナタゼだった。最初はここにも真の一体性があったが、その後、私たちにとってかくも馴染みの破滅的な対立が始まった。奇妙な偶然で、人民戦線の本部は私の住まいの下の階にあった。そのため、私の家はしょっちゅう会合や議論の場となった。週に一度、定期的にメラブ・ママルダシヴィリ、エルダル・シェンゲラヤ、ギオルギ・シェンゲラヤ、メラブ・ココチャシヴィリ、ニコ・チャフチャヴァゼが我が家に集まった。ときにはラリ・ジャヴァヒシヴィリも加わった。たどらざるをえなかった道のりの中で独立を勝ち得たばかりの国がどのように発展していくべきか、私たちは何時間も話し合ったものだ。それは深い知性と祖国に奉仕する意欲に突き動かされた議論だった。

しかし、この会合も不意に終わりを迎えた。

一九九〇年十一月二十五日、メラブ・ママルダシヴィリがモスクワの空港で亡くなった。講義のために招待されていたアメリカから前日に戻ったところだった。彼の講義、すなわち、フランスやアメリカでのフランス語や英語による活気ある哲学的な対話は、現代ジョージアの思想界における最大の達成だった。メラブ・ママルダシヴィリという人物に外国人たちが驚愕するのを私は目の当たりにしてきた。彼の講義によってジョージアの権威が高められるのも目にしてきた。思い出すのは、カヘティ地方やスヴァネティ地方を旅した後、ジョージアの農民たちの気さくさや温かいもてなし、それに、グラム・アサティアニ、ゴギ・オチアウリ、ガイオズ・シャラシゼら私の友人たちの知的な対話に感激したジャン＝ピエール・ヴェルナンが私にこう言ったことだ。「メラブ・ママルダシヴィリという天才がどこから生まれてきたのかやっと分かった。このような力強い民族的な活力、世界を分析する特別な能力、人生の豊かさの感覚、それらはあなたがたが蓄積したものだったのだ」

ジョージア人はこの驚くべき思想家を誇るべきだったのだが、私たちはその代わりに粗暴で愚かな人々が彼を苦しめるのを許してしまった。彼の心臓がいったい何に耐えられなかったのか、私には分からない。ただ一つ確かなことは、事実上、メラブが自らの思考の鋭さ、堂々と発せられた分析の深さと正確さ、そして結局は一市民としての自らの勇敢さの犠牲になったということだ。だから、私たちはみな彼に対して罪を負っている。過激主義や反啓蒙主義からこの偉大な人物を守るために何もできなかったことについて、私は自分を、そして同じ道徳的な義務を負っていたすべての人々を決して赦すことができない。

数年後、メラブの同志や教え子たちが彼を記念した新聞を発行した。そこには私の文章も掲載された。ママルダシヴィリの思想は今日のジョージアにも空気のように不可欠であると思われるので、その一部をここに引用したい。

メラブ・ママルダシヴィリほど今日のジョージアが必要とする人物はいない。
数多の理由により、私たちは悲劇的に彼を失った。

彼は対立によって引き裂かれた国に運命が与えた贈りものだった。荒れ狂う嵐と精神的な暗闇の時代に、人間と現象に限りない関心を寄せた哲学者、思想家を運命が遣わしたのだ。彼はひっそりと音もなく私たちのそばで暮らし、トビリシの通りを歩き、あらゆる人と物事を観察し、国の動きに関わり、たくさん話した。そして、そのすべての背後には、今日や過去、人格の形成、思考の不可能性、失われた時間の探求、自由の本質など、その他にも数えきれないあらゆることについての彼の思考、思惟、先見性があった。私たちのそばにメラブ・ママルダシヴィリが存在し、彼とともにジョージアの思想はより深く、より分析的で、最終的にはより自由になっていった。あるいは、そうなることができた。私たちは生きた彼を失った。私たちが失った彼の笑顔、深遠な考えの宿った温かい眼差し、人を惹きつける彼の語り口、思いがけず胸を打つ思考の脱線、不意の笑い、トビリシ的な習慣を実践する楽しみ、彼の来訪、テーブルに良いワインと美味しい料理が並び、何より、彼の興味を常に掻き立てる人々と同席するときの、控えめに表現される喜び。私たちは生きたメラブを失ったが、彼の思想は私たちのもとに残されている。それは大きな重荷であると同時に幸福でもある。彼の考えを深く理解し、自分のものにしたならば、それは内なる自由を得る確かな道になると私は信じている。自由な人々はどう生きるべきかを知るだろう。

メラブ・ママルダシヴィリの思想はなぜこれほどまでに人を魅了するのかと、私は自分自身に何度も問いかけてきた。おそらく各人にそれぞれの答えがあるだろう。私はここで、メラブの思考の奇妙なジグザグをたどろうとするときに私を包み込む興奮を読者と共有したい。

対話する哲学者としての彼に私は魅了される。おそらくソクラテスも同時代の人々に同じような感情を呼び起こしたのだろう。彼は自身の経験に基づいて大胆に、直接に他人と話し、そうしてその人の人生の共同参加者になる。彼の経験は私の経験でもあり、トビリシでもモスクワでもパリでもこの地球上のどこにいようが、彼は私の隣人なのだ。彼が現実のもっとも難しい問題を私に話すとき、あまりに平易な語り口に、私にはまるでそれが自分が考えたことのように思われる。

メラブは思考において単純化がいかに危険であるかを哲学的な内省の言葉で私に語る。「全体主義的な思考の単純さは、なんと魅力的で説得力があるように映ることだろう。それは内側から人をむしばむ。そのような思考はあらゆることが何の苦労もなく理解できるかのように人を錯覚させる」。そう、単純な思考は容易なのだ。それはいかなる努力も人に要求することなく、何の疑いも起こさせまいとする。考えず、ただ信じろと。それは「時間から、歴史から、生から逸脱した者たちの運命であり、全体主義体制の遺産である」。今日においても、既存の思考で考えることをやめれば、この単純化された思考を脱することができれば、私たちは現実を直視することができるはずだ。

メラブの話に耳を傾けていたならば、私たちはさまざまな状況に押し流される前に、自分たちが何者であるかを悟り、それに応じて行動することができただろう。自分たちがいかなる存在なのかを知るべく努力して、行動しなければならない。自由――それは非常に大変な作業であり、それを手に入れる過程で成功よりも多くの失敗を味わうことになる、とメラブは言う。自由――それは選択が存在する空間を精神が求めることである。私たちは自ら選択を行ない、生か死かを選ばねばならない。メラブは私たちに語る。もし目を覚まさなければ、私たちは幻影の世界に生き続けることになる。破壊をやめなければ、私たちは「死に魅せられた者」になる。しかし、これは私たちのあらゆる歴史的な経験に反する。

最初からメラブの言葉に耳を傾けていたなら、私たちは重大な過ちをどれほど犯さずに済んだだろう。

彼の思想について話しだせばきりがないが、それでも私が理解する限りにおいて、何がメラブの本質であったのか、それに迫ることを試みたい。メラブは自由な人間だった。自由は容易に抱えられる荷物ではない。それはしばしば孤独と同義だ。それは既存の道を通らずに、自らの道徳と思考にのみ従うことを要求する。メラブはまさにそうして生きた。彼の精神的な礎はあまりに堅固で、言葉だけでなく本当に何も恐れなかった。とりわけ、広く当然とされている考えに背くことをためらわなかった。彼自身にとってそれは英雄的な行為だったわけではない。単にそうすることしかできなかったのだ。彼のすべての行動は長期間の観察と、彼自身の言う努力の帰結だった。そのため、当時ジョージアにはびこっていた過激主義との衝突は、潮の満ち引きや日の出のように至極当然の成り行きだった。それは自由な人間の思考と行動であり、彼はそのために高い代償を払うことになった。あるいは命をも懸けることに。

ともにデモに参加し、共感する同志として、私はなおも個人的にメラブを必要としている。我が家の頻繁な客としても。彼がやってくると、すぐにどこからともなく若者たち、私の娘たちやその友人たち、私の友人たちが現われたものだ。それは強力な知性が持つたぐいまれな引力の為せるわざだった。メラブが会話に加わると、アイデアのあらゆる流れが彼から、彼の深い内省から発せられることがすぐに理解された。それは哲学的な議論であると同時に遊戯であり、演劇であり、祝祭であり、意見をぶつけ合うことによって得られる喜びだった。私の家では、私たちがいかに行動すべきか検討するためのもっと実務的な会合も行なわれていた。そのような会合でのメラブの積極性に私は今も驚かざるをえない。国の日常的な政治運動に深く関与する哲学者、実存主義者として彼は本当に稀有な存在だった。メラブのあらゆる行動の裏には何らかの考えがあり、状況に左右されることもなかった。彼は自らの内省を国の脈動に関係づけるという選択をした。そのため、今日、私たちが彼の思想を現実に当てはめ、私たちの進むべき歴史的な道を決めるべく彼の哲学を用いることは、彼の遺言であり、私たちの義務なのだ。

彼は多くのことを予見していた。まだソ連の崩壊が始まりかけていたばかりの頃、彼は私に言った。「我々はしばらく発展途上国になると知っておいたほうがいい」と。それが現実になるとは当時の私は想像もできなかったが、メラブはそれをすでに知っていた。私たちにとって幸運なことに、彼はジョージアがこの状況を乗り越えることも知っていた。ただし、そのためには可能なことをすべて試みなければならない。「どんな世界であれ、私ができる何か、やらねばならない何かは常にある」

これについても私たちはメラブの言葉に耳を傾けねばならない。

ジョージアの複雑な政治状況は刻々と変化し続けていた。

知識人やとくに芸術家たちに対する新しい政府の姿勢が次第に明確になるにつれて、絶望は深まる一方だった。映画スタジオへの文化大臣ノダル・ツレイスキリの来訪は大きな衝撃を引き起こした。その当時は映画人たちのあいだに真の一体性があり、新しい政府が芸術を権威的に支配しようとしているのだという印象を誰もが同じように抱いた。それがモスクワの指示によるものではなく、私たちのジョージアの民族政府の意向であったために、私たちにとってはなおさら受け入れがたいものだった。面会で「映画に対するこのような暴力は、近年のソ連政府さえ行使してこなかった」と私が述べたのはまさに心の叫びだった。文字どおりの意味で私は客に考えを改めるよう懇願していた。その暴力はジョージア映画の存在を脅かしていた。その場の議論は白熱し、あまりの興奮にナナ・ジョルジャゼが気を失ったほどだった。

不幸なことにその面会はいかなる成果ももたらさなかった。さらに、独立ジョージアの政府の姿勢に関して大きな不満の種となる点がもう一つあった。諸外国や国際機関との交流を進めなければならないのに、ジョージアは孤立を深める一方だったのだ。それはまったく展望のない将来を危惧させた。

それらが主な原因となって、私は同志たちとともに政府に対して明確な反対の立場を取ることになった。

一九九〇年、イリナ・ゴゴベリゼと私は欧州文化協会（SEC）から招待を受け、ありがたくそのメンバーになった。二月にモスクワ郊外で協会の「円卓会議」があり、私たちは二人とも演説を行なった。「文化的一体性としての欧州——共通の起源と発展の多様性」というテーマは私たちにとって重要で魅力的なものだった。イタリア・トレッカーニ研究所所長で欧州文化協会の会長ヴィンチェンツォ・カペレッティ、有名なフランス人哲学者エドガル・モラン、アメリカ人神学者ジョン・ロバート・ネルソン、協会の事務局長ミシェル・カンパニョーロなど、ヨーロッパやアメリカ、カナダから著名な人々が参加していた。

この協会は一九五〇年にヴェネツィアで創立された。さまざまな民族的な出自や信仰を持つ思想家、作家、学者、芸術家の結束をその目的としている。創立者は有名なイタリア人哲学者ウンベルト・コンパニョーロで、マルク・シャガール、トーマス・マン、フランソワ・モーリアック、ジュゼッペ・ウンガレッティらがメンバーとなった。一九八三年十月にヴェネツィアで採択された宣言はこう述べている。「欧州文化協会は宣言する。真の世界、すなわち戦争が唯一の選択肢でない世界は、すべての人と民族が国家間の関係についての理解を改め、連帯責任を負うことを要求する。協会は人間の尊厳を支持するとともに、支持の理念を持つのはまず第一に文化的な活動者たちであると信じる。そのため彼らは協会として団結し、それによって文明の危機に対する解決策を見出すために労を惜しまない責任を負う。協会は、文化政策の基盤はすべての個人の良心でなければならないと主張する」

「円卓会議」では非常に興味深い議論が行なわれた。現代文化の発展の道、人類史、とくにヨーロッパの歴史におけるキリスト教の役割、ボリシェヴィキとナチスという二種類の全体主義、あらゆる革命の宿命的な帰結といったテーマについて話し合われた。同時に、発言者たちはあらゆる分離主義的傾向に否定的な態度を示し、安定した一体的なソ連という考えに暗に支持を表明していた。したがって、私たちの目的はヨーロッパの人々にジョージアの立場を知ってもらうことだった。「ソヴィエト文化」紙に掲載され、その後、新聞「トビリシ」にも掲載された、私の演説の一部を引用する。

今日、私たちは大きな事態に直面している。年老いたヨーロッパが新たな思考を身につけてヨーロッパの大きな家を構築している。

その家は私の目の前にある。さまざまな要素から構成されているために少なからず折衷的だが、私にはその多様性の美しさが見える。そこに住む人は自由で、いくつもの部屋は法治国家だ。自由選挙に基づく議会主義、多党制、多元性は彼らの民主主義の表われだ。

私はこの家の住民になることを望んでおり、私が住民たちに敬意を払うのと同じように、住民たちも私に敬意を払うよう求める。

それを実現するのに乗り越えられない障害などあろうか？ 数は少ないが、ヨーロッパよりもさらに年老いた民族のために小さな部屋が一つ見つけられないだろうか？ その民族は豊かな文化的伝統と、ヨーロッパの文化の動きに加わりたいという強い意志を持っている。

あなたがたはここでソ連社会について話している。しかし、それは教条的なイデオロギーによって人工的につくりあげられた概念だ。ソ連社会はつくりもので、ソ連文化もまた同じだ。実際に存在するのは、プラトーノフからタルコフスキーに至る大きな現代のロシア文化と、リトアニア、ジョージア、アルメニアなどのやはり大きないくつもの文化だ。私たちはこの民族文化の中に汎人類的な価値を探さねばならない。その存在こそが私たちの団結の前提だ。

目の前で現実にヨーロッパの大きな家がつくられつつある今日、私たちは七十年にわたって全体主義のくびきのもとで暮らした小さな民族たちの状況を分析しなければならない。西ヨーロッパに住むあなたがたは、この体制が個人にとって何を意味するのかよく理解し、個人の権利を守るために闘ってもいる。しかし、全体主義が小さな民族に何をもたらしたのか、あなたがたは知らない。進歩的で人道的なスローガンの裏には、民族に生命を吹き込む力である言語、文化、民族そのもの、先住の住民たちなどとの闘いが隠れていた。あなたがたが私たちについて、私たちの政治的な問題について、私たちの文化について何も知らないのは、その闘いの成果が示すところだ。

ヨーロッパの家が本当に民主的であることを望むなら、ヨーロッパの少数民族による自由の追求にも注意を向けることが必要だ。自由を求める五百万人の闘いがヨーロッパにとって現実的な脅威となるはずがないことも考えてほしい。ここで言うのは民主主義と独立を志向する純粋に政治的な闘争だ。これは理性的で崇高な運動であり、真のヨーロッパの民主主義がそれを支持しないことはありえない。ヨーロッパの大きな家の独立した一員となるための道を私たちが一緒に見つけだすことを望む(この家の建設の際に私たちがまだ連邦の一員であったとしても)。

私はヨーロッパの家の装飾について話しているのではなく、その家の本質と構造について話しているつもりだ。

私にとって、そしてこの会議の参加者の大多数にとっても、今世紀の終わりを特徴づけた基本的な理念は全体主義と植民地主義の粉砕だ。この文脈において、七十年にわたってこの体制の圧力のもとにいた諸民族が目指すものをより深く考慮することはあなたがたの道徳的な義務だ。

この言葉が述べられたのは、さまざまな動揺にもかかわらず、ソ連が間もなく終焉を迎えようなどとは誰ひとり想像できなかった頃だ。会議の参加者の反応は素早かった。イリナ・ゴゴベリゼと私の演説の後、ジョージアは会議の関心の的となった。スイスの歴史家ピエール・デュ・ボワはこんな冗談を述べた。「今日私はフランス語で発表したくない。私のヨーロッパの記憶を振り絞って私たちの共通の過去を思い出し、ジョージア語で話したい！」

　しかし、さらに驚いたのは、私の発言に対するジョージアの一部の「政治家」の反応だった。のちの議会選挙の際、有権者との私の会合にその一人が現われ、私の演説の文章をひらひらと振りながら憤慨した様子で私に尋ねた。「つまり、あなたはジョージアの独立に反対で、我々の祖国がソ連の一部であることを要求していたんですね？」と。最初、私はこの人物が単に勘違いをしているのかと思い、私の話の主旨を説明しようとした。すなわち、演説はソ連体制に反対し、ジョージアの独立の必然性を主張しており、その演説は協会のメンバーたちにも印象を残したなどと。しかし、その後に私は理解した。その男性には何の説明も不要で、彼の行動は意図的なものだったのだ。それは政治的な敵対者に対するありふれた攻撃手段だった。

　こうしたあらゆる理由により、共産主義が表舞台から去ったにもかかわらず、全体主義を容認しがたいものにしていた主たる要因はそのまま変わっていないという思いはますます強くなる一方だった。個人はやはり政府の圧力のもとにあり、変わらず自由ではなかった！

　友人たちも私もそんな思いを抱えていたある日、夜中の十二時にズラブ・ジヴァニア〔のちのジョージア首相〕とカハ・チタイアが私の家にやってきた。ズラブ・ジヴァニアとは四月九日の事件の後に親しくなった。最初にカハが連れてきたとき、私は最高会議の議長団の一員で、すでに明らかに政府に反対の立場を取っていた。初めて会ったときから、私は彼がリーダーに必要な特別な資質を具えているのを感じていた。若くしてすでに成熟し、熱意にあふれ、才能のある聡明な青年と政治的な問題や私たちの将来の協力について語らうのは興味深いことだった。あるとき私が何気なく「あなたは何歳なの？」と尋ねると、

「二十六歳です」と言うので、私はひどく取り乱した。「そんなに幼いと知っていたら、国家の問題についてあなたと話なんてしなかったわ！」と。しかし、もう手遅れだった。私たちはすでに友人で、協力することも必然的だった。

そして今度は、真夜中にズラブとカハがやってきて、ズラブが「一つ変なお願いがあります」と言う。「あなたとエルダル・シェンゲラヤさんに大学の階段に坐っていただけないでしょうか？」そのような行動が現実的な抗議デモの始まりを意味していたことはすぐに理解できた。私は疑いを差しはさむことなく即座に承諾した。ズラブが大いに喜んだのを憶えている。二人はそれからエルダルを訪ねた。エルダルもすぐに承諾した。こうして始まった抗議デモは、次第にすぐれた知識人たちを集めていった。この平和的な抗議が武力衝突に発展しようとは、そのとき誰も想像だにしなかった。

私たちが大学の階段に坐り込んだ後、誰もが知る一連の出来事が起こった。テレビ局の前での連日の集会、国民民主党の行進に対する攻撃、数千人が参加するデモが続き、なかでも最大の規模となったのが共和国広場でのデモだった……。個人的な出来事もあった。エルダル・シェンゲラヤと私に対する絶え間ない罵倒や吊るし上げ、国際映画アカデミーによる私たちの擁護（ジョージア政府が受け取った抗議書簡にはイングマール・ベルイマンやベルナルド・ベルトルッチらが署名していた）……。

状況は次第に深刻の度を増していった。私の娘たちは、私に関する思いもよらぬ話を聞かぬよう、テレビやラジオをつけたり、新聞を開いたり、電話を取ったりするのを怖がるようになった。

私たちの周囲で少しずつ互いに対する憎悪がはびこっていった。憎悪の上に築かれるものは何もなく、それはただ崩壊の予兆となるだけである。

その崩壊はすぐに現実となった。今も悪夢のようにあの日々が目に浮かぶ。政府庁舎の包囲、武力衝突、国に大変な不幸をもたらしたトビリシでのあの恐ろしい内戦。

それから少し後、私は欧州文化協会（私は今もその幹部会の一員だ）からジョージアの状況について話すようヴェネツィアの本部に招かれた。

私は列車に坐り、イタリアの美しい自然に抱かれた古代やルネサンス期の寺院や教会を眺めていた。それらはまるで昨日建てられたばかりであるかのように手入れが行き届いている。そして、駅を忙しなく行ったり来たりしている陽気で自由な人々。感じたことのない激しい嫉妬心にかられた私の頭にふとこのような文句が浮かんだ。

顔を焼かれ、心を失った
私の街
私が愛していた、
そして今も愛する
ルスタヴェリ通りに流された血
政府庁舎のそばで傷ついた青年
その血を吸ったプラタナスは
もはや葉を茂らすことはない
木もすでに死んだから
古い品々や
子供時代の思い出が
暮らしていた家も死んだ
ずっと昔に亡くなった
私が愛していた女性の
心と声と目も

家が焼け、夜が来た
（もしや死も夜に過ぎないのか？
どんな夜より深く長い夜）
列車が空間を掻き分ける
窓の向こうには他の民の
これほど自由で憂いのない静かな暮らし
窓のこちら、内側には
無言で石畳に横たわる
目をえぐられた家々と私の街
愛していた、そして今も愛する街……

空気の澄んだある朝、サン・マルコ広場に立って、ヴェネツィアの守護神で富と幸福の象徴である、金色に彩られた、有翼の獅子の像を見ていたとき、再びトビリシの街が目に浮かんだ。

金で覆われた、有翼の獅子
まるで魔除けのように遠く冷たい
翼の折れた我がトビリシは
守り神を自ら選ぶがいい

蹂躙された街に
朝のヴェネツィアの恵みあれ

遠い国々の見知らぬ聖人たちが
我々に力を与えんことを

私たちから奪ったものを
不幸な運命が返さんことを
そして、私は不意に目にする
聖マルコの塔から笑顔で私を見ているのを

ヴェネツィアの獅子の代わりに
我が祖国の聖ギオルギが

その後、無意味で馬鹿げた、国じゅうを不幸に突き落としたアブハジアでの戦争が起こった！　ソフミが包囲されていたとき、「ソフミが陥落したら……」と題した私の書簡が仏紙「ル・モンド」に掲載された。今日から見れば、それは私たちの悲劇に西側を介入させようとする望みの薄い無邪気な試みだった。書簡には同情に満ちた実に大きな反響があった。私たちの問題について話をするために、フランスのテレビ局にも招待された……。しかし、それ以上のことは起こらなかった。

ソフミが陥落した。祖国愛に突き動かされた多くの若者が命を落とした。その一人が、私たちにとって馴染みのレヴァン・アバシゼだった！　私の二本の映画に出演したレヴァンは私とラドが家族ぐるみで親しく付き合い、私の娘たちの友人でもあった。美しく、気品があり、純粋にして高潔で、さまざまな考えや疑いを胸に抱えていた。まさに今日のジョージアに必要な若者だった……。

一九九三年、私は国会議員選挙に出馬した。これは私の一生においてもっとも重大で難しい決断だった。その一歩を踏み出したことで、私はこよなく愛していた、私という存在を規定する映画の仕事も何もかもをあきらめなければならなかった。しかし、四月九日の事件以後、国の政治にあまりに深く関わっていたために、もはや傍観者でいることは許されなかった。国の存亡の機に際して、自分が政治の分野でよりいっそう有益なことができるのではないかという思いが私の背中を押した。同時に、その決断は一時的なものであると自らを落ち着かせてもいた。それから約十年が経った。この間に私は国会議員となり、国会内で与党のリーダーとなり、現在は欧州評議会でジョージア常駐代表を務めている。以前、映画の仕事をしていたときと同じように、熱中して全力で現在の仕事に取り組んでいる。今でも私は十年前、国の歴史の分岐点において正しい決断をしたと確信している。しかしながら、心のどこかでいつか再び撮影現場に立ちたいとの思いがくすぶっていることは認めざるをえない。映画のために奔走し、大騒ぎし、私の目の前で俳優たち——別の人間に化ける魔法使いたち——が虚構の世界の素晴らしい筋書きを演じるのだ！　もしかしたら、将来映画をつくるのに、この十年の興味深く、私にとって奇妙な活動の経験が役に立つかもしれない。想像してみてほしい。スクリーンに映るジョージアの気の荒い国会議員たちと、この上なく礼儀正しい洗練された西欧の外交官たち。面白い取り合わせが、あるいは興味深いちぐはぐさが生まれるかもしれない！

一九九四年、覚書

一九九四年になった。

この年はジョージアに何をもたらすだろう？

何もかもがいっぺんに押し寄せた。希望、絶望、多くのことをしかるべく行なえなかった後悔、私たちは自分たちが考えていたような人々ではなかったという思い。私たちに対する悪意から、ある人物がたまたま発した「偽の民族」という言葉が思い出される。そこには一縷の真実が含まれているようだ。政治的な未熟さ、無定見、法に対するニヒリズム。私たちは民族運動の過激派と闘い、理性的な野党に変えることができなかった。過激主義により社会には不寛容、異なる意見に対する敵視が蔓延した。同じ民族の人々に敵と呼ばれる恐怖が生まれ、それに抗えず、私たちは未だ自由ではなかった。国会では今日も同じことが繰り返されている。野党は「反民族的」「敵」などといった言葉をむやみに振り回し、私たちはそれと闘うことができない！　私が為すべきは、他人を敵に仕立てあげる破滅的な試みがジョージアからなくなるよう、あらゆる努力を払うことだ。私の人生を前に進める力である「不寛容に対する不寛容」をあらゆる手段で具現化するのだ。

国会の審議……しばしば、まるで自分が路上にいると錯覚するかのような口論と、聞くに堪えない叫び声。民主主義の定着の前提となる真の政治文化を、いつの日か私たちは身につけることができるのだろうか。

私は翻訳を始めた。自由な時間にはいつも、ときには国会の審議中もあまりに耐えがたい状況のときには翻訳をする。我を忘れて翻訳に熱中する。まるで「急げ、急げ、間に合わないぞ!」と誰かが、あるいは何かが私の耳元で叫んでいるような気がする。

今日はマリーナ・ツヴェターエワの詩を訳していた。今は審議の只中で、周囲は相変わらず殺気立っている。私は詩行の中に避難しようとする。

世界の放浪が靄の中で始まった
夜の大地をさまよう――木々
黄金のワインとなってさまよう――葡萄
家から家へとさすらう――星々
川は流れ始める――逆向きに!
私はあなたの胸で――眠りたい

なんと驚くべき詩情だろう。暗闇の中をさまよう世界、家々を訪ね歩く星たち、流れを変える川、そのうえで「私はあなたの胸で眠りたい」という親密な心の叫び。

一月十四日。母とヌツァの名の日に集まって母を偲ぶ。それぞれが母にまつわるとても個人的な思い出を持っている。私は栗と干し葡萄の入った伝統的なサインギロ地方のピラフをつくった……。久しく忘れていた温もりと喜び。あたかも私たちが破滅的な状況にいないかのような感覚を抱く。

今日はアンナ・アフマートワの詩を訳した。ボリス・ピリニャークの銃殺の後に書かれたものだ。

この恐ろしい時に泣ける者を
溝の底に眠る者のために……
しかし、涙は我が目を潤さず
目に到らずして蒸発す

これは私の一生に決定的な影響を与えた光景だ。溝の底に眠る者のために、この恐ろしい時に泣ける者を……。

シェヴァルドナゼのパリ訪問。私は訪問団の一員だ。専用機でパリへ飛ぶ。モスクワ経由でなく、トビリシから直接パリへ向かうのは初めてだ。もうすべてをモスクワに依存しなくて済むことが喜ばしい。オッシュ通りで行なわれたシェヴァルドナゼとジョージア人移民たちとの面会。きれいなホールは人でいっぱいだった。シェヴァルドナゼはホテルでシラク大統領を迎えていたため、到着が少し遅くなった。鼻の大きな滑稽な女性リア・ヴォデが最初に批判的な言葉を述べた。彼女の手が震えていた。それに対してシェヴァルドナゼが、「あなたの批判はいつも国会で聞いているものに比べたら何でもない」と落ち着いて答えたので、誰もが笑い、たちまち会場の緊張が解れた。

私たちは彫刻家ズラブ・ツェレテリに招待されてシャンゼリゼ通りのレストラン「アルザス」を訪れた。トビリシ式の宴席にヨーロッパの豪華さとズラブの気前のよさが加わった盛大な宴が催された。ズラブの連れてきたロシア人たちは啞然としていたが、ジョージア人たちは動じることもなく立派に振る舞った！

私たちはシテ島で画家ズラブ・ニジャラゼのアトリエを訪れた。パリには、世界のさまざまな国から画家を招き、住まいとアトリエを与えて、自由に作品を制作させるという素晴らしい伝統がある。ズラブのアトリエはまるでトビリシのような雰囲気だった。ギオルギ・シェンゲラヤと息子のニクシャ・シェンゲラヤに、忙しなく立ち回るズラブの妻ツィツィノ。ズラブがケティの肖像画を描き、私はまるで過去がよみがえったかのような気分になった。すべてがあの頃と同じだった。私たちはズラブのアトリエにいて、ズラブは絵を描き、私たちは高踏な会話をしている。ただし、今ズラブが描いているのは私ではなく、娘のケティだ。そして、ここはトビリシのベシク通りではなく、パリの名高いシテ島だ。些細な違いに過ぎない！　そしてもう一つ滑稽なのは、ズラブがパリでトビリシとまったく同じように暮らしていることだ。つまり、朝から晩まで絵を描き、パリを見物しようという気すらない。当然、ツィツィノは不満だが、ズラブは絵のほかに何も考えられないのだから仕方ない。彼は絵の世界で常にあらゆる場所を訪れているのだ。

パリでのいわゆる「初監督作品映画祭」。私は『インタビュアー』の上映に立ち会った。大勢の観客が集まり、「別れについての素晴らしい映画だ。ジョージアの伝統と監督の西欧的な見方が融合している」といったうれしい言葉もたくさん聞かれた。無言のシーンやクロースアップ、編集方法について多くが語られた。このような編集方法がどのように生まれたのかに関心を抱いた一人の観客から、「最初からこんなふうに編集するつもりだったのか、それとも編集の際にこうなったのか？」という質問が投げかけられた。これは私にとっても重要なテーマだったので、編集方法をどのように模索し、編集を通して映画がどのようにできあがったのかについてたくさん話した。年配のジョージア人たちもいた。彼らと会うと私はいつも悲しい気分になる。

アカキ・ラミシヴィリ〔フランスに亡命したジョージア民主共和国の初代首相ノエ・ラミシヴィリの息子〕から電話があった。「『ペチョラ川のワルツ』は立派な作品だ。傑作だ！」とフランス語訛りで私に言う。


私たちはトビリシに戻った。

オルタチャラ地区の内務省の病院。アブハジアの戦争で下半身を失って障害者となった青年ゲラ・ゲラシヴィリに会った。この不幸な若い男性の絶望を目にしながら何もできないのがひどくつらい。しかし、今日は障害者用の車椅子を彼に贈ることができたので幸いに思った。光の消えた彼の目に不意に喜びが宿るのが見えた。


テンギズ・アブラゼが亡くなった。

来る日も来る日もテンギズのことを考えている……

彼はいつも道なき道を歩いていた。彼のすべての映画は新しい道の探求だった。彼は常に映画イメージによって思考していた。私にもっとも大きな印象を残したのは彼の無邪気さだ。テンギズの芸術的な大胆さは、彼の無邪気さに通じるように感じる。その無邪気さのおかげで彼は『懺悔』を撮ることができたのではないかと思う。

私はテンギズの最期の数か月、国会で毎日のように顔を合わせていた。不治の病に侵されながらも、笑顔を絶やさなかったのが今も目に浮かぶ。私は何度も思った。人は死を前にすると裸になる。本質だけが鮮明になり、あとはすべて消えてしまう。最後にテンギズの基本的な性質として明確になったのは謙虚さだった。何か月か前、彼がまだ歩けた頃、国会の審議の休憩時間に彼は「薬を飲むのに水が要る」と私に言った。もちろん私はすぐにコップを探し、水を渡した。彼はひどく大げさに私に感謝を表わした。翌日、水が要らないかと私が尋ねると、彼は一人の守衛について、「ここに素晴らしい若者がいる。休憩時間のたびに私に水を持ってきてくれる。まったく立派な青年だ」と言った。私は心の中で、「素晴らしいのは、テンギズ、水を持ってきた彼に対してこんなに感謝するあなたのほうだ。彼は人間としての基本的な義務を果たしただけなのだから」と考えていた。

彼はいつも正しかった。芸術の至高の法にのみ従っていたからだ。彼の死により、ジョージア映画に、さらにはジョージアの精神世界にほかの誰も埋めることのできない空白ができた。

コラ・ツェレテリと私がリャシャ・ノディアを訪ねた。コラとはとても深い繫がりができた。私たちが親しくなったのは、映画界で映画人の民族的な出自をことさらに強調する、私たちにはまったく受け入れられない風潮が現われたときだった。それは偽りの愛国主義と、そこから生まれた不寛容との初めての現実的な闘いだった。エルダル・シェンゲラヤ、メラブ・ココチャシヴィリ、コラ・ツェレテリと私が懸命にその病と闘った。その後、コラは私の映画についての評論を著した。興味深い考察だと思う。彼女は若かったときと変わらず美しく、まぶたの厚い、その大きな灰色の目は今も魅力的だ。彼女の思考の明晰さと映画に対する姿勢、文章は今も心地よい。

リャシャは才能ある画家で、私の人生において遅くに見出した友人の一人だ。私は彼女の明確に表現された個性、朗らかさ、他人のことを喜ぶ能力を好ましく思う。さらに、自らの外見を完璧なものにしようとするこだわり、とくに美しい服装にかける執念も。彼女はその執着を自ら笑い飛ばす。あるとき、誰かが言った誉め言葉に彼女はこう返事した。「私はそのために莫大な時間と労力を費やしてきたのですから、もし誰も私にお世辞を言わなかったら理不尽です」

パステルナークの「八月」を必死になって翻訳する。さんざん苦労した末にようやく何かをつかんだように、ふさわしい抑揚を見つけたように思われた。

夢を見た、私のところへ見送りに
君たちが次々と森の中をやってくる
群れをなして、別々に、組になって歩いてくる
不意に誰かが思い出す
今日は旧暦の八月六日
主の変容祭だと……

私にはジョージア語にしたパステルナークはなぜかより親しげで、まるでジョージアの詩のように感じられる。

国会では「リベラル」の会派がつくられ、私はそのリーダーに選ばれた。

ロシアの哲学者ソロヴィヨフの著作を読む。彼の言葉が深く胸に響く。「民族的自覚、民族的自己満足、民族的自己讃美、民族的自滅。すべての民族にとって必要な第一段階で止まり、下へ堕ちていかないためには、知的で倫理的な自己規律を持たねばならない」

私たちはモスクワにやってきた。ジョージア議会の代表団とロシア議会下院の諸会派との会合が行なわれる。

ガイダル、ヤヴリンスキー、ロシア民主党、シャタリン、アバルキン、ゴレンビオフスキー、農業党などとの数多くの興味深い会合があった。

ガイダルはロシアでもジョージアでも経済改革を迅速に進めることが必要だと主張した。さもなくば西欧的な社会を構築する機会を当分逸してしまうだろうと述べる。シャタリンとアバルキンはガイダルのショック療法に反対する。ただし、二つの主権国家のあいだに対等で友好的な関係を築かねばならないことには誰もが賛成した。アブドゥラチポフはそれを「今日は二つの偉大な国家の代表者たちが顔を合わせている」と表現した。

あらゆる不幸をロシアのせいにしていては、ジョージア国内で起こっていることを見過ごし、私たちが自ら何をすべきかを見失ってしまうかもしれない。ここでもメラブ・ママルダシヴィリの言葉が思い出される。「ロシアはいつ頭の上に落ちてくるか分からない岩だ。死ぬ覚悟をしておかねばならない。とくに自分の頭が岩のすぐそばにある場合は。しかし、ロシアは岩であるだけではない。その反対に、文化であり、詩であり、美が世界を救うという考えそのものでもある」

ムタツミンダ地区のビジネスクラブで、私の翻訳した詩の夕べが行なわれた。

私はこの上ない喜びを味わった。子供時代から久しく、これほどたくさんの詩をいっぺんに読む機会はなかった。私は詩を朗読することが何よりも好きなのだ。親しい人たちや詩を愛する人々が集まって、会場は素晴らしい雰囲気だった。白い壁、白い円卓。会場は美しさと善意にあふれていた。私の幼馴染たち——素敵な歌を歌ってくれたノダル・アンドグラゼ、詩をいつまでも読み続けたくなるような目で私を見つめていたドド・ツィツィシヴィリ。その後、上にある庭で私たちのホストであるエルザが趣味のよい小さな食卓を広げてくれた。シャンパン、果物、ケーキ。下のほうには光のまたたくトビリシが見える。まるで普通の国で普通の暮らしを送っているような錯覚を覚える。

この錯覚が現実にならんことを!

ルスタヴェリ劇場の小ホールでメラブ・ママルダシヴィリの夕べが催された。ジョージアの文化生活における重要な催しだ。私は主催者から司会の一人となることを頼まれた。それは最初は奇妙に思われ、決まり悪く感じたのだが、「メラブ・ママルダシヴィリは哲学者たちだけのものではない」と考え直した。彼は私たち、思考と言葉を重んじるすべての人々のものなのだ。「言葉に示されたこの世の像よ」とパステルナークは言う。私たちはみなメラブの後継者だ。

再びメラブの著作を読み、あらためて驚く。彼の思想は私たちの今の現実になんと正確に当てはまることだろう。「意識的あるいは無意識的に我々はすべてを自ら選択する。我々は自らの生と死を選択する」この言葉は個人のみならず、国家についても言えると思われる。神よ、私の国が意識的にせよ無意識的にせよ生ではなく死を選ぶことがないよう!

メラブ・ママルダシヴィリの夕べは彼にふさわしく行なわれた。温かくも心の痛みを伴う、知的な夕べだった。メラブの立派な同僚で友人であったニコ・チャフチャヴァゼが催しに深みと素朴さを添えていた。

私はヌツァと彼女のパリの友人アドリアンと一緒にコブレティ〔黒海沿岸の保養地〕にやってきた。ラドの設計したホテル「イヴェリア」に滞在している。再び過去が戻ってきた。海、静けさ、詩の翻訳。ラド。彼の人柄を特徴づけていたものが再びよみがえった。周りの若い男性たちを見回して私は再び確信する。彼ほど夢中になって泳ぐ人はいない。彼ほど夢中になって体を日光にさらす人もいない。彼のように笑ったり、顔をしかめたりする人もいない。ツヴェターエワを思い起こさせるほど、ラドは何事も全力で極限までやり通す人だった。私が訳したばかりの詩だ。

盲目で継子の私が何をすべきか？
みな父もいて、目も見える世界で
盛り土によるがごとくの、アナテマによる
受難の世界で！　泣くことを
鼻風邪と呼ぶ世界で！

「泣くことを鼻風邪と呼ぶ……」――この思いを私はこれまでの人生で一度ならず経験してきた。自分は完全に絶望しているのに、別の誰かには単に体のどこかでも痛いのかと思われるのだ。

私は波の高い海を泳いだ。ラドがいなくなってから私は泳ぎを忘れてしまったようだ。波に押された私は頭を強く岩にぶつけた。まだ少々早いが、最期を迎えるなら老いやベッド、病気ではなく、海と波、水泳、喜びのほうが望ましい。しかし、この世界を後にするのはやはり心残りだっただろう。

私たちのいる八階のベランダからかなり沖の小石の一つひとつまで見えるほど、海は静かで透明だ。ラドの愛した建物。そして彼があらゆる瞬間にここにいるような感覚。ヌツァとの濃密で優しさに満ちたやりとり。物静かでにこやかなアチャラ地方の人々。八階にまで届かんばかりの樹齢百歳を越える松の木々。毎朝のテニス。そして、私がジョージア語に訳したボードレールとエリュアール。そして、ダドゥナやケティについて考える。ここに連れてこなかった後悔……。再び海、波。海の音と混ざり合った子供たちの楽しげな声。子供たちのもとへやってきた海（パステルナークが言ったように）。これらすべてが一つになった幸せに私は浸る。その幸せはこの荒廃した国ではあまりに予期せぬことで、道理に合わないためにいっそう強烈だ。この美しいコブレティを歩いていると、ガラクティオン・タビゼの詩が絶えず頭の中で響く。

アチャラの裾野に頭を乗せた
この黒海は今日、我が心
私の頭上に何度も落ちた怒りが
その穏やかな船に落ちぬよう……

しかし、永続的な海の音が催す静けさの幻想は、ここでもやはり苛酷な現実に破られる。私たちのホテルの隣にあるペンション「水平線」で、アブハジアから逃れてきた七百人の避難民が暮らしている。私たちのホテルの前の階段で、いつも日なたにいるせいですっかり日に焼けた、痩せた女性が向日葵の種を売っている。「以前の暮らし」では彼女は教師だった。今の仕事を恥じて、いつもうつむいて立っている。彼女はうつむいたまま小声で言う。「私たちは配給券や人道支援をもう四か月も受け取っていません。この冬はどうなるか分かりません。私たちは誰にとっても余計者です。ここの人々はよくしてくれますが、彼らにもできることはありません。私たちは死んでしまえばよかったんです。そうすればせめて誇り高いままあの世に行けたのに……」私は何も言わずに耳を傾ける。そもそも彼女に何が言えるだろう。その目にはこの数年間のジョージアのあらゆる悲劇が映し出されている……。

私は再び欧州文化協会の会議に参加するためヴェネツィアへやってきた。会議はサント・ステファノ広場のヴェネト研究所で行なわれている。朝、私は広場のオープンカフェでカプチーノを飲む。太陽と気持ちのよい人々――ヨーロッパの知識人たち。周りにはイタリアのルネサンス建築!

私の話の主旨はこうだ。

今日の紛争は全体主義の過去とそこから続く思考の遺産だ。破壊のエネルギーはあまりに強力で、ソ連の崩壊後もそれを止めることは不可能だ。

全体主義の後、私たちは民族主義の誘惑にかられた。私たちがその誘惑に抗えなかった結果が国土の一体性の破綻、空っぽになったアブハジアと三十万人の避難民だ。

私たちが自由と独立を求めたために、ロシアが私たちを罰した。

文化の役割に関して言えば、この瞬間に現実的には目に見えないが、哲学的な意味でその役割はきわめて大きいと思われる。文化はすなわち分断に抵抗するものだ。文化は寛容性であり、共通の価値の探求であり、人間の中に人間的なものを確立することだ。そのため、私はいまアフマートワやツヴェターエワやパステルナークを翻訳する。人間と歴史、歴史的な宿命を負った人間。そこではロシア人であるか、ジョージア人であるかはもはや意味を持たない。

ますます深刻になりつつある少数民族の問題。二つの脅威がある。一つは、文化を破壊し、国を破滅させる力を持つ排外的な愛国主義。もう一つは、世界的なグローバリゼーションの時代における独自性の喪失だ。フランスやイタリアのような国にとってはグローバリゼーションは脅威にならないかもしれないが、それはジョージアに何をもたらすのか。

この年も終わった。

新年を迎える夜、私はザイラ・アルセニシヴィリと二人で自宅にいる。外で狂ったように鳴り響く銃声に乗せたパ・ド・ドゥ。今日、運命に翻弄された同胞たちはこうして新しい年を迎える。レジとインガがやってくる。私の幼馴染で同志のレジ・トヴァラゼは今では隣人でもあり、私たちは変わらず同じ考えを持っている。少し前に彼は『ジョージア文学史』というきわめて興味深い本を刊行した。知識と直感に基づき、ジョージアの文学と歴史が個性的に、新しい形で考察されている。その晩、私たちは昔の話や詩についてたくさん話した。タマズ・チヘンケリの手稿「ラナの詩」を見せると二人とも感激した。二人とも素敵な感激のしかたを知っている。もう一人、隣人のアミランも自家製の美味しいワインを持ってやってきた。それから全員でドドの家、より正確に言えば台所を訪ねた。ドドの夫は私の娘たちや孫たち、そしてジョージアじゅうの子供たちが頼りにする医者イラクリ・ツィツィシヴィリだ。その台所で朝によくドドとインガと私が集まっておしゃべりをする。それで、そこを私たちはジョージア女性クラブと名づけた（運命がくれたもう一つの贈りものは、隣人のドドとインガが喜びも不幸もすべて分かち合えるほど親しい人たちになったことだ）。

エルダルが大笑いさせてくれた。彼は年越しのお祝いに電話をかけてきて、来年には予算が承認されるようにと祈ってくれた（私たちの予算案がいつになっても承認されないことを考えれば、この願いが実現すれば本当に素晴らしいことだろう）。

一九九四年の覚書はここで終わる。

欧州評議会、すなわちヨーロッパでのジョージアの大いなる挑戦

祖国への忠誠という最も大切で最も尊い感情を
ヨーロッパの友好というさらに大きな感情に
調和させるのは難しいことではない

チャーチル
一九四九年八月十二日
欧州評議会の創立に際し

一九九六年、ジョージアは特別参加国の資格で欧州評議会に招待された。カハ・チタイア、ミヘイル・サアカシヴィリ〔のちのジョージア大統領〕、イリナ・サリシヴィリ、ヴァノ・フフナイシヴィリと私から成る常駐代表団がただちに組織され、私はその代表者に選ばれた。その決定が以後の私の人生をすっかり変えてしまおうとは、そのときはまだ知らなかった。ストラスブールに初めて到着し、欧州評議会の美しい建物の中で、部屋の扉に「ジョージア」と書いてあるのを見つけたときの胸の高鳴りを今も憶えている。

私たちの代表団は実に特別なグループだった。ミヘイルの素晴らしいスピーチ、他人を惹きつけるカ

ハの類まれな才能、地方自治を定着させるためのヴァノのたゆまぬ努力、建設的な野党というイリナの役割……。私たちが初めてストラスブールに赴いた一九九六年から、ヨーロッパでのジョージアの大いなる挑戦が始まった。それは新たな関係の構築や、私たちの国の不幸や誇りの他者との共有、ジョージアの友好国づくりといった長く波乱に満ちた道のりだった。簡単に言うならば、それはヨーロッパの人々にジョージアという国、その歴史と現在、文化と伝統を実際に知ってもらうプロセスだった。その行き着く先は当然、欧州評議会本部前でのジョージア国旗の掲揚だった！

その数年間にジョージアの献身的な擁護者、真の友人となった人々の名をジョージアは記憶に留めねばならない。まず第一に、尽きせぬエネルギーと愛情を持って、事実上、私たちに欧州評議会への道を開いてくれた当時の非加盟国委員会の委員長ジャン・セトランジェル。欧州評議会議員会議の元議長レニ・フィッシャー。ジョージアに誰も冷淡ではいられないほど感動的な印象に残る演説を行なったテリー・デイヴィス。そして最後に、私たちの加盟が決まった際の欧州評議会議員会議議長ラッセル・ジョンストン……。

ジョージアが欧州評議会への加盟を果たした日に私が述べた言葉を読者と共有したい。

議長殿、加盟国議員のみなさん！

まず最初にそれぞれの報告者、とりわけテリー・デイヴィス氏に心からの感謝を述べたいと思います。氏は二度もジョージアを訪れ、問題の本質を把握しようと努めてくれました。その成果は誰の目にも明らかです。国家と国民に対する深い敬意に満ちた真剣な報告は、同時に多くの注文も含むものでした。

試練と不幸に満ちた長い歴史の中で、私たちはヨーロッパの扉を何度も叩いてきました。今日、その扉は私たちの前で初めて開かれます。ヨーロッパの大きく美しい家の中に小さな部屋を一つ見つけ、同時に、その家の改築に加わりたいというのが私たちの願いでした。それはヨーロッパの家が持つ諸機関をさらに機能的にし、相互依存と相互扶助という理念を実質的なものにするためです。それぞれの民族は欧州の一体性を形づくる関係を独自に構築せねばなりません。

私はジョージアの歴史的な価値観が欧州評議会の原則と非常に近いことをうれしく思います。寛容性、気取らなさと率直さ、家来やとりわけ農民たちと素朴で人間的な関係を持っていたジョージアの王たちの民主性、十二世紀に死刑を廃止したタマル女王……。ジョージアの国民がほぼ例外なく自らをヨーロッパの一部だと考えるのはこの伝統のためでしょう。

国境や紛争のない大きなヨーロッパの理想は素晴らしいものですが、当然ながら疑問も浮かびます。本当にそれは実現できるのでしょうか？

この大きなヨーロッパの力はいったいどこにあるのでしょうか？　人類はイデオロギーのキメラに打ち克ち、善と悪という二つのブロックの対立の論理を忘れた後、私たちのあいだに差異よりも共通点のほうがはるかに多いことを見出しました。そして、それぞれ異なる歴史をたどった、文化や政治の水準もさまざまな国々の団結が可能になりました。これはおのずと発展の新たな刺激となり、その団結が基づく理念や原則を強化し、新しい力を与えます。

この強さの基盤は主として人々の良心だと思います。私はそれが存在すると信じたいのです。もし本当に存在するなら、ナチズムや外国人嫌悪、人種差別といった暴力や憎しみに基づくイデオロギーが広まることはもはやありえないでしょう。また、諸国間の関係を歪める、強国の権利の濫用は過去のものとして葬らねばなりません。なぜなら、この権利が通用するところでは良心が沈黙し、後退せざるをえないからです。

この強さは平等と相互の尊重に基づいています。それは勢力圏という概念をなくし、それに代わって非対立的な地政学をもたらすとともに、小さな国々に重みと存在意義を与え、その自尊心を強化することを可能にします。歴史の中でそれらの国々は幾度となくその自尊心を踏みにじられてきました……。しかし、それが未来にはもう繰り返されないことを願います。私たちはともに平等の原則に基づき、相互の尊重を信条としているのですから。そうすれば、私たちの理想は現実になることでしょう。

私たちは今日、小さな民主主義国の建設よりも大きな帝国の転覆のほうがはるかに容易だと知っています。それを目指したとき、私たちはあまりに無邪気でした。ソ連体制の名残である神話的な思考は、自由と独立を手に入れて民主主義と自由経済を宣言さえすれば、あらゆる問題がおのずと解決されるような幻想を私たちに抱かせました。すでに過去に敷かれていた罠が私たちには見えていませんでした。もっとも危険な罠は、分離主義とそこから生まれる地域的な紛争です。この紛争は政治システムの発展を阻害し、経済を破壊し、民族主義的な風潮の高まりを引き起こします。攻撃的な分離主義が、個々の国のみならずヨーロッパ全体の一体性にとって、民主主義を阻害するものであることを欧州評議会が深く認識するよう望みます。

血塗られた歴史において私たちはいつも孤独でした。強大な国々に囲まれた、親戚もいないひとりぼっちの小さな民族でした。周りの国々は私たちを襲い、闘いを強い、私たちを虐げ、私たちの教会を破壊しました。しかし、私たちはそれでも生き残りました。何より大切なのは、私たちの文化が残ったことです。今日、その孤独を乗り越える歴史的な機会が初めてもたらされました。私たちは初めて大きなヨーロッパの家族の一員になったのですから。現在、私たちは困難な状況にあり、みなさんの支援を必要としています。しかし、私たちもみなさんのもとに空手でやってきたわけではありません。長い歴史を持つ私たちの偉大な文化、そして、世界に対する私たちの独特な態度を携えてきました。その態度の基礎には、屈することなく常に自由を求めて運命に抗う私たちの能力、そして、喜びや楽しみを志向する生まれながらの性質の力があると確信しています。そのため、私たちの団結が互いを豊かにするプロセスとなることは疑いありません。

私の演説をジョージアの哲学者メラブ・ママルダシヴィリの言葉でしめくくりたいと思います。

「キリストの磔刑をすでに起きた過去のことだと見なすのではなく、目の前で起きているのだと考えるならば、あなたは生きている。今ここで行動を起こすべきだ……」

今この瞬間にあなたのそばで困難な状況にいる人や国を助けるため、このような哲学的な思考に基づく行動を起こすことは欧州評議会のもっとも崇高な使命であると考えます。


その日、ズラブ・ジヴァニアが「私はジョージア人だ。すなわち、私はヨーロッパ人だ！」という印象的な言葉を述べた。

それから投票が行なわれ、議員会議は全会一致でジョージアを欧州評議会のメンバーに選んだ。後で知ったのだが、このような決定は欧州評議会で初めてのことだった。

そしてとうとう一九九九年四月二十七日がやってきた。忘れがたいその日、欧州評議会本部の前に、ヨーロッパの四十の国々と並んで、フランスとドイツの国旗のあいだにジョージア国旗が掲揚された。

それはジョージアの歴史においてきわめて大きな日だった。歴史的な宿命である孤独を乗り越えた日。平等の原則のもとで、世界でもすぐれて発展した文明的で文化的な家族の一員となった日。私たちは欧州評議会本部の正面に立って、白と黒の縞の入ったえんじ色の国旗〔二〇〇四年までの旧国旗〕がゆっくりと高く上っていくのを息もつかずに見つめていた。ジョージアがヨーロッパと一つになるプロセスが始まったのだ。国旗が上っていくその数分間に、私の頭の中で不意にジョージアの歴史のさまざまな重要な場面がまるで稲妻のように映し出された。私は見た。三千年前に私たちの祖先――最初のヨーロッパ人がドマニシに住みつくのを。アルゴ船がコルヘティの沿岸にやってきて、金の羊毛皮をギリシアへ持ち去ったのを。四世紀にキリスト教が国教化されたのを。私は見た。十二世紀、高い文化を誇った強大な国の黄金時代。

その後のモンゴル人の来襲。それに続く際限のない蹂躙、侵略。幾度となく繰り返されたトビリシの破壊と再生。帝国ロシア――最初は皇帝を戴く国として、その後はソ連として――によるジョージアの併合。そして最後に、長い時代にわたって悲願であった自由と独立の達成。欧州評議会の前ではためくジョージア国旗はまさにそれを象徴する光景だった。

一列に並んだジョージアの大統領、代表団、その他の高官たち……その全員の胸に等しくこみ上げるものがあった。それはまったく驚くべきことではないが、レニ・フィッシャーのような経験豊かな政治家までもが目に涙を浮かべているのを見たときには、本当に私たちの心をヨーロッパの人々と分かち合えたのだと理解した。私たちの生来の感情の激しさが彼らに伝染したのだ。そして、その代わりにヨーロッパの人々の理性が私たちに伝染するといいと私は心の中で考えていた。

結び

今は二〇〇二年の春。私は欧州評議会のジョージア常駐代表・特命全権大使を務めている。ジョージアから遠く離れた私たちの代表部は、ジョージアのさまざまな問題を抱えた小さな家族で、人数はわずかだ。ズラブ・カチカチシヴィリ、パアタ・マチャヴァリアニ、アフト・マンジカシヴィリ、マリカ・ツィバゼ……。私たちのもとには、欧州人権裁判所の立派なジョージア人メンバーであるミンディア・ウグレヘリゼもいる。

欧州評議会は欧州連合の待合室のように見なされている。その主な使命は人権の保護、政治的多元性、法治主義といった崇高で人道的な理念をヨーロッパじゅうに確立することだ。ここでヨーロッパ、そして同時に世界中の世論がまとめられる。メンバー国に対する欧州評議会の要求はさまざまだが、それらは究極的には、すべての市民の基本的な権利が守られねばならないというまったく単純な真理の実現を意図したものである。さらに簡単に言えば、すべての市民に対して幸福を得る道が開かれていなければならないということだ。そのために、ここでの私たちの仕事は二つの方面で進められる。一つは、国内の民主化と欧州のスタンダードに近づくプロセスを促進すること。そしてもう一つは、私たちの祖国のあらゆる美点をそれにふさわしい形で示すことだ。

五日前、ここストラスブールで私の四人目の孫ギオルギが生まれた。もうすぐ二歳になる兄サンドロが呼ぶところの「小さなアカンボ」だ。私の友人である四歳のアヌナは、ギオルギが生まれる前日にこう言った。「出てきたら、その子も私が世話をするわ」（自分はすでにサンドロの世話をしていると言いたいのだ）。それを聞いて私は思った。「出てくる」というのは、まるで草木や花が芽を出すようで、子供の誕生を表わすのになんとぴったりな言葉だろう！

近年、我ながら意外だったのだが、息のつまる政治からの気分転換のまたとない方法として絵を描き始めた。白い紙や画布にいくつもの色や線を並べていく際に感じる幸せは言葉で言い表わしがたい。その感覚はおそらく、プロの画家でなく、新しい絵を描くことがこの魅力的な世界との一体化以外の何物でもないからこそ、より強く感じられるのだろう。

二〇〇二年……。
私たちはひっそりと二十一世紀に足を踏み入れた……。
なおも希望……そしてなおも――絶望……。

私たちの国の中で起こる事態を遠くから眺めるようになって二年になる。再び胸の奥深くからこみ上げる痛みが私をとらえる。またもや不寛容、伝統と化した対立、公に――テレビを通じて――垂れ流される憎しみ……。

社会を動かす主な力が攻撃であった近い過去に、私たちは戻ってしまったのだろうか？　これが私たちの本当の姿なのだろうか？　異なる考えを持った他人は敵であり、言葉で追いつめ、お人好しな人々を丸め込んで、憎しみの渦に引きずり込んで人を痛めつけなければならないのか……。

この憎しみほど私を怯えさせるものはない……。

古くから寛容さがその特質であったはずの民族は、この十年で不寛容で攻撃的な人間の集団と化した。そしてもう一つ。私たちをむしばみ、破壊しているのは、豊かになろうとする度を越えた執着だ。今日、卑しむべき手段によって人々や国から強奪し、良い暮らしを手に入れようとする者は、祖国が不幸で荒廃していれば自身も子供も幸せになれないことをいつになったら理解するのだろう。私たち一人ひとりの運命を国の運命と結びつけている鎖を断ち切ることはできない。

我々はいつになったら、どのようにすればルーツや伝統に立ち返ることができるだろう。その伝統に基づいた真の市民社会がいつになったらつくりあげられるだろう……。

私は知っている。それは不可避のプロセスであり、ジョージアに市民社会ができあがるのも時間の問題である。それは運命により、そして我々の性質により決定づけられている。ちょうど私たちの祖先が、人身売買が行なわれ、敵の侵略や襲撃が繰り返されていた中世の暗い時代を、食いしのぐためにサンシュユの種を砕いていたほどのひどい困窮を、運命と自身の性質によって切り抜けたように。私たちは国外からやってくる、あるいは国内にはびこる暴力、裏切り、残虐、背信を乗り越えてきたのだ……。そして、それが可能だったのは、私たちに生と喜びの稀有な才能があり、「禍いの中にあって石塁のように強くなる」〔叙事詩「豹皮の騎士」の一節〕ことができたからである。

そしてさらに、私たちの周りに日増しに目立つようになってきた精神文化の芽が私にそう考えさせる。多くの新しい出版社が設立され、素晴らしい文学新聞や雑誌が新たに創刊され、そこにはジョージア人作家の新しい作品とともに世界の現代文学が数多く掲載されている。それはすなわち、この宝物を知るためにジョージア人はもはやロシア語訳という仲介者の存在を必要としないことを意味する。人で混み合う本の展示会、本物の才能を持った画家たちの新しい展覧会、真にヨーロッパと同等のレベルで上演される演劇やそれに対する社会の高い関心――それは演劇ブームとすら呼べるかもしれない。さまざまな音楽祭や国際的なフェスティヴァル……。

そして、今日、私たちが世界でもすぐれて文明的なヨーロッパの家族の一員であり、ジョージアが世界の国々のなかで独自の確固たる位置と役割を見出し、世紀のプロジェクトである大シルクロードやユーラシア回廊の実現のプロセスにほかの国々とともに関わっていることも、この信念を裏づける。

今は二〇〇二年の春。

この回想録の執筆を始めてから一年が経った。

私は代表部の庭に坐り、塀をつたうヒルガオを眺めている。それを見るとこれまではひどく悲しい気分になったものだ。一年前もそうだった。絡み合った細い茎は干からびて固くなり、もはや灰色になって望みがないように見えた。それは不可逆のプロセスであり、ヒルガオは枯れるしかなく、もはや救いようがないと思われた。ところが不意に、今日、それが見せかけに過ぎなかったことに気がついた。分かれた枝はいつのまにか緑の芽を萌やし、青いつぼみをつけている。それを目にしてもまだ信じられない気分だ。黄色がかった緑色の小さなつぼみが知らぬ間に塀いっぱいに広がっている！　それを見た私は、我ながら可笑しいほどにうれしくなる。しかし、この喜びに当然の深い理由があることもすぐに理解する。まさにこの瞬間に、生と死が密かに一つになるという魔法のような驚嘆すべき事態が、私の目の前で進んでいるのだ……。

草は葉を茂らせ、世界に広がっていく。ストラスブールからトビリシへ、そしてさらに遠くへ、神の意志により「陽の光が等しく届く」〔「豹皮の騎士」の一節〕地球のあらゆる場所へと広がっていく。

訳者あとがき

本書は、ジョージア映画を代表する監督の一人であるラナ・ゴゴベリゼ氏の自伝“რაც მახსოვს და როგორც მახსოვს”の邦訳です。ジョージア語の原書は二〇〇二年に刊行されました。翻訳の底本としたのは、二〇一八年に著者の四巻本の著作集が出版された際に、その第一巻として再刊された同自伝の第二版です。日本語版としての読みやすさを考慮して割愛したごく一部の箇所を除き、ほぼ全訳です。

二〇一九年には同自伝のドイツ語訳、二〇二一年にはロシア語訳が刊行されています。日本語への翻訳に当たっては、原著者監修のもとで内容が一部修正されているロシア語版も参照しました。本書中で言及されている主な地名の位置を記した地図と、登場する著者の親族の関係を示した家系図は、日本語版のために新たに作成して加えたものです。

著者は一九二八年にジョージアの首都トビリシで生まれました。一九二〇年代初めにジョージアがソヴィエト連邦に組み込まれてからまだ間もない時期です。一九三〇年代のいわゆる大粛清期には、共産党の高官だった父が逮捕・処刑され、ジョージアで最初の女性映画監督であった母は十年間の流刑を受けました。最愛の伯父までもが逮捕されて獄中で亡くなるという悲劇的な子供時代を経て、著者は映画の道に進み、当局の検閲と闘いながらも、やがて世界的な映画監督として活躍するようになります。しかし、一九九〇年代に入り、ソ連の解体とともに独立したジョージアが政治的に極度に混乱し、国の存亡の機を迎えると、著者は祖国を救うため、いったん映画を離れて政治の世界に飛び込みました。そうして国会議員として七年間活動した後、欧州評議会のジョージア常駐代表となり、ジョージアの欧州評議会加盟を見届けるところまでが本書で語られている半生です。

しかし、著者の目覚ましい活躍がそこで終わったわけではありません。さらに駐フランス大使や駐ユネスコ大使などを歴任した後、ジョージアに戻り、再び映画製作に向き合います。そして、最後の作品から三十年近い空白期間を経て、二〇一九年、九十一歳にして新作『金の糸』を発表しました。日本の金継ぎに因んだタイトルがつけられたこの作品は、二〇二二年に日本でも公開されて好評を博しました。さらに、二〇二三年には、映画監督であった母ヌツァについてのドキュメンタリー映画『母と娘——完全な夜はない』を完成させました。また、この間、すでに失われたと思われていたヌツァの二本の映画『ブバ』（一九三〇年）、『ウジュムリ』（一九三四年）をアーカイブで発見し、復元させたことも特筆すべき功績です。

二〇二三年秋に私がご自宅を訪ねた際には、コンピューターに向かって、やはり映画監督である娘のヌツァさんが編集した映像をチェックしたり、「これが最後の著書よ」と言いながら本を執筆したりされていました。九十五歳という年齢で、まだまだ矍鑠《かくしゃく》として、旺盛に仕事をこなしている姿にはまったく驚嘆するばかりです。

一部の作品については本書の中でも詳しく述べられていますが、ラナ・ゴゴベリゼ監督がこれまで製作した長編映画は以下の通りです。

『ひとつ空の下』（一九六一年）
『太陽が見える』（一九六五年）
『変容』（一九六八年）

『アーモンドの花が咲くとき』（一九七二年）
『楽園での大騒ぎ』（一九七五年）
『インタビュアー』（一九七八年）
『昼は夜より長い』（一九八四年）
『渦巻』（一九八六年、第二回東京国際映画祭での邦題は『転回』）
『ペチョラ川のワルツ』（一九九二年）
『金の糸』（二〇一九年）
『母と娘――完全な夜はない』（二〇二三年）

『インタビュアー』でサンレモ国際映画祭（一九七九年）のグランプリ、『渦巻』（転回）で第二回東京国際映画祭（一九八七年）の最優秀監督賞を獲得し、『昼は夜より長い』が一九八四年のカンヌ国際映画祭で上映されるなど、ソ連時代からすでに日本を含め世界中で高い評価を受けていました。『インタビュアー』は一九八三年に東京の岩波ホールで公開されています。

すべての作品の脚本をゴゴベリゼ監督自身が単独で、あるいは共同執筆者の一人として手掛けており、ほとんどの作品では主人公が女性です。女性の生きかた、女性と社会の関係はゴゴベリゼ監督が一貫して取り組んできたテーマでした。また、幼い子供時代に母親と引き離された自身の体験も、いくつかの作品に共通するモチーフとなっています。

映画監督としてのこうした活躍のかたわら、著者は執筆活動にも精力的に取り組んできました。著書に『ウォルト・ホイットマン』（一九五六年）、随筆集『誰がためにツグミは鳴く』（二〇二一年）、そして先に触れた著作集（二〇一八年）があります。著作集には、これまで新聞・雑誌などに掲載されてきた多数の評論や随筆、著者が英・仏・露語からジョージア語に翻訳したウォルト・ホイットマン、タゴール、ポール・エリュアール、ポール・ヴァレリー、マリーナ・ツヴェターエワ、ボリス・パステルナーク、アンナ・アフマートワらの詩などが収録されています。

詩に対する著者の並々ならぬ思いは本書からも十分に伝わることでしょう。本書中には著者自らが折に触れて書いてきた自作の詩、ジョージアの名高い詩人たちの作品、そして著者が訳したさまざまな言語の詩が引かれています。それらの詩の日本語訳については、原語から直接訳したものと、著者によるジョージア語訳をもとに訳したものがあります。ここでは、「思い出されることを思い出されるままに紙に託そう」とする著者の立場を尊重し、それぞれの詩のテクストについては、著者の記憶に基づく本書の原文を優先していることをお断りしておきます。

また、本書には、著者の母親ヌツァが強制収容所で過ごした日々のことを自ら綴った短篇小説が五篇（「幸福の列車」「三色スミレ」「二度の変貌」「ペチョラ川のワルツ」「アズヴァ・ヴォムからコチマスまでの徒行」）収められています。実際に流刑を受けた当事者によって短篇作品として語られる体験は、子供時代の著者の回想とあいまって、恐怖政治の時代を生々しく描き出しつつ、自叙にさらなる深みを与えています。

著者はまさに激動の時代を生きました。その半生は、二十世紀のジョージアがたどった波乱の道のりを如実に映し出しています。その意味で、本書はジョージア映画・文化史の一ページであると同時に、一人のジョージア人女性の目を通したソ連・ジョージア史の記録でもあります。一つの時代の証言として、一人の女性の生きざまとして、さまざまな読みかたができるでしょう。

本書の刊行にあたり、大変な編集の労をとっていただいた白水社の栗本麻央氏に深い感謝を申し上げます。

児島康宏

［著者略歴］

ラナ・ゴゴベリゼ　ლანა ღოღობერიძე

1928年トビリシ生まれ。ジョージア初の女性映画監督といわれるヌツァを母に、ジョージア共産党中央委員会第一書記を務めたレヴァンを父にもつ。父は1937年に処刑され、母も10年の流刑に処されたために、子供時代を親類たちのなかで過ごす。トビリシ国立大学を卒業した後、ウォルト・ホイットマン論で準博士号を取得。大学で英文学を講じる傍ら、ホイットマンに関するモノグラフや、ホイットマンやタゴールの詩の翻訳を刊行する。1954年から58年まで、ムラートワ、イオセリアニ、シェンゲラヤ兄弟、タルコフスキーらが在籍する全ソ国立映画大学（VGIK）監督科で学んだ。卒業後は「ジョージア・フィルム」に所属。やがて、ソ連における最初のフェミニスト映画との呼び声高い『インタビュアー』（1976）を発表するなど、ジョージア映画の「サモツィアネレビ（60年代人）」世代の中核を担っていく。『渦巻』（1986）では東京国際映画祭最優秀監督賞を受賞。ソ連崩壊前後から政治の世界に活動の重点を移し、ジョージア議会議員（1992-99）、欧州評議会常駐代表などを歴任。本書は赴任地のストラスブールでしたためられた。2019年、27年ぶりに新作『金の糸』を発表、日本でも公開されて話題を呼んだ。最新作は母ヌツァとの関係を描いた『母と娘――完全な夜はない』。

［フィルモグラフィー］

1957　გელათი／ソ連／30分（『ゲラティ』日本未公開）

1958　თბილისი 1500 წლისაა／ソ連／30分（『トビリシ1500年』日本未公開）

1961　ერთი ცის ქვეშ／ソ連／85分（『ひとつ空の下』）

1965　მე ვხედავ მზეს／ソ連／87分（『太陽が見える』日本未公開）

1968　ფერისცვალება／ソ連／83分（『変容』日本未公開）

1972　როცა აყვავდა ნუში／ソ連／75分（『アーモンドの花が咲くとき』日本未公開）
全ソ映画祭最優秀監督賞

1975　აურზაური სალხინეთში／ソ連／85分（『楽園での大騒ぎ』日本未公開）

1978　რამდენიმე ინტერვიუ პირად საკითხებზე／ソ連／95分（『インタビュアー』）
全ソ映画祭グランプリ、サンレモ国際映画祭グランプリ、ソ連国家賞

1979　წერილი შვილებს／ソ連／50分（『子供たちへの手紙』I・クヴァチャゼと共作、日本未公開）

1984　დღეს ღამე უთენებია／ソ連／104分（『昼は夜より長い』）
第37回カンヌ国際映画祭コンペティション部門出品

1986　ორომტრიალი／ソ連／100分（『渦巻』）
第2回東京国際映画祭最優秀監督賞

1992　ვალსი პეჩორაზე／ジョージア／104分（『ペチョラ川のワルツ』）
第49回ヴェネチア国際映画祭コンペティション部門出品、第43回ベルリン国際映画祭フォーラム部門エキュメニカル審査員賞

2019　ოქროს ძაფი／ジョージア、フランス／90分（『金の糸』）

2023　დედა-შვილი ან ღამე არ არის არასოდეს ბოლომდე ბნელი／ジョージア、フランス／89分（『母と娘――完全な夜はない』）

訳者略歴
児島康宏（こじま・やすひろ）
1976年福井県生まれ。東京外国語大学、トビリシ国立大学非常勤講師。著・編書に『日本語・グルジア語辞典』『ニューエクスプレス グルジア語』、訳書に『僕とおばあさんとイリコとイラリオン』『祈り――ヴァジャ・プシャヴェラ作品集』『20世紀ジョージア短篇集』などがある。

思い出されることを思い出されるままに
映画監督ラナ・ゴゴベリゼ自伝

2024年8月25日　印刷
2024年9月20日　発行

著　者　ラナ・ゴゴベリゼ
訳　者©児島康宏
装幀者　仁木順平
発行者　岩堀雅己
印刷所　株式会社精興社

発行所　〒101-0052 東京都千代田区神田小川町3の24
電話 03-3291-7811（営業部），7821（編集部）
www.hakusuisha.co.jp
株式会社　白水社
乱丁・落丁本は，送料小社負担にてお取り替えいたします.

振替　00190-5-33228　株式会社松岳社

ISBN978-4-560-09123-4
Printed in Japan